데이터베이스 원리의 이해

문교식 저

교육과학사

머리말

데이터베이스,

컴퓨터 과학에서 비중이 높게 다루어지는 중요 과목

데이터베이스는 컴퓨터 과학에서 비중이 높게 다루어지는 중요 과목 중의 하나이다. 데이터베이스라는 분야는 기본적으로 데이터를 다루는 분야이므로 허공에 떠있는 추상적 개념을 다루는 것이 아니라 실제 존재하는 데이터를 대상으로 하는 구체적이고 현실적인 분야이다. 그런데도 데이터베이스의 개념에 대한 이해가 추상적 이해에 그치고 실제와의 연관성을 찾지 못하는 경우를 종종 보고 있다. 그 이유는 공부할 때에 데이터베이스에 대한 개념과 원리를 정확히 파악하지 못한 채 교재나 강의의 내용을 기계적으로 받아들이려는 데에서 그 원인을 찾을 수 있겠다. 학생들이 흔히 겪는 어려움은 왜 그러한 과정이 필요한지, 왜 그러한 이론이 나오게 되었는지 하는 것에 대한 근본적인 이해 없이 수동적으로 받아들이고, 암기하고 적용하려고 하는 데에서 기인한다고 본다. 예를 들면, 단순히 3정규형을 정의에 의해 구축해 가는 기능적 능력보다 3정규형이 왜 필요한지, 3정규형이 나오게 된 이유가 무엇인지 라는 근본적인 이해가 선행되어야 한다. 물론, 개념과 원리의 이해는 실습을 통하여 완성되기 때문에 실습과 병행하여 설명을 하고 있다.

이 책의 내용을 간략히 살펴보면, 1장은 데이터베이스의 개요로써 데이터베이스의 전반적인 개관을 하고 있다. 다루는 내용은 정보사회에서 데이터베이스의 위치, 데이터베이스와 데이터베이스 관리 시스템의 정의, 데이터베이스의 목적, 그리고 관계 데이터베이스의 역사와 전망에 대해 전반적인 개요를 담고 있다. 2장에서는 액세스(Access)를 사용하여 간단한 데이터베이스를 만들고 질의(query)를 직접 실습해 봄으로써 데이터베이스에 대한 전체적인 윤곽을 단시간에 파악하도록 하였다. 별로 시간을 들이지 않고 전체적인 윤곽을 잡을 수 있고, 이어지는 책의 내용을 이해하는데 실제적인 도움이 될 수 있도록 내용을 구성하였다. 3장에서는 데이터베이스의 체계적인 설계가 어떻게 이루어지는지 쉬운 예를 통하여 차근차근 알아보도록 하였다. 그러나 이론적인 엄밀성 보다 실제의 설계 능력을 기르도록 내용을 구성하였고 데이터베이스의 설계와 제작의 실제적 이해를 습득하는 것이 3장의 목적이므로 실습과 병행할 수 있도록 내용을 구성하였다. 4장에서는 3장의 실습내용에 대한 이론적 근거를 개념과 원리 중심으로 해설하였는데, 테이블의 분할과 테이블들 사이의 관계에 대한 이론적 분석을 주로 다룬다. 4장의 이론적 토대를 갖추어야만 데이터의 분석과 효율적인 데이터베이스의 설계가 가능하게 된다. 4장의 내용은 5장의 정규화 과정의 이해를 위한 필수적 기초 지식이 된다. 5장은 데이터베이스 설계의 핵심적 이론을 제공해 주는 중요한 내용을 담고 있는데, 키와 종류, 무결성 제약, 정규형과 정규화, 그리고, 1정규형, 2정규형, 3정규형, BC정규형, 4정규형에 대해 배운다. 특히 각 정규형에 대한 철저한 이해를 위해 개념과 원리 위주로 다양한 예를 통하여 최대한 알기 쉽게 풀이 해 놓았다. 6장에서는 데이터베이스 질의어인 SQL을 공부한다. 핵심적이고 빈번하게 사용되는 부분을 집중적으로 공부할 수 있도록 체계적으로 구성하였다. 7장은 데이터베이스 분야에서 최근에 이슈가 되고 있는 주제들에 대해 알기 쉽게 간추려 주어 다양한 분야에 대한 관심을 가지도록 하였다. 그 내용은 데이터베이스의 저장과 검색의 원리, 회복(recovery)과 트랜잭션(transaction), 병행제어, 보안, 의사결정지원 시스템(데이터웨어하우스, OLAP, 데이터마이닝), 객체지향 데이터베이스, 멀티미디어 데이터베이스, 분산 데이터베이스, 웹 데이터베이스, 모바일 데이터베이스와 같은 분야를 소개하였다.

이 책은 이공계 학부생이 짧은 시간에 데이터베이스의 개념, 원리를 습득할 수 있도록 구성되었고, 이 책의 내용을 습득한 후에 자신의 전문적 필요에 따라 심화된 학습을 계속하는 것이 바람직하겠다.

목차

1장 | 데이터베이스의 개요 11

1.1 정보사회에서 데이터베이스의 위치/12

1.2 데이터베이스란 무엇인가?/13

1.3 데이터베이스 관리 시스템이란?/14

1.4 데이터베이스의 목적/15

1.5. 관계 데이터베이스의 역사와 전망/18

◆요점 정리/19

◆점검 포인트/20

◆연습 문제/21

2장 | 액세스로 간단한 데이터베이스 만들기 23

2.1 실습을 위한 데이터베이스 분야의 선정/24

2.2 요구사항의 도출/24

2.3 액세스에서 데이터베이스 만들기/25

2.3.1 요구사항에 대한 답변을 줄 수 있는 데이터의 준비/26

2.3.2 액세스 테이블에 데이터 입력을 위한 테이블 설계/28

2.3.3 액세스 테이블에 데이터 입력하기/35

2.4 액세스에서 질의 작성과 요구사항 만족 검사/37

2.5 문제점과 체계적 설계의 필요성/51

◆요점 정리/53

◆점검 포인트/55

◆연습 문제/56

3장 | 설계와 제작의 실습 57

3.1 시험 데이터 만들기/58

3.2 출판사 정보의 중복성 제거를 위한 테이블 분할/60

3.3 저자 정보의 중복성 제거를 위한 테이블 분할/65

3.4 도서테이블에서 개별 도서를 식별하는 문제의 해결/70

3.5 복본으로 인한 중복의 해결/71

3.6 공저로 인한 중복의 해결/77

3.7 액세스로 구현/81

3.7.1 테이블 디자인과 데이터 입력 과정/81

3.7.2 테이블들 사이의 관계 설정/90

3.7.3 질의(Query)/105

3.8 도서DB에서 중복성을 제거하는 과정의 요약/112

3.9 실습문제; 대출업무의 추가/115

3.9.1 업무분석과 요구사항의 도출/115

3.9.2 시험 데이터의 준비/117

3.9.3 액세스로 구현/122

◆요점 정리/143

◆점검 포인트/146

◆연습 문제/147

목차

4장 | 테이블의 분할과 관계의 구현 149

4.1 테이블 분할의 원리/150
4.1.1 개체와 속성의 정의/150
4.1.2 개체를 중심으로 한 테이블 분할/152
4.2 관계의 종류와 테이블의 구현/153
4.2.1 일대다 관계와 중복성의 제거/154
4.2.2 다대다 관계와 중복성의 제거/166
4.2.3 일대일 관계와 구현/176
4.3 개체관계도(ERD)/177
4.3.1 ERD의 개요/177
4.3.2 ERD의 예/179
4.3.3 확장 ERD(Extended ERD)/182
◆요점 정리/187
◆점검 포인트/190
◆연습 문제/191

5장 | 정규화 193

5.1 키의 개념/194
5.1.1 후보키/194
5.1.2 기본키/197
5.1.3 대체키/199
5.1.4 키 속성과 비키 속성/200
5.1.5 외래키/201
5.1.6 수퍼키/203

5.2 무결성 제약/203
5.2.1 개체 무결성/204
5.2.2 참조 무결성/205
5.3 정규형(normal form)과 정규화(normalization)의 개요/206
5.3.1 정규형의 개요/207
5.3.2 정규화(normalization)의 필요성/207
5.3.3 정규형(normal form)의 종류/209
5.3.4 정규화(normalization)의 과정/210
5.4 정규형/210
5.4.1 1정규형(First Normal Form, 1NF)/210
5.4.2 2정규형(Second Normal Form, 2NF)/217
5.4.3 3정규형(Third Normal Form, 3NF)/229
5.4.4 BC정규형(BCNF; Boyce-Codd Normal Form)/239
5.4.5 4정규형(4NF; Fourth Normal Form)/246
◆요점 정리/262
◆점검 포인트/266
◆연습 문제/267

6장 | SQL과 관계 연산 271

6.1 SQL의 개요/272
6.1.1 쿼리창에서 SQL문을 편집하는 방법/274
6.2 SQL의 기초/276
6.2.1 테이블 하나를 사용하여 조건 질의를 하는 경우/276
6.2.2 테이블 두 개를 사용하여 조건 질의를 하는 경우/279
6.2.3 테이블 세 개 이상을 사용하여 조건 질의를 하는 경우/284
6.2.4 날짜를 사용하는 조건절/295
6.2.5 관계연산자, 논리연산자를 사용하는 조건절/298

6.2.6 GROUP 연산과 집단함수(aggregate functions)/303
6.2.7 조인 속성을 사용하는 질의(LEFT JOIN)/310
6.2.8 하위 쿼리(서브쿼리, subquery)/311
6.3 SQL의 함수/318
6.4 갱신 질의/325
6.4.1 새로운 행의 추가 - INSERT 문장/325
6.4.2 내용의 변경 - UPDATE/327
6.4.3 행의 삭제 - DELETE/328
6.5 집합연산/329
6.5.1 UNION/329
6.5.2 INTERSECT/332
6.5.3 EXCEPT(또는 MINUS)/333
6.6 관계연산/333
6.6.1 선택(selection)/333
6.6.2 사영(射影, projection)/334
6.6.3 결합(join)/336
6.6.4 제산(除算, division)/337
◆요점 정리/338
◆점검 포인트/343
◆연습 문제/344

7장 | 데이터베이스 관련 이슈들 347

7.1 데이터베이스 저장과 검색의 원리; B*트리/348
7.1.1 대량의 데이터를 저장하고 관리하는 필요성/348
7.1.2. 이진탐색트리의 저장과 검색 원리/348
7.1.3 이진탐색트리의 노드 개수와 비교 횟수/350

7.1.4 B트리의 저장과 검색 원리/351

7.2. 회복(Recovery)/353

7.2.1 데이터베이스의 회복이란 무엇이며 왜 필요한가?/353
7.2.2 장애에는 어떠한 종류가 있는가?/353
7.2.3 트랜잭션이란?/353
7.2.4 회복의 기본 원리는 무엇인가?/355
7.2.5 회복 조치에는 어떠한 방법이 있는가?/355

7.3 병행 제어/356

7.3.1 병행제어가 무엇인가?/356
7.3.2 병행제어는 왜 필요한가?/356
7.3.3 병행 실행의 오류의 예를 들어 보자/357
7.3.4 병행 실행의 오류를 방지하는 방법들/358
7.3.5 잠금(locking)/359
7.3.6 시간날인 순서(timestamp ordering)/360

7.4 보안/361

7.4.1 데이터베이스 보안이 무엇이며 왜 필요한가?/361
7.4.2 데이터베이스 보안의 핵심적인 개념은 무엇인가?/361
7.4.3 데이터베이스 보안에는 어떠한 방법이 있는가?/361

7.5 의사결정지원 시스템/362

7.5.1 데이터 웨어하우스/362
7.5.2 데이터마이닝/365

7.6 객체지향 데이터베이스/366

7.6.1 객체지향 데이터베이스의 개념이 어떻게 나오게 되었는가?/366
7.6.2 객체지향 데이터베이스의 활용도는 어떠한가?/367
7.6.3 객체지향 데이터베이스의 기반 기술은 무엇인가?/367
7.6.4 객체의 개념을 알아보자./368
7.6.5 객체지향 데이터 모델의 특징을 알아보자./368

목차

7.7 멀티미디어 데이터베이스/369

7.7.1 멀티미디어 데이터베이스는 왜 필요한가?/369

7.7.2 멀티미디어 데이터베이스 시스템이란 무엇인가?/370

7.7.3 멀티미디어 데이터의 특징은 무엇인가?/370

7.7.4 멀티미디어 데이터 모델의 중요한 요소는 무엇일까?/371

7.7.5 멀티미디어 자료의 검색을 위한 질의는 어떻게 이루어지는가?/371

7.7.6 멀티미디어 데이터베이스를 어떻게 구현하는가?/371

7.8 분산 데이터베이스/372

7.8.1 분산 데이터베이스는 왜 필요한가?/372

7.8.2 분산 데이터베이스란 무엇인가?/373

7.8.3 분산 데이터베이스의 중요한 요소는 무엇일까?/373

7.8.4 분산 데이터베이스의 특징은 무엇인가?/373

7.8.5 분산 데이터베이스의 장점은 무엇인가?/374

7.8.6 분산 데이터베이스의 단점은 무엇인가?/375

7.9 웹 데이터베이스/376

7.9.1 웹 데이터베이스란 무엇인가?/376

7.9.2 웹 데이터베이스가 등장한 배경은 무엇인가?/376

7.9.3 웹 데이터베이스는 어떻게 동작하는가?/376

7.9.4 CGI를 통한 웹 서버와 데이터베이스의 연동 방법/377

7.9.5 확장 API를 통한 웹 서버와 데이터베이스의 연동 방법/377

7.9.6 XML 기반의 웹 데이터베이스/377

7.10 모바일 데이터베이스/378

7.10.1 모바일 데이터베이스란 무엇인가?/378

7.10.2 모바일 데이터베이스가 등장한 배경은 무엇인가?/378

7.10.3 모바일 데이터베이스의 활용 분야는 무엇인가?/379

7.10.4 모바일 데이터베이스에서 필요한 기능은 무엇인가?/379

7.10.5 모바일 데이터베이스의 구성 요소는 무엇인가?/380

7.10.6 모바일 데이터베이스의 제품들을 알아 보자./380

7.10.7 사이베이스의 SQL Anywhere/380

01

데이터베이스의 개요

1장은 데이터베이스의 개요를 간략히 소개한다. 우리가 공부하려는 데이터베이스가 무엇인지, 이 사회에서 어떠한 위치를 차지하는지, 관계 데이터베이스의 유래와 기반이 무엇인지, 그 전망이 어떠한지에 대해 언급한다.

목차

1.1 정보사회에서 데이터베이스의 위치

1.2 데이터베이스란 무엇인가?

1.3 데이터베이스 관리 시스템이란?

1.4 데이터베이스의 목적

1.5 관계 데이터베이스의 역사와 전망

01 데이터베이스의 개요

1.1 정보사회에서 데이터베이스의 위치

정보사회의 도래는 이미 70년대에 앨빈 토플러와 같은 학자들에 의해 예견되어왔다. 이제 이 세계가 정보사회에 깊숙이 들어 와 있음을 아무도 부인하지 못하게 되었다. 그렇다면 정보사회를 지탱하고 있는 기술적 기반은 무엇일까?

첫째, 컴퓨터를 빠뜨릴 수 없다. 1945년에 탄생한 프로그램 내장방식(stored program)인 폰 노이만(Von Neuman) 컴퓨터의 개념은 프로그램과 데이터를 기억장치에 저장하여 실행하고 기억장치의 내용을 변경할 수 있는 당시에는 혁명적 개념이었다. 1952년에 폰 노이만과 그 연구자들은 내장방식을 구현한 최초의 컴퓨터 IAS를 발표하였다. IAS는 이후 현대식 컴퓨터의 원형(model)이 되어 왔다. 이와 같이 1950년대에 출현한 컴퓨터는 현재까지 놀랄 만한 발전을 거듭하고 있다. 거의 모든 전기, 전자, 기계에 컴퓨터가 활용되고 있고 그 용도, 활용도 복잡다단하게 발전하고 있으며 모양이나 성능도 셀 수 없을 만큼 다양하게 발전하고 있다. 그야말로 컴퓨터는 정보사회의 핵심적 기술 기반이라 할 수 있다.

둘째, 1970년대부터 컴퓨터 시스템과 원격의 사용자, 컴퓨터 시스템 상호간의 통신요구가 증대되어왔다. 간단한 문자기반의 통신에서 출발한 컴퓨터 통신은 현재 멀티미디어를 기반으로 한 새로운 의사소통의 공간(CMC; Computer-Mediated Communication), 문화적 공간(cyber space)으로 자리를 잡고 있다. 인터넷을 비롯한 컴퓨터 통신은 이제 문명세계의 필수 도구로 인정받고 있다.

셋째, 컴퓨터와 네트워크만으로는 정보사회의 정보에 대한 요구를 만족시킬 수 없다. 곳곳에 여러 형태로 산재해 있는 데이터들로는 고급의 정보를 사용자들에게 제공하기 어렵다. 각 분야에서 산출되는 정보를 체계적으로 조직하고 운영하여 필요한 이들에게 적절한 정보 서비스를 제공할 필요가 있다. 과연 선진국에서는 각 분야에서 데이터베이스를 활용하여 업무와 생활에 활용하고 있다. 우리나라에서도 최근 데이터베이스를 제작하고 데이터베이스를 중심으로 업무가 이루어지는 모습을 사회 각 분야에서 흔히 볼 수 있다. 앞의 두 요소인 컴퓨터 시스템과 네트워크가 하드웨어적 기반이라면 데이터베이스는 소프트웨어적이라 볼 수 있다. 데이터베이스는 컴퓨터와 네트워크라는 물적 기반을 바탕으로 최종적으로 사용자에게 고급의 정보처리를 제공한다는 점에서 정보화의 꽃이라고 할 수 있다.

1.2 데이터베이스란 무엇인가?

데이터베이스의 정의는 독자가 누구냐에 따라서 상당히 다양하게 정의되고 있다. 대학원 수준의 이론 위주의 정의는 수리논리적으로 엄밀하게 정의하고 있다. 학부 수준 또는 실무 수준에서는 논리적 엄밀성은 높지 않지만 일반적으로 다음과 같이 정의하고 있다.

- 특정 업무를 처리함에 있어서 필요한 다양한 데이터들이 상호 연관되어 저장된 데이터의 집합체이다(Steven Roman, 1997).
- 특정 조직의 응용 업무에 공동으로 사용하기 위해 운영상 필요한 데이터를 중복을 최소화하여 컴퓨터 기억 장치 내에 모아 놓은 집합체이다(오해석, 1996).
- 여러 응용 시스템을 통해 액세스가 가능한 공유된 형태의 통합된 데이터의 집합이다(김연홍, 우성미, 문택근, 2002).
- 특정 조직 내에서 다수의 사용자들이 공유할 수 있도록 통합하여 컴퓨터 저장장치에 저장한 운영 데이터의 집합이다(한국정보교육학회 컴퓨터교재개발분과위원회, 2004).

위의 정의에서 사용된 키워드들부터 데이터베이스의 특징을 몇 가지 발견할 수 있다.

① "특정 업무, 특정 조직, 응용"; 데이터베이스의 대상이 되는 업무가 정해져 있다. 예를 들면, 의료정보 데이터베이스는 병원 업무, 학사행정 데이터베이스는 학교 업무를 대상으로 한다.

② "상호 연관"; 데이터 사이의 관련성을 중시한다.

③ "공동 사용, 공통 사용"; 사용자에 따라 사용목적이 서로 다를 수 있지만 데이터를 공유한다.

④ "통합 데이터, 집합체"; 데이터를 한 곳에 모아서 운영, 관리한다.

⑤ "중복의 최소화"; 동일한 데이터의 중복을 최대한 방지한다.

질문 모든 분야의 데이터베이스 요구를 해결할 수 있는 하나의 데이터베이스가 존재할까?

답 존재하지 않는다. 하나의 데이터베이스는 특정 업무를 그 대상으로 한다. 즉, 데이터베이스의 일반해는 존재하지 않는다.

참고

데이터베이스의 개발에는 우선 데이터베이스에 대한 기술이 필요하다. 다음으로 요구되는 것은 데이터베이스의 대상이 되는 업무에 대한 지식(또는 경험)이다. 현업을 모르고는 데이터베이스의 개발에 참여할 수 없다. 예를 들면, 항만의 물류정보 데이터베이스를 개발하려면 항만에서 이루어지고 있는 물류에 관련된 제반 업무를 자세하게 파악해야 한다.

질문 데이터베이스의 예를 들어 보자.

답 회사의 경영정보 데이터베이스, 학교의 교육정보 데이터베이스, 운송업의 물류정보 데이터베이스, 병원의 의료정보 데이터베이스, 등.

1.3 데이터베이스 관리 시스템이란?

[정의] 데이터베이스 관리 시스템(DBMS; Database Management System)이란 데이터베이스를 제작하고 이용하는 기능을 제공하는 소프트웨어이며 아래의 두 부분으로 이루어진다.

(1) 데이터 정의어(DDL; Data Definition Language); 데이터의 저장과 접근을 위한 언어이다. 이를 위하여 데이터베이스에 들어가는 데이터 하나 하나의 자료구조를 자세히 정의한다. 예를 들면, 사원의 개인 정보에서 사원번호 필드는 길이 8의 문자열(즉, 문자 8개로 이루어진 필드)이라고 정의하는 것과 같다.

(2) 데이터 조작어(DML; Data Manipulation Language) 데이터베이스의 정보 검색, 갱신을 위한 언어로, 특히 정보 검색을 위한 언어를 질의어(Query Language)라 한다. 질의어의 예를 들면, 사원들 중에서 "근속연수가 5년 이상이면서 지사근무 경력이 1년 이상이며 연수 성적 1등급이 2회 이상인 사원의 명부"를 산출하는 예를 들 수 있다.

데이터 정의어에 의하여 정의된 데이터베이스를 데이터 조작어가 사용자의 질의 요구를 받아 질의에 대한 답을 산출한다. 즉, DBMS는 단순히 데이터를 체계적으로 조직화하는 것이 아니라 사용, 운용, 관리의 모든 분야가 조화롭게 짜여진 시스템으로써의 위치를 갖는다는 개념이다.

1.4 데이터베이스의 목적

데이터베이스를 왜 사용해야 하는지에 대한 논의를 해 보자.

(1) 통합된 데이터의 집합체를 여러 사용자가 공유한다는 데이터베이스의 개념이 출현하기 전에는 주로 개별적 파일들을 정보 처리에 사용하였다. 예를 들면, 회사에서 어떤 거래처에 대한 정보를 여러 부서에서 저장하고 있는 경우를 생각할 수 있다. 이렇게 하면 하나의 정보가 여러 부서에서 개별적으로 저장, 관리하게 되고, 그로 인해 동일한 데이터가 부서에 따라 서로 다르게 나타날 수 있다(데이터 불일치, data inconsistency). 동일한 데이터를 중복해서 저장하게 될 때 어떠한 문제가 생길까? 그 데이터를 갱신하려면 동일 시점에 동일한 값으로 갱신해야 한다. 동시에 동일한 갱신이 되지 않으면 데이터의 불일치로 인한 신뢰성의 문제가 발생한다. 삭제나 삽입의 경우도 동일하게 생각할 수 있다. 이러한 문제를 중복성의 문제라고 한다. 데이터베이스는 이러한 파일관리의 전통적인 문제인 중복성을 감소하는데(또는 최소화하는데) 그 목적이 있다. 데이터베이스는 하나의 자료를 한 곳에만 저장하고 다수의 사용자가 공동 사용하므로 동일 데이터의 중복 저장 문제를 근원적으로 해소할 수 있다.

(2) 데이터베이스를 사용하기 전에는 저장장치의 변경이 생기면(예를 들면, 확장, 이전, 등) 사용자 프로그램의 변경이 필요하였다. 왜냐하면 저장장치에 접근하는 방법을 제시하는 일은 사용자의 몫이었기 때문이다. 저장환경에 대한 정보를 사용자 프로그램에서 이용하기 때문에 저장장치의 변경은 곧 바로 사용자 프로그램의 변경을 의미하였다. 저장장치의 변경이 있을 때 마다 사용자 프로그램을 갱신하여 다시 컴파일 해야 한다는 것은 프로그램 유지보수의 비용을 증대시키고 업무의 흐름을 방해하는 비효율적인 요소이다. 데이터베이스가 하는 중요한 일 중의 하나는 바로 이러한 비효율성을 없애는 데에 있다. 즉, 저장장치에 변경이 생기더라도 사용자의 응용 프로그램에는 영향을 미치지 않도록 하는 것이다. 저장장치에 관련된 일들은 모두 DBMS가 책임지고 처리하는 것이다. 그렇다면 기술적으로 어떻게 이런 일이 가능할까?

(그림 1-1)에서 맨 아래에 있는 물리적 데이터베이스(physical database)는 데이터베이스가 실제 저장된 저장 환경을 말한다. 따라서 물리적 데이터베이스는 저장 장치의 물리적 환경에 종속적이다. 이에 비해 논리적 데이터베이스(logical database)는 실제의 저장 환경을 고려치 않고 데이터의 논리적 표현에 중점을 둔다.

DBMS 안의 논리적 데이터베이스는 각 응용 프로그램과 개별적으로 일대일로 연관

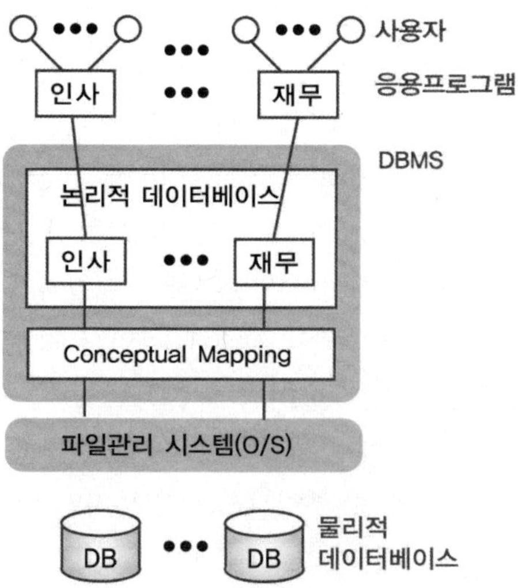

[그림 1-1]

데이터베이스 시스템의 전반적 구조

된 사용자의 응용 프로그램을 해결하기 위한 데이터의 논리적 표현과 구조를 제공한다. 사용자의 프로그램은 당연히 논리적 데이터베이스에 근거하여 작성되어야 한다. 논리적 데이터베이스와 물리적 데이터베이스 사이에는 양자를 일대일로 연관지어주는 매핑(mapping)을 위한 계층이 있다. 이를 개념적 매핑(conceptual mapping)이라 한다. 예를 들어, '사원번호'를 저장하는 필드 X를 논리적 데이터베이스에서 길이 10인 문자열로 정의할 수 있다. 그런데 X의 물리적 저장 환경은 예를 들자면 2번 디스크의 F6 실린더, 0C76A 트랙, 7A 섹터, ...와 같다. 이러한 논리적 정보와 물리적 정보를 일대일로 연결시켜주는 기재가 개념적 매핑이다(표 형태로 표현 가능). 이제 X의 저장 환경에 변동이 생기면 매핑에서 X의 저장 정보만 변경해 주면 되고 논리적 정보는 그대로 두면 된다. 따라서 저장 환경의 변동이 있더라도 사용자의 응용 프로그램에는 영향을 주지 않게 된다. 이러한 형태의 데이터 독립성(data independency)을 물리적 데이터 독립성(physical data independency)이라 한다(또 다른 데이터 독립성은 논리적 데이터 독립성(logical data independency)이 있다. 이는 논리적 데이터베이스의 변경이 사용자의 응용 프로그램에 영향을 미치지 않는 독립성을 말한다). 이러한 독립성은 데이터베이스의 안정성과 편리성이라는 커다란 장점으로 볼 수 있다.

(3) 사용자의 정보 처리 요구가 갈수록 다양해지고 고급화 되고 있다. 고급의 정보 처리를 위해 기존의 저장방식을 탈피하여 강력한 질의-응답 기능을 갖춘 DBMS가 필요하게 되었다.

(4) 정보사회에서 데이터베이스의 요구는 이제 의사 결정을 위한 정보의 요구에까지 발전하고 있다. 아직 많은 부분이 연구 중에 있지만 지능적 의사 결정이라는 과제를 해결하기 위한 DBMS 연구는 많은 발전을 이루고 있다.

1.5 관계 데이터베이스의 역사와 전망

60년대의 이론적 연구를 바탕으로 70년대부터 각 분야에 데이터베이스가 활용되기 시작했다. 데이터베이스의 형태에 대해 많은 시도가 있었다. 그 중에서 다음의 몇 가지를 대표적으로 간추릴 수 있다. 위계형과 망형은 한 때 많이 이용되었으나 지금은 거의 사용하지 않고 관계형 데이터베이스를 가장 많이 활용한다. 요즈음은 데이터베이스라 하면 관계형 데이터베이스를 말하는 것으로 보편화 되어 있다. 최근에 객체지향 데이터베이스에 대한 연구 성과가 많이 있지만 멀티미디어 자료와 같은 일부 응용 분야에서 활용되고 있다. 여전히 관계형 데이터베이스가 범용성 면에서 가장 우수하다고 볼 수 있다. 관계형 데이터베이스는 향후 상당한 세월 동안 데이터베이스의 중심 위치에서 활용 되리라 본다.

데이터베이스 모델의 세 가지;

❶ 계층형(또는 위계형, hierarchical); 조직도와 같은 위계 구조를 갖는 데이터베이스. 위계적 정보의 표현에 유리하다. 자료구조적으로 트리(tree)의 구조를 갖는다. 트리의 성격상, 사이클(cycle, 순환)을 형성할 수 없다는 구조적 경직성이 단점이다. 현재 거의 쓰이지 않는다.

❷ 망형(또는 네트워크형, network); 네트워크와 같은 구조를 갖는 데이터베이스. 자료구조적으로 그래프의 구조를 갖는다. 트리보다 연결성은 더 좋으나 연결이 복잡해짐에 따라 관리가 힘들어지는 단점이 있다. 현재 거의 쓰이지 않는다.

❸ 관계형(relational); 테이블(table, 표)과 같은 구조를 갖는다. 예를 들면, 엑셀과 같은 표계산 프로그램의 쉬트(sheet)와 같은 표 형태로 자료가 정리된다. 또 다른 예로, 한글이나 워드 문서의 표 형태를 생각하면 되겠다. 표현이 단순해서 이해하기 쉽고 관리가 쉬우므로 현재 일반적으로 널리 사용되는 형태의 데이터베이스 구조이다.

관계 데이터베이스에 대한 역사와 전망을 간략히 소개한다.

1963년 미국에서 Development and Management of a Computer-centered Data Base(컴퓨터 중심의 데이터베이스 개발과 관리)라는 심포지엄에서 데이터베이스라는 용어가 처음으로 사용되었다. 그 후, 여러 형태의 데이터베이스 모델이 개발되었고 발전되어 오다가 70년대 E. F. Codd가 관계 데이터베이스를 고안하였다. 현재 데이터베이스의 표준 모델로 가장 많이 사용 하고 있다. 관계 데이터베이스는 수학의 관계 연산(relational algebra)에 기초한 데이터 표현 방법이다. 이론적인 배경이 탄탄하여 급속한 발전이 있었다. 최근에는 객체지향 데이터베이스가 새로운 형태의 데이터베이스 모델로 주목을 받고 있다. 그러나 관계 데이터베이스는 기업, 학교 등에서 가장 많이 활용되고 있는 형태이며 향후 상당한 기간 동안 활용되리라 본다.

요점정리

✔ 데이터베이스의 위치; 컴퓨터 시스템과 네트워크라는 물적 기반을 바탕으로 데이터베이스는 고급의 정보처리를 제공하는 정보화의 꽃이라 할 수 있다. (1.1)

✔ 데이터베이스의 정의; 다양한 정의가 가능하지만, 다음과 같은 주요 단어들을 포함하고 있다; "특정 업무 또는 특정 조직", "상호 연관", "공동 사용 또는 공통 사용", "통합 데이터, 집합체", "중복의 최소 화". 한국정보교육학회 컴퓨터교재개발분과위원회(2004)에 의한 정의는; "특정 조직 내에서 다수의 사용자들이 공유할 수 있도록 통합하여 컴퓨터 저장장치에 저장한 운영 데이터의 집합이다." (1.2)

✔ 데이터베이스는 특정 업무를 대상으로 개발되기 때문에 업무 분야에 따라 각기 다른 데이터베이스가 존재한다. 예; 회사의 경영정보 데이터베이스, 학교의 교육정보 데이터베이스, 운송업의 물류정보 데이터베이스, 병원의 의료정보 데이터베이스, 등이 있다. (1.2)

✔ 데이터베이스 관리 시스템(DBMS; Database Management System)이란 데이터베이스를 제작하고 이용하는 기능을 제공하는 소프트웨어이며 DDL(Data Definition Language, 데이터 정의어)과 DML(Data Manipulation Language, 데이터 조작어Data Manipulation Language)로 이루어져 있다. DDL은 데이터베이스를 물리적으로 만들고 갱신하기 위한 부분이고, DML은 이미 만들어 놓은 DBMS를 사용하는 부분이다. (1.3)

✔ 데이터베이스는 데이터의 갱신이 수시로 이루어지므로 물리적으로 저장된 공간(물리적 데이터베이스, physical database)과, 사용자의 응용 프로그램을 종합적이며 소프트웨어적으로 관리하는 논리적 데이터베이스(logical database)는 서로 독립적으로 운영하고 관리하는 것이 바람직하다. 이를 물리적 데이터 독립성(physical data independency)이라 한다. 이러한 데이터 독립성을 이루기 위해 두 영역의 연결을 담당하고, 변화를 완충적으로 수용할 수 있는 개념적 매핑(conceptual mapping) 장치가 필요하다. 이러한 장치를 통하여 물리적

공간의 변화가 있더라도 논리적 데이터베이스는 변경 없이 안정적 사용이 가능해 진다. 물리적 데이터 독립성과 유사한 개념으로 논리적 데이터 독립성(logical data independency)이 있다. 이는 논리적 데이터베이스의 변경이 사용자의 응용 프로그램에 영향을 미치지 않는 독립성을 말한다. (1.4)

✔ 데이터베이스의 형태는 역사적으로 계층형, 망형, 관계형, 등이 개발되었는데, 그 중 관계형이 현재 주류를 이루고 있다. 관계형 데이터베이스(relational database)는 엑셀의 sheet, 또는 표(또는, 테이블)와 같은 형태를 사용하여 데이터를 표현한다. 1970년대에 E.F.Codd가 관계형 모델을 개발하였고 수학의 관계 연산(relational algebra)에 기초한 데이터 표현 방법이므로 이론적인 배경이 탄탄하여 급속한 발전이 있었다. 최근에는 객체지향 데이터베이스가 새로운 형태의 데이터베이스 모델로 주목을 받고 있지만 특수 목적으로 많이 이용되고 있고, 기업, 학교 등에서 가장 많이 활용되고 있는 것은 관계형 데이터베이스이며 향후 상당한 기간 동안 활용되리라 본다. (1.5)

점검포인트

❍ 데이터베이스가 무엇인지? 어떤 목적에서 사용하는 것인지 설명할 수 있다.
❍ DBMS가 무엇인지 말할 수 있고, 그 구성요소를 설명할 수 있다.
❍ 물리적 데이터베이스와 논리적 데이터베이스의 의미를 설명할 수 있다.
❍ 물리적 데이터베이스와 논리적 데이터베이스를 포함하는 데이터베이스의 전반적 구조를 나타내는 그림을 책을 보지 않고 그릴 수 있다.
❍ 데이터 독립성의 의미를 설명할 수 있다.
❍ 개념적 매핑이 필요한 이유를 설명할 수 있다.
❍ 데이터베이스 구조의 세 가지 형태(모델)를 설명할 수 있다.

연습문제

[1.1] 정보사회에서 데이터베이스가 중요한 이유는 무엇인가?

[1.2] 현재 사회에서 사용되고 있는 데이터베이스의 실제 예를 하나 찾아보고 그 중요한 기능을 간추려 보자.

[1.3] DBMS의 예를 인터넷에서 찾아서 정리해 보자. 명칭, 개발회사명, 특징 등을 요약해 보자.

[1.4] 개념적 매핑이 필요한 목적은 무엇인가? 그것이 필요한 이유는 무엇인가?

[1.5] 데이터베이스 구조의 세 가지 유형 각각에 대하여 적합한 자료의 예를 하나씩 들자.

02

액세스로 간단한 데이터베이스 만들기

2장에서는 액세스(Access)를 사용하여 간단한 데이터베이스를 만들고 질의(query)를 직접 실습해 봄으로써 데이터베이스에 대한 전체적인 윤곽을 단시간에 파악하도록 구성하였다. 하나의 테이블 만을 다루므로 테이블들 사이의 관계를 실습해 볼 수 없기 때문에 관계 데이터베이스의 특징을 실습하기에는 부족하다. 이미 액세스의 사용법을 알고 있는 독자는 2장을 건너뛰는 것이 좋겠다.

목차

2.1 실습을 위한 데이터베이스 분야의 선정

2.2 요구사항의 도출

2.3 액세스에서 데이터베이스 만들기

2.4 액세스에서 질의 작성

2.5 문제점과 체계적 설계의 필요성

02 액세스로 간단한 데이터베이스 만들기

2.1 실습을 위한 데이터베이스 분야의 선정

1장에서 하나의 데이터베이스는 대상으로 하는 특정 분야가 있음을 언급하였다. 따라서 데이터베이스의 개발에는 개발의 대상이 되는 현업의 경험과 지식이 필수적임을 설명하였다. 실제의 경우 데이터베이스를 개발할 때 힘든 부분이 바로 현업에 대한 파악이다. 대상 업무의 구석구석을 구체적으로 파악해야 할 뿐 아니라 업무의 전체적 흐름도 파악하고 있어야 한다. 이를 위해 데이터베이스 개발팀과 현업 종사자들과의 긴밀한 협력이 필수적인데 현실의 경우 의사소통과정에서 어려움을 겪는 일이 많다. 독자들에게 사전 학습이 필요 없는 분야를 데이터베이스 실습의 대상으로 선정하는 것이 학습 시간의 절약에 도움이 될 것이라 본다. 이러한 이유에서 이 책에서는 독자들이 이미 잘 알고 있는 도서 관리를 위한 데이터베이스를 실습의 대상으로 선정한다.

2.2 요구사항의 도출

집을 짓기 전에 집주인이 그 집의 용도와 목적을 고려하여 설계자에게 여러 가지 요구를 하는 것처럼 데이터베이스도 개발하기 전에 사용자들이 개발팀에게 여러 가지 요구를 하게 된다(물론 양자 간에 협의과정과 계약이 필요하다). 요구사항은 개발 전에 타당성 검토를 위해 필요하고 개발 후 점검을 위해 필요하다. 도서 데이터베이스(이후, 도서DB로 약술)의 요구사항을 다음과 같은 몇 가지로 간추려 볼 수 있다. 도서DB의 요구사항은 3장에서 여러 가지 흥미 있는 경우들을 추가 할 것이다. 여기서는 아주 간단한 요구사항들을 데이터베이스가 어떻게 처리해주는지 살펴봄으로써 데이터베이스에 대한 개략적인 이해를 돕고자 한다. 아래 예와 같은 단순한 검색과 통계 처리 외에 실제의 경우는 상당히 복잡한 요구사항이 가능하다.

[요구1] 도서명으로 저자 검색;
(예) 도서명 "꽃시계"의 저자명을 출력하시오.
[요구2] 저자명으로 도서 검색;
(예) 저자 "김정흠"의 도서명과 출판연도, 출판사명을 출력하시오.
[요구3] 도서명으로 출판연도 검색;
(예) 도서명 "꽃시계"의 출판연도를 출력하시오.
[요구4] 도서종류별로 도서 검색;
(예) 도서종류가 "과학"인 도서의 도서명, 저자명의 목록을 출력하시오.
[요구5] 출판사명으로 출판사 정보 검색
(예) "학습사"의 주소와 전화번호를 출력하시오.
[요구6] 출판연도와 도서 종류별로 검색
(예) 2000년 이후에 출판된 도서 종류가 "과학"인 도서의 도서명, 저자명의 목록을 출력하시오.
[요구7] 도서종류별 구입가격의 총액
(예) 도서종류별로 구입가격의 총액을 출력하시오.
[요구8] 출판사별 도서가격의 총액
(예) "교학사"가 발행한 도서의 도서가격의 총액을 출력하시오.

2.3 액세스에서 데이터베이스 만들기

본 장에서는 단 하나의 테이블을 만드는 연습을 한다. 테이블이 하나 뿐인 데이터베이스란 거의 없다. 일반적으로 다수의 테이블이 하나의 데이터베이스 안에 존재하고 테이블들 사이의 관계가 데이터베이스 구성의 중요한 부분이다. 그러나 빠른 시간에 데이터베이스 제작에 대한 전반적인 윤곽을 파악하도록 함이 2장의 목적이므로 하나의 테이블만 다루기로 하자. 액세스로 데이터베이스를 만들기 위해서는 다음과 같은 순서를 거친다.

① 요구사항에 대한 답변을 줄 수 있는 데이터의 준비
② 액세스 테이블에 데이터 입력을 위한 테이블 설계
③ 액세스 테이블에 데이터 입력하기
④ 액세스에서 질의 작성과 요구사항 만족 검사

2.3.1 요구사항에 대한 답변을 줄 수 있는 데이터의 준비

앞에서 우리는 도서DB에 대한 사용자의 요구사항을 여덟 가지로 정리해 보았다. 각 요구 사항을 만족하려면 어떠한 자료를 확보해야 하는지 살펴봐야 할 것이다. 요구사항으로부터 무슨 자료를 수집해야 할지 살펴보자.

[요구1] 도서명으로 저자 검색;
(예) 도서명 "꽃시계"의 저자명을 출력하시오.
◎ 필요한 자료; 도서명, 저자명

[요구2] 저자명으로 도서 검색;
(예) 저자 "김정흠"의 도서명과 출판연도, 출판사명을 출력하시오.
◎ 필요한 자료; 저자명, 도서명, 출판연도, 출판사명

[요구3] 도서명으로 출판연도 검색;
(예) 도서명 "꽃시계"의 출판연도를 출력하시오.
◎ 필요한 자료; 도서명, 출판연도

[요구4] 도서종류별로 도서 검색;
(예) 도서종류가 "과학"인 도서의 도서명, 저자명의 목록을 출력하시오.
◎ 필요한 자료; 도서종류, 도서명, 저자명

[요구5] 출판연도와 도서 종류별로 도서 검색
(예) 2000년 이후에 출판된 도서 종류가 "과학"인 도서의 도서명, 저자명의 목록을 출력하시오.
◎ 필요한 자료; 출판연도, 도서종류, 도서명, 저자명

[요구6] 출판사명으로 출판사 정보 검색
(예) "금성출판사"의 주소와 전화번호를 출력하시오.

◎ 필요한 자료; 출판사명, 출판사주소, 출판사전화

[요구7] 도서종류별 구입가격의 총액

(예) 도서종류가 "과학"인 도서 전부의 구입가격 총액을 출력하시오.

◎ 필요한 자료; 도서종류, 구입가격

[요구8] 출판사별 도서가격의 총액

(예) "교학사"가 발행한 도서의 도서가격의 총액을 출력하시오.

◎ 필요한 자료; 출판사명, 도서가격

퀴즈 요구7과 요구8에서 가격의 총액을 요구하는데 '총액'은 필요한 자료에 포함되지 않는가?

답 포함되지 않는다. 그 이유는 총액이란 각 도서의 가격을 합산한 결과이기 때문이다. 도서의 가격만 알면 그 합산은 데이터베이스에서 계산해 주기 때문에 수집해야 하는 자료에는 포함하지 않는다.

참고

동일한 책에 대하여 '도서가격'과 '구입가격' 은 다를 수 있다. 도서가격은 정가의 개념이고 구입가격은 구입을 위하여 실제로 지불한 금액이다. 예를 들면, 정가 20,000원인 책을 10% 할인 받아서 18,000에 구입할 수 있다.

이렇게 필요한 자료를 모아 보면 다음과 같다.

도서명, 저자명, 출판연도,
도서종류, 도서가격, 구입가격,
출판사명, 출판사주소, 출판사전화

이러한 자료 하나 하나를 <u>필드(field)(또는 속성, attribute)</u>라 부른다. 지금부터 만들게 될 데이터베이스 테이블의 <u>열(column, 칼럼)</u> 제목에 해당하는 정보이다.

자료의 수집; 실습을 위하여 위의 필드에 대한 자료를 만들어 보자. 여기서는 복잡한 경우를 제외하고 단순한 형태의 자료를 준비하였다. 실제의 경우는 이보다 훨씬 더 많은 데이터를 준비하지만 여기서는 실습 목적상 열 개의 데이터만 준비해 보자. 아래 테이블과 같이 하나의 테이블에 모든 데이터를 담고 있는 데이터 저장 형태를 플랫 파일(flat file) 또는 플랫 데이터베이스(flat database)라 한다.

[표 2-1] **도서테이블(1)**

일련번호	도서명	저자명	출판연도	도서종류	도서가격	구입가격	출판사명	출판사주소	출판사전화
1	꽃시계	어효선	1998	문학	8500	8000	문학사	서울	02-2222-3333
2	나무	이주승	1998	문학	4000	4000	용진출판	서울	02-333-1212
3	당나귀	어효선	1993	문학	3700	3300	교학사	대구	053-662-8787
4	발명	김정흠	1997	과학	4600	4000	삼안출판	부산	051-555-3322
5	지구	홍지구	2001	과학	10000	9000	교학사	대구	053-662-8787
6	해	어효선	1998	문학	4000	4000	용진출판	서울	02-333-1212
7	불심	김부심	2004	종교	5000	4500	학조사	광주	062-655-8833
8	친구	김서정	2002	문학	8000	8000	아름	대전	042-777-2727
9	소망	박소망	2007	종교	4800	4800	교학사	대구	053-662-8787
10	과학교육	최발명	2002	교육학	8000	7000	학습사	서울	02-3333-4444

2.3.2 액세스 테이블에 데이터 입력을 위한 테이블 설계

이제 데이터가 준비 되었으면 실제로 액세스에 데이터베이스 테이블을 만들어야 한다. 관계 데이터베이스는 기본적으로 테이블에 데이터의 저장을 한다. 테이블이란 열과 행으로 이루어진 평면적 기록 공간이라 볼 수 있다. [표 2-1] 테이블 안의 데이터를 살펴보자. "홍지구"라는 데이터의 의미는 무엇인가? "홍지구"라는 데이터 단독으로는 의미를 찾기가 어렵다. 그러나 [표 2-1]에서 "지구"의 '저자명'이 "홍지구"라는 설명에는 의미를 찾을 수 있다. 이와 같이 어떤 데이터가 단독으로는 의미가 없지만 다른 데이터와의 관계 속에서 의미를 찾을 수 있다. 관계형 데이터베이스는 데이터들 사이의 관계를 표 형태로 저장하기 때문에 테이블 형태로 모아놓은 데이터의 집합을 관계(relation), 또는 릴레이션이라고 부르고 있다. 즉, 테이블을 사용하여 관계형 데이터베이스의 릴레이션(relation)을 표현하므로 테이블과 릴레이션을 같은 뜻으로 혼용해서 많이 사용하고 있다. 그러나 둘 사이의 차이를 엄밀하게 구분해야 할 경우가 있다. (5.1.1) 데이터베이스 테이블에 자료를 입력하기 전에 테이블에 대한 정의를 한다. 테이블의 각 필드에 대한 이름과 형식(이것을 스키마(schema)라 한다; 스키마는 틀, 형(型), form의 뜻) 및 관련 옵션을 정해주는 과정이 먼저 이루어져야 한다. 이러한 과정을 테이블 설계 또는 디자인이라 한다. 아래의 설명은 액세스의 버전에 따라 다를 수 있으나 비슷하게 진행되므로 내용상의 차이는 없다.

➜ 액세스 시작하기;

(1) 마이크로 소프트 윈도우즈의 [시작]버튼을 눌러 [프로그램] → [Microsoft Office] → [Microsoft Offic Access]를 선택하면 액세스가 시작된다.

(2) 다음으로, '새 데이터베이스'를 실행한다. 2007버전에서는 아래 그림에서 '새 데이터베이스'를 클릭한다(그림 2-1).

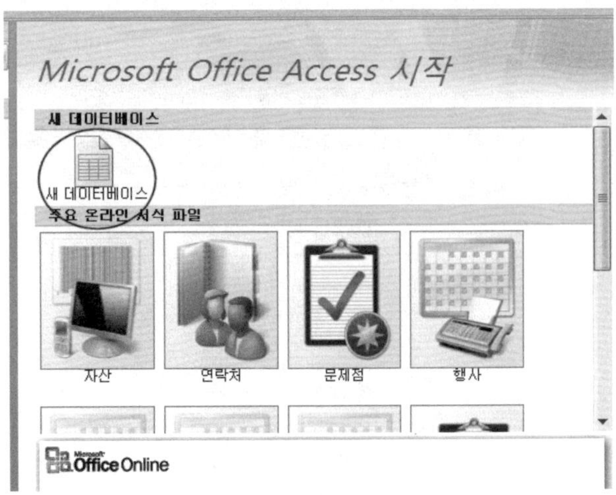

[그림 2-1] **'새 데이터베이스' 만들기**

(3) 새 데이터베이스가 저장될 파일명과 저장 위치를 정한다. 저장 위치를 적당한 곳으로 정해주고 파일명을 "도서DB-00"로 하자(2007버전; 파일 이름 아래에 있는 '만들

기' 버튼 클릭). 이상이 없으면 아래 그림과 같이 [데이터베이스 창]이 나타난다(그림 2-2).

[그림 2-2] **파일명 넣기**

→ **테이블 설계(design) 하기;**

'Table1:테이블'의 여백을 오른쪽 클릭하여 '디자인 보기'를 한다(그림 2-3).

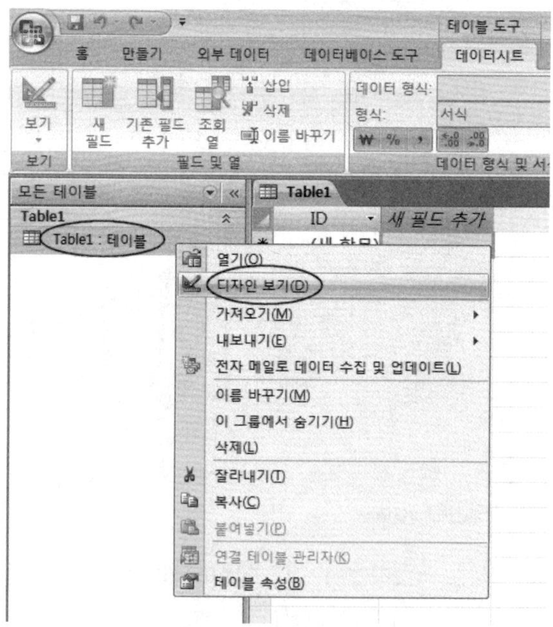

[그림 2-3] **'디자인 보기' 열기**

아래 그림과 같이 테이블 설계를 위한 [디자인 창]이 나타난다(그림 2-4). '필드 이름'과 '데이터 형식' 및 관련 옵션을 입력하기 위한 창이다. 필드 이름에는 일련번호, 도서명, 저자명, 출판연도, 도서종류, 도서가격, 구입가격, 출판사명, 출판사주소, 출판사전화를 위에서 아래로 차례로 입력한다(그림 2-4).

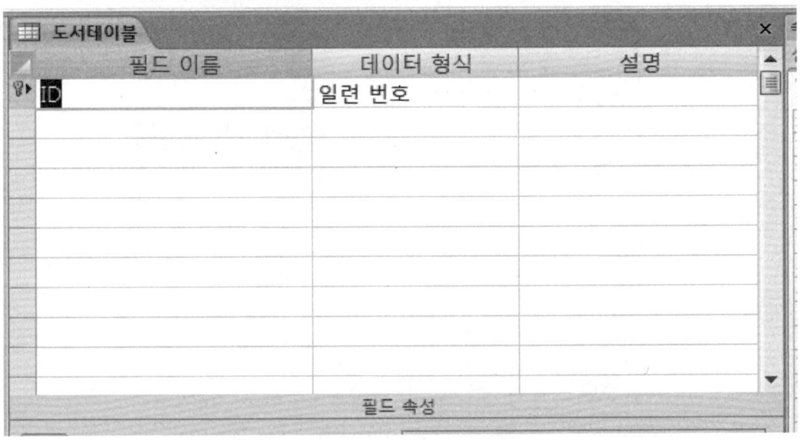

[그림 2-4] **디자인 창**

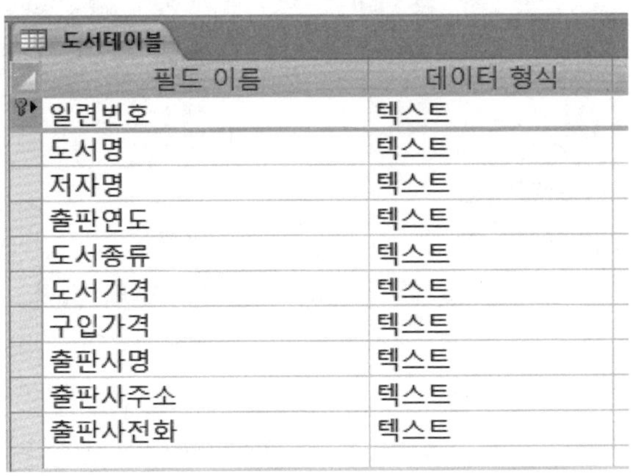

[그림 2-5] **테이블의 필드 이름 입력**

데이터 형식 지정; 다음으로 각 필드에 대한 데이터 형식을 정해준다. 각 필드의 데이터 형식을 클릭하여 알 맞는 형식을 고르면 된다(그림 2-6,7,8). 이와 같이, 속성 또는 필드의 데이터 형식을 정해주는 작업 또는 그 결과를 테이블 설계(table design), 또는 스키마(schema)라 한다.

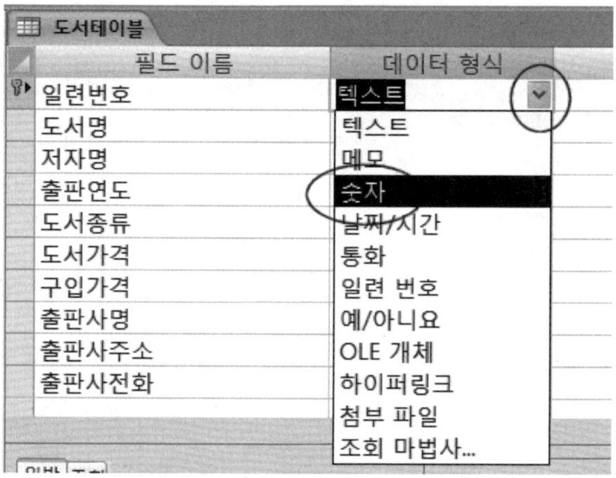

[그림 2-6] **데이터 형식 선택**

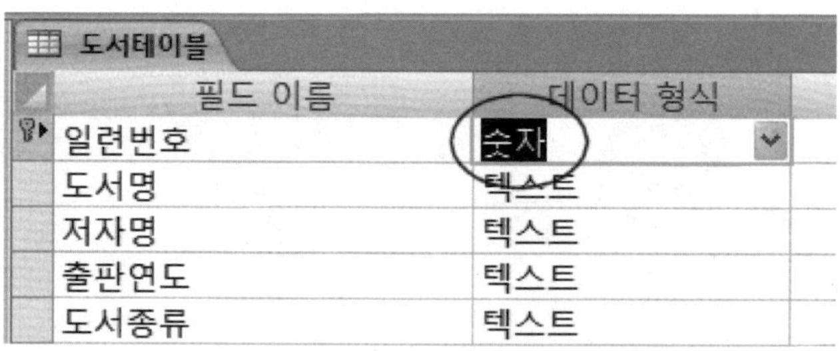

[그림 2-7] **데이터 형식 선택의 결과**

① 일련번호 = '숫자'를 선택한다. '일련번호' 형식이 있는데 이것은 데이터의 추가 시 자동으로 1 증가하는 편리함도 있다. 그러나 삭제된 일련번호는 다시 사용할 수 없으므로 데이터 입력 시 불편을 초래할 수 있다. 따라서 단순한 '숫자'를 선택한다.

② 도서명 = '텍스트'가 적합하다.

③ 저자명 = '텍스트'가 적합하다.

④ 출판연도 = '숫자'. '날짜/시간'으로 해도 무방하다. 그러나 여기서는 단순히 네 자리의 숫자로 연도를 표시한다.

⑤ 도서종류 = 도서종류는 몇 가지 정해진 종류를 입력하면 되므로 메뉴에서 고를 수 있도록 하는 것이 편리하다. [조회마법사] → "원하는 값을 입력" → 다음 내용을 하나씩 입력한다; 문학, 과학, 종교, 교육학, 컴퓨터, 미술, 음악, 체육 → 레이블 이름을 "도서종류"로 한다. → 마침. 이렇게 하면 입력할 때 목록에서 도서종류를 하나 고를 수 있다. 이 때, 데이터 형식은 '텍스트'로 나타난다.

⑥ 도서가격, 구입가격 = '통화'. 돈의 액수는 '통화'형식으로 한다.

⑦ 출판사명 = '텍스트'. 조회마법사를 이용하여 출판사명도 메뉴에서 고를 수 있도록 할 수 있다. 여기서는 간단히 '텍스트'로 한다.

⑧ 출판사주소 = '텍스트'. 여기서는 간단히 도시 이름을 나타낸다.

⑨ 출판사전화 = '텍스트'. 전화번호는 숫자로 되어있지만 전화번호가 계산의 대상이 아니고 출판사를 나타내는 정보의 하나라는 점에서 텍스트 형식이 적합하다.

도서테이블

필드 이름	데이터 형식
일련번호	숫자
도서명	텍스트
저자명	텍스트
출판연도	숫자
도서종류	텍스트
도서가격	통화
구입가격	통화
출판사명	텍스트
출판사주소	텍스트
출판사전화	텍스트

[그림 2-8] **데이터 형식 입력**

기본키의 설정; 다음으로 일련번호 필드에 기본키(primary key)를 설정한다. 기본키란 테이블의 내용을 저장하고 검색하기 위하여 유일한 값을 갖는 최소 개수의 필드(들)를 말한다.

기본키로 지정되는 필드는 반드시 테이블 안에서 단 하나의 값(유일한 값)만을 가져야 한다. 위 예의 경우 '일련번호'가 기본키로 적당하다. 그 이유는 테이블 안의 모든 도서는 각각 유일한 일련번호가 부여되며 어떤 두 책도 같은 일련번호를 가질 수 없기 때문이다. 또 다른 예로, 인사파일의 경우, '사원번호' 또는 '주민등록번호'가 기본키로 지정될 수 있다. 기본키를 지정하는 요령은(경험상 대개) 순수하게 데이터의 성격을 갖는 필드는 기본키에서 제외된다(예를 들면, 사원의 월급이나 은행 고객의 잔고와 같은 데이터). 식별을 위한 필드를 기본키로 정하는 것이 개념적으로 타당하다. 도서DB의 예를 들면, 도서명, 저자명, 출판연도, ... 등은 어떤 책을 설명하는 데이터에 해당된다. 그러나 '일련번호'는 데이터라기 보다 각 책을 식별하기 위한 식별자로서의 역할을 가지므로 기본키로 적합하다. 물론 경우에 따라서는 식별의 목적과 데이터의 성격을 동시에 갖는 필드도 발견 할 수 있다. 현재의 필드만으로 기본키를 지정하기 곤란한 경우에는 순수하게 식별을 위한 필드를 하나 추가하여 그 필드를 기본키로 지정하는 것도 가능하다. 기본키에 대한 자세한 논의는 5장에서 다룬다.

테이블에서 기본키가 설정 되어 있으면 필드 이름의 왼쪽에 작은 열쇠 표시가 들어가 있다. 만약 아무 필드에도 열쇠가 들어 있지 않다면 아직 기본키를 설정하지 않은 상태이다. 데이터베이스 테이블에는 반드시 기본키가 설정되어 있어야 한다. 기본키가 없는 테이블은 데이터베이스 시스템이 그 테이블을 저장하지 못한다. 테이블에서 기본키를 지정하는 방법은 해당 필드 이름('일련번호')의 옆에 있는 작은 삼각형을 마우스 오른쪽 클릭하여 '기본키'를 클릭하면 된다. 이제 '일련번호' 옆에는 열쇠 그림이 들어가게 된다(그림 2-8). 이렇게 기본키를 지정한 다음, 저장 아이콘(디스켓 모양)을 눌러 지금까지의 디자인을 저장하면 현재 테이블의 디자인이 모두 완료된다(그림 2-9).

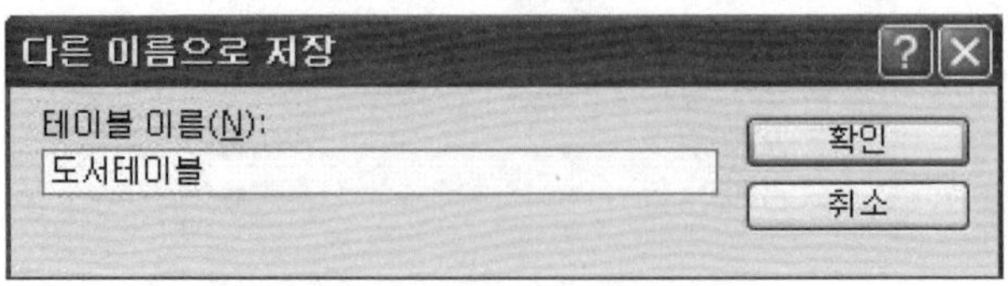

[그림 2-9] **테이블의 저장**

여기까지 하면 '도서테이블'에 대한 테이블의 디자인(또는 설계)을 완료하였다. 테이블

디자인은 그 테이블에 들어 올 데이터의 형식을 정해주는 절차이며 실제의 데이터를 입력하기 전단계이다. 이제 테이블의 디자인을 마쳤으므로 실제의 데이터를 테이블에 입력하는 것이 다음의 순서이다.

이미 만들어진 데이터베이스를 열기; 윈도우즈 탐색기에서 데이터베이스 파일을 실행하면 된다.

이미 만들어진 테이블의 디자인 바꾸기(변경); [데이터베이스 창] (그림 2-3)에서 해당 테이블로부터 그 테이블의 디자인을 열 수 있다(그림 2-10). 디자인의 변경은 앞에서 설명 한 '테이블 디자인 하기'의 과정과 같다.

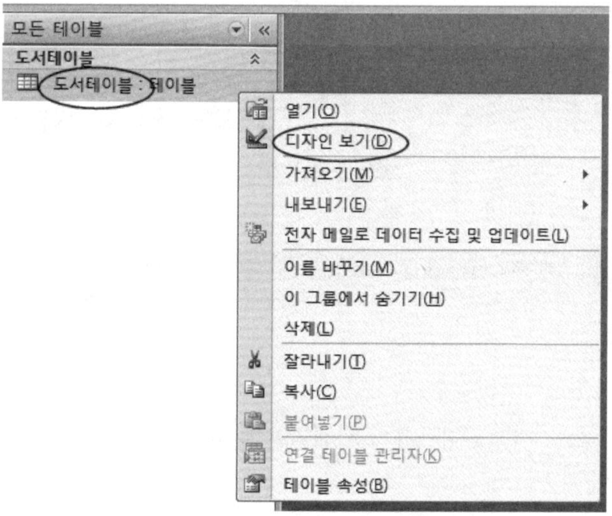

[그림 2-10] **[데이터베이스 창]; '도서테이블'의 디자인 보기**

[완성 파일]; "액세스2007-도서DB-2장-1단계-테이블디자인"

2.3.3 액세스 테이블에 데이터 입력하기

테이블 열기; 앞 단계에서 만든 '도서테이블'이 [데이터베이스 창]에 나타날 것이다. '도서테이블'에 데이터를 입력하려면 아래의 그림처럼 '도서테이블'을 연다(그림 2-11,12).

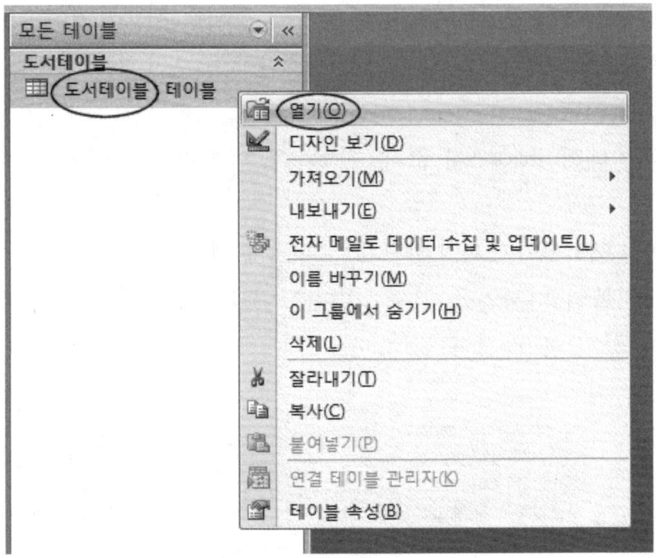

[그림 2-11] **도서테이블 열기**

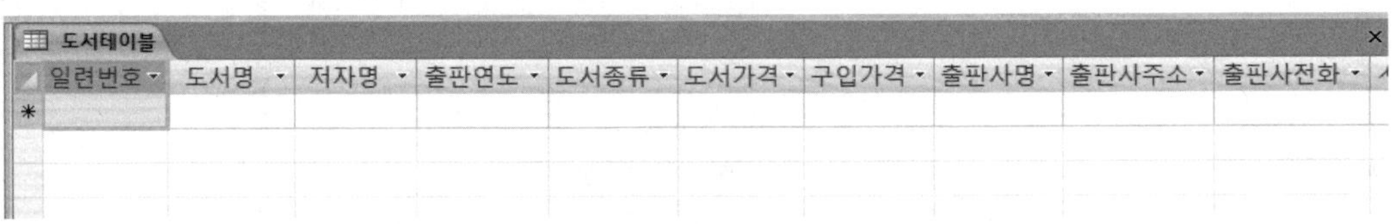

[그림 2-12] **도서테이블에 데이터 입력하기**

테이블에 데이터 입력; 이제 앞에서 마련한 데이터를 데이터시트에 그대로 입력하면 된다. '도서종류' 필드의 입력은 드롭다운 메뉴에서 골라 넣으면 된다. 데이터를 입력하고 저장하자(그림 2-13). 테이블 안의 각 필드의 자료형에 대한 정의를 테이블 스키마라고 2.3.2에서 언급하였다. 정의된 스키마에 맞게 각 필드에 입력한 테이블 안의 데이터의 집합을 테이블 인스턴스(instance)라고 부른다.

도서테이블

일련번호	도서명	저자명	출판연도	도서종류	도서가격	구입가격	출판사명	출판사주소	출판사전화
1	꽃시계	어효선	1998	문학	₩8,500	₩8,000	문학사	서울	02-2222-3333
2	나무	이주승	1998	문학	₩4,000	₩4,000	용진출판	서울	02-333-1212
3	당나귀	어효선	1993	문학	₩3,700	₩3,300	교학사	대구	053-662-8787
4	발명	김정흠	1997	과학	₩4,600	₩4,000	삼안출판	부산	051-555-332
5	지구	홍지구	2001	과학	₩10,000	₩9,000	교학사	대구	053-662-8787
6	해	어효선	1998	문학	₩4,000	₩4,000	용진출판	서울	02-333-1212
7	불심	김부심	2004	종교	₩5,000	₩4,500	학조사	광주	062-655-8833
8	친구	김서정	2002	문학	₩8,000	₩8,000	아름	대전	042-777-2727
9	소망	박소망	2007	종교	₩4,800	₩4,800	교학사	대구	053-662-8787
10	과학교육	최발명	2002	교육학	₩8,000	₩7,000	학습사	서울	02-3333-4444
*									

[그림 2-13] **도서테이블에 데이터 입력**

하나의 데이터베이스 안에 테이블이 하나인 것은 대단히 드물다. 다수의 테이블이 만들어 지는 것이 일반적이다. 여기서는 데이터베이스 테이블이 어떻게 만들어지고 어떻게 사용되는지를 간단히 알아보기 위하여 최소화 하였다. 여러 개의 테이블에 대한 내용은 3장에서 다루기로 한다. 여러 개의 테이블이 만들어지면 테이블들 사이의 관계 등을 고려해야 하는데 여러 가지 이론적인 지식이 사전에 요구되는 다소 복잡한 작업이다.

[완성 파일]; "액세스2007-도서DB-2장-2단계-테이블과데이터"

2.4 액세스에서 질의 작성과 요구사항 만족 검사

이렇게 데이터베이스 테이블들이 준비되었으면 테이블들 사이의 관계를 규명하고 설정해야 하는 작업이 필요하다. 그러나 여기서는 테이블이 하나밖에 없으므로 관계에 대한 작업은 생략하고 사용자의 요구사항을 실현하기 위한 질의 작성과 검사하는 과정을 살펴보기로 한다.

쿼리 작성하기; 열려진 데이터베이스 테이블이 있으면 모두 닫는다(테이블이 열린 상태에서는 쿼리의 실행이 안된다). [데이터베이스 창]에서 도서테이블이 선택된 상태에서 [만들기]메뉴 → [쿼리 디자인]을 실행(그림 2-14) → 도서테이블을 '추가' 버튼 클릭(그림 2-15) → '닫기' 버튼 클릭한다.

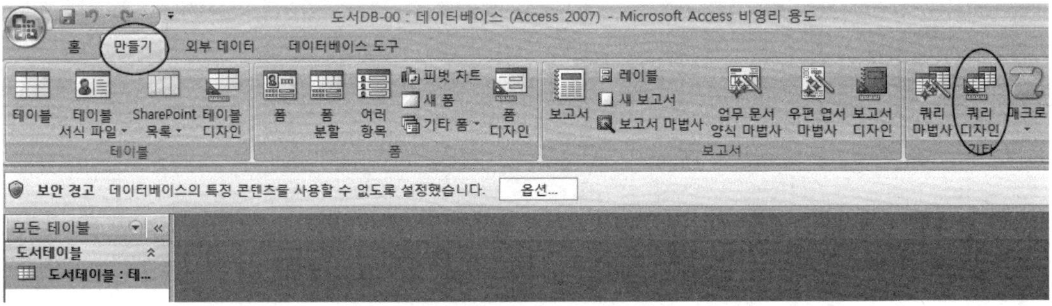

[그림 2-14] **쿼리 디자인 열기**

[그림 2-15] **쿼리를 위한 도서테이블 추가**

쿼리창 열기; 이제 <질의1>에 대한 쿼리를 작성해 보자.

현재의 경우 도서테이블 하나밖에 없는데 일반적으로는 여러 개의 테이블이 존재하므로 쿼리에서 요구하는 필요한 모든 테이블들을 추가해 넣어야 한다. 여기까지 하면 아래 그림과 같이 [쿼리]창이 나온다(그림 2-16). [쿼리]창은 두 부분으로 되어 있는데 윗부분에는

'도서테이블'이 아래 부분에는 쿼리 입력란이다. 윗부분의 테이블에서 열쇠가 표시된 '일련번호'는 기본키를 나타낸다.

[그림 2-16] **쿼리 창**

[주의]; 쿼리를 개발할 때에 주의해야 할 점은 쿼리의 결과를 반드시 확인해야 한다는 것이다. 쿼리에서 오류가 발생할 수 있고 그 때문에 오답을 받는 경우가 있다. 쿼리의 결과가 나오면 원본 데이터에서 그 결과가 정답인지를 반드시 확인해야 한다.

요구사항 1의 쿼리; <질의1> 도서명으로 저자 검색;

[문제] 도서명 "꽃시계"의 저자를 출력하시오.

[풀이]

질의 처리; <질의1>에 관련된 필드는 '도서명'과 '저자명'이다. [쿼리]창의 윗부분에 있는 '도서명' 필드를 마우스 왼쪽 버튼을 누른 채 아래 부분의 필드에 끌어 놓는다. '필드'에 '도서명'이, '테이블'에 '도서테이블'이 나타나게 된다. 그 뜻은 '도서테이블'에 있는 '도서명' 필드를 쿼리에 사용하겠다는 뜻이다. 이제 다시 '저자명' 필드를 끌어 놓는다(그림 2-17).

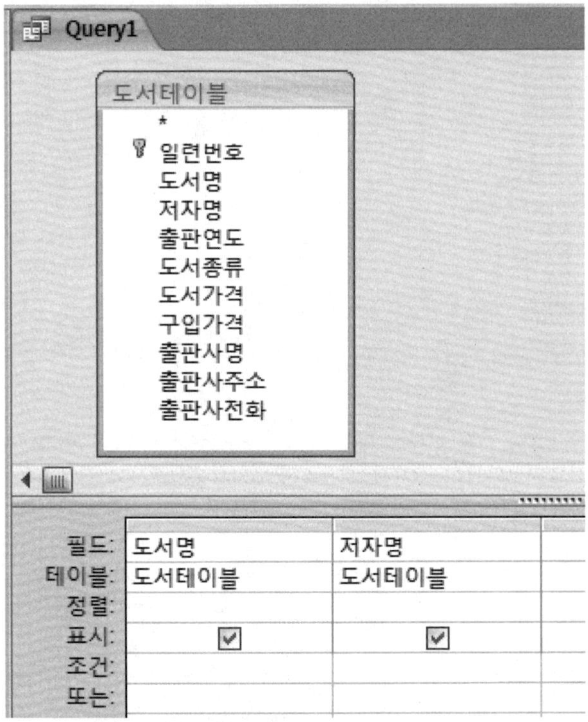

[그림 2-17] **〈질의1〉 필요한 필드 가져오기**

이제 이 쿼리를 실행해 보자. 실행은 [디자인]메뉴의 '실행'을 클릭하거나 또는 '!'(실행 아이콘)을 클릭한다. 이 쿼리에서 아무런 조건을 주지 않았기 때문에 '도서명'과 '저자명'에 대한 모든 값들이 출력된다(그림 2-18).

Query1

도서명	저자명
꽃시계	어효선
나무	이주승
당나귀	어효선
발명	김정흠
지구	홍지구
해	어효선
불심	김부심
친구	김서정
소망	박소망
과학교육	최발명
*	

[그림 2-18] **〈질의1〉 쿼리 결과**

이제 쿼리를 수정하여 쿼리에 조건을 부여해 보자. 쿼리 편집을 위하여 다시 [쿼리] 창으로 돌아가려면 [홈]메뉴에서 바로 아래에 있는 삼각형 모양의 '디자인' 아이콘을 클릭한다. 요구사항 1의 쿼리는 도서명이 "꽃시계"라는 조건을 갖고 있으므로 아래 그림과 같이 '도서명' 필드의 '조건' 항목에 ="꽃시계"를 입력한다(최근 버전에서는 '='과 따옴표 생략 가능)(그림 2-19). '실행' 아이콘을 클릭하면 그림과 같이 쿼리 결과를 볼 수 있다(그림 2-20). 결과는 "꽃시계"의 저자는 "어효선"임을 보여준다. '=' 대신에 'Like'라는 영문 명령어를 사용해도 좋다(Like "꽃시계"). '표시' 항목의 체크표시는 해당 필드의 값을 출력하라는 명령이다. 질의에 사용되지만 출력하기를 원하지 않을 때는 체크표시를 한번 더 클릭하면 된다(토글(toggle) 스위치).

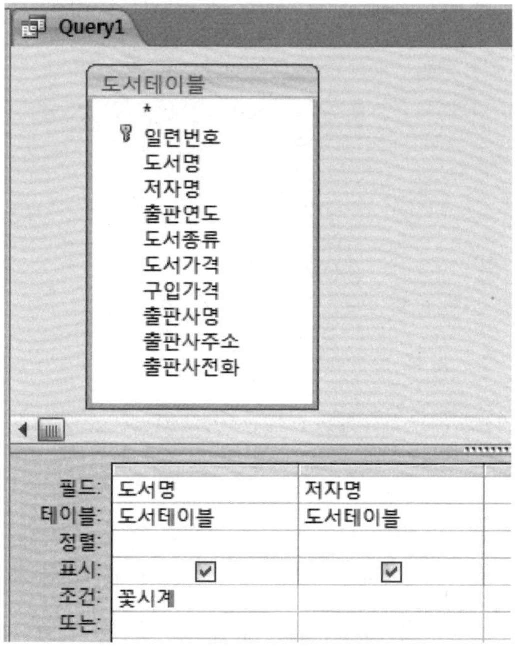

[그림 2-19] **〈질의1〉 쿼리에 조건 넣기**

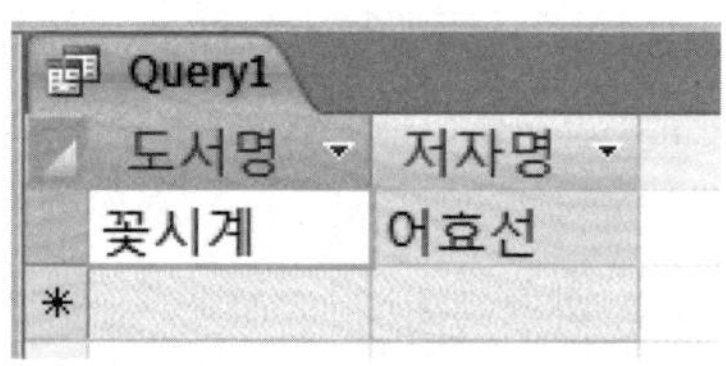

[그림 2-20] **쿼리 결과**

이렇게 하여 <질의1>의 쿼리가 모두 끝났다. 요구 조건을 만족하는 자료가 없으면 결과창에 빈 공간만 나타난다. 만약 다른 도서명에 대한 저자명을 보려면 도서명에 대한 조건만 수정하여 다시 실행하면 된다(사용자 편의를 위해 '폼'을 작성하여 출력할 수 있다). 이제 쿼리를 저장하면 쿼리 작업이 완료된다. 쿼리의 이름을 "Query01-도서명으로 저자 질의"로 저장한다. 이후에 수정할 경우가 발생하면 이 쿼리를 '디자인 보기'로 열면 된다.

요구사항2의 쿼리; <질의2> 저자명으로 도서 검색;

[문제] 저자 “김정흠”의 도서명과 출판연도, 출판사명을 출력하시오.

[풀이]

질의 처리; 무슨 필드가 필요한가? 무슨 조건이 필요한가? 무슨 값을 출력하는가?를 고려하여 쿼리를 해보자.

현재 열려있는 쿼리창이나 테이블 등이 있으면 모두 닫는다(열려진 파일탭을 오른쪽 클릭하여 ‘닫기’한다). 다음으로, <질의1>에서처럼 ‘쿼리 창’을 연다. <질의 2>에 관련된 필드는 ‘저자명’, ‘도서명’, ‘출판연도’, ‘출판사명’이다. [쿼리]창의 윗부분에 있는 ‘저자명’ 필드를 마우스 왼쪽 버튼을 누른 채 아래 부분의 필드에 끌어 놓는다. ‘필드’에 ‘저자명’이, ‘테이블’에 ‘도서테이블’이 나타나게 된다. 그 뜻은 ‘도서테이블’에 있는 ‘저자명’ 필드를 쿼리에 사용하겠다는 뜻이다. 이제 ‘도서명’을 필드에 끌어 놓는다. 다음으로, ‘출판연도’를 필드에 끌어 놓는다. 마지막으로 ‘출판사명’을 필드에 끌어 놓는다. 필드의 순서는 중요하지 않다(그림 2-21). 아래 그림과 같이 ‘저자명’ 필드의 ‘조건’ 항목에 “김정흠”을 입력하고 실행한다(그림 2-22). 이상을 요약하면 다음과 같다.

필요한 필드; 저자명, 도서명, 출판연도, 출판사명
조건; 저자명=“김정흠”

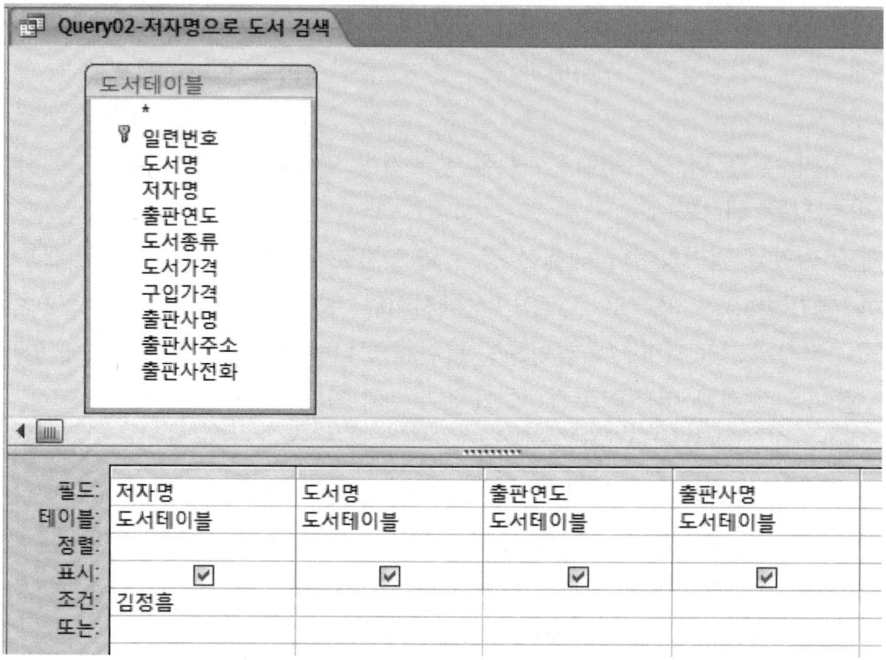

[그림 2-21] **〈질의2〉 쿼리에 조건 넣기**

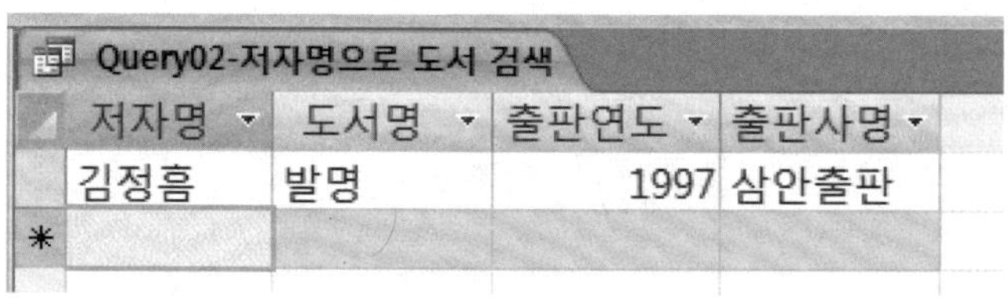

[그림 2-22] **실행 결과**

이제 쿼리를 저장하면 쿼리 작업이 완료된다. 쿼리의 이름을 "Query02-저자명으로 도서 질의"로 저장한다. 이후에 수정할 경우가 발생하면 이 쿼리를 '디자인 보기'로 열면 된다.

[실습문제] 요구사항 3, 4, 5의 쿼리; 요구사항 1, 2의 처리와 방법이 같다. 각자 답을 구해보고 원래의 데이터와 비교하여 답이 맞는지 확인해보자.

〈질의 3〉 도서명으로 출판연도 질의; (Query03-도서명으로 출판연도 질의)

[문제] 도서명 "꽃시계"의 출판연도를 출력하시오.

필요한 필드; 도서명, 출판연도

조건; 도서명="꽃시계"

〈질의4〉 도서종류별로 도서 질의; (Query04-도서종류별로 도서 질의)

[문제] 도서종류가 "과학"인 도서의 도서명, 저자명의 목록을 출력하시오.

필요한 필드; 도서종류, 도서명, 저자명

조건; 도서종류="과학"

〈질의5〉 출판사명으로 출판사 정보 질의; (Query05-출판사명으로 출판사 정보 질의)

[문제] "학습사"의 주소와 전화번호를 출력하시오.

필요한 필드; 출판사명, 출판사주소, 출판사전화

조건; 출판사명="학습사"

요구사항 6의 쿼리; <질의6> 출판연도와 도서 종류별로 질의; (Query06-출판연도와 도서 종류별로 질의)

[문제] 2000년 이후에 출판된 도서 종류가 "과학"인 도서의 도서명, 저자명의 목록을 출력하시오.

[풀이] 필요한 필드; 출판연도, 도서종류, 도서명, 저자명

조건; 출판연도 >= 2000, 도서종류="과학"

출판연도가 2000년 이후이므로 출판연도 필드의 조건에 >=2000을 입력한다. (참고; >=2000은 2000보다 크거나 같은 조건이므로 2000년 이후가 된다. '이후'란 해당 연도를 포함한다) 비슷한 경우로, '2000년 이전'은 <=2000, 2001년과 2002년 사이는 between 2001 and 2002가 된다. 또는 between 대신 부등호를 사용하여, >=2001 And <=2002를 입력한다.) 월, 일까지 표현하려면, 2001년 12월 31일은 2001-12-31로 표현한다. 예를 들면, 2000년 1월1일부터 2001년 12월 31일까지는 >=2000-01-01 And <=2001-12-31과 같이 표현한다.

주의; >=2000과 between 2001 and 2002를 조건에 입력할 때 따옴표는 넣지 않는다.

위의 수식들은 문자열 자료가 아니라 수식이므로 따옴표를 붙이면 오류이다.

다음으로 도서종류가 “과학”이므로 도서종류=“과학”을 입력한다. 그런데, 출판연도의 조건과 도서종류의 조건이 두 개 필요하다. 이와 같이, 필요한 조건을 모두 나열하면 된다. 아래 그림은 쿼리창과 실행 결과를 보여준다(그림 2-23,24).

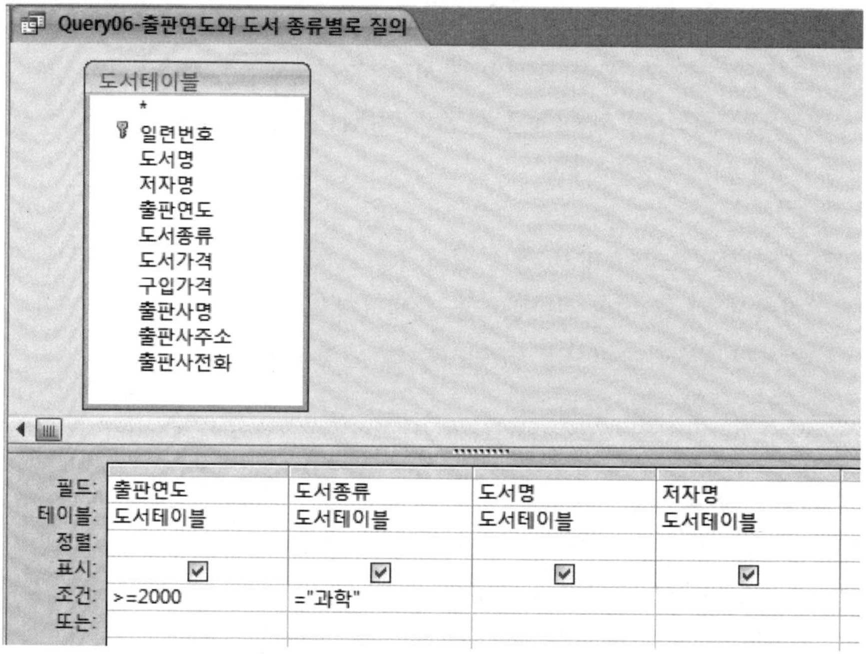

[그림 2-23] **〈질의6〉 쿼리에 조건 넣기**

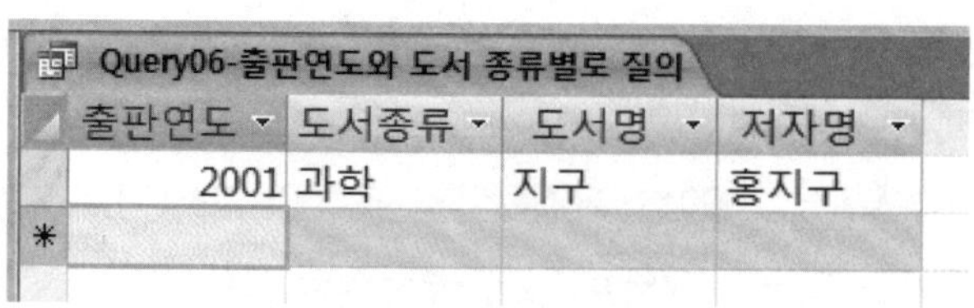

[그림 2-24] **실행 결과**

현재의 조건은 출판연도와 도서종류가 같은 행에 들어 있다. 이것을 서로 다른 행에 아래 그림과 같이 두자(‘또는’ 행에). 두 실행결과를 비교해 보자(그림 2-25,26).

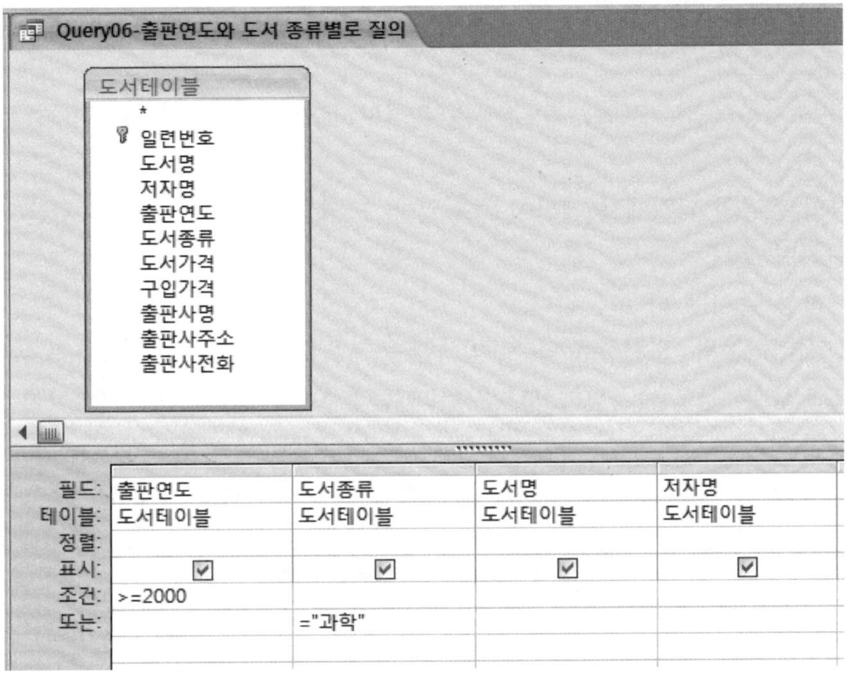

[그림 2-25] **조건을 서로 다른 행에 넣은 경우**

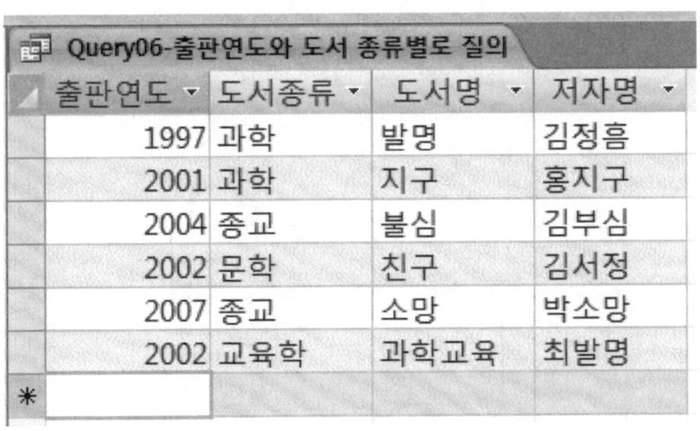
Query06-출판연도와 도서 종류별로 질의

출판연도	도서종류	도서명	저자명
1997	과학	발명	김정흠
2001	과학	지구	홍지구
2004	종교	불심	김부심
2002	문학	친구	김서정
2007	종교	소망	박소망
2002	교육학	과학교육	최발명

[그림 2-26] **OR질의의 결과**

실행 결과는 출판연도가 2000 이후 이거나, 도서종류가 과학인(또는 둘 다 맞는) 경우를 출력한다. 이와 같이 조건을 서로 다른 조건 줄에 넣으면 OR연산이 된다. 자세한 내용은

6장 SQL 부분에서 다룬다.

요구사항7의 쿼리; <질의7> 도서종류별 구입가격의 총액; (Query07-도서종류별 구입가격의 총액)

[문제] 도서종류별로 구입가격 총액을 출력하시오.

[풀이]

이 질의는 질의 과정에서 계산이 요구된다. 도서종류가 같은 도서를 같은 그룹으로 묶어 합산하면 된다.

질의 작성 순서는 다음과 같다.

(1) 도서테이블의 '도서종류'와 '구입가격'을 쿼리창의 필드에 끌어다 놓는다.

(2) '도서종류' 필드를 클릭하고([디자인]메뉴의) 오른쪽 위의 'Σ'(요약)아이콘을 클릭하면 아래 그림과 같이 '도서종류' 필드의 '요약'에 '묶는 방법'(group-by)이 나타나고 또한 '구입가격' 필드에도 '묶는 방법'이 나타난다(그림 2-27).

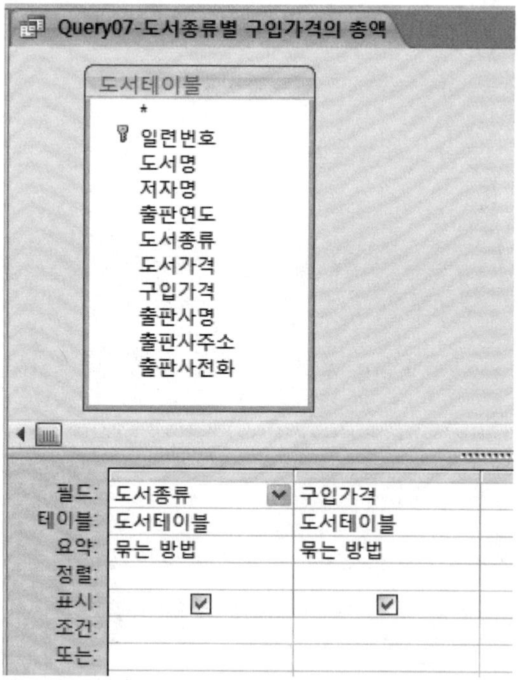

[그림 2-27] **〈질의7〉의 쿼리창**

(3) 그 상태에서 구입가격의 '묶는 방법'을 클릭하여 '합계'를 선택한다. 아래 그림은 질의창과 그 실행 결과를 보여준다(그림 2-28,29).

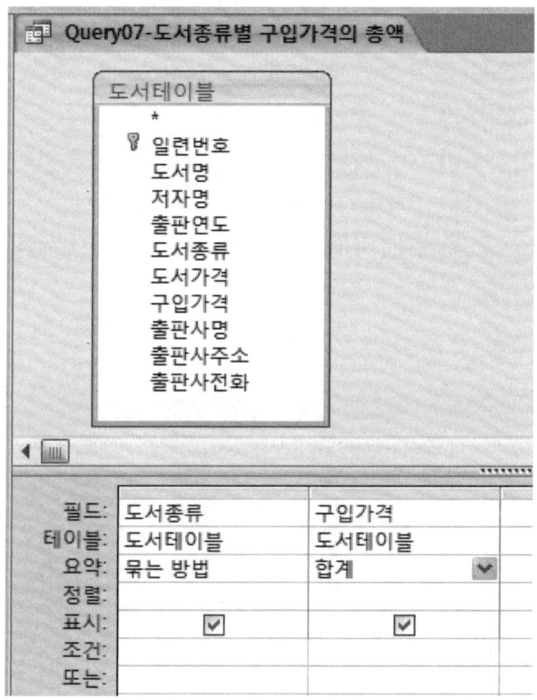

[그림 2-28] **구입가격의 합계**

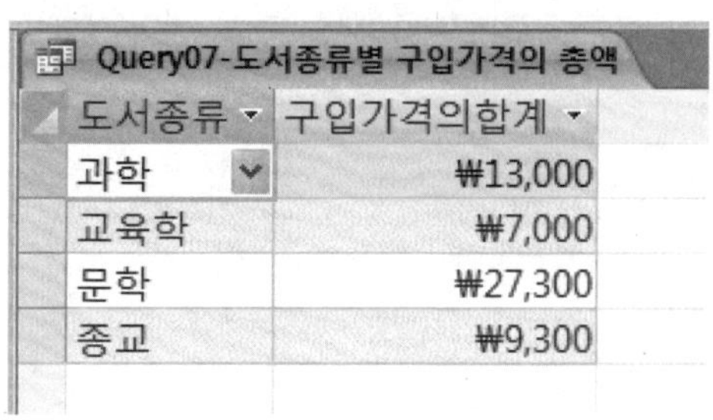

[그림 2-29] **결과**

요구사항 8의 쿼리; <질의8> 출판사별 도서가격의 총액; (Query08-출판사별 도서가격의 총액)

[문제] "교학사"가 발행한 도서의 도서가격의 총액을 출력하시오.

[풀이] 필요한 필드; 출판사명, 도서가격요약;

출판사명에 묶는 방법, 도서가격에 합계

조건; 출판사명="교학사"

질의8은 질의7과 비슷하다. 마찬가지로 '묶는 방법'을 이용한다. 그러나 여기서는 "교학사"라는 출판사에 한정하므로 출판사명의 조건을 "교학사"로 한다. 결과는 18,500(3,700 + 10,000 + 4,800)이다. 출판사명에 대한 조건을 없애면 각 출판사에 대한 도서가격 총액이 출력된다(그림 2-30,31).

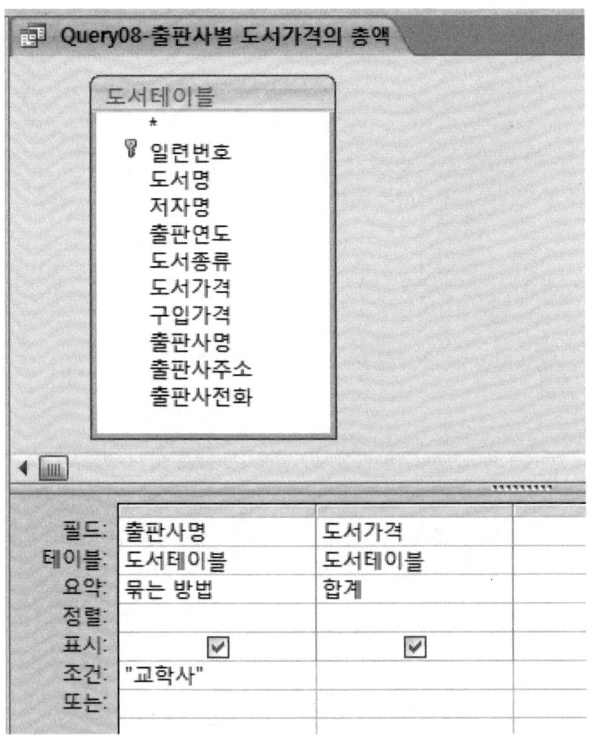

[그림 2-30] **"교학사"의 도서가격 총액 쿼리창**

Query08-출판사별 도서가격의 총액

출판사명	도서가격의합계
교학사	₩18,500

[그림 2-31] **결과**

[완성 파일]; "액세스2007-도서DB-2장-3단계-질의"

위의 여덟 가지 질의 외에 많은 경우를 생각할 수 있으나 데이터베이스 입문을 목적으로 간단하게 여기까지만 소개하고 보다 자세한 내용은 뒤이어 배우도록 한다.

현재까지 쿼리창에서 GUI(Graphics User Interface, 그래픽 사용자 인터페이스)방식의 입력을 통하여 쿼리를 작성해 보았다. 쿼리 작성방식은 이러한 GUI방식 외에 문장(텍스트)으로 된 SQL명령문을 직접 구사하는 방식이 있다. SQL은 표준적인 질의어(query language)로써 널리 사용되고 있는 중요한 데이터베이스 언어이다. SQL에 대한 내용은 6장에서 다룬다.

질의(query)란 저장된 내용의 열람만을 의미하지는 않는다. 자료의 내용을 수정하거나, 삭제하거나, 또는 테이블을 새로 만드는 것 등의 데이터베이스에 대한 각종 조작(operation)을 망라하여 포괄적 의미로 질의라고 한다.

이렇게 작성한 질의창을 일반 사용자(데이터베이스 개발자가 아닌)가 사용하기 편리하도록 폼(form)의 형태로 제공할 수 있다('폼'의 설계는 데이터베이스 창의 '쿼리' 개체 바로 아래에 있다). 데이터의 입력, 수정, 삭제는 인가된 사용자에게 제한적으로 허용되는데 그러한 경우라 하더라도 직접 테이블을 열도록 하는 것 보다 입력 폼, 갱신 폼을 통하여 작업하도록 하는 것이 안전하다. 그러나 데이터베이스의 설계, 제작의 기간 동안에는 테이블을 직접 열어 놓고 작업하는 것이 효율적이고 편리하다.

2.5 문제점과 체계적 설계의 필요성

다음의 테이블은 지금까지 다루어 온 것이다.

[표 2-2] **도서테이블(1)**

일련번호	도서명	저자명	출판연도	도서종류	도서가격	구입가격	출판사명	출판사주소	출판사전화
1	꽃시계	어효선	1998	문학	8500	8000	문학사	서울	02-2222-3333
2	나무	이주승	1998	문학	4000	4000	용진출판	서울	02-333-1212
3	당나귀	어효선	1993	문학	3700	3300	교학사	대구	053-662-8787
4	발명	김정흠	1997	과학	4600	4000	삼안출판	부산	051-555-3322
5	지구	홍지구	2001	과학	10000	9000	교학사	대구	053-662-8787
6	해	어효선	1998	문학	4000	4000	용진출판	서울	02-333-1212
7	불심	김부심	2004	종교	5000	4500	학조사	광주	062-655-8833
8	친구	김서정	2002	문학	8000	8000	아름	대전	042-777-2727
9	소망	박소망	2007	종교	4800	4800	교학사	대구	053-662-8787
10	과학교육	최발명	2002	교육학	8000	7000	학습사	서울	02-3333-4444

하나의 표 안에 모든 자료를 다 저장한 형태이다. 단순하게 보이지만 자료의 양이 늘어나고 자료의 갱신이 빈번해 진다면 여러 가지 문제점이 나타날 것이다(데이터베이스의 필요성은 대용량 자료의 관리 때문에 발생한다. 자료의 건수가 수백 건 또는 수천 건 정도라면 수작업으로도 가능하다. 그러나 수만 건, 또는 수십, 수백만 건 이상이라면 수작업의 한계를 벗어난다. 즉, 데이터베이스 없이는 방대한 자료를 처리할 수 없게 된다). 어떠한 문제들이 예상되는지 생각해 보자.

질문 다음의 상황을 생각해 보자.

(1) 예를 들면, 출판사가 "교학사"인 경우 일련번호 3, 5, 9의 세 곳에서 동일한 출판사주소와 출판사전화가 반복되어 나타난다. 동일한 자료가 중복되면 어떤 문제가 발생할까?

(2) 일련번호 8번은 "아름"이라는 출판사의 책이다. 그런데 이 자료를 삭제한다면 무슨 문제가 발생할까? (자료의 삭제는 현실적으로 가능하다. 이 표가 현재 보유하고 있는 도서의 목록이라면 만약 그 책이 폐기처분되는 경우에는 보유 목록에서 그 자료를 삭제해야 마땅하다.)

답 (1)의 경우; 동일한 자료의 중복 문제이다. 먼저 생각 할 수 있는 문제점은 저장공간의 낭비, 입력에 필요한 시간과 인력의 낭비이다. 위의 간단한 예를 보면 그 심각함을 실감하지 못하는데 자료의 건수가 수 천, 수만 건, 수십만 건 등과 같이 대량의 자료에 의한 중복 저장은 공간과 시간의 낭비가 심각하다.

중복으로 인한 더 심각한 문제는 자료를 갱신할 경우 동일한 내용을 유지하기위해 모든 중복되는 자료를 찾아 동일하게 갱신해 주어야한다. 동일한 자료들이 서로 다른 값을 갖는다면 데이터 불일치라는 심각한 오류가 발생하게 된다(갱신 이상, update anomaly). 따라서 자료의 중복은 작업의 효율성과 자료의 신뢰성을 해치는 요인이 된다. 이러한 여러 가지 이유로 자료의 중복을 최대한 피하도록 데이터베이스의 설계가 이루어져야 한다.

(2)의 경우; "아름"이라는 출판사는 이 테이블에서 단 한번 나타난다. 만약 이것을 삭제한다면 "아름"이라는 출판사에 대한 정보는 어디에서도 찾아 볼 수 없게 되어 원하지 않는 (중요한) 정보가 상실될 가능성이 있다(삭제 이상, deletion anomaly). 보유하고 있는 책을 폐기하더라도 단지 보유에 대한 정보만 삭제하고 출판사에 대한 정보 등은 그대로 남겨 두고 싶은데 그 방법이 없을까?

지금 언급한 내용 외에도 단일 테이블이 갖는 문제점들을 여러 가지로 생각할 수 있다. 그러나 위에서 언급한 이 문제들이 가장 현저한 문제점들이라고 볼 수 있다. 이 같은 문제들의 원인은 무엇인가? 하나의 테이블에 모든 내용을 담고 있기 때문에 이러한 문제들이 발생한다. 하나의 테이블로는 문제가 해결 되지 않는다면 그 해결 방법은 결국 테이블을 두 개 이상의 테이블로 나누는 것이다. 하나의 테이블을 어떻게 나누느냐 하는 과정이 바로 데이터베이스 설계의 핵심적인 과정이다. 이 과정은 이미 오랜 세월동안 그 이론적 체계가 정교하게 다듬어져 왔다. 따라서 배워야 할 내용도 많아졌지만 이 책에서는 이론적 엄밀성 보다 실제적인 이해에 초점을 맞추어 설명하고자 한다.

요점정리

✔ 데이터베이스의 대상 업무 선정; 데이터베이스의 이론을 공부하기 전에 간단한 데이터베이스를 만들고 질의를 해 보는 것이 데이터베이스에 대한 전체적인 윤곽을 단시간에 파악하는데 효과적이다. 데이터베이스 학습에서 실습은 필수적인데, 이미 익숙한 분야에 대한 실습을 하는 것이 사전 학습의 비용을 줄 일 수 있다. 이런 목적에서 특별한 지식이 필요 없는

도서 관리를 위한 데이터베이스를 실습의 대상으로 선정하였다. (2.1)

✓요구사항의 도출; 데이터베이스의 개발에 가장 중요한 시작점은 개발자와 현업 담당자들로부터의 협의를 통하여 요구사항을 도출하는 것이다. 실습을 위하여 8개의 요구사항을 도출하였다. 요구사항은 DB를 만드는 과정에서 샘플 데이터의 역할을 하면서 또한 DB를 완성한 후에 DB의 작동을 시험해 볼 수 있는 테스트 데이터의 역할도 하는 DB 설계와 제작에 있어서 중요한 요소이다. (2.2)

✓데이터의 준비; 요구사항의 내용을 만족하는 데이터를 준비한다. 데이터는 최대한 현업의 상황을 잘 반영하도록 실제성이 있어야 하므로 현장에서의 관찰에 의한 데이터 생성이 바람직하다. 그러나 미래에 다루어야 할 데이터도 포함해야 하므로 경우에 따라서 가상의 데이터를 만들어야 할 때도 많다. 각 요구사항으로부터 데이터가 필요한 단어를 뽑아낸 것이 속성(attribute)또는 필드(field)가 된다. (2.3.1)

✓플랫 파일의 준비; 처음 데이터를 준비할 때에는 하나의 테이블에 모든 데이터를 담고 있는 플랫 파일(flat file) 또는 플랫 데이터베이스(flat database)를 준비 한다. 플랫 파일은 한눈에 모든 데이터를 파악할 수 있다는 장점이 있다. 이 데이터는 최소한 요구사항의 내용을 모두 만족할 수 있을 만큼의 내용이 들어 있어야하고 그 외, 문제점을 일으킬 수 있는 데이터, 흥미로운 결과를 만들어 줄 수 있는 데이터, 작지만 영양가 많은 알찬 데이터를 준비하는 것이 중요하다. (2.3.1)

✓테이블 설계와 기본키의 설정; 준비한 플랫 파일을 만들어 준다. 속성 또는 필드의 데이터 형식을 정해주는 과정을 테이블 설계(table design), 또는 스키마(schema)라 한다. 테이터베이스의 테이블은 기본키(primary key)라는 특별한 속성에 의해 테이블의 내용을 찾아 간다. 따라서 테이블 설계에 기본키를 반드시 지정해야 한다. 기본키란 테이블의 내용을 저장하고 검색하기 위하여 유일한 값을 갖는 최소 개수의 필드(들)를 말한다. (2.3.2)

✓쿼리창을 사용하여 요구사항의 만족 여부 점검; 테이블에 데이터를 입력 한 후, 요구사항에 대한 만족 여부를 검사한다. 이 과정은 쿼리창(query window)을 통해 이루어진다. 액세스의 쿼리창(또는, 질의창)을 열고 필요한 필드를 선택하여 필요한 조건을 입력하고 조회하면 쿼리의 결과를 볼 수 있다. (2.4)

✓쿼리에 조건 표시와 계산의 종류; 쿼리의 조건에는 등호, 부등호를 사용하는 대소 비교가 가능하고, And, Or, Not과 같은 논리연산자의 사용이 가능하다. 동일한 종류의 데이터를 같이 묶어(group by) 여러 종류의 계산을 한다; 합계, 개수, 최대값, 최소값, 등. (2.4)

✔플랫 파일의 문제점; 하나의 테이블에 모든 데이터를 표현하는 것에는 간단하여 보기 쉽다는 장점이 있지만, 다음과 같은 심각한 문제점들이 있다; 자료의 중복, 갱신이상(update anomaly), 삭제이상(deletion anomaly). 갱신이상은 동일한 자료들이 서로 다른 값을 갖는 데이터 불일치라는 심각한 오류를 말하고, 삭제이상은 원하지 않는(중요한) 정보를 상실하는 오류를 말한다. (2.5)

점검포인트

❍ 현업에서 요구사항을 도출하고 요구사항으로부터 데이터를 준비하는 과정을 이해한다.
❍ 데이터로부터 플랫 파일을 작성할 수 있다.
❍ 테이블 설계와 데이터 입력을 할 수 있다.
❍ 기본키의 의미를 설명할 수 있고, 테이블에서 기본키를 지정 또는 기본키를 생성할 수 있다.
❍ 액세스의 쿼리창을 사용하여 쿼리 디자인을 만들 수 있고 사용자 요구를 만족하는 쿼리를 만들 수 있다.
❍ 액세스에서 이미 만들어진 쿼리를 수정할 수 있다.
❍ 액세스의 쿼리창에서 And 연산과 Or 연산을 구분하여 사용할 수 있다.
❍ 액세스의 쿼리창에서 '묶는 방법'(group by)에 의한 통계치(개수, 합계, 등)를 계산할 수 있다.
❍ 플랫 파일의 장점과 단점을 설명할 수 있다.

연습문제

[2.1] 2.2에서 8개의 요구사항을 도출하였다. 새로운 요구사항을 추가해 보자.

[2.2] 액세스의 테이블 디자인 창에서 데이터 형식의 종류를 찾아보자. '숫자'에 속한 데이터 형식에 어떤 것이 있는가?

[2.3] 테이블을 디자인 할 때 기본키를 지정하지 않을 때 어떠한 문제가 발생하는가?

[2.4] 갱신이상과 삭제이상의 의미를 예를 들어 설명하시오.

[2.5] 자료의 중복이 발생하는 원인은 무엇인가? 자료의 중복을 피해야 하는 이유가 무엇인가?

03

설계와 제작의 실습

2장에서 액세스(Access)를 사용하여 간단한 데이터베이스를 만들고 질의(query)를 직접 실습해 보았다. 2장의 마지막 부분에서 하나의 테이블에 의한 여러 가지 문제점들을 논의하였고(예를 들면, 데이터 중복) 그것들을 극복하기 위해 체계적인 데이터베이스의 설계가 필요함을 언급하였다.
3장에서는 데이터베이스의 체계적인 설계가 어떻게 이루어지는지 도서DB의 쉬운 예를 통하여 차근차근 알아보도록 한다. 그러나 이론적인 엄밀성 보다 실제의 설계 능력을 기르도록 내용을 구성하였다. 설계의 이론적 부분은 4장에서 다룬다. 3장에서는 데이터베이스의 설계와 제작의 실무 능력을 기르는 것이 목적이므로 실습과 병행하는 것이 좋다고 본다.

목차

3.1 시험 데이터 만들기

3.2 출판사 정보의 중복성 제거를 위한 테이블 분할

3.3 저자 정보의 중복성 제거를 위한 테이블 분할

3.4 도서테이블에서 개별 도서를 식별하는 문제의 해결

3.5 복본으로 인한 중복의 해결

3.6 공저로 인한 중복의 해결

3.7 액세스로 구현

3.8 도서DB에서 중복성을 제거하는 과정의 요약

3.9 실습문제(대출업무의 추가)

03 설계와 제작의 실습

3.1 시험 데이터 만들기

시험 데이터(test data)는 데이터베이스 설계에 대단히 중요한 역할을 한다. 설계의 각 과정을 점검할 수 있고 설계의 흐름을 파악하는데 도움이 된다. 시험 데이터는 설계의 요소를 확인 또는 점검하기 위하여 수시로 그 내용을 갱신, 추가, 삭제할 수 있다. 이러한 시험 데이터는 실제의 상황을 함축적으로 잘 반영할 수 있도록 준비하는 것이 바람직하다. 설계의 각 요소를 점검해 볼 수 있도록 『의미 있는』 데이터의 준비가 필요하다. 시험 데이터의 가장 간단한 형태는 하나의 테이블 안에 모든 데이터를 넣는 것이다. 이러한 데이터 형태를 플랫 파일(flat file) 또는 플랫 데이터베이스(flat-database)라고 부른다. 플랫 파일은 시험 데이터를 한 테이블 안에 담고 있어 데이터의 내용을 전체적으로 파악하는데 도움을 준다. 또한, 플랫 파일은 데이터를 분석하는데 대단히 효과적이다. 실제의 데이터를 한 눈에 들여다보면서 설계하는 것이 설계의 정확성과 효율을 높일 수 있으므로 플랫 파일은 데이터베이스 설계 과정에서 유용하게 쓰일 수 있다.

데이터베이스의 개발에는 그 대상 업무에 대한 파악이 선행되어야 한다. 이 책에서는 학습시간의 절약을 위해 사전 학습이 필요 없는 도서 관리 업무를 위한 데이터베이스(도서DB)를 실습의 대상으로 선정한다. 2장에서 이미 도서DB의 플랫 파일을 다루었는데 여기서는 좀 더 다양한 경우들을 포함하도록 데이터를 추가하였다. 추가한 필드는 저자주소, 저자이메일, 구입연도의 세 가지이다. 그러나 실제의 데이터베이스는 이것보다 훨씬 많은 필드를 다루고 있다. 여기서는 학습 효과를 위해 가급적 규모를 축소하였다.

[표 3-3] **도서테이블(2)**

도서명	저자명	저자 주소	저자 이메일	출판 연도	도서 종류	도서 가격	구입 가격	구입 연도	출판사명	출판사 주소	출판사전화
꽃시계	어효선	서울	hs@han	1998	문학	8500	8000	1999	문학사	서울	02-2222-3333
나무	이주승	부산	js@han	1998	문학	4000	4000	1998	용진출판	서울	02-333-1212
나무	이주승	부산	js@han	1998	문학	4000	3500	1999	용진출판	서울	02-333-1212
당나귀	어효선	대구	hs@do	1993	문학	3700	3300	1997	교학사	대구	053-662-8787
발명	김정흠	광주	jh@hot	1997	과학	4600	4000	2000	삼안출판	부산	051-555-3322
	최발명	청주	bm@han								
지구	홍지구	대구	jg@cam	2001	과학	10000	9000	2003	교학사	대구	053-662-8787
	유성귀	대구	sg@hot								
	박지구	대전	jg@han								
지구	유성귀	대구	sk@nav	2008	과학	8000	8000	2008	과학사	대구	053-312-2202
해	어효선	대구	hs@do	1998	문학	4000	4000	1999	용진출판	서울	02-333-1212
해	어효선	대구	hs@do	1998	문학	4000	3000	2000	용진출판	서울	02-333-1212
해	어효선	대구	hs@do	1998	문학	4000	3000	2000	용진출판	서울	02-333-1212
해	박주해	춘천	ju@hot	2006	과학	12000	10000	2008	과학사	대구	053-312-2202
달	김서정	서울	sj@cam	2003	과학	11000	11000	2005	학습사	서울	02-3333-4444
불심	김부심	인천	bs@nav	2004	종교	5000	4500	2006	학조사	광주	062-655-8833
친구	김서정	서울	seo@do	2002	문학	8000	8000	2003	아름	대전	042-777-2727
소망	박소망	인천	sm@cam	2007	종교	4800	4800	2007	교학사	대구	053-662-8787
과학교육	최발명	청주	bm@han	2002	교육	8000	7000	2005	학습사	서울	02-3333-4444

도서정보의 내용은 아래와 같은 가정에 근거한다. 학습 목적상 적당한 난이도가 바람직하므로 아래와 같은 가정과 단순화를 고려한다.

① 복본을 허용한다. 도서명 "나무"가 테이블에 두 번 나타난다. 이는 동일한 책을 두 권 보유하고 있음을 말해준다(복본). 도서관리는 책을 낱권으로 개별적으로 관리하므로 동일한 책이 여러 권 있으면 개별적으로 관리한다. 이와 같은 복본의 경우는 "해"에서도 발견할 수 있다(3권).

② 공저가 가능하다. 즉, 여러 저자가 한 권의 책을 출판할 수 있다. 테이블에서 "발명"의 공저는 김정흠, 최발명 2인이고, "지구"는 3인 공저(홍지구, 유성귀, 박지구)이다.

③ 동명이인이 가능하다. 이름이 같으면서 서로 다른 저자의 경우이다. 같은 이름에 주소가 같더라도 이메일이 다르면 다른 저자로 간주한다. 그러나 이메일이 없는 저자도 있다고 가정한다. 테이블의 예에서, 어효선(서울의 hs@han, 대구의 hs@do의 두 경우), 유성귀

(대구의 sg@hot, 대구의 sk@nav의 두 경우)를 찾을 수 있다. 이메일이 서로 중복되지 않는 한 저자 이메일의 변경은 가능하다.

④ 도서명은 같지만 서로 다른 책이 가능하다. 테이블의 예에서, 홍지구외 2인의 "지구"와 유성귀의 "지구"가 그러하다. 또 다른 예로, 어효선의 "해"와 박주해의 "해"가 그것이다.

⑤ 저자와 출판사의 주소는 도시명만으로 구분한다.

⑥ 출판사명은 고유한 상호이므로 동일한 이름을 여러 곳에서 사용할 수 없다.

⑦ 한 권의 책은 한 출판사에 의해서 출판한다. 즉, 둘 이상의 출판사에서 공동으로 책을 발간하지는 않는다고 가정한다.

⑧ 동일 책에 대한 재판, 삼판, 등은 모두 최초의 출판연도로 정한다. 개정판도 최초의 출판연도로 정한다.

⑨ 같은 책이지만 구입 연도, 구입 가격이 다를 수 있다. 예를 들면, 이주승의 "나무"라는 책은 1998년의 구입 가격이 4000원, 1999년의 구입 가격이 3,500원이다.

실제의 경우는 훨씬 복잡한 조건과 가정들이 요구된다. 위의 조건과 가정들은 학습 난이도와 효율성에 비추어 볼 때 적절하다고 생각한다.

3.2 출판사 정보의 중복성 제거를 위한 테이블 분할

이제 하나의 테이블이 갖는 중복의 문제점을 해소하기 위해 테이블을 나누는 문제를 생각해 보자. 어떻게 분할할까? 우선 쉽게 눈에 띄는 중복의 경우부터 먼저 생각해 보자.

◎ 한 출판사가 다수의 책을 출판하는데, 출판사의 정보는 동일하므로 플랫파일에서는 출판사에 대한 정보의 중복을 피할 수 없다.

◎ 마찬가지로 저자에 대한 정보도 그러하다. 동일 저자가 다수의 책을 저술할 수 있으므로 동일 저자의 정보가 중복을 보인다.

이와 같이 출판사 정보와 저자 정보가 도서 정보와 함께 공존하기 때문에 중복이 발생함을 알 수 있다. 그렇다면, 출판사 정보와 저자 정보를 원래의 테이블로부터 분리하면 어떨까? 우선, 원래의 테이블에서 출판사 정보를 분리해 보자. 도서테이블(2)를 아래와 같이 두 테이블로 나눈다.

아래는 원래의 테이블에서 출판사 관련 정보(출판사명, 출판사주소, 출판사전화)를 제외한 결과이다(도서테이블(3)).

[표 3-2] **도서테이블(3)**

<table>
<tr><th>도서명</th><th>저자명</th><th>저자 주소</th><th>저자 이메일</th><th>출판 연도</th><th>도서 종류</th><th>도서 가격</th><th>구입 가격</th><th>구입 연도</th></tr>
<tr><td>꽃시계</td><td>어효선</td><td>서울</td><td>hs@han</td><td>1998</td><td>문학</td><td>8500</td><td>8000</td><td>1999</td></tr>
<tr><td>나무</td><td>이주승</td><td>부산</td><td>js@han</td><td>1998</td><td>문학</td><td>4000</td><td>4000</td><td>1998</td></tr>
<tr><td>나무</td><td>이주승</td><td>부산</td><td>js@han</td><td>1998</td><td>문학</td><td>4000</td><td>3500</td><td>1999</td></tr>
<tr><td>당나귀</td><td>어효선</td><td>대구</td><td>hs@do</td><td>1993</td><td>문학</td><td>3700</td><td>3300</td><td>1997</td></tr>
<tr><td rowspan="2">발명</td><td>김정흠</td><td>광주</td><td>jh@hot</td><td rowspan="2">1997</td><td rowspan="2">과학</td><td rowspan="2">4600</td><td rowspan="2">4000</td><td rowspan="2">2000</td></tr>
<tr><td>최발명</td><td>청주</td><td>bm@han</td></tr>
<tr><td rowspan="3">지구</td><td>홍지구</td><td>대구</td><td>jg@cam</td><td rowspan="3">2001</td><td rowspan="3">과학</td><td rowspan="3">10000</td><td rowspan="3">9000</td><td rowspan="3">2003</td></tr>
<tr><td>유성귀</td><td>대구</td><td>sg@hot</td></tr>
<tr><td>박지구</td><td>대전</td><td>jg@han</td></tr>
<tr><td>지구</td><td>유성귀</td><td>대구</td><td>sk@nav</td><td>2008</td><td>과학</td><td>8000</td><td>8000</td><td>2008</td></tr>
<tr><td>해</td><td>어효선</td><td>대구</td><td>hs@do</td><td>1998</td><td>문학</td><td>4000</td><td>4000</td><td>1999</td></tr>
<tr><td>해</td><td>어효선</td><td>대구</td><td>hs@do</td><td>1998</td><td>문학</td><td>4000</td><td>3000</td><td>2000</td></tr>
<tr><td>해</td><td>어효선</td><td>대구</td><td>hs@do</td><td>1998</td><td>문학</td><td>4000</td><td>3000</td><td>2000</td></tr>
<tr><td>해</td><td>박주해</td><td>춘천</td><td>ju@hot</td><td>2006</td><td>과학</td><td>12000</td><td>10000</td><td>2008</td></tr>
<tr><td>달</td><td>김서정</td><td>서울</td><td>sj@cam</td><td>2003</td><td>과학</td><td>11000</td><td>11000</td><td>2005</td></tr>
<tr><td>불심</td><td>김부심</td><td>인천</td><td>bs@nav</td><td>2004</td><td>종교</td><td>5000</td><td>4500</td><td>2006</td></tr>
<tr><td>친구</td><td>김서정</td><td>서울</td><td>seo@do</td><td>2002</td><td>문학</td><td>8000</td><td>8000</td><td>2003</td></tr>
<tr><td>소망</td><td>박소망</td><td>인천</td><td>sm@cam</td><td>2007</td><td>종교</td><td>4800</td><td>4800</td><td>2007</td></tr>
<tr><td>과학교육</td><td>최발명</td><td>청주</td><td>bm@han</td><td>2002</td><td>교육</td><td>8000</td><td>7000</td><td>2005</td></tr>
</table>

다음의 테이블은 출판사 정보만 분리한 테이블이다(출판사테이블(1)).

[표 3-3] **출판사테이블(1)**

출판사명	출판사주소	출판사전화
문학사	서울	02-2222-3333
용진출판	서울	02-333-1212
용진출판	서울	02-333-1212
교학사	대구	053-662-8787
삼안출판	부산	051-555-3322
교학사	대구	053-662-8787
과학사	대구	053-312-2202
용진출판	서울	02-333-1212
용진출판	서울	02-333-1212
용진출판	서울	02-333-1212
과학사	대구	053-312-2202
학습사	서울	02-3333-4444
학조사	광주	062-655-8833
아름	대전	042-777-2727
교학사	대구	053-662-8787
학습사	서울	02-3333-4444

그런데, 위의 테이블에서 '용진출판'이 여러 번 보이고 '교학사', 등이 중복되어 있다. 같은 출판사 정보를 한 테이블에 중복 저장할 필요가 있을까? 오히려 중복의 문제만 야기하므로 각 출판사 정보를 하나만 남기고 중복을 제거한다(출판사테이블(2)).

[표 3-4] **출판사테이블(2)**

출판사명	출판사주소	출판사전화
문학사	서울	02-2222-3333
용진출판	서울	02-333-1212
교학사	대구	053-662-8787
삼안출판	부산	051-555-3322
과학사	대구	053-312-2202
학습사	서울	02-3333-4444
학조사	광주	062-655-8833
아름	대전	042-777-2727

이렇게 하여 출판사테이블에는 중복이 모두 제거되었고 이제 문제점이 없어 보인다. 그런데, 도서테이블(3)은 어떠한가? 원래의 테이블에서 도서테이블과 출판사테이블을 분리하였는데 문제가 없는가? 분리하기 전과 분리 후의 자료에 변동이 있으면 안 될 것이다. 즉, 분리하더라도 데이터에 변동이 있으면 안 된다는 것은 당연하다. 그러한지 점검해 보자.

[점검] 도서테이블(3)에서 도서명 '꽃시계'의 출판사명은 무엇인가?라는 질문에 답할 수 있는가?

원래의 테이블인 도서테이블(2)에서는 그러한 질문에 답할 수 있었다. 그런데 분리된 테이블에서는 출판사 관련의 모든 정보가 출판사테이블로 옮겨 갔으므로 도서테이블에서는 더 이상 출판사에 대한 정보를 찾을 수 없다. 분리함으로써 중복을 제거한 것은 잘한 것이나 원래 가능했던 검색이 분리 후에는 불가능해진다는 것은 오류이다.

그렇다면 출판사 관련 정보를 떼 내더라도 원래의 검색이 가능하도록 필요한 필드는 남겨 두는 것이 바람직할 것이다. 출판사 관련 정보 중에서 무슨 필드를 도서테이블에 추가할까? 대표성 있는 필드가 적합할 것이다. 이제, 도서테이블(3)에 '출판사명'을 추가하자 (도서테이블(4)).

[표 3-5] **도서테이블(4)**

도서명	저자명	저자 주소	저자 이메일	출판 연도	도서 종류	도서 가격	구입 가격	구입 연도	*출판사명*
꽃시계	어효선	서울	hs@han	1998	문학	8500	8000	1999	*문학사*
나무	이주승	부산	js@han	1998	문학	4000	4000	1998	*용진출판*
나무	이주승	부산	js@han	1998	문학	4000	3500	1999	*용진출판*
당나귀	어효선	대구	hs@do	1993	문학	3700	3300	1997	*교학사*
발명	김정흠	광주	jh@hot	1997	과학	4600	4000	2000	*삼안출판*
	최발명	청주	bm@han						
지구	홍지구	대구	jg@cam	2001	과학	10000	9000	2003	*교학사*
	유성귀	대구	sg@hot						
	박지구	대전	jg@han						
지구	유성귀	대구	sk@nav	2008	과학	8000	8000	2008	*과학사*
해	어효선	대구	hs@do	1998	문학	4000	4000	1999	*용진출판*
해	어효선	대구	hs@do	1998	문학	4000	3000	2000	*용진출판*
해	어효선	대구	hs@do	1998	문학	4000	3000	2000	*용진출판*
해	박주해	춘천	ju@hot	2006	과학	12000	10000	2008	*과학사*
달	김서정	서울	sj@cam	2003	과학	11000	11000	2005	*학습사*
불심	김부심	인천	bs@nav	2004	종교	5000	4500	2006	*학조사*
친구	김서정	서울	seo@do	2002	문학	8000	8000	2003	*아름*
소망	박소망	인천	sm@cam	2007	종교	4800	4800	2007	*교학사*
과학교육	최발명	청주	bm@han	2002	교육	8000	7000	2005	*학습사*

이제, '출판사명'은 도서테이블에도 나타나고 출판사테이블에도 나타난다. 그러나 이런 정도의 중복성은 허용해 주지 않으면 안 되는 중복 제거의 비용이라 볼 수 있다. 어떤 도서에 대한 출판사 정보는(예; 저자 어효선의 꽃시계의 출판사 주소는?) 도서테이블(4)에서 출판사명을 찾아내어 출판사테이블에서 그 출판사의 정보를 찾을 수 있다(예; 꽃시계의 출판사는 문학사이고 문학사의 주소는 서울이다).

원래의 테이블에서 도서테이블과 출판사테이블을 오류없이 분할하였는지를 점검할 필요가 있다. 이는 두 방향인데 도서테이블에서 출판사정보를 찾는 방향과, 출판사테이블에서 도서정보를 찾는 방향이다.

첫째, 도서테이블(4)에서 출판사 정보를 찾는 과정을 살펴보면, 도서테이블에서 "꽃시계"의 출판사는 '문학사'임을 알 수 있다. '문학사'의 정보는 출판사테이블(3)에서 출판사주소는 '서울'이고 전화는 '02-2222-3333'인 것을 찾을 수 있다. 이와 같이, 도서테이블로부터 출판사 정보를 오류 없이 찾을 수 있다.

둘째, 출판사테이블에서 도서정보를 찾을 수 있어야 한다. 예를 들면, 출판사 '과학사'가 출판한 도서는 도서테이블에서 2008년 유성귀의 '지구'와 2006년 박주해의 '해'임을 찾을 수 있다. 이와 같은 방법으로 출판사테이블로부터 도서정보를 얻을 수 있다.

3.3 저자 정보의 중복성 제거를 위한 테이블 분할

도서테이블(4)에는 또 다른 현저한 중복성이 있다. 즉, 동일한 저자에 대한 정보가 불필요하게 중복되어 있다. 그렇다면 도서테이블에서 출판사테이블을 분리했듯이 저자에 대한 정보도 도서테이블에서 분리할 수 있다. 아래는 도서테이블(4)에서 저자 정보를 빼낸 결과인 도서테이블(5)를 보여준다.

[표 3-6] **도서테이블(5)**

도서명	출판 연도	도서 종류	도서 가격	구입 가격	구입 연도	출판사명
꽃시계	1998	문학	8500	8000	1999	문학사
나무	1998	문학	4000	4000	1998	용진출판
나무	1998	문학	4000	3500	1999	용진출판
당나귀	1993	문학	3700	3300	1997	교학사
발명	1997	과학	4600	4000	2000	삼안출판
지구	2001	과학	10000	9000	2003	교학사
지구	2008	과학	8000	8000	2008	과학사
해	1998	문학	4000	4000	1999	용진출판
해	1998	문학	4000	3000	2000	용진출판
해	1998	문학	4000	3000	2000	용진출판
해	2006	과학	12000	10000	2008	과학사
달	2003	과학	11000	11000	2005	학습사
불심	2004	종교	5000	4500	2006	학조사
친구	2002	문학	8000	8000	2003	아름
소망	2007	종교	4800	4800	2007	교학사
과학교육	2002	교육	8000	7000	2005	학습사

아래의 저자테이블(1)은 도서테이블에서 저자 정보를 떼어 낸 그대로를 보여주므로

같은 저자가 여러 번 나타난다. 저자테이블(2)는 그러한 중복을 제거한 결과이다.

[표 3-7] **저자테이블(1)**

저자명	저자 주소	저자 이메일
어효선	서울	hs@han
이주승	부산	js@han
이주승	부산	js@han
어효선	대구	hs@do
김정흠	광주	jh@hot
최발명	청주	bm@han
홍지구	대구	jg@cam
유성귀	대구	sg@hot
박지구	대전	jg@han
유성귀	대구	sk@nav
어효선	대구	hs@do
어효선	대구	hs@do
어효선	대구	hs@do
박주해	춘천	ju@hot
김서정	서울	sj@cam
김부심	인천	bs@nav
김서정	서울	seo@do
박소망	인천	sm@cam
최발명	청주	bm@han

[표 3-8] **저자테이블(2)**

저자명	저자 주소	저자 이메일
어효선	서울	hs@han
이주승	부산	js@han
어효선	대구	hs@do
김정흠	광주	jh@hot
최발명	청주	bm@han
홍지구	대구	jg@cam
유성귀	대구	sg@hot
박지구	대전	jg@han
유성귀	대구	sk@nav
박주해	춘천	ju@hot
김서정	서울	sj@cam
김부심	인천	bs@nav
김서정	서울	seo@do
박소망	인천	sm@cam

이제 도서테이블(4)에서부터 도서테이블(5)와 저자테이블(2)의 분할이 제대로 되었는지 점검해 보자.

[점검] 도서테이블(5)에서 원래의 테이블처럼 저자정보를 찾을 수 있는가? 예를 들면, "꽃시계"의 저자는 누구인가?라는 질문에 도서테이블(5)에서 답변할 수 있는가?

도서테이블(4)에서 저자에 대한 정보를 모두 분리했기 때문에 위의 질문에 답을 할 수 없다. 어떻게 해결할 것인가?

도서테이블과 출판사테이블의 연결을 위하여 도서테이블에 출판사명을 남겨 두었듯이, 대표성 있는 저자 정보를 도서테이블에 남겨두어 도서테이블에서 저자 정보를 찾아 갈 수 있도록 하면 된다(도서테이블(6)).

[표 3-9] **도서테이블(6)**

도서명	*저자명*	출판연도	도서종류	도서가격	구입가격	구입연도	출판사명
꽃시계	*어효선*	1998	문학	8500	8000	1999	문학사
나무	*이주승*	1998	문학	4000	4000	1998	용진출판
나무	*이주승*	1998	문학	4000	3500	1999	용진출판
당나귀	*어효선*	1993	문학	3700	3300	1997	교학사
발명	*김정흠* *최발명*	1997	과학	4600	4000	2000	삼안출판
지구	*홍지구* *유성귀* *박지구*	2001	과학	10000	9000	2003	교학사
지구	*유성귀*	2008	과학	8000	8000	2008	과학사
해	*어효선*	1998	문학	4000	4000	1999	용진출판
해	*어효선*	1998	문학	4000	3000	2000	용진출판
해	*어효선*	1998	문학	4000	3000	2000	용진출판
해	*박주해*	2006	과학	12000	10000	2008	과학사
달	*김서정*	2003	과학	11000	11000	2005	학습사
불심	*김부심*	2004	종교	5000	4500	2006	학조사
친구	*김서정*	2002	문학	8000	8000	2003	아름
소망	*박소망*	2007	종교	4800	4800	2007	교학사
과학교육	*최발명*	2002	교육	8000	7000	2005	학습사

두 분할된 테이블이 분할 전의 플랫파일과 같은 내용인지 살펴보자.

[점검] 도서테이블(6)으로부터 저자의 정보를 제대로 찾을 수 있는가? 예를 들면, "꽃시계"의 저자에 대한 정보를 알 수 있는가?

도서테이블(6)으로부터 "꽃시계"의 저자는 어효선임을 알 수 있다. 그러나 어효선의 주소에 대한 질문에는 답변할 수 없다. 왜냐하면, 저자테이블(2)에서 어효선이 두번 나타나기 때문인데 그 이유는 서울의 어효선(이메일;hs@han)과 대구의 어효선(이메일;hs@do)이 서로 다른 사람이기 때문이다. 이와 같은 예는 저자 유성귀, 김서정에서도 발견된다. 즉, 저자명은 저자에 대한 대표성을 갖지 못한다. 왜냐하면 동명이인이 있기 때문이다.

그렇다면 이 문제를 어떻게 해결할 수 있을까? 저자의 대표적 정보는 이메일이 될 수 있다. 왜냐하면 이메일이 다르면 다른 저자로 간주하자고 이미 [시험 데이터 만들기]에서 가정하였다. 그렇다면 이메일이 적합한 선택일까?

어떤 저자는 이메일이 없을 수도 있다. 따라서 저자의 대표적 정보로 이메일은 부적당하다. 또 다른 이유로 저자 이메일의 변경은 가능하므로 데이터의 성격이 강한 속성(또는 필드)인 이메일을 저자를 대표하는 속성으로 간주하기에는 무리가 많다. 따라서 순수하게 식별을 위한 필드를 하나 만들어 추가하기로 하자(기존의 데이터와 충돌을 일으키지 않는 한 필드의 추가는 가능하다). 식별을 위한 새로운 필드의 이름을 '저자번호'라 하자. 저자번호는 각 저자에 대해 고유한 번호를 부여한다. (편의상 일련번호처럼 1, 2, 3, …, 과 같이 1씩 증가하며 각 저자에게 부여한다.) 마치 주민등록번호처럼 각 개인을 유일하게 식별할 수 있는 필드이다. 이제 저자테이블(2)에 '저자번호' 필드를 추가하자(저자테이블(3)).

[표 3-10] **저자테이블(3)**

저자번호	저자명	저자 주소	저자 이메일
1	어효선	서울	hs@han
2	이주승	부산	js@han
3	어효선	대구	hs@do
4	김정흠	광주	jh@hot
5	최발명	청주	bm@han
6	홍지구	대구	jg@cam
7	유성귀	대구	sg@hot
8	박지구	대전	jg@han
9	유성귀	대구	sk@nav
10	박주해	춘천	ju@hot
11	김서정	서울	sj@cam
12	김부심	인천	bs@nav
13	김서정	서울	seo@do
14	박소망	인천	sm@cam

도서테이블에도 '저자명' 대신에 '저자번호'를 사용하여 수정한다(도서테이블(7)).

[표 3-11] **도서테이블(7)**

<table>
<tr><th>도서명</th><th>저자번호</th><th>출판연도</th><th>도서종류</th><th>도서가격</th><th>구입가격</th><th>구입연도</th><th>출판사명</th></tr>
<tr><td>꽃시계</td><td>1</td><td>1998</td><td>문학</td><td>8500</td><td>8000</td><td>1999</td><td>문학사</td></tr>
<tr><td>나무</td><td>2</td><td>1998</td><td>문학</td><td>4000</td><td>4000</td><td>1998</td><td>용진출판</td></tr>
<tr><td>나무</td><td>2</td><td>1998</td><td>문학</td><td>4000</td><td>3500</td><td>1999</td><td>용진출판</td></tr>
<tr><td>당나귀</td><td>3</td><td>1993</td><td>문학</td><td>3700</td><td>3300</td><td>1997</td><td>교학사</td></tr>
<tr><td rowspan="2">발명</td><td>4</td><td rowspan="2">1997</td><td rowspan="2">과학</td><td rowspan="2">4600</td><td rowspan="2">4000</td><td rowspan="2">2000</td><td rowspan="2">삼안출판</td></tr>
<tr><td>5</td></tr>
<tr><td rowspan="3">지구</td><td>6</td><td rowspan="3">2001</td><td rowspan="3">과학</td><td rowspan="3">10000</td><td rowspan="3">9000</td><td rowspan="3">2003</td><td rowspan="3">교학사</td></tr>
<tr><td>7</td></tr>
<tr><td>8</td></tr>
<tr><td>지구</td><td>9</td><td>2008</td><td>과학</td><td>8000</td><td>8000</td><td>2008</td><td>과학사</td></tr>
<tr><td>해</td><td>3</td><td>1998</td><td>문학</td><td>4000</td><td>4000</td><td>1999</td><td>용진출판</td></tr>
<tr><td>해</td><td>3</td><td>1998</td><td>문학</td><td>4000</td><td>3000</td><td>2000</td><td>용진출판</td></tr>
<tr><td>해</td><td>3</td><td>1998</td><td>문학</td><td>4000</td><td>3000</td><td>2000</td><td>용진출판</td></tr>
<tr><td>해</td><td>10</td><td>2006</td><td>과학</td><td>12000</td><td>10000</td><td>2008</td><td>과학사</td></tr>
<tr><td>달</td><td>11</td><td>2003</td><td>과학</td><td>11000</td><td>11000</td><td>2005</td><td>학습사</td></tr>
<tr><td>불심</td><td>12</td><td>2004</td><td>종교</td><td>5000</td><td>4500</td><td>2006</td><td>학조사</td></tr>
<tr><td>친구</td><td>13</td><td>2002</td><td>문학</td><td>8000</td><td>8000</td><td>2003</td><td>아름</td></tr>
<tr><td>소망</td><td>14</td><td>2007</td><td>종교</td><td>4800</td><td>4800</td><td>2007</td><td>교학사</td></tr>
<tr><td>과학교육</td><td>5</td><td>2002</td><td>교육</td><td>8000</td><td>7000</td><td>2005</td><td>학습사</td></tr>
</table>

도서테이블과 저자테이블의 정보가 테이블 분할 전과 후가 같아야 하므로 이를 점검하려면 도서테이블로부터 저자정보의 검색이 제대로 되는지, 또 저자테이블로부터 도서정보의 검색이 제대로 되는지를 살펴봐야 한다.

먼저, 도서테이블(7)로부터 저자정보를 정확히 찾을 수 있는지 살펴보자. 예를 들면, "꽃시계"의 저자에 대한 검색은 도서테이블(7)에서 "꽃시계"를 찾고 그 저자번호가 1이므로 저자테이블에서 저자번호가 1인 저자의 정보를 찾을 수 있다(저자명=어효선, 저자주소=서울, 저자이메일=hs@han). 이와 같이 도서테이블에서 어떤 도서에 대해 저자번호를 찾을 수 있고 그 저자번호로 저자테이블에서 저자의 정보를 찾을 수 있다. 다른 도서에 대한 예도 동일한 방법으로 점검할 수 있다.

이제, 반대 방향으로의 점검이 필요하다. 즉, 저자로부터 출판 도서에 대한 정보를 찾을 수 있어야 한다. 저자테이블에서 저자에 대한 저자번호를 찾아 그 번호로 도서테이블에서 그 저자의 도서에 대한 정보를 찾을 수 있다. 예를 들면, 서울의 김서정이라는 저자(이메일이 sj@cam)는 저자번호가 11이다. 도서테이블에서 저자번호가 11인 도서명은 "달"이고 그것에 대한 정보를 찾을 수 있다.

이와 같이 원래의 테이블에서 도서테이블과 저자테이블을 오류 없이 분할하였음을 점검할 수 있다.

3.4 도서테이블에서 개별 도서를 식별하는 문제의 해결

다시, 도서테이블(7)을 살펴보자. 아직 남아있는 문제들이 있는데 그 중 현저한 것은 "나무"라는 도서를 지칭할 때(예를 들면, 대출 정보를 기록하기 위해) 어느 책인지가 분명치

[표 3-12] **도서테이블(8)**

고유번호	도서명	저자번호	출판연도	도서종류	도서가격	구입가격	구입연도	출판사명
1	꽃시계	1	1998	문학	8500	8000	1999	문학사
2	나무	2	1998	문학	4000	4000	1998	용진출판
3	나무	2	1998	문학	4000	3500	1999	용진출판
4	당나귀	3	1993	문학	3700	3300	1997	교학사
5	발명	4	1997	과학	4600	4000	2000	삼안출판
		5						
6	지구	6	2001	과학	10000	9000	2003	교학사
		7						
		8						
7	지구	9	2008	과학	8000	8000	2008	과학사
8	해	3	1998	문학	4000	4000	1999	용진출판
9	해	3	1998	문학	4000	3000	2000	용진출판
10	해	3	1998	문학	4000	3000	2000	용진출판
11	해	10	2006	과학	12000	10000	2008	과학사
12	달	11	2003	과학	11000	11000	2005	학습사
13	불심	12	2004	종교	5000	4500	2006	학조사
14	친구	13	2002	문학	8000	8000	2003	아름
15	소망	14	2007	종교	4800	4800	2007	교학사
16	과학교육	5	2002	교육	8000	7000	2005	학습사

않다. 왜냐하면 같은 책들이 여러 권 있기 때문이고 책의 대출이나 관리는 동일 책이라 해서 집단적으로 행하여지는 것이 아니라 개별적, 독립적으로 행해지기 때문이다. 또 다른 예는 "해"에서도 볼 수 있다. 따라서 모든 책을 개별적, 독립적으로 관리할 수 있도록 각각의 책을 개별적으로 식별할 수 있는 방법이 필요하다. 어떻게 하면 되겠는가?

저자테이블에서 유사한 이유로 '저자번호'라는 유일한 식별자를 도입하였다. 마찬가지로 '고유번호'라는 유일한 식별자(identifier)를 도입할 수 있다. 이러한 식별목적의 필드인 '고유번호'를 추가하여 도서테이블을 다시 보완하자(도서테이블(8)).

3.5 복본으로 인한 중복의 해결

도서테이블(8)에서 고유번호 2, 3의 "나무"(저자번호는 2)를 주목해 보자. 이들은 도서번호만 제외하면 모두 똑 같다. 또 다른 예로 도서번호 8, 9, 10의 "해"(저자번호는 3)를 들 수 있다. 그 이유는 무엇일까? 아래의 테이블은 도서테이블(8)에서 발췌한 내용이다.

[표 3-13] **중복의 예**

고유번호	도서명	저자번호	출판연도	도서종류	도서가격	구입가격	구입연도	출판사명
2	나무	2	1998	문학	4000	4000	1998	용진출판
3	나무	2	1998	문학	4000	3500	1999	용진출판
8	해	3	1998	문학	4000	4000	1999	용진출판
9	해	3	1998	문학	4000	3000	2000	용진출판
10	해	3	1998	문학	4000	3000	2000	용진출판

대출 빈도가 높은 책들은 동일한 책을 여러 권 구입할 필요가 있다. 이를 복본이라 하는데 복본의 경우는 도서에 대한 정보가 모두 동일할 수밖에 없으므로 데이터의 중복이 당연히 발생한다(경우에 따라서, 복본의 경우라 하더라도 구입 가격과 구입 연도는 서로 다를 수 있다).

지금까지의 중복성을 제거한 방법과 동일한 방법으로 복본으로 인한 중복성을 제거해 보자. 도서테이블(8)에서 이 두 열과 고유번호를 빼내어 새 테이블을 만들고 구입테이블(1)이라 하자. 두 열을 빼내고 난 후의 새로운 테이블을 도서테이블(9)라 하자. 구입테이블(1)에서 고유번호가 없으면 도서테이블(9)와 연결할 수 없으므로 구입테이블(1)에 반드시 고유번호가 있어야 한다.

[표 3-14] **도서테이블(9)**

<table>
<tr><th>고유
번호</th><th>도서명</th><th>저자
번호</th><th>출판
연도</th><th>도서
종류</th><th>도서
가격</th><th>출판사명</th></tr>
<tr><td>1</td><td>꽃시계</td><td>1</td><td>1998</td><td>문학</td><td>8500</td><td>문학사</td></tr>
<tr><td>2</td><td>나무</td><td>2</td><td>1998</td><td>문학</td><td>4000</td><td>용진출판</td></tr>
<tr><td>3</td><td>나무</td><td>2</td><td>1999</td><td>문학</td><td>4000</td><td>용진출판</td></tr>
<tr><td>4</td><td>당나귀</td><td>3</td><td>1993</td><td>문학</td><td>3700</td><td>교학사</td></tr>
<tr><td rowspan="2">5</td><td rowspan="2">발명</td><td>4</td><td rowspan="2">1997</td><td rowspan="2">과학</td><td rowspan="2">4600</td><td rowspan="2">삼안출판</td></tr>
<tr><td>5</td></tr>
<tr><td rowspan="3">6</td><td rowspan="3">지구</td><td>6</td><td rowspan="3">2001</td><td rowspan="3">과학</td><td rowspan="3">10000</td><td rowspan="3">교학사</td></tr>
<tr><td>7</td></tr>
<tr><td>8</td></tr>
<tr><td>7</td><td>지구</td><td>9</td><td>2008</td><td>과학</td><td>8000</td><td>과학사</td></tr>
<tr><td>8</td><td>해</td><td>3</td><td>1998</td><td>문학</td><td>4000</td><td>용진출판</td></tr>
<tr><td>9</td><td>해</td><td>3</td><td>2000</td><td>문학</td><td>4000</td><td>용진출판</td></tr>
<tr><td>10</td><td>해</td><td>3</td><td>2000</td><td>문학</td><td>4000</td><td>용진출판</td></tr>
<tr><td>11</td><td>해</td><td>10</td><td>2006</td><td>과학</td><td>12000</td><td>과학사</td></tr>
<tr><td>12</td><td>달</td><td>11</td><td>2003</td><td>과학</td><td>11000</td><td>학습사</td></tr>
<tr><td>13</td><td>불심</td><td>12</td><td>2004</td><td>종교</td><td>5000</td><td>학조사</td></tr>
<tr><td>14</td><td>친구</td><td>13</td><td>2002</td><td>문학</td><td>8000</td><td>아름</td></tr>
<tr><td>15</td><td>소망</td><td>14</td><td>2007</td><td>종교</td><td>4800</td><td>교학사</td></tr>
<tr><td>16</td><td>과학교육</td><td>5</td><td>2002</td><td>교육</td><td>8000</td><td>학습사</td></tr>
</table>

[표 3-17] **구입테이블(1)**

고유번호	구입가격	구입연도
1	8000	1999
2	4000	1998
3	3500	1999
4	3300	1997
5	4000	2000
6	9000	2003
7	8000	2008
8	4000	1999
9	3000	2000
10	3000	2000
11	10000	2008
12	11000	2005
13	4500	2006
14	8000	2003
15	4800	2007
16	7000	2005

위의 두 테이블은 고유번호를 통하여 서로 연결된다. 가령 고유번호 10인 "해"라는 책의 구입가격은 3000이고 구입연도는 2000년임을 두 테이블에서 알 수 있다.

그런데 도서테이블을 살펴보면, 복본의 경우인 도서명 "나무"(고유번호 2,3)와 "해"(고유번호 8,9,10)는 고유번호를 제외하면 도서정보가 동일하다. 도서테이블(9)에서 복본의 경우(도서명 "나무"와 "해"), 정보가 중복된다. 중복을 제거하면 아래 테이블과 같다.

[표 3-18] **도서테이블(10)**

고유번호	도서명	저자번호	출판연도	도서종류	도서가격	출판사명
1	꽃시계	1	1998	문학	8500	문학사
2,3	나무	2	1998	문학	4000	용진출판
4	당나귀	3	1993	문학	3700	교학사
5	발명	4	1997	과학	4600	삼안출판
		5				
6	지구	6	2001	과학	10000	교학사
		7				
		8				
7	지구	9	2008	과학	8000	과학사
8,9,10	해	3	1998	문학	4000	용진출판
11	해	10	2006	과학	12000	과학사
12	달	11	2003	과학	11000	학습사
13	불심	12	2004	종교	5000	학조사
14	친구	13	2002	문학	8000	아름
15	소망	14	2007	종교	4800	교학사
16	과학교육	5	2002	교육	8000	학습사

이제, 도서테이블(10)에는 복본으로 인한 중복은 제거했다. 그러나, 이 테이블에서 '나무'의 고유번호가 두 개(2,3)이고 '해'의 고유번호가 세 개(8,9,10)인 것에 주목하자. 고유번호의 원래 목적은 각 도서의 유일한 식별을 위함이었다. 개인의 주민번호가 단 하나 있음으로 식별의 의미가 있듯, 각 도서에도 단 하나의 고유번호가 부여되어야 식별의 의미가 있다. 따라서 위 테이블의 고유번호는 더 이상 식별자로서의 자격이 없음을 알 수 있다.

이 문제를 해결할 방법을 생각해 보자. 우선, 도서테이블(10)에서 도서정보에 대한 유일한 식별을 위하여 고유번호 대신 새로운 식별자인 '도서번호'를 추가하자(도서테이블(11)).

[표 3-19] **도서테이블(11)**

도서번호	도서명	저자번호	출판연도	도서종류	도서가격	출판사명
1	꽃시계	1	1998	문학	8500	문학사
2	나무	2	1998	문학	4000	용진출판
3	당나귀	3	1993	문학	3700	교학사
4	발명	4	1997	과학	4600	삼안출판
		5				
5	지구	6	2001	과학	10000	교학사
		7				
		8				
6	지구	9	2008	과학	8000	과학사
7	해	3	1998	문학	4000	용진출판
8	해	10	2006	과학	12000	과학사
9	달	11	2003	과학	11000	학습사
10	불심	12	2004	종교	5000	학조사
11	친구	13	2002	문학	8000	아름
12	소망	14	2007	종교	4800	교학사
13	과학교육	5	2002	교육	8000	학습사

이제 도서테이블과 구입테이블의 연결을 위하여 '도서번호'를 구입테이블에 추가하자 (구입테이블(2)).

[표 3-20] **구입테이블(2)**

고유번호	*도서번호*	구입 가격	구입 연도
1	*1*	8000	1999
2	*2*	4000	1998
3	*2*	3500	1999
4	*3*	3300	1997
5	*4*	4000	2000
6	*5*	9000	2003
7	*6*	8000	2008
8	*7*	4000	1999
9	*7*	3000	2000
10	*7*	3000	2000
11	*8*	10000	2008
12	*9*	11000	2005
13	*10*	4500	2006
14	*11*	8000	2003
15	*12*	4800	2007
16	*13*	7000	2005

지금까지 도서테이블(8)로부터 복본으로 인한 중복의 제거를 위하여 도서테이블(8)을 도서테이블(11)과 구입테이블(2)로 나누었다. 도서번호를 통하여 두 테이블을 연결한다. 그렇다면 원래의 테이블(도서테이블(8))과 나누어진 두 테이블(도서테이블(11)과 구입테이블(2))이 동일한 데이터를 생성하는지 확인해 보자.

(1) 구입정보를 제외한 도서에 대한 정보는 도서테이블(11)에서 검색이 가능하다(예; 용진출판의 “해”는 1998년에 출판되었음을 도서테이블(11)에서 찾을 수 있다).
(2) 구입정보는 구입테이블(2)에서 고유번호를 통하여 찾을 수 있다(예; 고유번호 3의 구입가격은 3500이다).
(3) 고유번호를 통하여 도서정보를 찾을 수 있다. 구입테이블(2)에서 특정 고유번호에 대한 도서번호를 찾고, 그 도서번호로 도서테이블(11)에서 도서정보를 찾을 수 있다(예; 구입테이블에서 고유번호 8의 도서번호는 7이고, 도서테이블(11)에서 도서번호 7은 용진출판의 “해”임을 찾을 수 있다).
(4) 도서테이블(11)의 도서번호로부터 그 도서의 권수와 각 권의 구입정보를 알 수

있다(예; 도서번호 2인 "나무"라는 책은 모두 두권(고유번호가 2와 3)이고, 구입가격과 구입연도는 각각 4000, 1998과 3500, 1999이다).

이와 같이, 나누어진 두 테이블과 원래의 테이블의 내용이 꼭 같은지 설계 단계에서 빠짐없이 점검할 필요가 있다. 이 장에서 복본으로 인한 중복을 제거하기 위하여 원래의 테이블인 도서테이블(8)을 도서테이블(11)과 구입테이블(2)로 나누었다. 이제부터 나누어진 두 테이블을 사용한다.

3.6 공저로 인한 중복의 해결

지금까지 우리는 여러 형태의 중복성을 제거한 결과로 출판사테이블(2), 저자테이블(3), 도서테이블(11)과 구입테이블(2)를 얻었다. 또 다른 문제가 있는지 살펴보자. 도서테이블(11)에서 도서번호 4인 '발명'의 저자는 2명이고, 도서번호 5인 '지구'의 저자는 3명이다. 이러한 공저의 경우는 빈번하게 나타난다. 무엇이 문제인가?

저자번호 필드에 저자번호가 두개 이상 들어가게 된다. 이 경우를 제외하고는 한 필드에 하나의 값만 들어 있음을 관찰할 수 있다. 한 필드에 여러 개의 값이 들어가면 어떤 문제가 있는가?

첫째, 이 테이블을 위한 저장 공간의 확보를 위해 필드의 크기를 정해줄 때, 그 필드의 용량을 얼마로 정하여야 할지가 명확하지 않다. 그렇다고 무작정 최대치를 예상해서 정의하기도 곤란하다. 최대치를 정한다면 사용하지 않는 공간이 늘어나게 되어 저장공간의 비효율적인 사용을 초래한다. 또 다른 방법으로, 가변 공간을 정의할 수도 있으나 관리가 복잡해진다.

둘째, 한 필드 안에 여러 개의 값이 존재하면 특정 값의 검색이 힘들게 된다. 한 필드에 하나의 값만 들어 있는 경우와 비교하면 검색이 더 힘들다. 왜냐하면, 여러 값들 중에서 필요한 값을 하나씩 분리해서 원하는 값을 찾아야 하기 때문이다.

이와 같이 저장 공간의 경제적 사용과 검색의 효율성을 이유로 데이터베이스 테이블의 모든 필드는 단일의 값(이를 원자값, atomic value라 부른다)만을 갖도록 제한적 조건을 두고 있다.

한 필드에는 하나의 값만 갖도록 한다면 도서테이블(12)의 공저 부분을 어떻게 고쳐야 할까? 각 저자번호에 대해 하나의 필드만을 준다면 아래와 같은 형태가 될 것이다.

[표 3-21] **공저의 처리**

도서 번호	도서명	저자 번호	출판 연도	도서 종류	도서 가격	출판사명
4	발명	4	1997	과학	4600	삼안출판
4	발명	5	1997	과학	4600	삼안출판
5	지구	6	2001	과학	10000	교학사
5	지구	7	2001	과학	10000	교학사
6	지구	8	2001	과학	10000	교학사

위의 테이블은 어떤 문제점을 발견할 수 있는가?

① 같은 책인데 서로 다른 행을 차지하면서 동일한 도서번호를 갖고 있다. 하나의 행은 하나의 책에 대한 정보인데 이 경우 여러 행을 차지한다. 이는 분명 잘못된 저장 방법이다. 그렇다고 같은 책에 대하여 여러 개의 도서번호를 부여할 수도 없다.

② 공저의 경우, 저자번호를 제외한 나머지 필드들에 대해서는 모두 데이터가 중복됨을 볼 수 있다.

이와 같은 이유로 위의 테이블과 같이 공저를 저장하는 것은 잘못된 것임을 알 수 있다.

한 테이블 안에 여러 종류의 정보를 같이 표현함으로써 문제가 발생하는 경우를 이미 경험한 적이 있다. 즉, 출판사 정보와 저자 정보를 도서 정보와 함께 한 테이블에 둠으로써 중복의 문제가 발생하였다. 우리는 앞 단원에서 테이블을 분할함으로써 이 같은 문제를 해결하였다. 그렇다면, 공저의 경우도 테이블을 분할할 수 없는가? 공저란 도서와 저자 사이의 관계에서 발생하는 현상이다. 따라서 이러한 관계 정보를 오류없이 보존해 준다면 다른 새로운 테이블에 표현하더라도 데이터베이스의 정확성에 문제는 없을 것이다. 문제가 되는 저자번호를 도서테이블에서 떼 내어 새로운 테이블 '도서-저자테이블'에 저장한다(도서-저자테이블(1)). 그리고 도서테이블(12)는 저자번호를 제거한 결과를 보여준다.

[표 3-22] **도서테이블(12)**

도서번호	도서명	출판연도	도서종류	도서가격	출판사명
1	꽃시계	1998	문학	8500	문학사
2	나무	1998	문학	4000	용진출판
3	당나귀	1993	문학	3700	교학사
4	발명	1997	과학	4600	삼안출판
5	지구	2001	과학	10000	교학사
6	지구	2008	과학	8000	과학사
7	해	1998	문학	4000	용진출판
8	해	2006	과학	12000	과학사
9	달	2003	과학	11000	학습사
10	불심	2004	종교	5000	학조사
11	친구	2002	문학	8000	아름
12	소망	2007	종교	4800	교학사
13	과학교육	2002	교육	8000	학습사

[표 3-23] **도서-저자테이블(1)**

저자번호
1
2
3
4
… 생략 …
13
14
5

그러나, 위 두 테이블로는 도서에 대한 저자의 정보를 찾지 못한다. 그렇다면, 도서-저자 테이블(1)에 도서번호를 넣어 보자. 이 때, 원래의 저자와 관련을 짓도록 한다. 예를 들면, 도서번호 1인 '꽃시계'의 저자번호는 1 이었다. 그러므로 도서-저자테이블(1)의 저자번호 1에 도서번호 1을 짝 지워 준다. 이제 공저의 경우를 보자. 도서번호 4와 저자번호 4, 도서번

호 4와 저자번호 5를 짝 지어야 한다. 도서번호 5와 저자번호 6, 도서번호 5와 저자번호 7, 도서번호 5와 저자번호 8을 짝 지어야 한다. 이런 식으로 도서번호와 저자번호를 관련 짓는다(도서-저자테이블(2)).

[표 3-24] **도서-저자테이블(2)**

도서번호	저자번호
1	1
2	2
3	3
4	4
4	5
5	6
5	7
5	8
6	9
7	3
8	10
9	11
10	12
11	13
12	14
13	5

이제, 이 분할이 원래의 테이블과 정확히 일치하는지를 점검해 보자. 역시 두 방향 모두 점검해야 한다.

[점검1] 도서번호로부터 저자 정보를 제대로 찾을 수 있는가?

[점검2] 저자번호로부터 도서 정보를 제대로 찾을 수 있는가?

위의 점검 모두 도서-저자테이블(2)로부터 쉽게 확인할 수 있다. 예를 들면, 도서번호

1인 '꽃시계'의 저자번호는 1임을 도서-저자테이블(2)에서 찾을 수 있고 저자테이블(3)에서 저자번호 1에 대한 정보를 찾을 수 있다. 반대 방향의 검색도 마찬가지로 도서-저자테이블(2)에서 수행할 수 있다. 공저의 경우인 도서번호 4("발명")와 5("지구")에 대한 저자번호(도서-저자테이블(2))에서 각각 4, 5와 6, 7, 8)를 찾을 수 있다. 이상에서 보듯이, 도서테이블(12)와 도서-저자테이블(2)는 공저의 문제를 해결할 수 있음을 알 수 있다.

3.7 액세스로 구현

현재까지 우리는 여러 형태의 중복성을 제거한 결과로 다섯 개의 테이블 - 출판사테이블(2), 저자테이블(3), 도서-저자테이블(2), 도서테이블(12), 구입테이블(2) - 을 얻었다. 2장 "액세스로 간단한 데이터베이스 만들기"에서는 하나의 테이블로 액세스에서 데이터베이스를 만들고 사용자 요구사항을 해결하기 위한 질의를 해 보았다. 데이터베이스의 테이블을 만드는 과정은 크게 두 단계이다. 첫째 단계는 테이블의 각 필드의 이름과 데이터 형식을 결정하는 테이블 디자인(스키마)을 정해주는 과정이며, 둘째 단계는 정의된 형식대로 테이블에 데이터를 채워 넣는 입력 과정이다. 2장에서는 단지 하나의 테이블만 사용하므로 테이블들 사이의 관계(relationship)를 따질 필요가 없었다. 그러나 3장에서는 중복성을 제거하기 위하여 하나의 테이블을 다섯 개로 분할하였다(도서테이블, 도서-저자테이블, 저자테이블, 구입테이블, 출판사테이블). 다섯 개의 테이블은 각각 분리된 것으로 보이지만 의미적으로는 서로 연관되어있다. 이러한 연관성을 고려하지 않는 독립적인 테이블들의 집합은 원래의 테이블을 복구하지 못한다. 이러한 연관성은 테이블들 사이의 관계(relationship)를 정의함으로써 구현된다. 이것이 바로 하나의 테이블을 다루는 것과 복수 개의 테이블을 다루는 것과의 차이점이다. 2장에서 했던 테이블 디자인과 데이터 입력과정은 동일하다. 그러나 질의를 하기 전에 테이블들 사이의 관계를 정의하는 단계가 추가되는 것이 다르다.

3.7.1 테이블 디자인과 데이터 입력 과정

테이블 디자인과 데이터 입력 과정은 2장과 동일하므로 액세스를 사용하는 방법은 생략하고 각 테이블의 데이터 형식 지정의 결과와 입력 결과를 보여준다. 2장에서 중복성을 제거한 결과로 얻은 다섯 개의 테이블 - 출판사테이블(2), 저자테이블(3), 도서-저자테이블(2), 도서테이블(12), 구입테이블(2) - 을 번호를 떼고 간단히 도서테이블, 도서-저자테이블, 저자테이블, 구입테이블, 출판사테이블과 같이 부르기로 하자.

도서테이블의 디자인과 데이터 입력

필드 이름	데이터 형식
도서번호	숫자
도서명	텍스트
출판연도	숫자
도서종류	텍스트
도서가격	통화
출판사명	텍스트

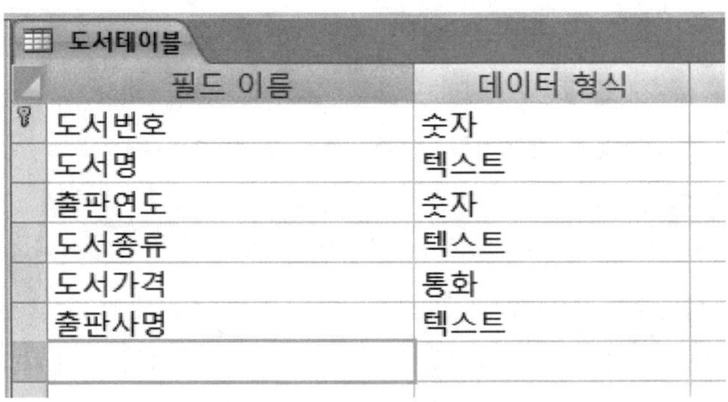

[그림 3-1] **도서테이블의 디자인**

도서테이블의 기본키는 도서번호로 한다. 도서번호는 일련번호가 의미있게 보이지만 실제의 경우는 일련번호가 숫자보다 불편한 점들이 있다. 삭제된 일련번호는 그 테이블에서 다시 사용할 수 없기 때문에 삭제와 추가가 자주 일어날 수 있는 설계과정에서는 그 일련번호를 사용하는 다른 테이블과의 연관성 때문에 데이터 불일치의 문제를 초래한다. 도서번호를 숫자로 하면 그러한 불편은 없으며 도서번호로 연결된 테이블의 경우 자동으로 그 도서번호의 존재여부를 점검하고 일치하도록 유지하는 장치가 DBMS 안에 있기 때문에 정확성에도 문제가 없다.

출판연도는 연월일까지 나타낼 필요 없이 간단히 연도만 숫자로 표시하면 되므로 '숫자'로 한다. 도서가격은 원 표시(₩)를 나타내기 위해 '통화'로 한다. 도서종류와 출판사명은 입력 시 드롭다운 메뉴에서 고를 수 있도록 [조회마법사]를 사용한다(조회마법사; 2.3.2에서 도서종류의 데이터형식 지정)(도서테이블의 완성된 디자인; 그림 3-1).

도서번호의 형식은 도서테이블의 도서번호와 꼭 같아야 하고, 저자번호의 형식도 저자테이블의 저자번호와 꼭 같아야 한다. 이때 숫자의 형식이 Long, Int, 등 구체적 형식까지 같아야 한다(즉, 도서테이블의 도서번호는 Long인 숫자인데 도서-저자테이블의 도서번호는 Int인 숫자로 정의 되었다면 형식의 불일치로 오류가 발생한다).

필드의 형식을 정하는 방법은 (1) 먼저 원하는 필드를 클릭하면(예; '도서번호') 아래에 필드 속성창이 나타난다(그림 3-2). (2) 필드 크기에서 그 형식(아래의 예; '정수')을 클릭하면 오른쪽 끝에 화살표가 나타난다. 그 화살표를 누르면 드롭다운 메뉴가 나타난다. 메뉴에서 원하는 형식을 선택하면 된다(그림 3-3).

참고

'Long'형식의 숫자는 '정수' 숫자 보다 메모리 용량을 두 배 더 필요로 한다. 저장공간의 절약을 위해 숫자 형식을 모두 '정수'로 한다.

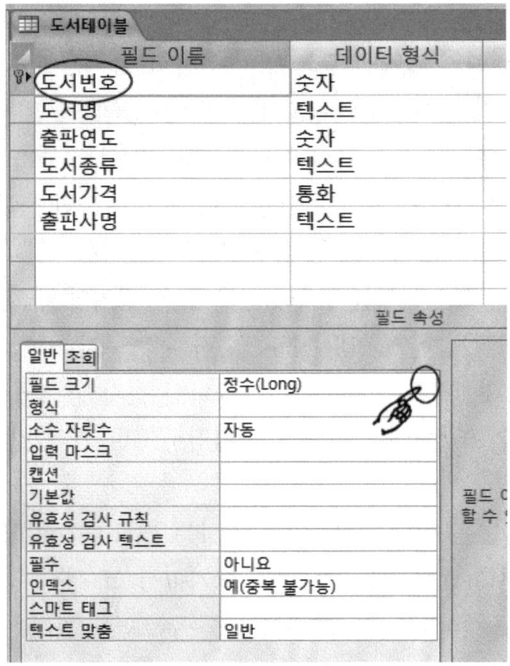

[그림 3-2] **데이터 형식**

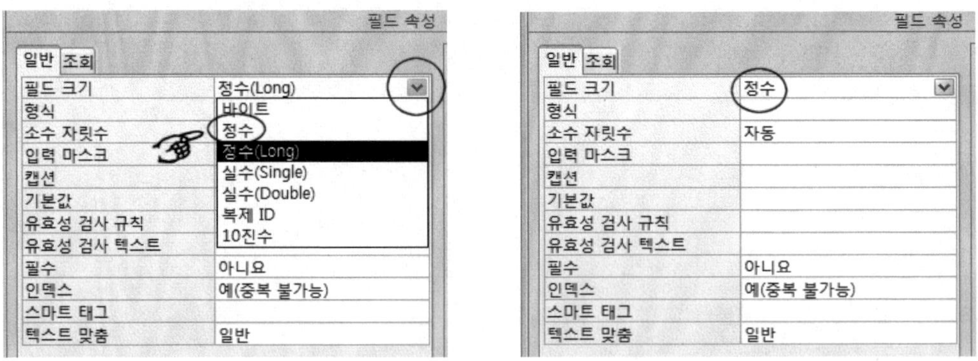

[그림 3-3] **정수**

아래의 그림은 Access의 도서테이블을 보여준다. 도서테이블(12)와 같다(그림 3-4).

도서테이블

도서번호	도서명	출판연도	도서종류	도서가격	출판사명
1	꽃시계	1998	문학	₩8,500	문학사
2	나무	1998	문학	₩4,000	용진출판
3	당나귀	1993	문학	₩3,700	교학사
4	발명	1997	과학	₩4,600	삼안출판
5	지구	2001	과학	₩10,000	교학사
6	지구	2008	과학	₩8,000	과학사
7	해	1998	문학	₩4,000	용진출판
8	해	2006	과학	₩12,000	과학사
9	달	2003	과학	₩11,000	학습사
10	불심	2004	종교	₩5,000	학조사
11	친구	2002	문학	₩8,000	아름
12	소망	2007	종교	₩4,800	교학사
13	과학교육	2002	교육	₩8,000	학습사
*					

[그림 3-4] **도서테이블**

저자테이블의 디자인과 데이터 입력

필드 이름	데이터 형식
저자번호	숫자
저자명	텍스트
저자주소	텍스트
저자이메일	텍스트

저자테이블

필드 이름	데이터 형식
저자번호	숫자
저자명	텍스트
저자주소	텍스트
저자이메일	텍스트

[그림 3-5] **저자테이블의 디자인**

저자테이블의 기본키는 저자번호로 한다. 도서테이블의 도서번호와 같은 이유로 형식을 '숫자'로 한다(Long이 아닌 정수 '숫자')(그림 3-5).

아래의 그림은 Access의 저자테이블을 보여준다. 저자테이블(3)과 같다(그림 3-6).

저자테이블

저자번호	저자명	저자주소	저자이메일
1	어효선	서울	hs@han
2	이주승	부산	js@han
3	어효선	대구	hs@do
4	김정흠	광주	jh@hot
5	최발명	청주	bm@han
6	홍지구	대구	jg@cam
7	유성귀	대구	sg@hot
8	박지구	대전	jg@han
9	유성귀	대구	sk@nav
10	박주해	춘천	ju@hot
11	김서정	서울	sj@cam
12	김부심	인천	bs@nav
13	김서정	서울	seo@do
14	박소망	인천	sm@cam
*			

[그림 3-6] **저자테이블**

도서-저자테이블의 디자인과 데이터 입력

필드 이름	데이터 형식
도서번호	숫자
저자번호	텍스트

도서-저자테이블

필드 이름	데이터 형식
도서번호	숫자
저자번호	숫자

[그림 3-7] **도서-저자테이블의 디자인**

도서번호의 형식은 도서테이블의 도서번호와 꼭 같아야 하고, 저자번호의 형식도 저자테이블의 저자번호와 꼭 같아야 한다. 이때 숫자의 형식이 Long, 정수, 등 구체적 형식까지 같아야 한다(모두 정수 '숫자'로 통일).

도서-저자테이블의 기본키는 무엇일까? 키의 조건은 테이블 안의 데이터를 유일하게 식별할 수 있는 최소한의 속성(들)로 구성되어야 하는 것임을 상기하자. 아래의 테이블에서 알 수 있듯이 도서번호는 키가 될 수 있을까? 아래 테이블에서 도서번호 4가 두 건, 도서번호 5가 세 건 출현한다. 이는 유일하게 식별해야 하는 키의 조건에 맞지 않다. 그렇다면, 저자번호는 어떠한가? 예를 들면, 저자번호 3이 2회 나타난다. 일반적으로, 한 저자가 다수의 책을 저술할 수 있으므로 이러한 예는 다수 출현가능하다. 따라서, 저자번호도 키로써 적합하지 않다. 그렇다면 도서번호와 저자번호를 합친 것은 어떠한가? 키는 여러 속성들로 구성될 수 있으므로 두 개의 속성이 연합하여 하나의 키를 이룬다는 것이 문제가 될 수 없다. 키의 정의에 맞는지만 검사하면 된다. 두 속성 값의 어떠한 조합도 단 하나만 출현하고 두 속성 중 어느 하나도 제거하면 안되므로 두 속성값이 하나의 키가 됨을 알 수 있다. 두 속성을 동시에 선택한 다음 기본키를 지정하면 된다. 위의 그림에서 '도서번호'와 '저자번호'필드 각각에 키가 들어있음을 확인하자(그림 3-7).

아래의 그림은 Access의 도서-저자테이블을 보여준다. 도서-저자테이블(2)와 같다(그림 3-8).

도서-저자테이블

도서번호	저자번호
1	1
2	2
3	3
4	4
4	5
5	6
5	7
5	8
6	9
7	3
8	10
9	11
10	12
11	13
12	14
13	5
*	

[그림 3-8] **도서-저자테이블**

구입테이블의 디자인과 데이터 입력

필드 이름	데이터 형식
고유번호	숫자
도서번호	숫자
구입가격	통화
구입연도	숫자

구입테이블

필드 이름	데이터 형식
고유번호	숫자
도서번호	숫자
구입가격	통화
구입연도	숫자

[그림 3-9] **구입테이블의 디자인**

고유번호는 각 책마다 부여하는 유일한 번호이다. 도서관리는 책을 개별적으로 관리하므로 고유번호가 필요하다. 같은 책을 여러 권 보유할 필요가 있기 때문에 책을 개별적으로 관리하기 위하여 각 책에 고유번호를 부여한다. 고유번호는 일련번호 형식도 가능하다. 도서번호는 도서테이블의 도서번호와 같아야 하므로 도서테이블의 도서번호 형식과 같아야 한다(정수 '숫자'임을 확인하자)(그림 3-9).

아래의 그림은 Access의 구입테이블을 보여준다. 구입테이블(2)와 같다(그림 3-10).

구입테이블

고유번호	도서번호	구입가격	구입연도
1	1	₩8,000	1999
2	2	₩4,000	1998
3	2	₩3,500	1999
4	3	₩3,300	1997
5	4	₩4,000	2000
6	5	₩9,000	2003
7	6	₩8,000	2008
8	7	₩4,000	1999
9	7	₩3,000	2000
10	7	₩3,000	2000
11	8	₩10,000	2008
12	9	₩11,000	2005
13	10	₩4,500	2006
14	11	₩8,000	2003
15	12	₩4,800	2007
16	13	₩7,000	2005

[그림 3-10] **구입테이블**

출판사테이블의 디자인과 데이터 입력

필드 이름	데이터 형식
출판사명	텍스트
출판사주소	텍스트
출판사전화	텍스트

출판사테이블

필드 이름	데이터 형식
출판사명	텍스트
출판사주소	텍스트
출판사전화	텍스트

[그림 3-11] **출판사테이블의 디자인**

출판사테이블의 각 출판사명은 이 테이블에서 유일하므로 기본키로 지정한다. 출판사전화는 숫자가 아니라 텍스트로 하였다. 왜일까? 출판사전화는 숫자로 구성되어 그 형식이 '숫자'인 것 같지만 우리가 자료형을 정의할 때는 겉모양만 보는 것이 아니라 데이터의 용도를 따져봐야 한다. 숫자라면 더하기 빼기와 같은 연산이 의미 있게 정의되어야 한다. 두 문학사의 전화번호 더하기는 의미있게 정의될 수 없다. 전화번호는 숫자의 의미보다는 식별을 위한 기호의 의미로 해석함이 바람직하므로 '텍스트'형식이 적합하다(그림 3-11). 아래의 그림은 출판사테이블을 보여준다. 출판사테이블(2)와 같다(그림 3-12).

출판사테이블

출판사명	출판사주소	출판사전화
문학사	서울	02-2222-3333
용진출판	서울	02-333-1212
교학사	대구	053-662-8787
삼안출판	부산	051-555-3322
과학사	대구	053-312-2202
학습사	서울	02-3333-4444
학조사	광주	062-655-8833
아름	대전	042-777-2727

[그림 3-12] **출판사테이블**

[완성 파일]; "액세스2007-도서DB-3장-1단계-테이블디자인과데이터입력"

3.7.2 테이블들 사이의 관계 설정

이제 다섯 개의 테이블을 모두 준비하였다. 이들 테이블들을 의미있게 연결하는 작업이 필요하다. 테이블들을 연결하는 체계적인 방법은 4장의 ERD 부분에서 설명한다. 여기서는 테이블들의 연결을 위한 핵심적인 개념을 소개한다. 다섯 개의 테이블을 연결하는 문제를 생각해 보자. 의미를 따지지 않고 단지 연결만을 생각한다면 적지 않은 수의 경우가 나타난다. 다섯 개의 테이블을 A, B, C, D, E라 하자. 연결을 최대로 허용한다면 아래 그림과 같은 연결이 될 것이다(그림 3-13). 연결선의 개수는 10이므로 모두 10개의 연결이 발생한다.

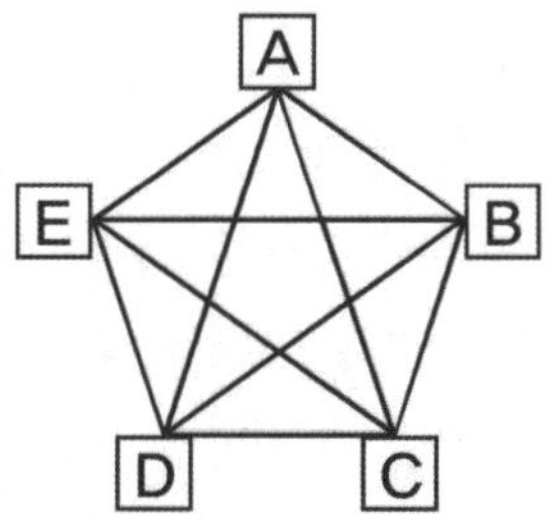

[그림 3-13] **테이블의 연결 수**

일반적으로 테이블의 개수가 N이라 할 때, 최대 연결수는 (N-1) + (N-2) + … + 2 + 1과 같다. 이는 N^2에 근접하므로 테이블의 수(N)에 대하여 가능한 연결의 수는 N^2에 근접한다고 볼 수 있다. 이는 N과 비교하여 상당히 큰 증가라 볼 수 있다. 따라서 어떻게 연결하느냐라는 문제에 직면하게 된다.

(1) 우선, 연결의 원칙은 연결선이 적을수록 시스템에 부하(또는 부담)가 적게 된다. 두 테이블의 관계를 정의하는 연결선은 실제의 데이터베이스에서 연결의 정보를 저장, 관리하기 위한 특별한 저장공간과 특별한 처리 과정을 필요로 한다. 따라서 가능한 한 최소의(또는 최소에 가깝게) 연결선을 구성해야 한다.

(2) 모든 테이블이 고립(isolated)되지 않고 상호 연결된 상태에 있어야 한다. 어떤 테이블이 고립되었다 함은 그 테이블과 연결된 테이블이 없는 상태를 말하고, 다른 테이블에서 그 테이블의 정보를 찾지 못하며 그 테이블로부터 다른 테이블에 있는 정보를 얻지 못하는 상태를 의미한다. 따라서 모든 테이블은 서로 연결 상태에

있어야 한다. 모든 테이블이 연결 상태에 있다 함은 어느 한 테이블에서 연결선을 따라가면 다른 어떠한 테이블과도 연결할 수 있는 상태를 말한다. 아래의 그림은 여러 종류의 연결 상태를 보여준다.

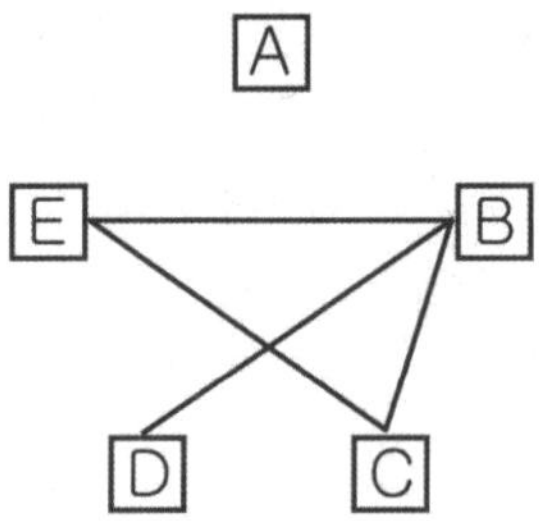

[그림 3-14]

A가 고립된 상태

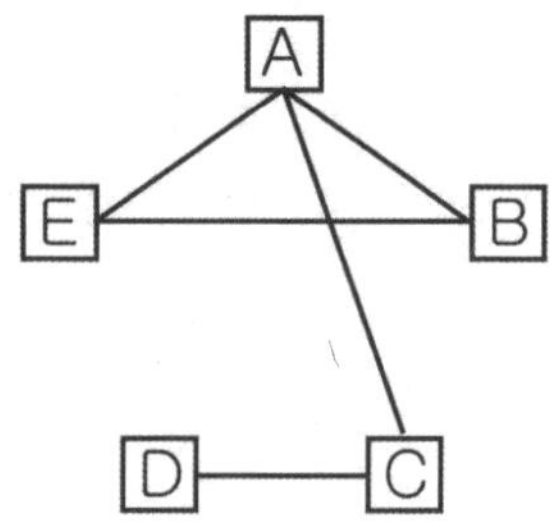

[그림 3-15]

상호 연결된 상태

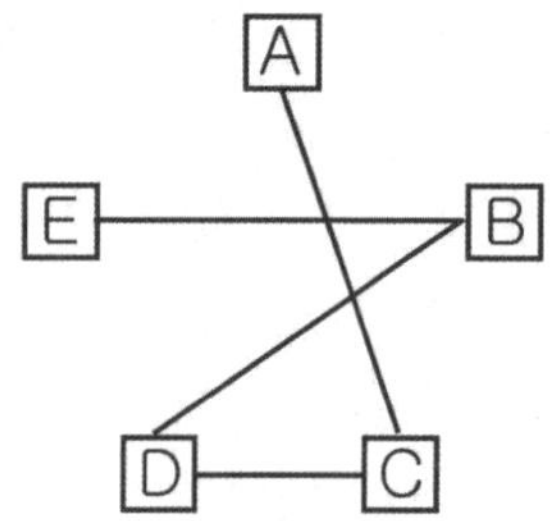

[그림 3-16]

최소 연결 수

[그림 3-14]는 A가 고립되어 있음을 볼 수 있다. [그림 3-15]에서는 각 테이블이 다른 모든 테이블과 연결 가능하다. 예를 들면, 테이블A는 C를 통하여 D와 연결할 수 있다. 그러나 [그림 3-15]는 최소의 연결은 아니다. 다섯 개의 테이블을 모두 연결하는 연결선의 최소의 개수는 네 개이다. [그림 3-16]은 최소의 연결선으로 모든 테이블들이 상호 연결되어 있음을 보여준다.

(3) 최소개의 연결선으로 테이블들을 연결하는 경우를 생각해 보자. 아래는 연결의 경우를 보여준다. 모두 최소개의 연결선으로 구성되었으나 그 모양은 다르다. 예를 들면, 아래 [그림 3-17]에서 A는 C를 경유하여 D와 연결되었으나, [그림 3-18]과 [그림 3-19]는 A와 D가 직접 연결되어 있다.

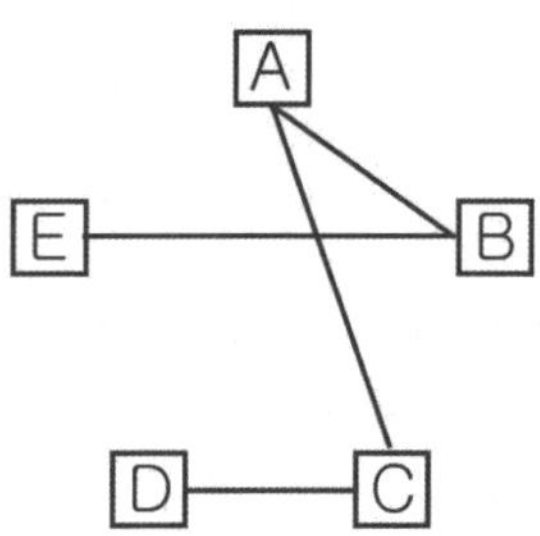

[그림 3-17]

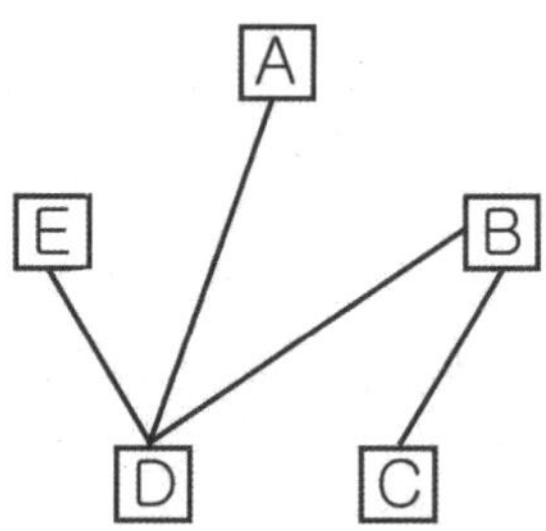

[그림 3-18]

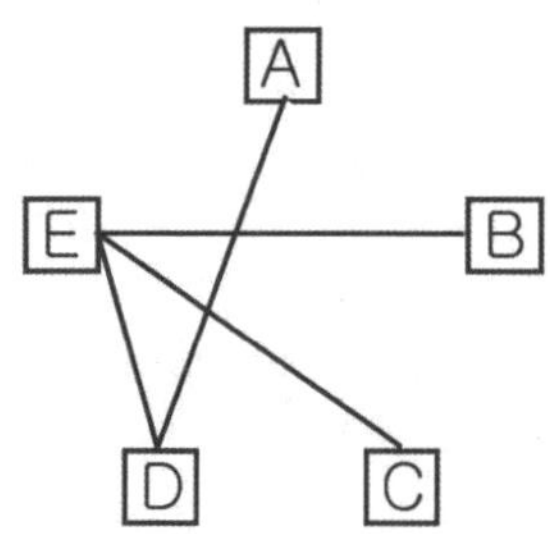

[그림 3-19]

두 테이블의 연결을 위하여 필요로 하는 테이블들이 많을수록 데이터베이스가 질의를 실행할 때 부담이 많이 늘어난다. 따라서 자주 요구되는 질의는 효율적 수행을 위해 두 테이블을 직접 연결하는 것이 바람직하다.

이러한 연결들의 경우의 수는 테이블의 개수가 늘어날수록 N^2에 비례함을 보았다. 그 많은 수의 경우들을 하나씩 따져서 연결한다는 것은 비효율적이고 또 실제의 경우에는 그렇게 할 필요가 없다. 그렇다면 실제의 경우 어떻게 연결할까? 질의에서 가장 중요한(또는 가장 필요한) 연결을 먼저 하고 그 다음으로 우선순위에 맞게 모든 테이블이 고립됨이 없이 연결한다. 이제 도서DB의 테이블들을 연결해 보자.

우선 도서테이블과 저자테이블은 그 사이에 반드시 도서-저자테이블이 있어야 함을 앞에서 테이블을 분할할 때 관찰하였다(도서테이블과 저자테이블이 도서-저자테이블의 '도서번호'와 '저자번호'로 연결되어있다). 따라서 이 세 테이블은 아래 그림과 같이 연결되어야 한다(그림 3-20).

[그림 3-20] **테이블의 연결**

다음으로, 구입테이블과 도서테이블을 연결한다. 왜냐하면 구입테이블의 구입정보와 도서테이블의 도서정보가 '도서번호'로 연결되어있기 때문이다(그림 3-21).

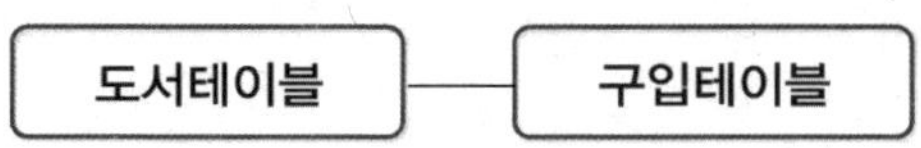

[그림 3-21] **테이블의 연결**

끝으로, 출판사테이블은 도서테이블의 '출판사명'으로 연결되어 도서에 대한 출판사 정보를 알 수 있기 때문에 출판사테이블과 도서테이블을 연결한다(그림 3-22).

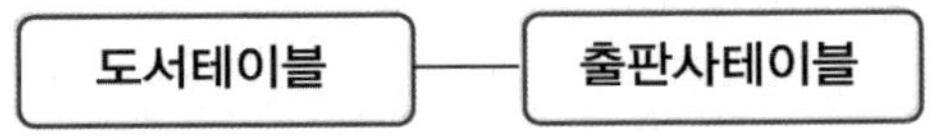

[그림 3-22] **테이블의 연결**

이를 종합하면, 아래의 연결도와 같음을 알 수 있다(그림 3-23).

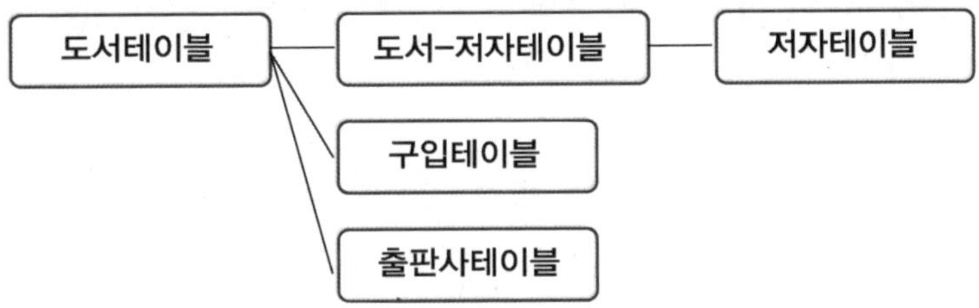

[그림 3-23] **도서테이블과의 전체적 연결**

위의 테이블에서 직접 연결되지 아니한 테이블들끼리의 정보는 어떻게 검색이 될까? 예를 들면, 저자 "홍지구"의 책을 출판한 출판사에 대한 정보를 어떻게 알 수 있을까? 먼저 저자테이블에서 "홍지구"의 '저자번호'=6이므로 도서-저자테이블에서 저자번호 6은 도서번호 5와 연결되어 있고 도서테이블에서 도서번호 5의 출판사명은 "교학사"임을 알 수 있다. 도서테이블과 출판사테이블이 직접 연결되어 있으므로 출판사테이블에서 "교학사"의 정보를 찾을 수 있다. 이 과정을 그림으로 나타내면 아래와 같다(그림 3-24).

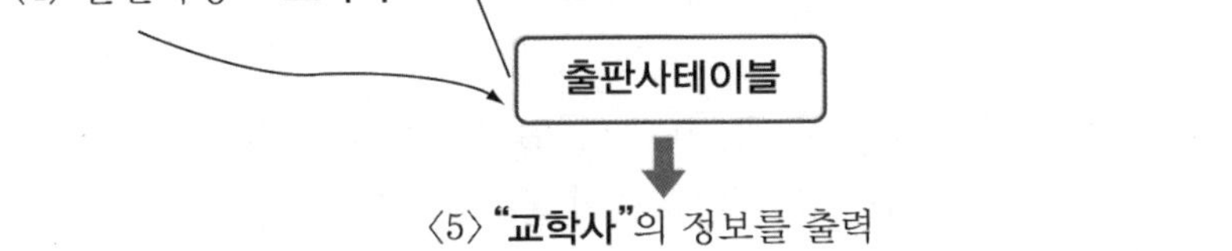

[그림 3-24] **검색의 과정**

이와 같이 두 테이블이 직접 연결되어 있지 않더라도 다른 테이블(들)을 경유하여 원하는 테이블을 방문할 수 있다.

이제 도서DB의 테이블들을 액세스에서 어떻게 연결하는지 알아보자. 2장에서는 테이블이 하나뿐이었으므로 테이블들 사이의 관계가 필요 없었다. 그러나 복수개의 테이블이 존재하면 고립된 테이블이 하나도 없도록 모든 테이블을 연결된 상태로 만들어야 한다. 위의 그림에서 설명했던 순서대로 테이블들을 연결해 보자.

액세스에서 테이블들의 관계를 연결하기 위해, [데이터베이스 도구] 메뉴 → '관계'를 클릭한다(그림 3-25).

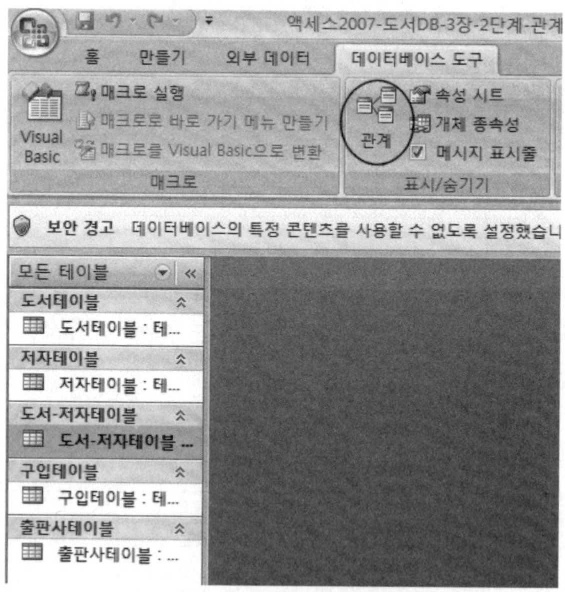

[그림 3-25] **관계 아이콘**

(1) 도서테이블과 저자테이블의 연결; 위의 (그림 3-25)에서 '관계' 아이콘을 클릭하면, (그림 3-26)과 같이 [테이블표시]창에 테이블들이 표시되는데, 도서테이블과 저자테이블을 연결하려면 두 테이블 사이에 도서-저자테이블이 있어야 한다. 따라서 도서-저자테이블,

도서테이블, 저자테이블을 선택하여(ctrl키를 누른 상태에서 테이블을 차례로 클릭), '추가' 버튼을 누른다(그림 3-26).

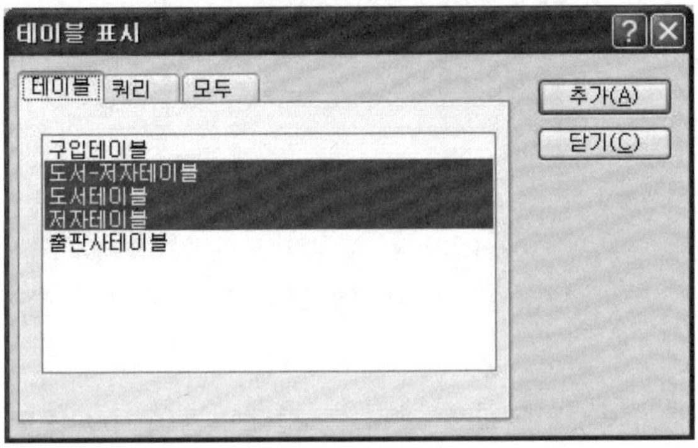

[그림 3-26] **테이블 표시**

[그림 3-27]과 같은 [관계창]이 뜨면 [테이블표시]창을 '닫기'한다. [관계창]에 들어온 테이블을 연결하기 쉽도록 도서-저자테이블을 중간에 배치한다. 테이블이름을 마우스로 끌면 이동할 수 있다(그림 3-28).

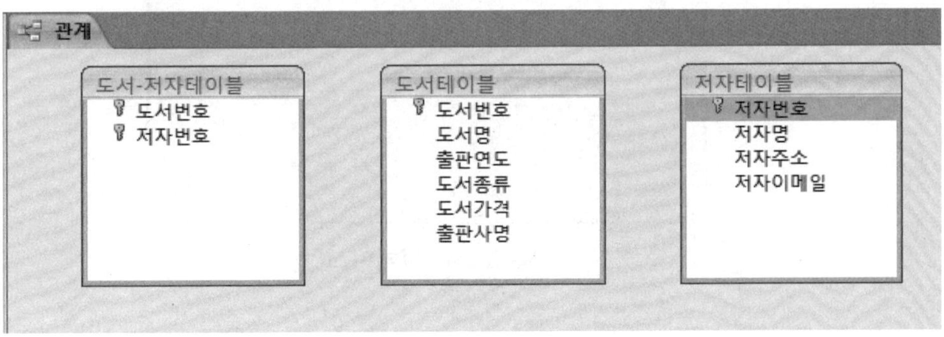

[그림 3-27] **관계창에 필요한 테이블을 '추가'한 결과**

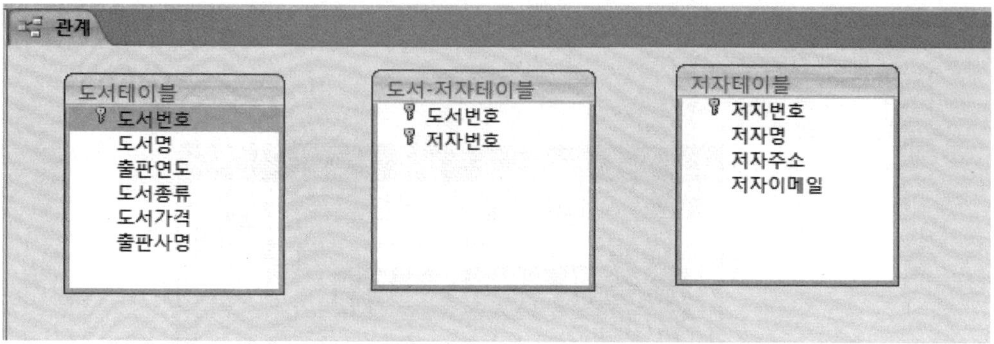

[그림 3-28] **테이블의 위치를 변경한 결과**

이제 위의 세 테이블들을 연결해 보자. 도서테이블의 '도서번호'를 마우스끌기하여 도서-저자테이블의 '도서번호'에 놓는다. 아래 그림과 같이 [관계편집]창에서 '만들기'를 선택한다(그림 3-29). 이 때 연결하려는 두 테이블의 필드명을 확인한다. 또, 저자테이블의 '저자번호'를 마우스 끌어 도서-저자테이블의 '저자번호'에 놓는다. 결과는 [그림 3-30]과 같다.

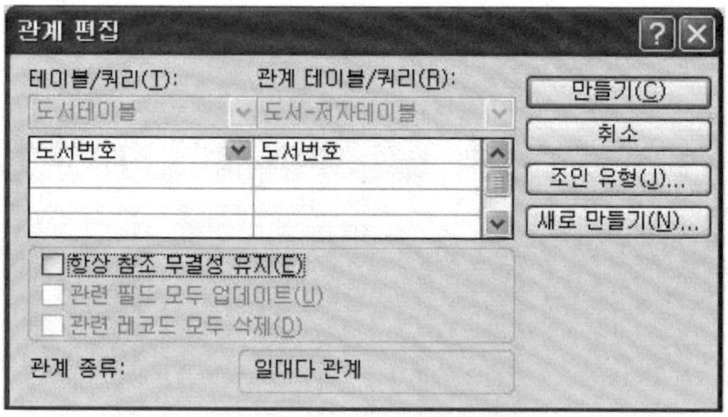

[그림 3-29] **관계편집 창**

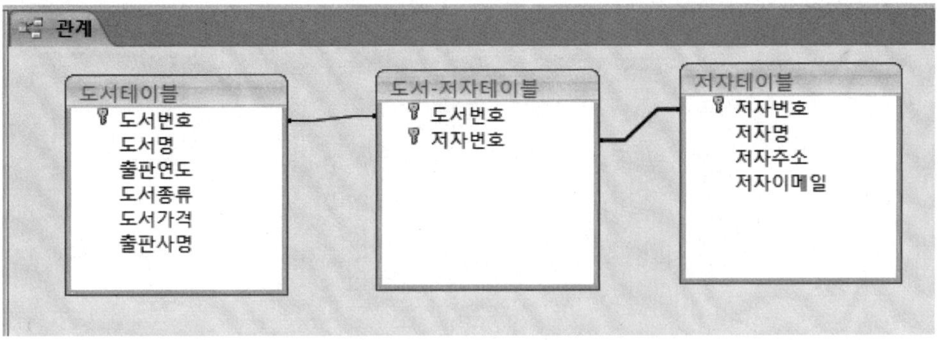

[그림 3-30] **도서테이블과 저자테이블의 연결**

(2) 도서테이블과 출판사테이블의 연결; 다음으로 도서테이블과 출판사테이블을 연결하자. [관계]창에 도서테이블은 이미 들어왔으니 출판사테이블을 추가하면 된다. [관계]창의 여백에서 마우스 오른쪽버튼을 눌러 '테이블 표시'를 선택하여 출판사테이블을 추가한다(그림 3-31). 출판사테이블을 마우스끌기하여 도서테이블 옆에 둔다. 연결은 동일한 방법으로 출판사테이블의 '출판사명'을 마우스끌기하여 도서테이블의 '출판사명'에 놓고 [관계편집]창에서 '만들기'를 선택한다. 아래 그림은 그 결과이다(그림 3-32).

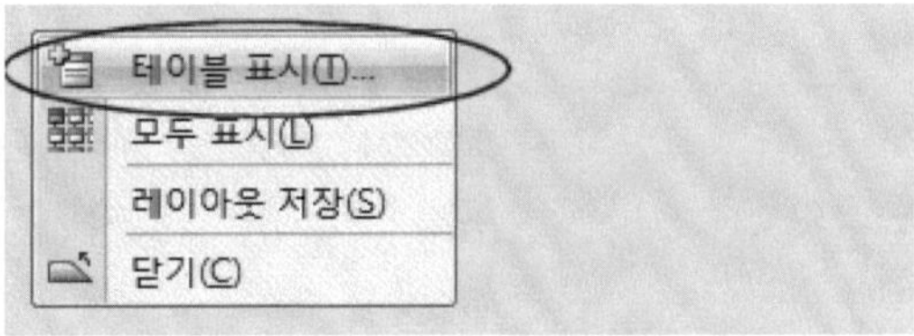

[그림 3-31] **테이블의 추가**

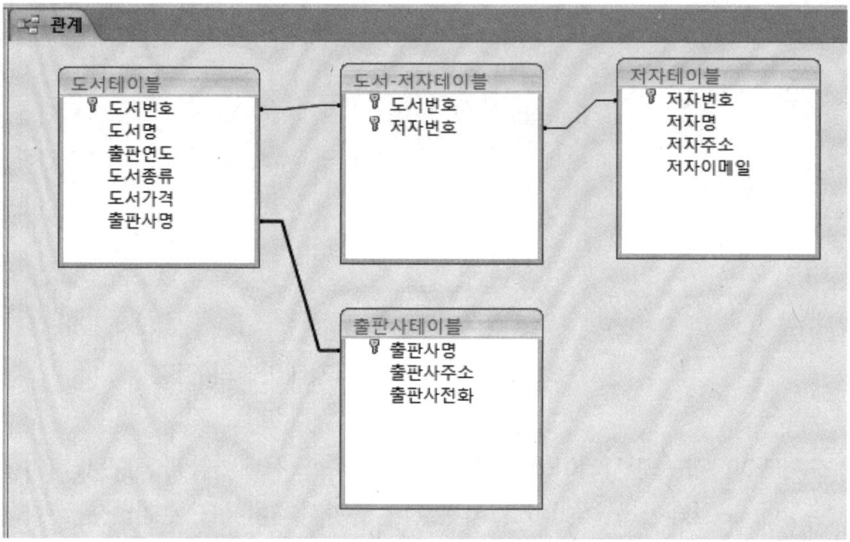

[그림 3-32] **출판사테이블의 추가**

(3) 도서테이블과 구입테이블의 연결; 마지막으로, 도서테이블과 구입테이블을 '도서번호'로 연결한다. 연결방법은 위와 동일하다(그림 3-33).

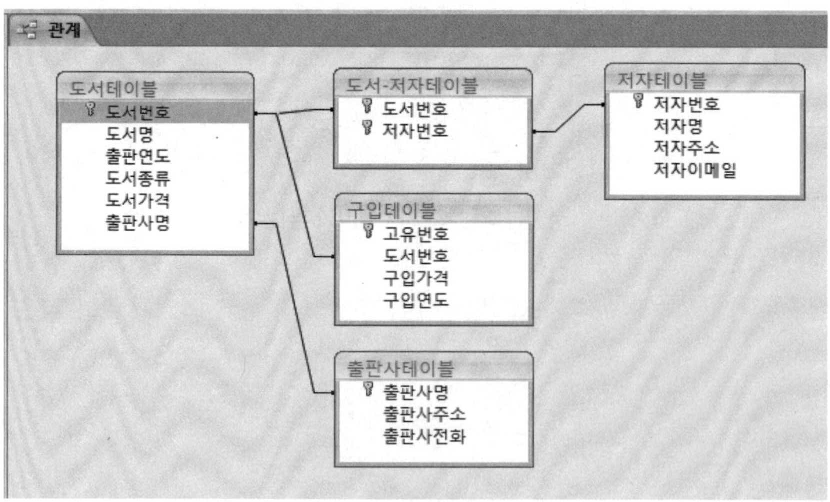

[그림 3-33] **구입테이블의 추가**

➜ '참조무결성(referential integrity) 유지'기능의 선택

도서테이블에서 도서번호 1의 도서명은 "꽃시계"이고 출판사명은 "문학사"이다. "꽃시계"의 출판사에 대한 정보를 알려면 도서테이블에서 "꽃시계"의 출판사명을 찾고 그 출판사명(="문학사")을 출판사테이블에 넘겨주고 출판사테이블로부터 "문학사"의 정보를 찾을 수 있다.

만약 도서테이블에서 "꽃시계"의 출판사명을 "무학사"로 바꾸면 어떻게 될까? 현재 '참조무결성 유지' 옵션을 사용하지 않았기 때문에 출판사테이블에 "무학사"가 없더라도 오류가 발생하지 않는다.

도서테이블에서 "꽃시계"의 출판사명을 "무학사"로 바꾼 후에 도서테이블과 출판사테이블 사이의 관계에서 '참조무결성 유지' 옵션을 사용하자. 도서테이블과 출판사테이블을 연결하는 선 위에서(화살표 끝을 선위에 올려 놓는다) 마우스 오른쪽 클릭하면 아래 그림과 같이 '관계 편집'을 할 수 있다(그림 3-34). 이때 '삭제'를 선택하면 연결선을 지울 수 있다.

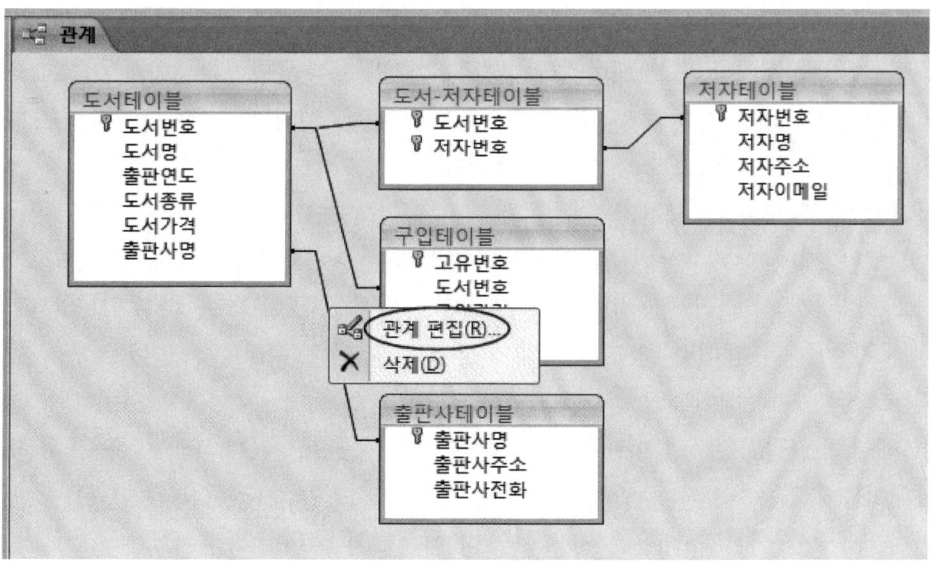

[그림 3-34] **참조무결성 유지를 위한 관계 편집**

위 그림에서 '관계 편집'을 선택하면 아래 그림과 같이 [관계편집]창이 나타나고 '항상 참조무결성 유지'를 선택하고 '확인' 버튼을 클릭한다(그림 3-35).

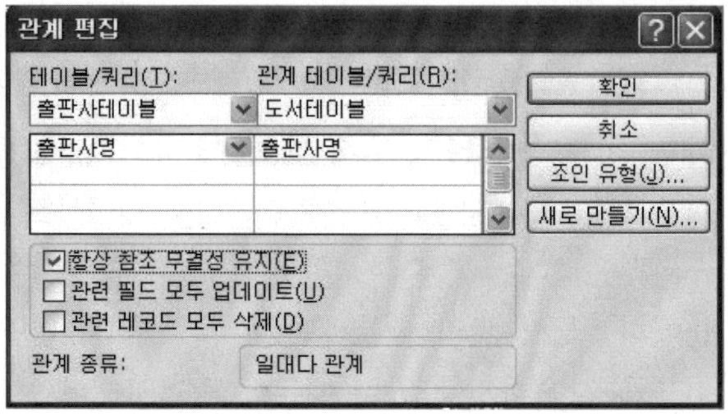

[그림 3-35] **참조무결성 유지 설정**

이때 "참조무결성을 설정할 수 없다"라고 하는 오류가 발생한다. 왜 일까? 도서테이블에서 "꽃시계"의 출판사명을 "문학사"에서 "무학사"로 바꾼 일을 기억할 것이다. 두 테이블 사이의 '참조무결성'을 설정할 때 두 테이블의 데이터가 과연 '참조무결성'에 어긋나지 않는지를 점검하게 되고 이때 문제가 생기면 참조무결성의 설정이 불가능하게 된다. 이러한 '참조 오류'가 발생한 원인은 무엇인가? 도서테이블과 출판사테이블은 '출판사명' 필드로 연결됨을 기억할 것이다. 도서테이블에서 "꽃시계"의 출판사명이 "무학사"이므로 "무학사"가 출판사테이블에 전달되고 시스템은 "무학사"를 출판사테이블에서 찾는다. 그러나 그러한 출판사명은 없으므로 오류를 산출한다.

이러한 '참조 오류'를 고치려면 어떻게 해야 할까? 당연히 도서테이블에서 "무학사"를 "문학사"로 원래대로 복구하면 될 것이다. [관계편집]창에서 '취소' 버튼을 눌러 작업을 취소하고 "꽃시계"의 출판사명을 "문학사"로 다시 고쳐보자. 그 다음 다시 '참조무결성'을 설정해 보자. 이제는 제대로 '참조무결성' 설정이 될 것이다. 즉, 도서테이블로부터 출판사명을 참조하여 출판사테이블의 정보를 항상 조회(또는 참조)할 수 있음을 의미한다. 참조무결성이 제대로 설정되었다면 아래 그림과 같이 1과 ∞가 표시된다. 1과 ∞를 표시한 뜻은 출판사테이블에 있는 하나의 출판사가 도서테이블에 다수(즉, 하나 이상) 출현 할 수 있음을 의미한다. 자세한 이론적 내용은 4장에서 다룬다(그림 3-36).

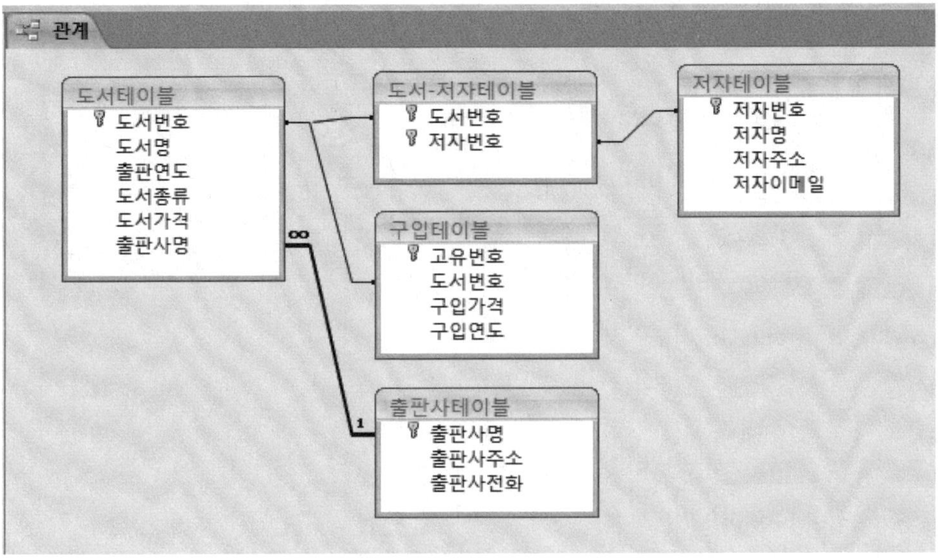

[그림 3-36] **참조무결성 유지 설정의 결과**

이제 '참조무결성'의 의미를 생각해보자. "꽃시계"의 출판사명에 대한 정보를 찾고자 할 때, 먼저 도서테이블에서 "꽃시계"의 출판사명을 찾게 된다. 출판사명을(예를 들면, "무학사") 출판사테이블에서 찾을 수 없다면(또는, 참조할 수 없다면) '참조 오류'가 발생하게 된다. 도서테이블에 있는 모든 출판사명이 출판사테이블에서 발견된다면 '참조 오류'는 발생하지 않고 '참조무결성'을 확보하게 된다. 이와 같이 **두 테이블 사이에 연결된 필드(들)의 값으로 항상 참조 가능한 상태를 참조무결성(referential integrity)이라고** 한다. '외래키'라는 개념을 사용하여 정교하게 참조무결성을 정의하는 것은 5장에서 다루기로 한다.

같은 방법으로 테이블들 간의 모든 연결에 대하여 참조무결성을 줄 수 있다. 경우에 따라서는 참조무결성의 조건이 필요치 않을 경우도 있으나 데이터 입력 오류의 방지를 위하여 참조무결성은 살려 두는 것이 일반적이다. 각 연결마다 참조무결성을 적용한 결과를 아래 그림에서 볼 수 있다(그림 3-37).

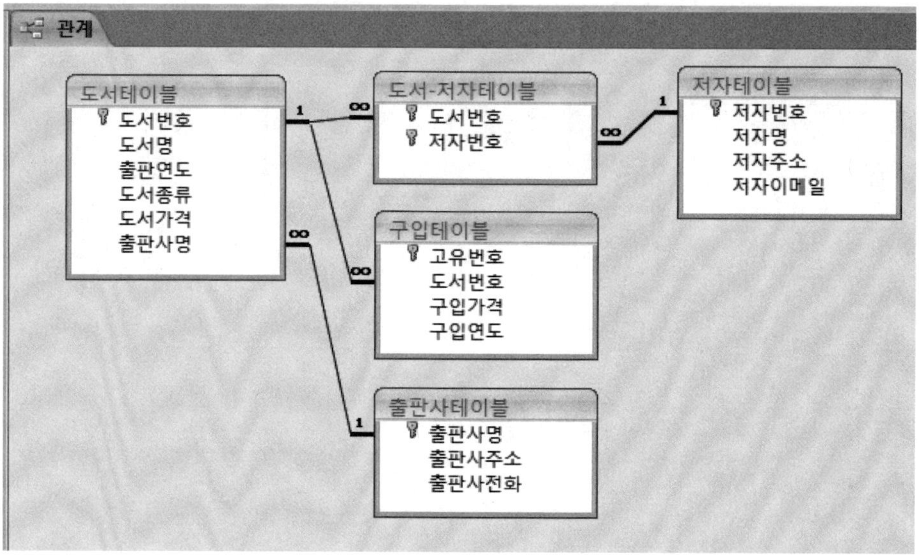

[그림 3-37] **참조무결성 유지**

위 그림에서 1과 ∞의 위치를 주의깊게 살펴보자. 예를 들면, 도서테이블과 구입테이블은 도서테이블 쪽에 1이 구입테이블 쪽에 ∞가 표시되어 있다. 그 이유는 무엇인가? 도서번호 하나에 대해 여러 개의 구입정보가 가능하다는 말인데 무슨 의미일까? 예를 들면, 구입테이블에서 도서번호 2가 2회 출현한다(고유번호 2와 3). 동일한 책을 여러 권 구입할 수 있는데(복본), 각 책마다 구입정보가 다를 수 있고, 각 책마다 도서관리가 이루어져야 한다. 다른 테이블들 사이의 관계도 확인해 보자.

→ '관련 필드 모두 업데이트'옵션의 선택;

[관계편집]창의 두 번째 옵션인 '관련 필드 모두 업데이트'에 대해 알아보자. 출판사테이블에서 출판사명이 "학습사"에 대한 정보를 찾을 수 있다. 그런데, "학습사"를 "학생사"로 고치는 상황을 가정해 보자. 출판사테이블은 도서테이블과 연결되어 있고 도서테이블에서 "학습사"는 2회 출현한다. 이제 모든 "학습사"를 "학생사"로 고치는 문제를 생각해 보자. 그러한 데이터가 다수 출현하는 도서테이블에서 고치는 것 보다 출판사테이블에서 한 번만 고치는 것이 정확하면서 효율적일 것이다. 출판사테이블에서는 한 출판사명이 단 한 번 출현하므로 사용자가 출판사테이블에서 출판사명을 수정하면 시스템이 그 출판사명을 인

용하는(또는 사용하는) 다른 테이블들을 모두 동일하게 수정하도록 하면 될 것이다. 이러한 형태의 수정 방식을 관련 필드 모두 업데이트(cascading updates)라 한다. 이 옵션을 살려두는 것이 일반적이다. 아래 그림은 관련 필드 모두 업데이트(cascading updates)를 선택한 과정을 보여준다. 모든 관계에 대하여 이 옵션을 사용한다(그림 3-38).

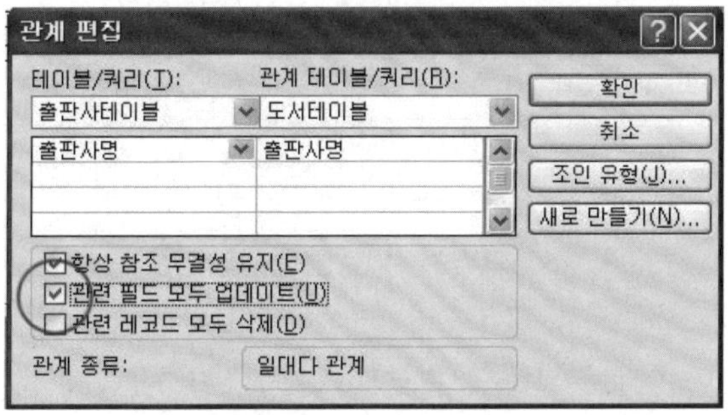

[그림 3-38] **관련 필드 모두 업데이트**

이제 이 업데이트 옵션을 사용하여 실험을 해 보자. 아래 그림은 원래의 도서테이블과 출판사테이블을 보여준다(그림 3-39,40).

도서테이블

도서번호	도서명	출판연도	도서종류	도서가격	출판사명
1	꽃시계	1998	문학	₩8,500	문학사
2	나무	1998	문학	₩4,000	용진출판
3	당나귀	1993	문학	₩3,700	교학사
4	발명	1997	과학	₩4,600	삼안출판
5	지구	2001	과학	₩10,000	교학사
6	지구	2008	과학	₩8,000	과학사
7	해	1998	문학	₩4,000	용진출판
8	해	2006	과학	₩12,000	과학사
9	달	2003	과학	₩11,000	학습사
10	불심	2004	종교	₩5,000	학조사
11	친구	2002	문학	₩8,000	아름
12	소망	2007	종교	₩4,800	교학사
13	과학교육	2002	교육	₩8,000	학습사

[그림 3-39] **도서테이블**

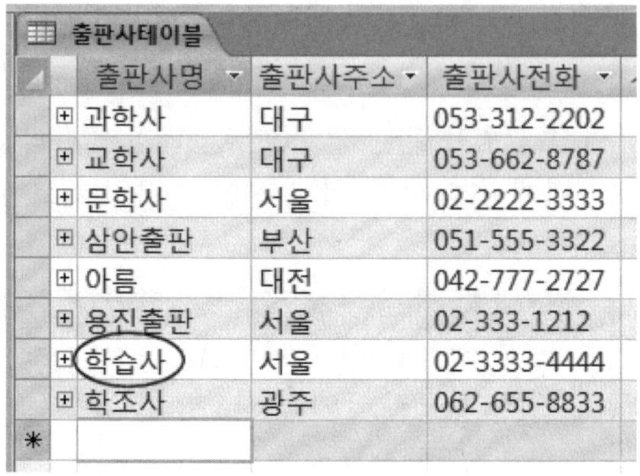

출판사테이블

출판사명	출판사주소	출판사전화
과학사	대구	053-312-2202
교학사	대구	053-662-8787
문학사	서울	02-2222-3333
삼안출판	부산	051-555-3322
아름	대전	042-777-2727
용진출판	서울	02-333-1212
학습사	서울	02-3333-4444
학조사	광주	062-655-8833

[그림 3-40] **출판사테이블**

출판사테이블의 “학습사”를 “학생사”로 바꾸자(그림 3-41). (출판사테이블을 열고 “학습사”를 “학생사”로 바꾼 다음, 저장하고 출판사테이블을 닫는다. 출판사테이블을 다시 열면 “학습사”가 “학생사”로 바뀌어져 있을 것이다.)

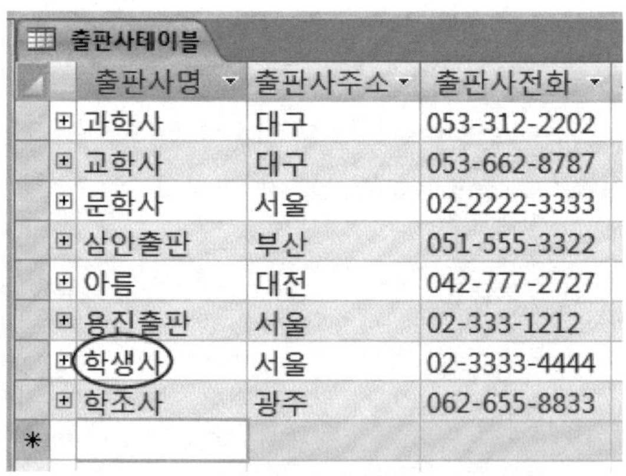

출판사테이블

출판사명	출판사주소	출판사전화
과학사	대구	053-312-2202
교학사	대구	053-662-8787
문학사	서울	02-2222-3333
삼안출판	부산	051-555-3322
아름	대전	042-777-2727
용진출판	서울	02-333-1212
학생사	서울	02-3333-4444
학조사	광주	062-655-8833

[그림 3-41] **출판사테이블(“학생사”)**

아래 그림은 ‘관련 필드 모두 업데이트’에 의해 도서테이블의 내용이 자동으로 바뀌었음을 보여준다(그림 3-42). (도서테이블과 출판사테이블의 관계에 ‘관련 필드 모두 업데이트’를 선택한 상태에서 아래의 결과가 가능하다)

도서테이블

도서번호	도서명	출판연도	도서종류	도서가격	출판사명
1	꽃시계	1998	문학	₩8,500	문학사
2	나무	1998	문학	₩4,000	용진출판
3	당나귀	1993	문학	₩3,700	교학사
4	발명	1997	과학	₩4,600	삼안출판
5	지구	2001	과학	₩10,000	교학사
6	지구	2008	과학	₩8,000	과학사
7	해	1998	문학	₩4,000	용진출판
8	해	2006	과학	₩12,000	과학사
9	달	2003	과학	₩11,000	학생사
10	불심	2004	종교	₩5,000	학조사
11	친구	2002	문학	₩8,000	아름
12	소망	2007	종교	₩4,800	교학사
13	과학교육	2002	교육	₩8,000	학생사
*					

[그림 3-42] **도서테이블("학생사")**

다음 실습을 위하여 다시 "학생사"를 "학습사"로 복구한다.

➜ '관련 레코드 모두 삭제'에 대하여;

'관련 필드 모두 업데이트'와 비슷한 개념으로, 동일한 데이터가 삭제되면 연관된 다른 테이블의 데이터도 동시에 자동 삭제하는 기능인데 경우에 따라 편리하겠지만 편리성 보다는 착오에 의한 대량 삭제의 위험이 있기 때문에 이 기능은 사용하지 않는 것이 일반적이다(설계 단계에서 효율적 작업을 위해 이 기능을 사용하는 경우도 있지만 일반적인 것은 아니다).

[완성 파일]; "액세스2007-도서DB-3장-2단계-관계연결"

3.7.3 질의(Query)

제2장에서 테이블 한 개에 대한 질의를 연습해 보았다. 여기서는 다섯 개의 테이블을 대상으로 하는 질의를 연습한다. 하나의 테이블을 대상으로 하는 질의와 기본적으로 다를

것이 없다. 다만, 테이블들의 관계를 고려하여 필요한 테이블들을 찾아서 연결한다는 과정이 추가된다. 2장에서 실습했던 요구사항을 여기에서 그대로 사용하자(2.3.1; 도서DB-사용자 요구사항(1)) 질의에 익숙하지 않다면 2장의 질의를 복습하는 것이 좋겠다.

요구사항 1의 질의; <질의1> 도서명으로 저자 검색;

[문제] 도서명 "꽃시계"의 저자를 출력하시오.

[풀이] <질의1>에 관련된 필드는 '도서명'과 '저자명'이다. '도서명'은 도서테이블에서 가져 올 수 있다. '저자명'은 저자테이블에 있는데 도서-저자테이블을 통하여 도서테이블과 연결된다. 테이블들의 관계 설정(7.2)에서 아래 그림과 같은 연결을 기억하자.

위 그림과 같이 세 개의 테이블이 필요하므로 질의창에 세 개의 테이블을 추가하고(2.4; (그림 2-14) 쿼리 디자인 열기), '도서테이블'에 있는 '도서명' 필드와 저자테이블의 '저자명' 필드를 아래 그림과 같이 끌어 놓는다. 다음으로 '도서명' 필드의 '조건' 항목에 ="꽃시계"를 입력한다(주의; 구버전에서는 '='이 따옴표 앞에 있어야 한다). '실행' 아이콘을 클릭하면 그림과 같이 쿼리 결과를 볼 수 있다.

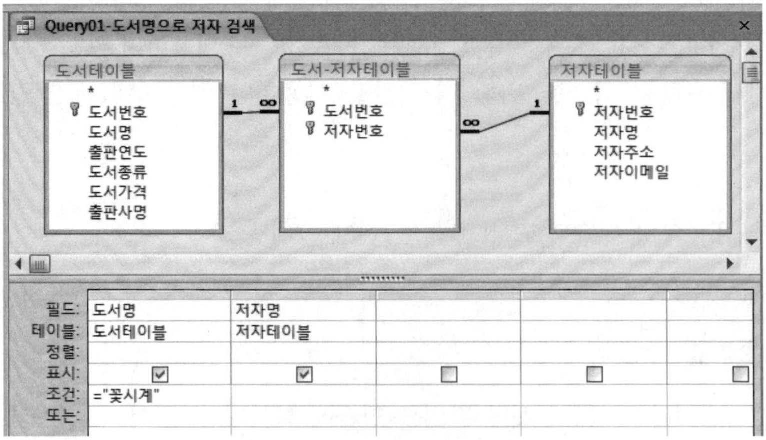

[그림 3-43] **질의1의 디자인**

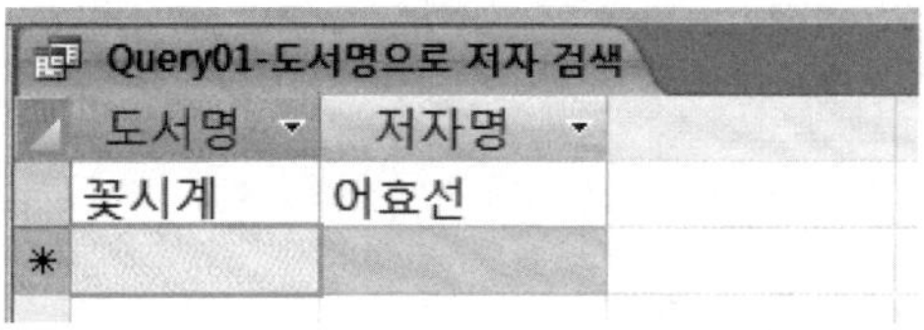

[그림 3-44] **질의1의 결과**

요구사항 2의 질의; <질의2> 저자명으로 도서 검색;

[문제] 저자 "김정흠"의 도서명과 출판연도, 출판사명을 출력하시오.

[풀이] 필요한 필드; 저자명, 도서명, 출판연도, 출판사명

필요한 테이블; 도서테이블, 저자테이블, 도서-저자테이블

조건; 저자명="김정흠"

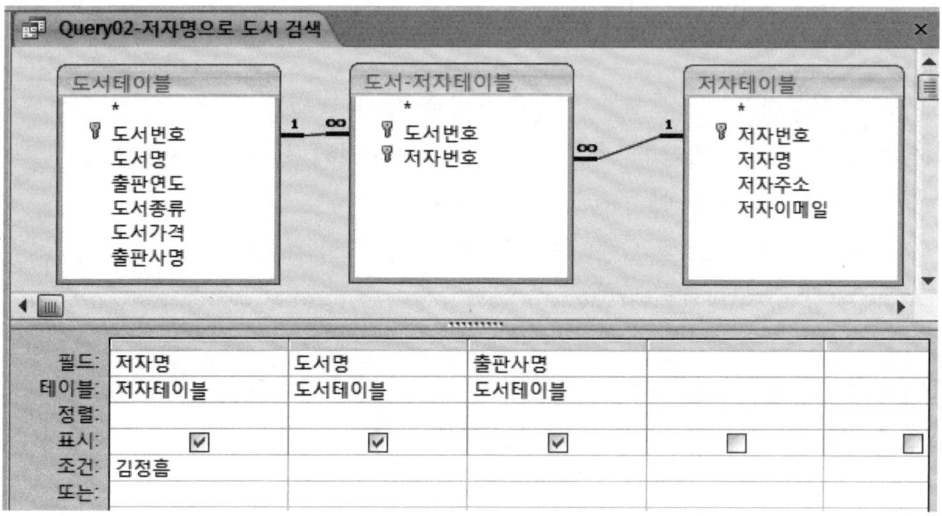

[그림 3-45] **질의2의 디자인**

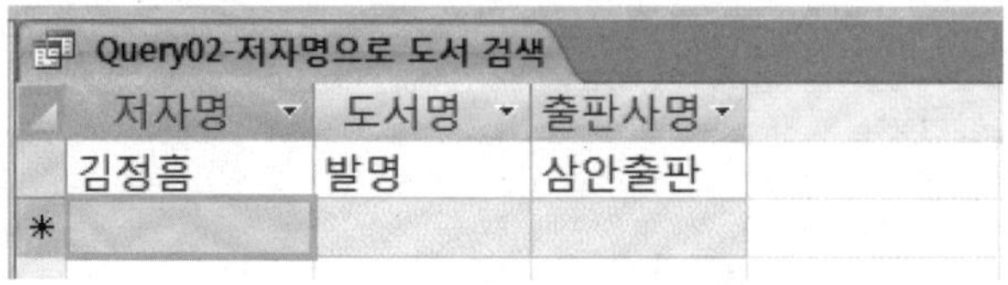

Query02-저자명으로 도서 검색

저자명	도서명	출판사명
김정흠	발명	삼안출판
*		

[그림 3-46] **질의2의 결과**

요구사항 3, 4, 5는 1, 2와 유사하므로 그림은 생략한다.

요구사항 3의 질의; ＜질의3＞ 도서명으로 출판연도 검색;
[문제] 도서명 “꽃시계”의 출판연도를 출력하시오.
[풀이] 필요한 필드; 도서명, 출판연도
필요한 테이블; 도서테이블
조건; 도서명=“꽃시계”

요구사항 4의 질의; ＜질의4＞ 도서종류별로 도서 검색;
[문제] 도서종류가 “과학”인 도서의 도서명, 저자명의 목록을 출력하시오.
[풀이] 필요한 필드; 도서종류, 도서명, 저자명
필요한 테이블; 도서테이블, 저자테이블, 도서-저자테이블
조건; 도서종류=“과학”

요구사항 5의 질의; ＜질의5＞ 출판사명으로 출판사 정보 검색;
[문제] “학습사”의 주소와 전화번호를 출력하시오.
[풀이] 필요한 필드; 출판사명, 출판사주소, 출판사전화
필요한 테이블; 출판사테이블
조건; 출판사명=“학습사”

요구사항 6의 질의; ＜질의6＞ 출판연도와 도서 종류별로 검색;
[문제] 2000년 이후에 출판된 도서 종류가 “과학”인 도서의 고유번호, 도서명, 저자명의 목록을 출력하시오.

[풀이] 필요한 필드; 고유번호, 출판연도, 도서종류, 도서명, 저자명

필요한 테이블; 도서테이블, 저자테이블, 도서-저자테이블, 출판사테이블

조건; 출판연도 >= 2000, 도서종류="과학"

결과; 결과창에서 "지구"는 저자가 3명이므로 3행에 걸쳐 나타난다. 동일한 책이므로 같은 고유번호(=6)를 갖는다.

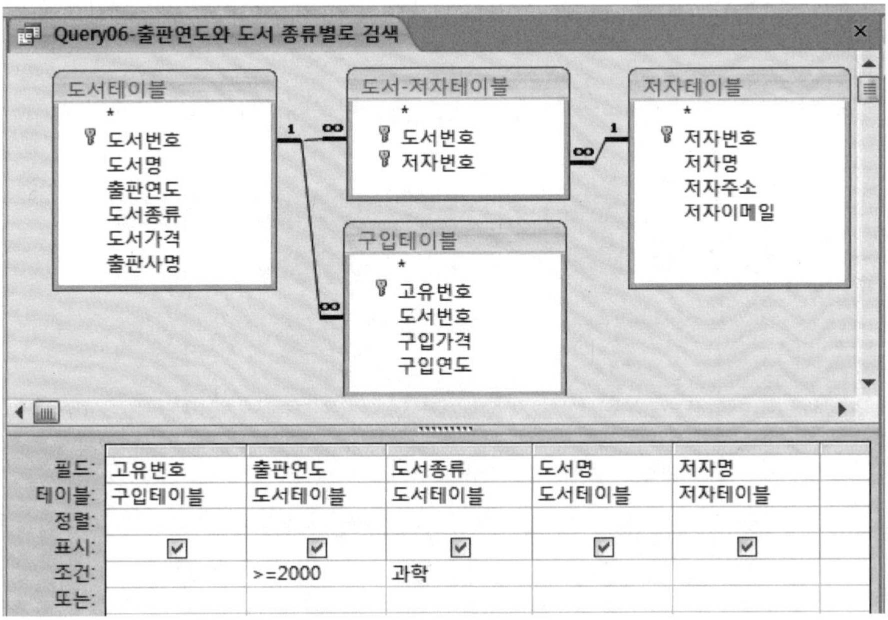

[그림 3-47] **질의6의 디자인**

Query06-출판연도와 도서 종류별로 검색

고유번호	출판연도	도서종류	도서명	저자명
6	2001	과학	지구	홍지구
6	2001	과학	지구	유성귀
6	2001	과학	지구	박지구
7	2008	과학	지구	유성귀
11	2006	과학	해	박주해
12	2003	과학	달	김서정

[그림 3-48] **질의6의 결과**

요구사항 7의 질의; <질의7> 도서종류별 구입가격의 총액

[문제] 도서종류별로 구입가격 총액을 출력하시오.

[풀이] 필요한 필드; 도서종류, 구입가격

필요한 테이블; 도서테이블, 구입테이블

요약; 도서종류=묶는방법, 구입가격=합계

(1) '도서종류' 필드를 클릭하고 상단의 'Σ' (요약)아이콘을 클릭하면 '도서종류' 필드의 '요약'에 '묶는 방법'(group-by)이 나타나고 또한 '구입가격' 필드에도 '묶는 방법'이 나타난다.

(2) 그 상태에서 구입가격의 '묶는 방법'을 클릭하여 '합계'를 선택한다.

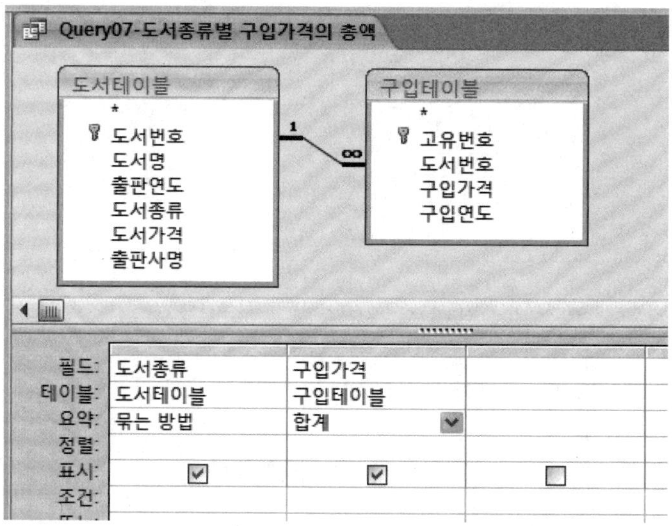

[그림 3-49] **질의7의 디자인**

Query07-도서종류별 구입가격의 총액

도서종류	구입가격의합계
과학	₩42,000
교육	₩7,000
문학	₩36,800
종교	₩9,300

[그림 3-50] **질의7의 결과**

요구사항 8의 질의; <질의8> 출판사별 도서가격의 총액

[문제] "용진출판"이 발행한 도서의 도서가격의 총액을 출력하시오.

[풀이] 필요한 필드; 출판사명, 도서가격

필요한 테이블; 도서테이블, 구입테이블

요약; 출판사명에 묶는 방법, 도서가격에 합계

(1) '출판사명' 필드를 클릭하고 상단의 'Σ' (요약)아이콘을 클릭하면 '출판사명' 필드의 '요약'에 '묶는 방법'(group-by)이 나타나고 또한 '도서가격' 필드에도 '묶는 방법'이 나타난다.

(2) 그 상태에서 도서가격의 '묶는 방법'을 클릭하여 '합계'를 선택한다.

주의; 필요한 필드는 출판사명과 도서가격이며 이들은 도서테이블 만으로도 가능하다. 그러나 도서가격의 총액은 조건을 만족하는 도서들을 모두 합산해야 하므로 낱권으로 구분하기 위하여 구입테이블을 포함하여야 한다. 구입테이블 없이 도서테이블 만으로 질의를 실행하면 도서테이블에 나타나는 두 건만 합산하고 복본의 경우는 제외된다.

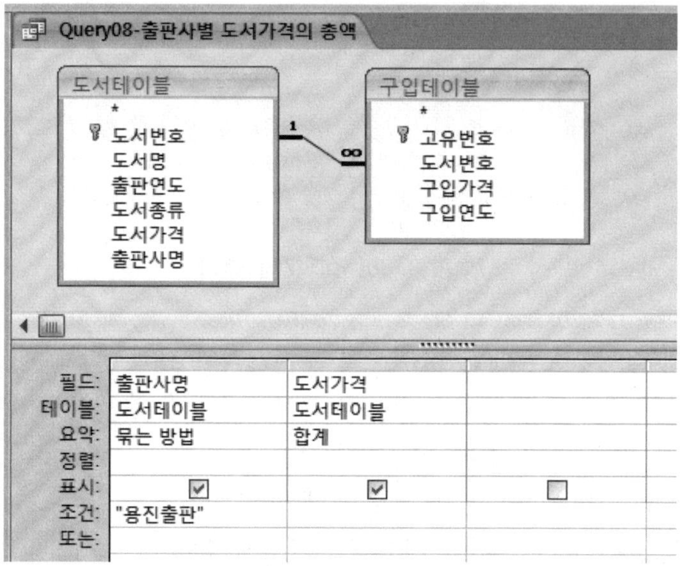

[그림 3-51] **질의8의 디자인**

[그림 3-52] **질의8의 결과**

[완성 파일]; "액세스2007-도서DB-3장-3단계-질의"

3.8 도서DB에서 중복성을 제거하는 과정의 요약

이 단원의 중심 아이디어는 중복을 포함하고 있는 테이블에서 중복의 요소를 제거하기 위하여 중복의 원인이 되는 필드(들)를 분리하여 새로운 테이블을 만든다는 것이다. 처음 접하는 독자들은 다소 복잡하게 느낄 것 같아 이 단원의 중요 내용을 간추려 보기로 한다.

(1) 한 테이블 안에 모든 정보를 다 저장하면 중복의 문제가 발생한다(3.1;[표 2-1] 도서테이블(2)). 한 테이블 안에 출판사 정보, 저자 정보, 도서 정보를 모아 두면 동일 출판사에 대한 정보가 중복 발생하고, 마찬가지로 동일 저자에 대한 정보도 중복 발생함을 볼 수 있었다. 중복을 제거하는 방법은 한 테이블을 정보의 종류대로 테이블을 분할하는 것이다. 도서DB의 예에서 우리는 원래의 도서테이블(2)를 최종적으로 도서테이블(12), 도서-저자테이블(2), 저자테이블(3), 구입테이블(2), 출판사테이블(2)와 같이 다섯 개의 테이블로 나누었다(도서테이블(12);3.6:[표 2-12], 도서-저자테이블(2);3.6:[표 2-22], 저자테이블(3);3.3:[표 2-10], 구입테이블(2);3.5:[표 2-18], 출판사테이블(2);3.2:[표 2-4]).

(2) 한 테이블을 분할할 때 먼저, 중복의 원인이 되는 필드(들)를 원래의 테이블에서 제거하여 새로운 테이블을 만든다. 물론, 분리해 낸 필드들은 서로 같은 종류의 정보를 나타내어야 한다. 예를 들면, 도서테이블(2)에서 출판사 정보를 분리하기 위하여, '출판사명', '출판사주소', '출판사전화' 필드들을 분리하여 새로운 테이블 '출판사테이블(1)'을 만들었다(3.2; 출판사테이블(2)).

(3) 한 테이블 안에는 동일한 레코드(행, 또는 투플)가 둘 이상 있으면 안된다. 따라서 원래의 테이블로부터 분리한 테이블(즉, 새로운 테이블)에서 동일한 행(또는 다른 말로 투플, tuple)들을 제거하여 모든 행은 중복되지 않도록 한다. 예를 들면, 출판사테이블(1)에서 중복된 행들을 제거하여 출판사테이블(2)를 얻었다(3.2의 표4; 출판사테이블(2)). 또 다른 예로 저자테이블(1)에서 동일한 행의 중복을 보았으며 모든 행이 서로 다른 값을 갖도록 중복되는 행들을 모두 삭제하였다(3.3; 저자테이블(2)).

(4) 테이블을 분할할 때, 분할의 결과로 만들어진 새로운 테이블과 원래의 테이블이 서로 연결될 수 있도록 새로운 테이블을 대표할 수 있는 필드(들)(또는 다른 말로, 새로운 테이블의 내용을 유일하게 식별할 수 있는 필드(들))를 원래의 테이블에 남겨 두어야 한다. 예를 들면, 도서테이블(4)에서 '출판사명' 필드를 남겨둠으로써 출판사테이블과 도서테이블의 연결이 가능하게 된다(3.2; 도서테이블(4)).

(5) 분할한 새로운 테이블에서 식별을 위한 필드의 추가가 필요한 경우가 있다. 예를 들면, 도서테이블에서 저자 정보를 분리하여 새로 저자테이블(2)를 만들었다. 그러나 '저자명' 필드는 저자테이블의 내용을 유일하게 식별할 수 없는 경우가 있다. 왜냐하면, 동일한 이름을 갖는 서로 다른 저자가 가능하기 때문이다. 이를 해결하기 위하여 유일하게 식별할 수 있는 '저자번호'라는 고유 번호를 각 저자에게 부여하고 도서테이블과 저자테이블에 '저자번호' 필드를 추가하여 두 테이블의 연결을 가능하게 하였다(3.3; 도서테이블(7), 저자테이블(3)).

(6) 각 테이블은 테이블 내의 자료를 유일하게 식별할 수 있는 필드(들)가 있어야 한다. 예를 들면, 3.3의 도서테이블(7)에서 '해'라는 도서명으로 검색하면 네 개의 결과가 나온다. 그 중 세 개는 복본이고 나머지 하나는 다른 책이다. 이와 같이 '도서명' 필드는 도서테이블에서 식별자로써의 역할을 할 수 없다. 어떤 특정한(개별적인) 도서에 대한 정보를 알고 싶다면 식별자가 반드시 필요하다(이때의 식별자는 키(key)의 개념이다. 키에 대한 설명은 4장에서 다룬다).

(7) 한 필드에 하나의 값만 저장해야 한다. 그 예로, 도서테이블(8)(3.4;[표 2-12])에서 고유번호 5의 저자는 두 명이고, 고유번호 6의 저자는 세 명이다. 그 때문에 저자번호 필드에 값이 두 개, 세 개 들어가 있음을 보았다. 3.5 공저로 인한 중복의 해결에서 이러한 문제를 다루었다. 저장 공간의 경제적 사용과 검색의 효율성을 이유로 모든 필드에는 단일한 값(또는, 원자값)만을 갖도록 한다.

(8) 테이블을 분할하기 전과 분할한 후의 정보가 정확히 일치해야한다. 분할 전과 후의 정보가 남거나, 모자라거나, 틀린 정보가 검색되면 분할과정이 잘못 된 것임을 말한다.

이상의 내용들은 예로 들고 있는 도서DB에만 해당하는 것이 아니라 데이터베이스 설계에서 중복을 제거하고 테이블을 분할하기 위한 일반적 규칙이라고 보면 된다. 이러한 설계의 원리에 대한 체계적이고 이론적인 설명은 4장에서 다룬다.

3.9 실습문제; 대출업무의 추가

지금까지 도서DB를 액세스에서 어떻게 구현하는지를 공부하였다. 간단한 문제에 대한 한 번의 실습으로 데이터베이스의 설계와 개발을 이해하기란 어렵다. 4장의 이론편으로 들어가기 전에 한 번 더 실습을 한다면 데이터베이스에 대한 공부가 더 쉽고 재미있으리라 본다. 원래 데이터베이스란 분야가 실세계의 데이터를 다루는 현실적 분야이므로 데이터에 대한 풍부한 경험이 데이터베이스의 설계와 구현에 많은 영향을 준다. 데이터베이스를 처음 배우는 이들은 무엇보다 이런 점을 유의하여 데이터를 관찰하고 직접 다루는 일을 부지런히 해야 한다. 데이터에 대한 이해야말로 데이터베이스 공부의 시작이기 때문이다. 이론 위주의 과목과는 달리 데이터베이스는 실습과 병행하여 공부하는 것이 좋다. 이 단원에서는 대출 업무를 추가하여 액세스에서 테이블을 만들고 테이블들과 관계를 짓고 질의를 실행하는 것을 실습한다. 전반적인 과정은 지금까지 배운 내용의 요지를 그대로 따른다.

3.9.1 업무분석과 요구사항의 도출

지금까지의 도서DB에 대출업무를 추가하는 연습을 하자. 대출업무가 효율적으로 이루어지도록 대출 현상과 대출자를 관리하고 대출에 대한 각종 정보를 도출할 수 있도록 도서DB를 설계해 보자. 대출업무는 도서DB에서 중요한 역할을 담당하므로 많은 업무를 생각해 볼 수 있다. 실습목적을 위해 적당한 중요도와 난이도를 갖는 업무를 고려하기로 하자. 아래와 같은 대출업무를 도서DB에 추가하자.

➜ 대출업무의 요구사항;

[대출1] 도서명으로 현재의 대출정보 검색;

(예) 도서명 "꽃시계"가 현재 대출중이라면 대출자명과 반납예정일, 대출자의 전화번호를 출력하시오.

[대출2] 도서 고유번호로 대출 이력 검색;

(예) 고유번호 1번 도서에 대한 현재까지의 대출이력(대출일, 반납일, 대출자명)을 출력하시오.

[대출3] 오늘 반납 예정인 도서 검색;

(예) 오늘 반납 예정인 도서의 목록(고유번호, 도서번호, 대출일, 반납일, 대출자명, 대출자전화)을 출력하시오.

[대출4] 반납예정일을 넘긴 미납도서 검색;

(예) 반납예정일을 넘긴 미납 도서의 목록(고유번호, 도서명, 대출일, 반납예정일, 대출자명, 대출자전화)을 출력하시오.

[대출5] 대출자별 대출 이력 검색;

(예) 대출자 "방영권"의 대출 이력(대출자, 대출자전화, 대출일, 반납일, 고유번호, 도서명, 출판사명)을 출력하시오.

[대출6] 대출자별 미납 이력 검색;

(예) 대출자 "김진석"의 미납 이력(대출자명, 대출자전화, 대출일, 반납예정일, 고유번호, 도서명)을 출력하시오.

[대출7] 연도별 대출 빈도 질의;

(예) 2008년의 대출 도서를 빈도가 높은 순서로 출력하시오.

[대출8] 도서종류별 대출 회수 질의;

(예) 도서 종류별로 현재까지의 대출 회수를 출력하시오.

기타 아래와 같은 요구도 생각할 수 있겠다.

- ❍ 가장 대출이 많은 도서 순서로 도서명, 출판사명, 대출 회수를 출력
- ❍ 가장 대출이 많은 도서의 출판사명 순서로 출판사명, 대출 회수를 출력
- ❍ 최근 5년간 한 번도 대출한 적이 없는 도서의 목록
- ❍ 대출자의 평균 대출 권수

위 요구사항으로 부터 필요한 속성(또는 필드)을 뽑아내면 다음과 같다.

[대출1] 도서명으로 현재의 대출정보 검색; **도서명, 대출자명, 반납예정일, 대출자전화**

[대출2] 도서 고유번호로 대출 이력 검색; **고유번호, 대출일, 반납일, 대출자명**

[대출3] 오늘 반납 예정인 도서 검색; **고유번호, 도서번호, 대출일, 반납예정일, 대출자명, 대출자전화**

[대출4] 반납예정일을 넘긴 미납도서 검색; 고유번호, 도서명, 대출일, 반납예정일, 대출자명, 대출자전화

[대출5] 대출자별 대출 이력 검색; 대출자명, 대출자전화, 대출일, 반납일, 고유번호, 도서명, 출판사명

[대출6] 대출자명, 대출자전화, 대출일, 반납예정일, 고유번호, 도서명

[대출7] 연도별 대출 빈도 질의; 대출일, 도서번호, 도서명

[대출8] 도서종류별 대출 회수 질의; 도서종류, 대출일

대부분의 검색은 직접 자료를 찾음으로써 가능하다. 그러나 <대출7>의 빈도 질의와 <대출8>의 회수 질의와 같은 것은 조건에 맞는 레코드의 수를 헤아림으로써 계산할 수 있다. 이러한 질의는 계산 결과로 얻을 수 있으므로 데이터베이스 안에 따로 정보를 저장하지 않는다. 따라서 속성으로 취급하지 않는다(이와 비슷한 예로 2장에서 요구7과 8의 총액이 그러하다).

위의 속성들 중에는 이미 도서DB에 포함된 것들도 있고 새로운 속성들도 있다.

> 기존의 속성; 고유번호, 도서명, 도서번호, 출판사명, 도서종류
> 새로운 속성; 대출자명, 대출자전화, 대출일, 반납예정일, 반납일

3.9.2 시험 데이터의 준비

도서DB에 대출 업무를 추가하기 위해 시험 데이터를 준비한다. 제3장(3.1)에서 모든 데이터를 하나의 테이블에 나타내는 플랫 파일을 소개하였다. 대출 상황을 함축적으로 잘 나타낼 수 있는 의미있는 데이터의 준비가 있어야 한다. 도서DB의 데이터를 그대로 사용하면서 새로운 대출 데이터를 아래와 같이 추가 해 보자. 아래의 테이블은 대출 내역을 기록한 대출 장부로 생각할 수 있다.

[표 3-23] **대출테이블(1)**

대출일	대출자명	대출자 전화	반납 예정일	반납일	고유 번호	도서 번호	도서명	도서 종류	출판사명
2005-02-02	김진석	312-2212	2005-02-12	2005-02-11	1	1	꽃시계	문학	문학사
2005-08-12	길명진	433-6422	2005-08-22	2005-09-03	10	7	해	문학	용진출판
2006-03-07	홍성진	881-3322	2006-03-27	2006-03-31	3	2	나무	문학	용진출판
2006-10-03	김재만	599-3434	2006-10-13	2006-11-04	6	5	지구	과학	교학사
2006-12-01	홍성진	221-4432	2006-12-21	2006-12-21	1	1	꽃시계	문학	문학사
2007-01-09	방영권	440-5533	2007-01-24	2007-01-20	7	6	지구	과학	과학사
2007-05-08	방영권	440-5533	2007-05-23	2007-05-23	3	2	나무	문학	용진출판
2007-11-02	김혜영	223-5434	2007-11-12	2007-11-15	16	13	과학교육	교육	학습사
2008-03-14	방영권	440-5533	2008-03-29	2008-05-02	2	2	나무	문학	용진출판
2008-05-04	길명진	433-6422	2008-05-14	2008-05-12	1	1	꽃시계	문학	문학사
2008-05-09	김진석	312-2212	2008-05-19		8	7	해	문학	용진출판
2008-06-11	길명진	433-6422	2008-06-21	2008-06-20	9	7	해	문학	용진출판
2008-08-09	문준영	778-4333	2008-08-19		1	1	꽃시계	문학	문학사
2008-08-05	방영권	440-5533	2008-08-20		13	10	불심	종교	학조사
2008-08-11	홍성진	881-3322	2008-08-31		6	5	지구	과학	교학사

위 자료에 대한 고려사항은 아래와 같다.

㉠ 오늘의 날짜를 2008년 8월 20일이라 하자.

㉡ 대출자는 동명이인이 가능하다. 이름이 같더라도 대출자전화가 다르면 다른 사람으로 간주한다.

㉢ 아직 반납되지 않은 대출의 반납일은 공백으로 비워둔다.

대출테이블(1)의 데이터 표현에 문제점을 발견해 보자. 아래와 같은 몇 가지 문제점을 발견할 수 있다.

[문제점1] 도서번호, 도서명, 도서종류, 출판사명은 대출테이블에 있을 필요가 없다.

왜냐하면, 고유번호만 알면 구입테이블에서 도서번호를 찾을 수 있고, 도서번호를 알면 나머지의 도서정보를 도서테이블에서 찾을 수 있기 때문이다.

[문제점2] 대출자명, 대출자번호가 같은 대출자 정보가 중복 출현한다. 그 이유는 동일한 대출자가 여러 번 대출할 수 있기 때문이다.

[문제점3] 대출자 "홍성진"은 같은 이름이지만 서로 다른 사람이다(전화번호가 서로 다르다). 따라서 대출자만으로는 대출자를 식별할 수 없다(동명이인의 문제).

→ **해결 방법;**

문제점1의 해결;

도서정보의 중복을 제거한다. 고유번호만 알면 나머지 도서 정보는 찾을 수 있으므로(구입테이블(2)) 고유번호만 남겨두고 다른 도서정보(도서번호, 도서명, 도서종류, 출판사명)를 삭제한다. 두 테이블(대출테이블과 도서테이블)의 연결을 위하여 대출테이블에 고유번호 필드를 남겨둔다. 대출테이블(2)는 대출테이블(1)에서 고유번호를 제외한 나머지 도서정보를 삭제한 결과이다.

[표 3-24] **대출테이블(2)**

대출일	대출자명	대출자 전화	반납 예정일	반납일	고유 번호
2005-02-02	김진석	312-2212	2005-02-12	2005-02-11	1
2005-08-12	길명진	433-6422	2005-08-22	2005-09-03	10
2006-03-07	홍성진	881-3322	2006-03-27	2006-03-31	3
2006-10-03	김재만	599-3434	2006-10-13	2006-11-04	6
2006-12-01	홍성진	221-4432	2006-12-21	2006-12-21	1
2007-01-09	방영권	440-5533	2007-01-24	2007-01-20	7
2007-05-08	방영권	440-5533	2007-05-23	2007-05-23	3
2007-11-02	김혜영	223-5434	2007-11-12	2007-11-15	16
2008-03-14	방영권	440-5533	2008-03-29	2008-05-02	2
2008-05-04	길명진	433-6422	2008-05-14	2008-05-12	1
2008-05-09	김진석	312-2212	2008-05-19		8
2008-06-11	길명진	433-6422	2008-06-21	2008-06-20	9
2008-08-09	문준영	778-4333	2008-08-19		1
2008-08-05	방영권	440-5533	2008-08-20		13
2008-08-11	홍성진	881-3322	2008-08-31		6

문제점2의 해결;

대출자 정보의 중복 문제인데 도서DB에서 도서테이블의 출판사 정보가 중복 출현하여 도서테이블에서 출판사 정보를 분리하여 출판사테이블을 만들었다(3.2). 이와 같은 이유로 대출테이블(2)에서 대출자 정보를 분리하여 대출테이블(3)과 대출자테이블(1)을 만든다. 이 때 대출테이블(3)에 대출자명을 남겨두어야 대출자테이블과 연결될 수 있다. 대출자테이블에서 중복되는 대출자 정보는 삭제한다(대출자테이블(1)).

[표 3-25] **대출테이블(3)**

대출일	대출자명	반납 예정일	반납일	고유 번호
2005-02-02	김진석	2005-02-12	2005-02-11	1
2005-08-12	길명진	2005-08-22	2005-09-03	10
2006-03-07	홍성진	2006-03-27	2006-03-31	3
2006-10-03	김재만	2006-10-13	2006-11-04	6
2006-12-01	홍성진	2006-12-21	2006-12-21	1
2007-01-09	방영권	2007-01-24	2007-01-20	7
2007-05-08	방영권	2007-05-23	2007-05-23	3
2007-11-02	김혜영	2007-11-12	2007-11-15	16
2008-03-14	방영권	2008-03-29	2008-05-02	2
2008-05-04	길명진	2008-05-14	2008-05-12	1
2008-05-09	김진석	2008-05-19		8
2008-06-11	길명진	2008-06-21	2008-06-20	9
2008-08-09	문준영	2008-08-19		1
2008-08-05	방영권	2008-08-20		13
2008-08-11	홍성진	2008-08-31		6

[표 3-26] **대출자테이블(1)**

대출자명	대출자 전화
김진석	312-2212
길명진	433-6422
홍성진	881-3322
김재만	599-3434
홍성진	221-4432
방영권	440-5533
김혜영	223-5434
문준영	778-4333

문제점3의 해결;

대출자의 식별 문제인데 앞에서 저자명의 경우도 동명이인의 문제로 각 저자에게 저자번호를 부여한 일을 기억하자(3.3). 동일한 이유로 대출자번호를 각 대출자에게 부여한다. 대출자테이블(2)는 대출자번호를 부여한 결과이고, 대출테이블(4)는 대출테이블(3)의 대출자명을 대출자번호로 바꾸고, 식별을 위해 대출번호(primary key) 필드를 추가한 결과이다.

[표 3-27] **대출자테이블(2)**

대출자 번호	대출자명	대출자 전화
1	김진석	312-2212
2	길명진	433-6422
3	홍성진	881-3322
4	김재만	599-3434
5	홍성진	221-4432
6	방영권	440-5533
7	김혜영	223-5434
8	문준영	778-4333

[표 3-28] **대출테이블(4)**

대출번호	대출일	대출자번호	반납예정일	반납일	고유번호
1	2005-02-02	1	2005-02-12	2005-02-11	1
2	2005-08-12	2	2005-08-22	2005-09-03	10
3	2006-03-07	3	2006-03-27	2006-03-31	3
4	2006-10-03	4	2006-10-13	2006-11-04	6
5	2006-12-01	5	2006-12-21	2006-12-21	1
6	2007-01-09	6	2007-01-24	2007-01-20	7
7	2007-05-08	6	2007-05-23	2007-05-23	3
8	2007-11-02	7	2007-11-12	2007-11-15	16
9	2008-03-14	6	2008-03-29	2008-05-02	2
10	2008-05-04	2	2008-05-14	2008-05-12	1
11	2008-05-09	1	2008-05-19		8
12	2008-06-11	2	2008-06-21	2008-06-20	9
13	2008-08-09	8	2008-08-19		1
14	2008-08-05	6	2008-08-20		13
15	2008-08-11	3	2008-08-31		6

3.9.3 액세스로 구현

(1) 대출관련 테이블의 디자인과 데이터 입력

대출자테이블과 대출테이블의 디자인 요령은 앞에서 배운 바와 같다(3.7.1). 두 테이블의 디자인은 아래와 같다(3.9.3에 있는 그림은 액세스 2000버전이며, 2007버전과 내용은 같고 모양만 약간 다르다).

대출자테이블

필드 이름	데이터 형식
대출자번호	숫자
대출자명	텍스트
대출자전화	텍스트

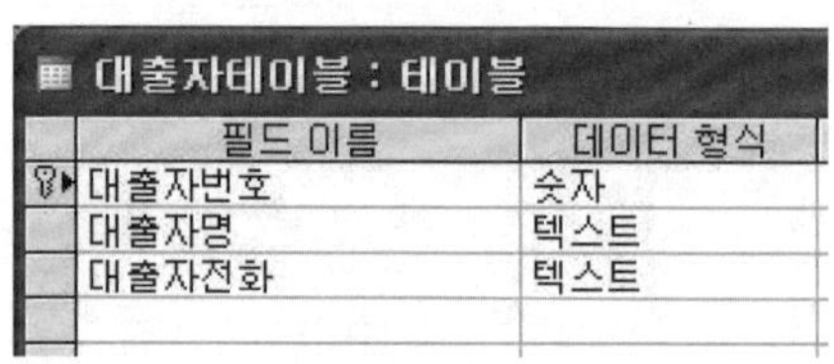

[그림 3-53] **대출자테이블의 디자인**

대출테이블

필드 이름	데이터 형식
대출번호	숫자
대출일	날짜/시간
대출자번호	숫자
반납예정일	날짜/시간
반납일	날짜/시간
고유번호	숫자

대출테이블 : 테이블

필드 이름	데이터 형식
대출번호	숫자
대출일	날짜/시간
대출자번호	숫자
반납예정일	날짜/시간
반납일	날짜/시간
고유번호	숫자

[그림 3-54] **대출테이블의 디자인**

대출자테이블의 기본키는 대출자번호가 적합하다. 대출테이블의 기본키는 대출번호이다. 대출번호는 원래의 테이블에는 없었지만 기본키의 지정을 위하여 추가하였다. 아래는 Access에 입력한 테이블의 내용을 보여준다(3-55,56)(날짜/시간 자료의 년월일 구분을 '-'로 한다. 예; 2008-09-25).

대출자테이블 : 테이블

대출자번호	대출자명	대출자전화
1	김진석	312-2212
2	길명진	433-6422
3	홍성진	881-3322
4	김재만	599-3434
5	홍성진	221-4432
6	방영권	440-5533
7	김혜영	223-5434
8	문준영	778-4333
0		

[그림 3-55] **대출자테이블**

대출테이블 : 테이블

	대출번호	대출일	대출자번호	반납예정일	반납일	고유번호
▶	1	2005-02-02	1	2005-02-12	2005-02-11	1
	2	2005-08-12	2	2005-08-22	2005-09-03	10
	3	2006-03-07	3	2006-03-27	2006-03-31	3
	4	2006-10-03	4	2006-10-13	2006-11-04	6
	5	2006-12-01	5	2006-12-21	2006-12-21	1
	6	2007-01-09	6	2007-01-24	2007-01-20	7
	7	2007-05-08	6	2007-05-23	2007-05-23	3
	8	2007-11-02	7	2007-11-12	2007-11-15	16
	9	2008-03-14	6	2008-03-29	2008-05-02	2
	10	2008-05-04	2	2008-05-14	2008-05-12	1
	11	2008-05-09	1	2008-05-19		8
	12	2008-06-11	2	2008-06-21	2008-06-20	9
	13	2008-08-09	8	2008-08-19		1
	14	2008-08-05	6	2008-08-20		13
	15	2008-08-11	3	2008-08-31		6
*	0		0			0

[그림 3-56] **대출테이블**

(2) 테이블의 관계 설정

이제 원래의 도서DB에 대출관련 테이블 두 개를 추가하여 테이블들 사이의 관계를 다시 정의하자. 대출 업무를 추가하기 전의 관계는 다음과 같다(그림 3-57)(3.7.2).

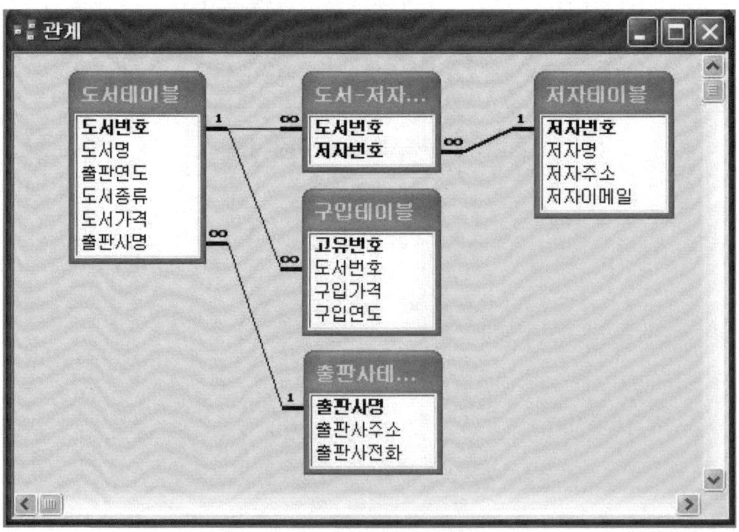

[그림 3-57] **관계창**

(1) 대출테이블과 대출자테이블의 연결; 이제 두 대출 관련 테이블을 연결해 보자. 먼저 대출테이블과 대출자테이블은 '대출자번호'로 서로 연결된다.

(2) 대출테이블과 구입테이블의 연결; 다음으로 대출 정보와 도서정보는 '고유번호'로 연결됨을 알 수 있다. 따라서 대출테이블의 고유번호와 구입테이블의 고유번호를 연결하면 될 것이다. 이러한 연결을 Access에서 구현하려면 먼저 새 테이블 두 개를 [관계]창에 추가해 넣는다. 다음으로 테이블들을 연결한다. 그 결과는 다음 그림과 같다(그림 3-58).

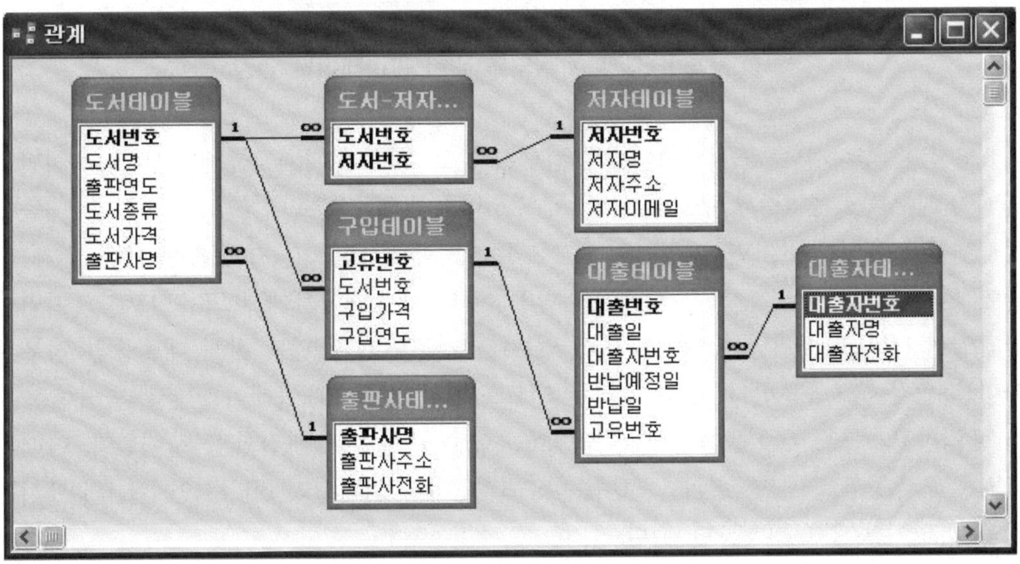

[그림 3-58] 대출관련 테이블을 관계창에 추가

(3) 질의

질의의 기본적인 내용은 (3.7.3) 질의 단원과 같다. 상세한 설명은 생략하고 질의의 과정을 요약한다.

요구사항 1의 질의; <대출1> 도서명으로 현재의 대출정보 검색;

[문제] 도서명 "꽃시계"가 현재 대출중이라면 대출자명과 반납예정일, 대출자의 전화번호를 출력하시오(오늘의 날짜는 2008-08-20이다).

[풀이] <대출1>에 관련된 필드는 '도서명'과 '반납예정일', '대출자명', '대출자전화'이다. 이 필드들과 관련된 테이블의 관계를 정리하면 아래 그림과 같다.

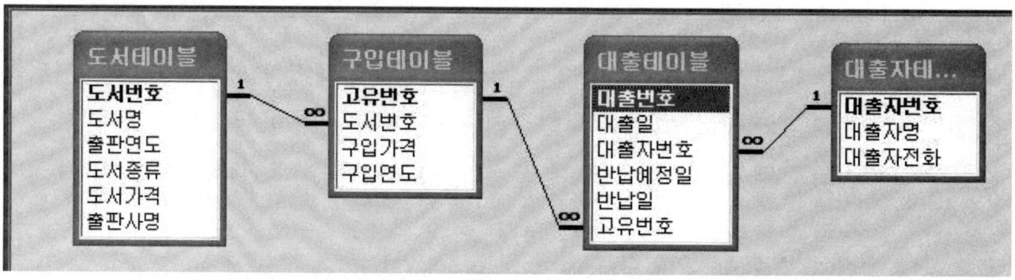

[그림 3-59] **〈대출1〉 질의를 위한 관련테이블 연결**

도서명 "꽃시계"를 도서테이블에서 검색하여 그 '도서번호'(=1)를 알아낸다. 도서번호를 구입테이블에 넘겨주고 구입테이블에서 도서번호=1의 '고유번호'(=1)를 찾는다. 대출테이블에서 고유번호=1이면서 '반납일'이 NULL인 '대출자번호'(=8)를 찾는다(즉, 현재 대출이 되었으나 아직 반납하지 않은 경우임). 이 때 대출테이블에서 고유번호가 1이면서 반납일이 NULL(비어있는, 즉, 자료가 없는)인 레코드가 없으면 현재 대출중인 경우가 아니므로 검색을 종료한다. 만약 그러한 레코드가 존재하면 대출테이블에서 '반납예정일'을 출력하고, 대출자테이블에서 '대출자번호', '대출자명', '대출자전화'를 출력한다. 아래의 그림은 쿼리창과 그 실행 결과를 보여준다. 쿼리창에서 반납일이 NULL인 조건의 표시는 따옴표 없이 Is NULL 하면 된다.

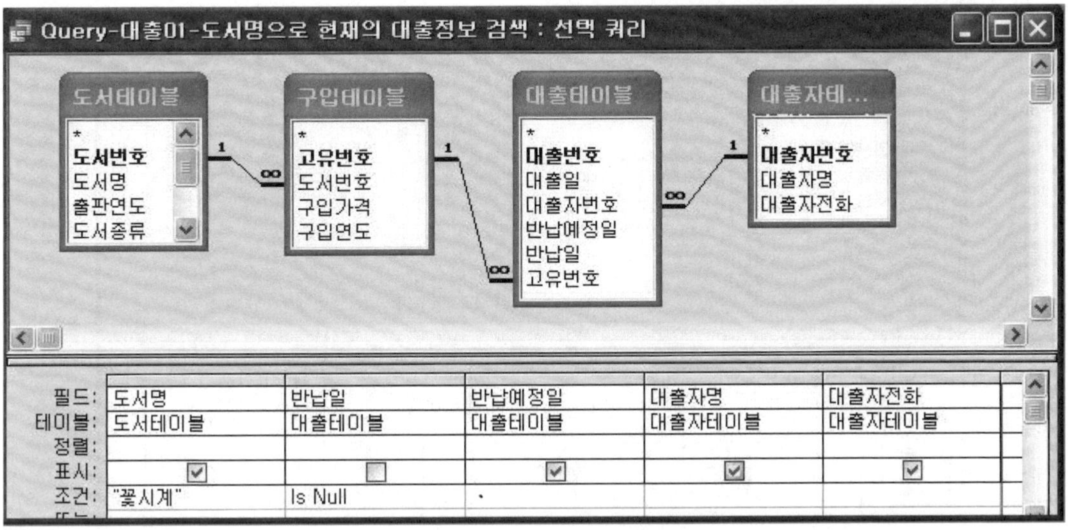

[그림 3-60] **〈대출1〉 쿼리창**

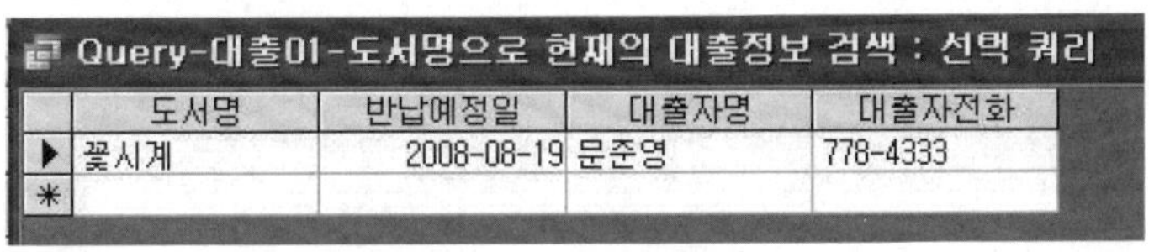

[그림 3-61] **〈대출1〉 결과**

요구사항 2의 질의; ＜대출2＞ 도서 고유번호로 대출 이력 검색;

[문제] 고유번호 1번 도서에 대한 현재까지의 대출이력(대출일, 반납일, 대출자명)을 출력하시오.

[풀이] 필요한 필드; 고유번호, 대출일, 반납일, 대출자명

필요한 테이블; 대출테이블, 대출자테이블

조건; 대출테이블의 '고유번호' =1

결과; 4건

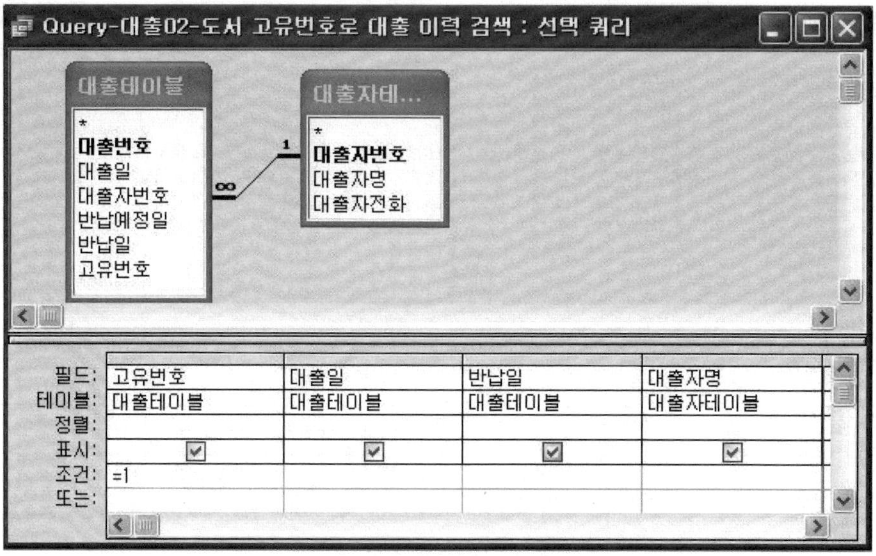

[그림 3-62] **〈대출2〉 쿼리창**

Query-대출02-도서 고유번호로 대출 이력 검색 : 선택 쿼리

고유번호	대출일	반납일	대출자명
1	2005-02-02	2005-02-11	김진석
1	2008-05-04	2008-05-12	길명진
1	2006-12-01	2006-12-21	홍성진
1	2008-08-09		문준영

[그림 3-63] **〈대출2〉 결과**

요구사항 3의 질의; <대출3> 오늘 반납 예정인 도서 검색;

[문제] 오늘 반납 예정인 도서의 목록(고유번호, 도서번호, 대출일, 반납예정일, 대출자명, 대출자전화)을 출력하시오(오늘의 날짜는 2008-08-20이다).

[풀이] 필요한 필드; 고유번호, 도서번호, 대출일, 반납예정일, 대출자명, 대출자전화

필요한 테이블; 구입테이블, 대출테이블, 대출자테이블

조건; 반납예정일이 =#2008-08-20# 인 자료를 찾는다('#…#'은 날짜 데이터임).

결과; 1건

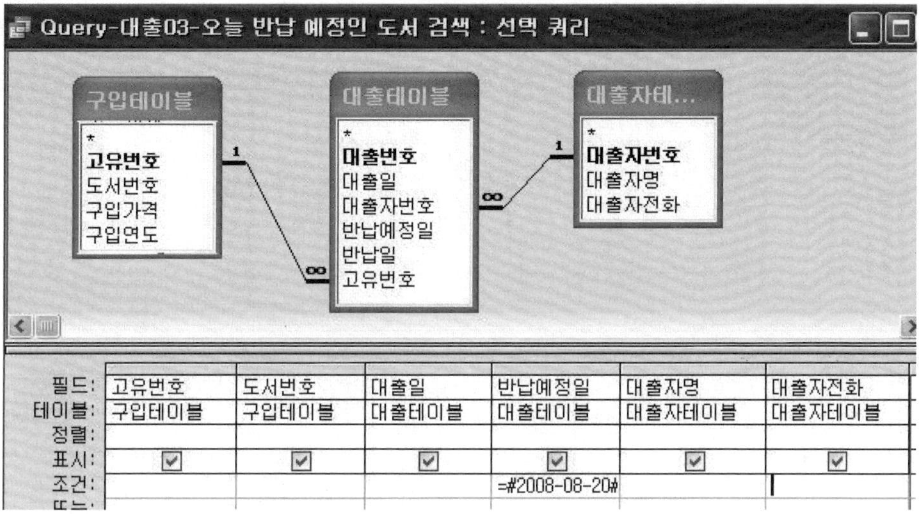

[그림 3-64] **〈대출3〉 쿼리창**

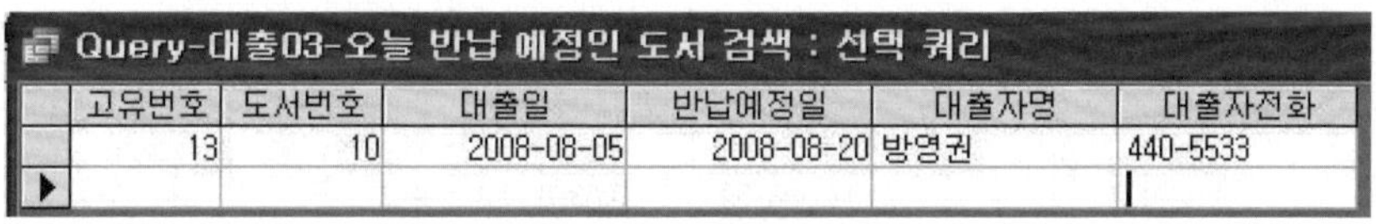
Query-대출03-오늘 반납 예정인 도서 검색 : 선택 쿼리

고유번호	도서번호	대출일	반납예정일	대출자명	대출자전화
13	10	2008-08-05	2008-08-20	방영권	440-5533

[그림 3-65] **〈대출3〉 결과**

요구사항 4의 질의; <대출4> 반납예정일을 넘긴 미납도서 검색;

[문제] 반납예정일을 넘긴 미납 도서의 목록(고유번호, 도서명, 대출일, 반납예정일, 대출자명, 대출자전화)을 출력하시오(오늘 날짜를 2008년 8월20일이라 하자).

[풀이] 필요한 필드; 고유번호, 도서명, 대출일, 반납예정일, 대출자명, 대출자전화, 반납일(반납일은 조건에 사용되지만 출력할 필요는 없다).

필요한 테이블; 구입테이블, 도서테이블, 대출테이블, 대출자테이블

조건; 어제까지 반납되지 않은 도서 목록을 검색하는 것이므로

반납일은 Is Null (반납되지 않은 것), 반납예정일은 <#2008-08-20#이다 ('<'은 less than을 의미)

결과; 2건

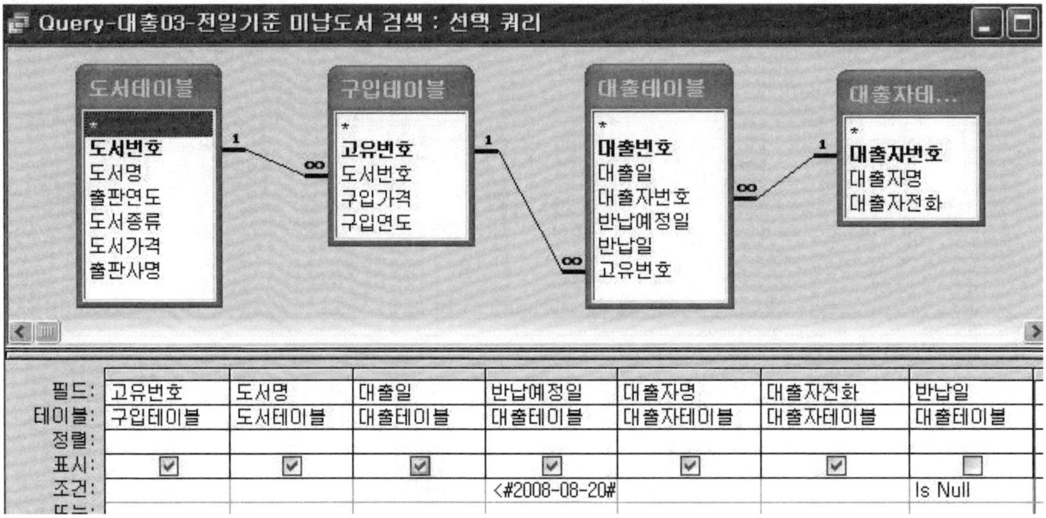

[그림 3-66] **〈대출4〉 쿼리창**

Query-대출03-전일기준 미납도서 검색 : 선택 쿼리

고유번호	도서명	대출일	반납예정일	대출자명	대출자전화
8	해	2008-05-09	2008-05-19	김진석	312-2212
1	꽃시계	2008-08-09	2008-08-19	문준영	778-4333

[그림 3-67] **〈대출4〉 결과**

요구사항 5의 질의; <대출5> 대출자별 대출 이력 검색;

[문제] 대출자 "방영권"의 대출 이력(대출자, 대출자전화, 대출일, 반납일, 고유번호, 도서명, 출판사명)을 출력하시오.

[풀이] 필요한 필드; 대출자명, 대출일, 반납일, 고유번호, 도서명, 출판사명

필요한 테이블; 대출자테이블, 대출테이블, 구입테이블, 도서테이블

조건; 대출자명 ="방영권"

결과; 4건

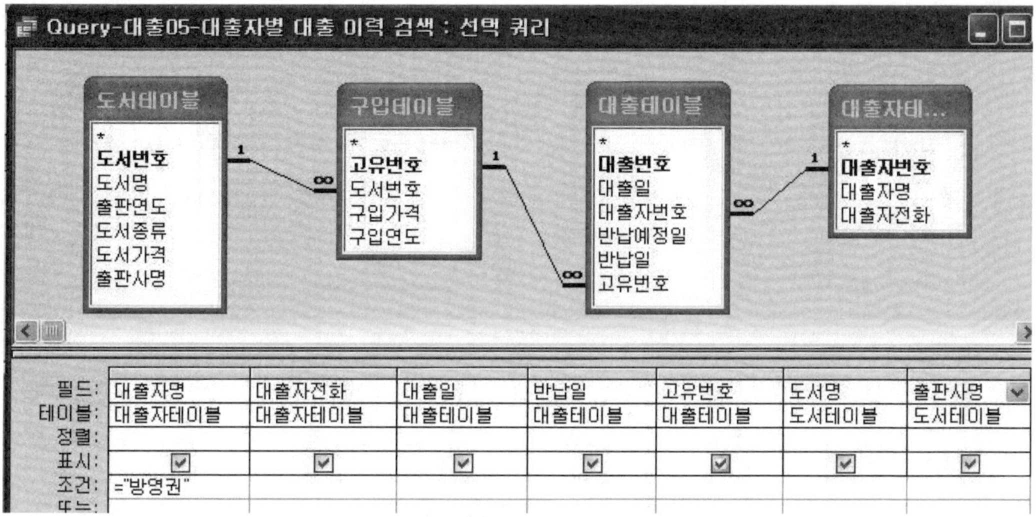

[그림 3-68] **〈대출5〉 쿼리창**

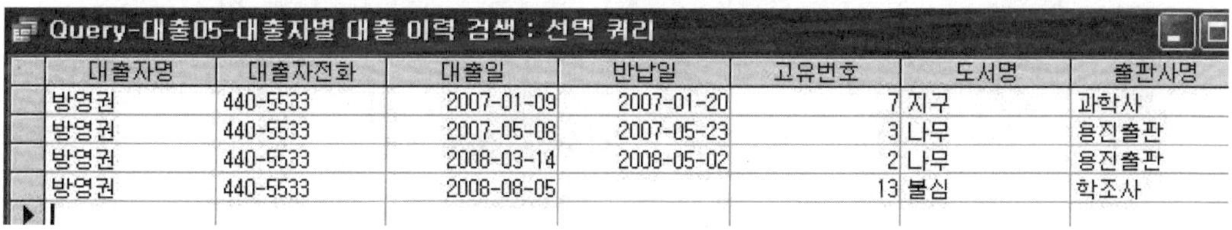

Query-대출05-대출자별 대출 이력 검색 : 선택 쿼리

대출자명	대출자전화	대출일	반납일	고유번호	도서명	출판사명
방영권	440-5533	2007-01-09	2007-01-20	7	지구	과학사
방영권	440-5533	2007-05-08	2007-05-23	3	나무	용진출판
방영권	440-5533	2008-03-14	2008-05-02	2	나무	용진출판
방영권	440-5533	2008-08-05		13	불심	학조사

[그림 3-69] **〈대출5〉 결과**

요구사항 6의 질의; <대출6> 대출자별 미납 이력 검색;

[문제] 대출자 "김진석"의 미납 이력(대출자명, 대출자전화, 대출일, 반납일, 고유번호, 도서명)을 출력하시오(오늘 날짜를 2008년 8월20일이라 하자).

[풀이] 필요한 필드; 대출자명, 대출자전화, 대출일, 반납예정일, 고유번호, 도서명

필요한 테이블; 대출자테이블, 대출테이블, 구입테이블, 도서테이블

조건; 대출자명은 ="김진석", 반납일은 Is Null, 반납예정일은 <#2008-08-20#

이 조건들이 동시에 만족(AND)되어야 하므로 같은 조건행에 둔다.

결과; 1건

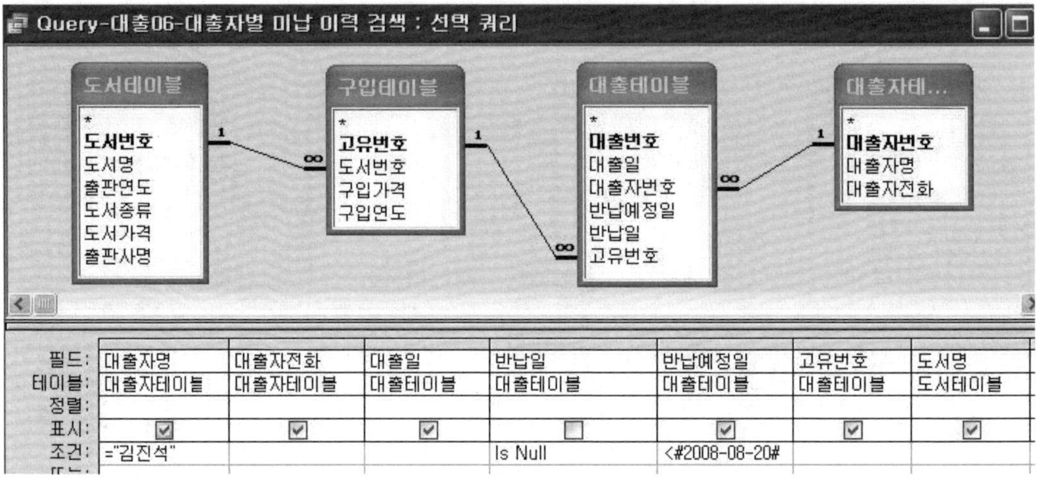

[그림 3-70] **〈대출6〉 쿼리창**

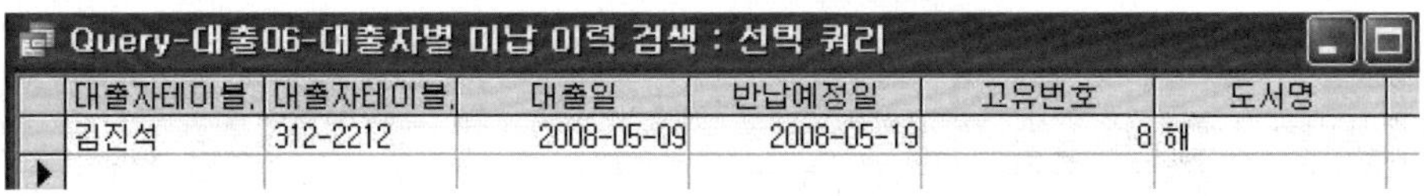

[그림 3-71] **〈대출6〉 결과**

요구사항 7의 질의; <대출7> 연도별 대출 빈도 질의;

[문제] 2008년도의 대출 도서를 빈도가 높은 순서로 출력하시오.

[풀이]

(1) 필요한 테이블(도서테이블, 구입테이블, 대출테이블)과 필요한 필드(도서번호(도서테이블), 도서명, 대출일, 도서번호(구입테이블))를 질의창에 가져온다.
이때, 대출일은 출력하지 않으므로 대출일은 표시하지 않는다(대출일의 표시 부분의 체크 표시를 지운다. - 체크박스를 클릭하면 체크 표시가 지워진다)

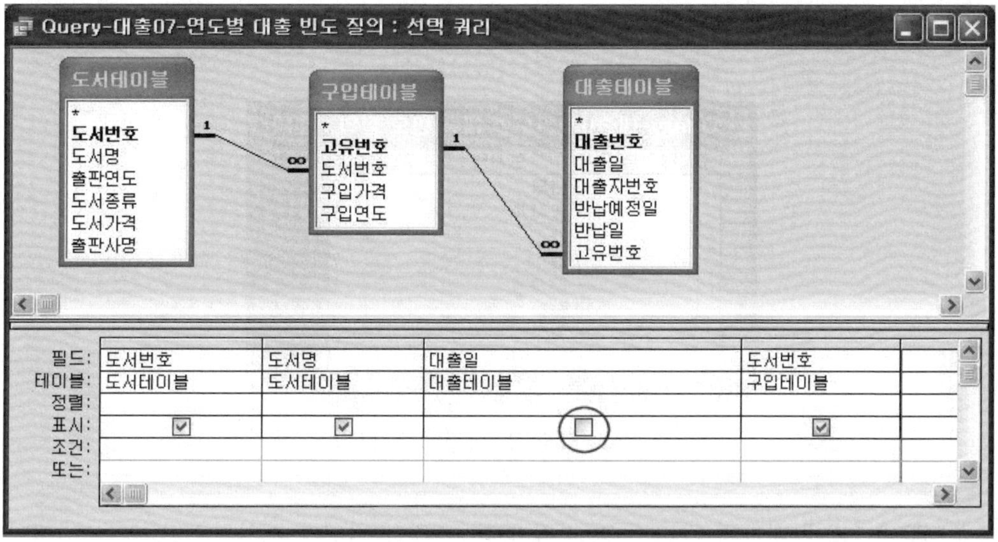

[그림 3-72] **〈대출7〉 필요한 필드 가져오기**

(2) 2008년도의 대출 도서인지를 점검하기 위한 대출일 필드의 조건은 > =#2008-01-01# And < =#2008-12-31#이다.

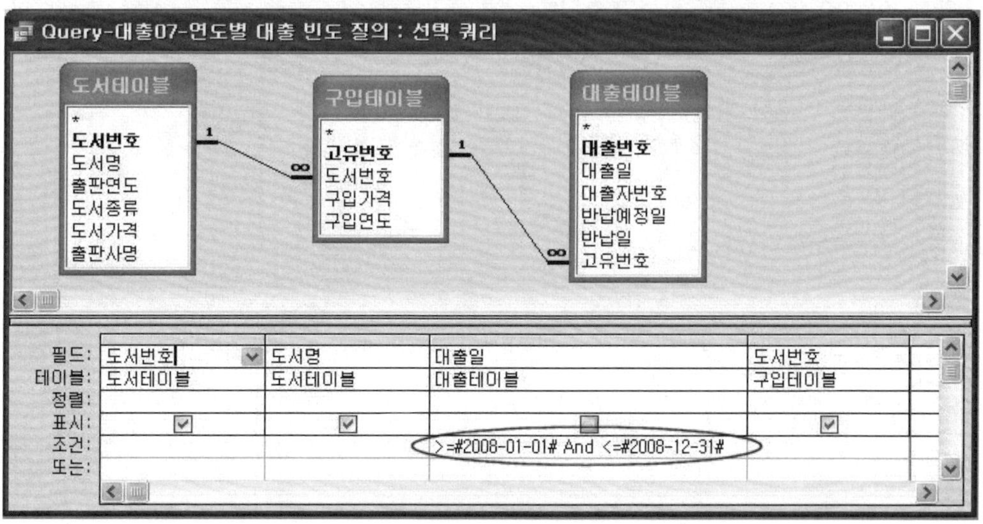

[그림 3-73] **〈대출7〉 대출일의 조건 표시**

현재까지의 결과를 출력해 보자. 기간 중 대출한 도서의 목록이 전부 출력된다.

[그림 3-74] **〈대출7〉 대출일 조건의 결과**

(3) 2008년도에 대출해 간 책들의 각각에 대한 대출 빈도를 계산하려면, 같은 도서번호가 몇 권씩인지를 계산해야 한다. 이를 위해 도서번호(도서테이블)로 묶는다(group-by). 아래는 도서번호 필드를 그룹으로 묶은 결과이다. (절차; 도서테이블의 도서번호 필드를 클릭한 후, ('도움말' 메뉴 바로 아래에 있는) 'Σ'(요약)을 클릭한다.)

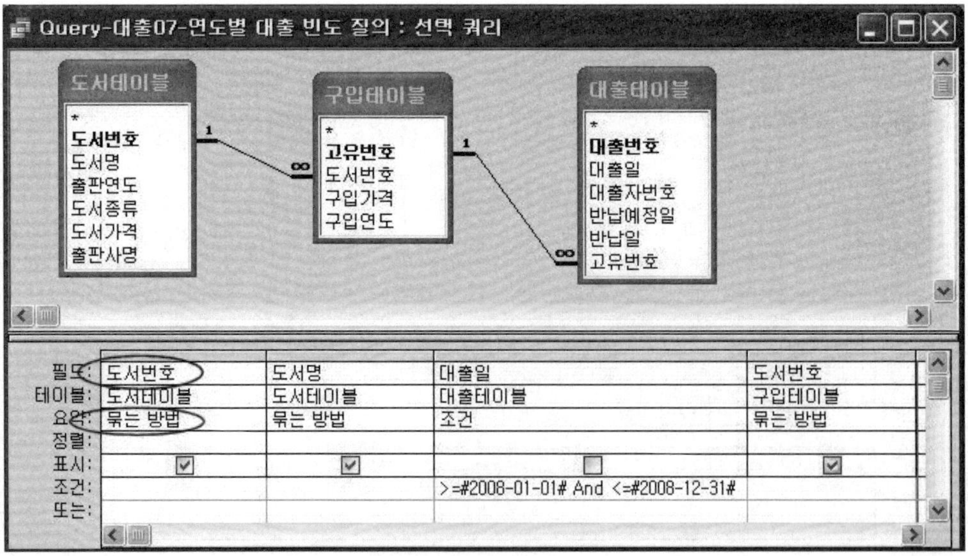

[그림 3-75] **〈대출7〉 대출 빈도 질의를 위한 묶기**

(4) 도서테이블의 도서번호로 묶었다면, 한 도서번호 안에 여러 개의 대출 도서가 발생할 수 있다. 한 도서번호 안에 들어있는 도서의 개수를 카운트하기 위해 구입테이블의 도서번호를 준비해 두었다. 이제, 구입테이블의 도서번호 필드의 요약= '묶는방법'의 오른쪽 끝 부분을 클릭하면 다음 그림과 같이 메뉴에 '개수'가 나타난다. '개수'를 선택하자.

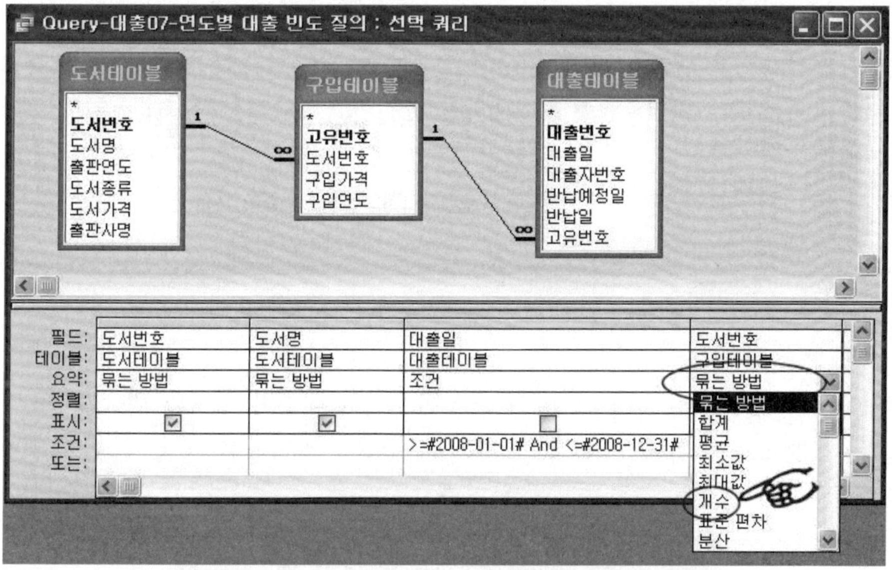

[그림 3-76] **〈대출7〉 대출 빈도 질의를 위한 도서번호 묶기**

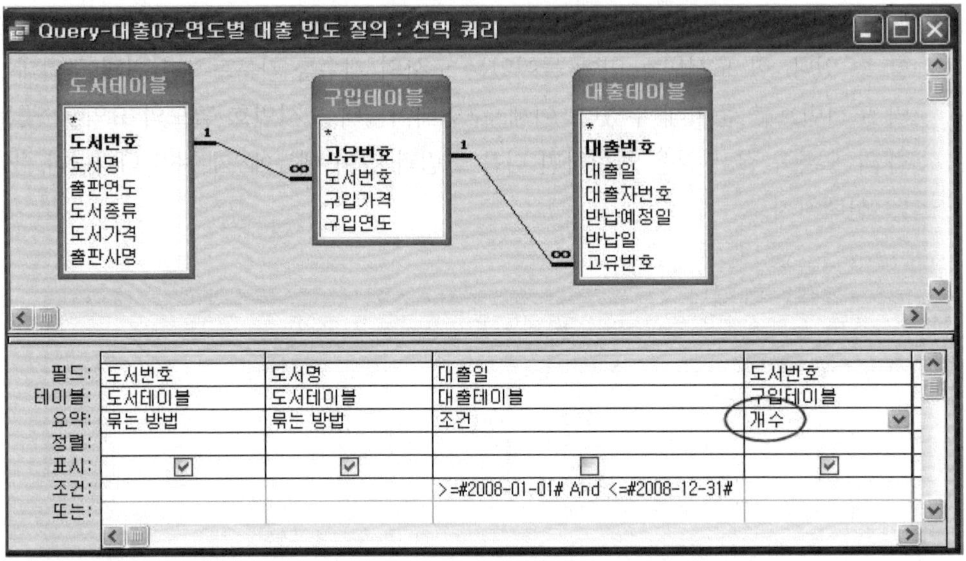

[그림 3-77] **〈대출7〉 대출 빈도 질의를 위한 도서번호의 개수로 묶기**

현재까지의 결과를 출력해 보자. 각 도서번호별로 대출한 도서의 권수가 '도서번호의 개수'라는 제목으로 출력되었다.

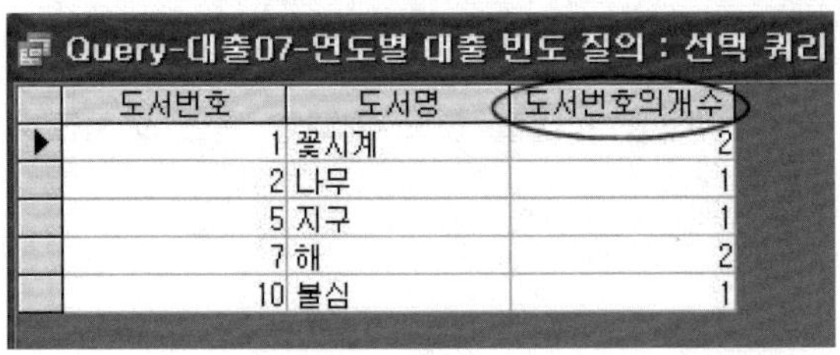

[그림 3-78] **〈대출7〉 대출 빈도 질의의 결과**

'도서번호의 개수'를 내림차순으로 정렬하는 방법은 정렬= '내림차순'으로 두면 된다.

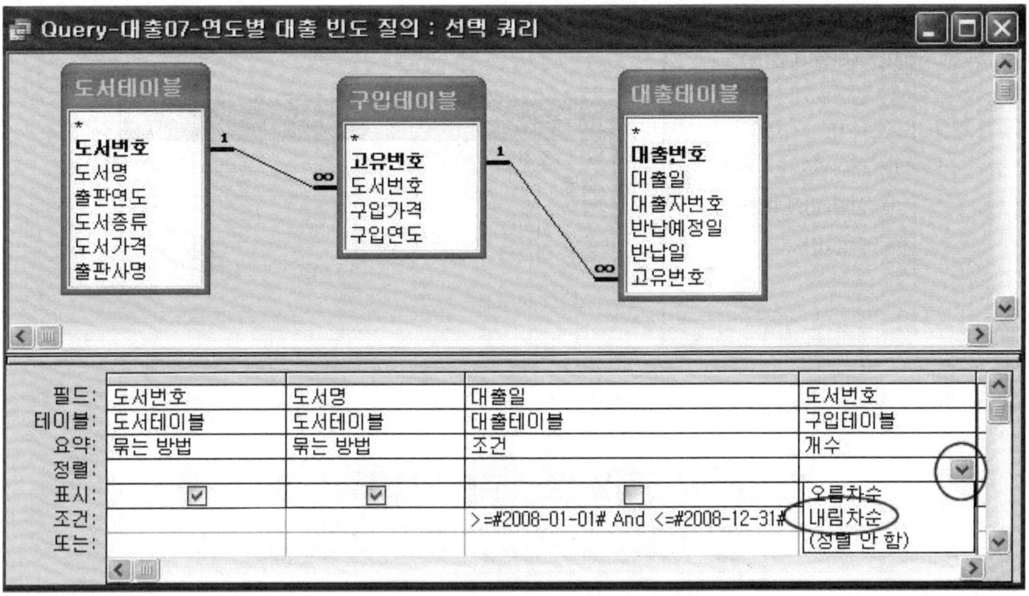

[그림 3-79] **〈대출7〉 빈도수의 내림차순 정렬하기**

"도서번호의 개수"라는 열제목 대신, "대출빈도수"라는 제목을 출력하기;

"대출빈도수"라는 제목을 출력하기 위하여 다음과 같이 캡션을 넣어준다;

도서번호(구입테이블) 필드에서 마우스 오른쪽 버튼을 눌러 속성을 클릭한다(그림 3-80).

→ (그림 3-81)의 [필드속성]창에서 일반 탭의 캡션에 대출빈도수를 입력한다.

→ [필드속성]창을 닫는다(그림 3-82).

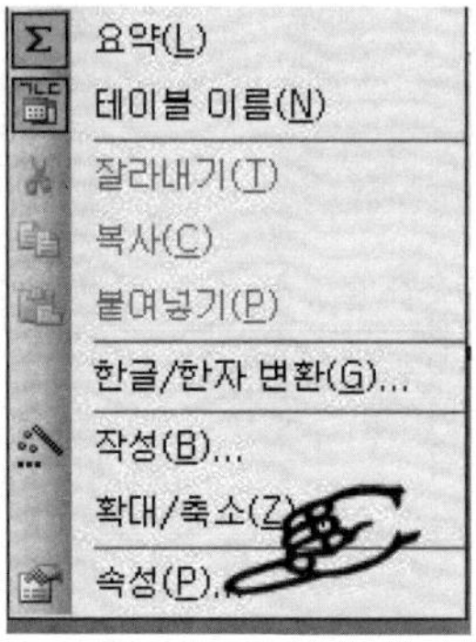

[그림 3-80]

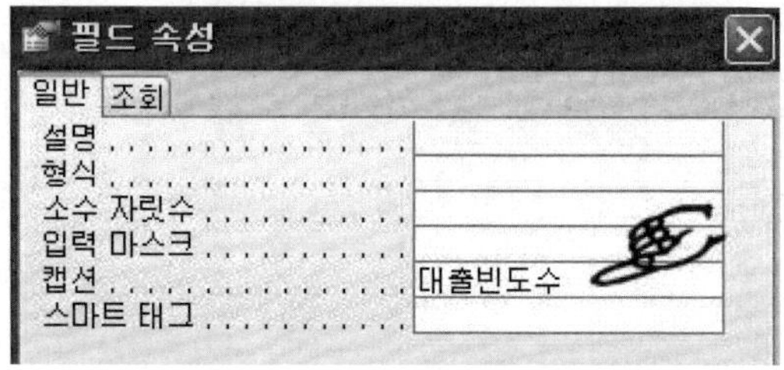

[그림 3-81]

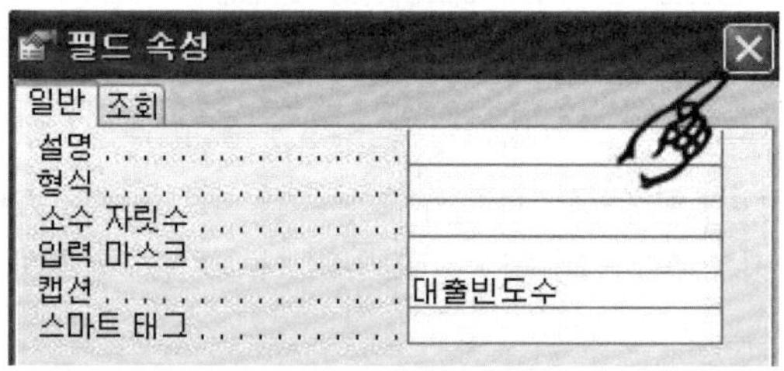

[그림 3-82]

Query-대출07-연도별 대출 빈도 질의 : 선택

도서번호	도서명	대출빈도수
7	해	2
1	꽃시계	2
10	불심	1
5	지구	1
2	나무	1

[그림 3-83] **〈질의7〉의 결과**

요구사항 8의 질의; < 대출8 > 도서종류별 대출 회수 질의;

[문제] 도서 종류별로 현재까지의 대출 회수를 출력하시오.

[풀이] (질의 방법은 < 대출7 > 과 비슷하다)

필요한 필드; 도서종류, 고유번호

필요한 테이블; 도서테이블, 대출테이블, 구입테이블(앞의 두 테이블의 연결을

위해 필요하다)

조건; 도서종류별로 묶어야 한다. 고유번호는 '개수'를 헤아린다.

결과; 4건

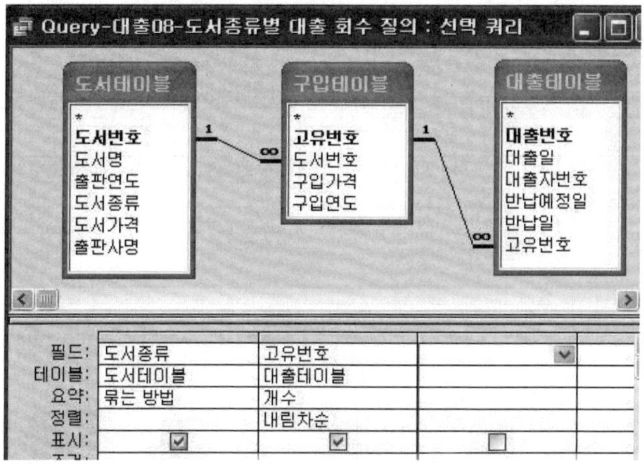

[그림 3-84] **〈질의7〉의 쿼리창**

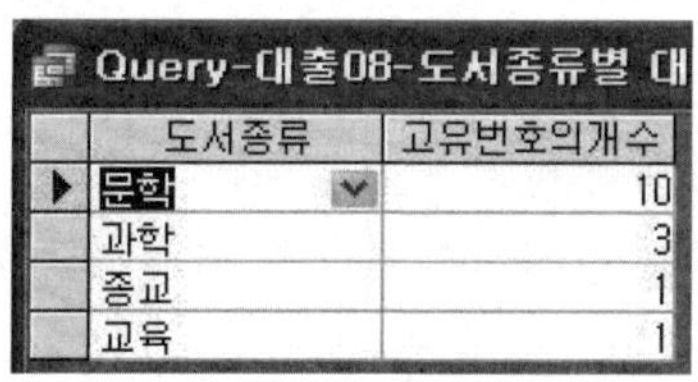

도서종류	고유번호의개수
문학	10
과학	3
종교	1
교육	1

[그림 3-85] **〈질의8〉의 결과**

[예제] 아직까지 한 번도 대출되지 않은 도서의 목록을 검색하시오(미대출 도서 검색).

[풀이]

고유번호1부터 고유번호16까지의 도서가 있고(구입테이블), 그 중에서 고유번호가 4, 5, 11, 12, 14, 15인 도서는 한 번도 대출된 적이 없다(대출테이블). 아래의 질의창과 결과를 살펴보자.

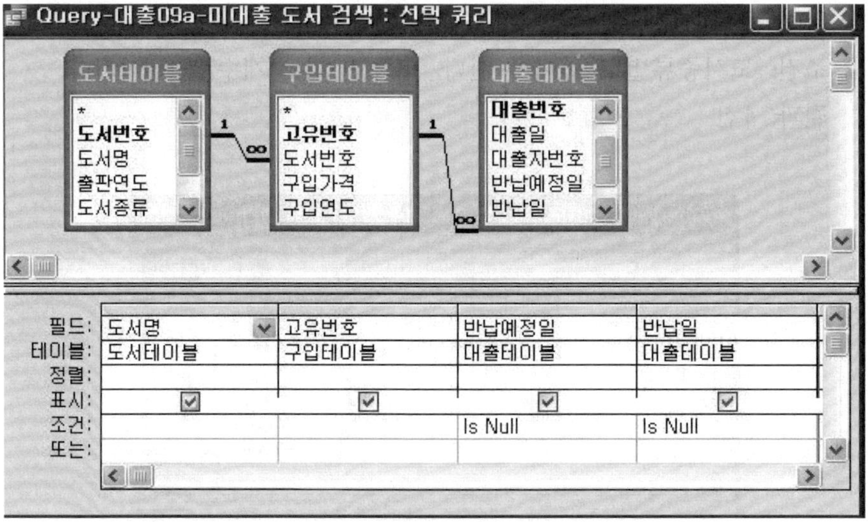

결과창에 아무 것도 나타나지 않은 이유는 반납예정일과 반납일이 동시에 'Is Null'인 경우는 없기 때문이다. 따라서 위와 같은 질의로는 구하고자 하는 결과를 얻을 수 없다. 위의 질의창은 도서 중에서 대출테이블에 기록된 도서에 대해서만 검색하고 있다. 그러나 우리가 원하는 것은 대출테이블에 기록되지 아니한(즉, 아직 한번도 대출되지 아니한) 도서를 원한다. 그러한 질의를 위하여 도서테이블의 모든 도서가 질의에 참여하도록 해야 한다.

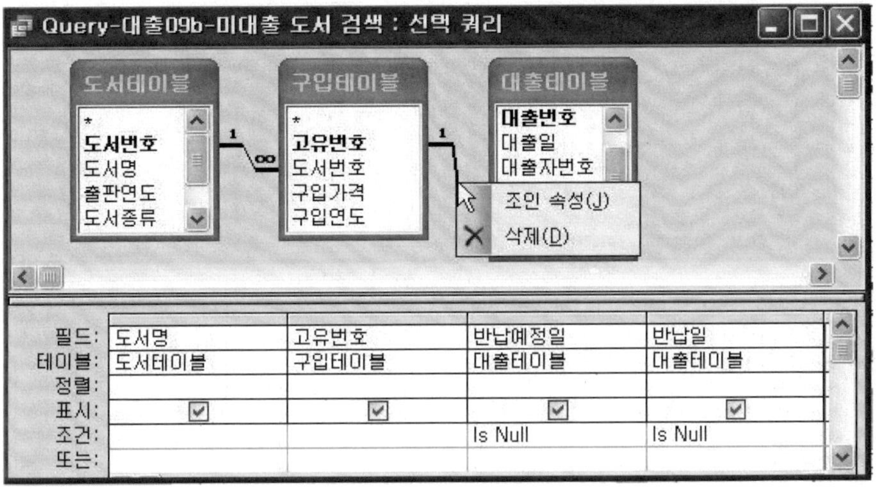

위의 질의창에서 구입테이블과 대출테이블을 잇는 연결선위에 마우스 포인터의 끝을 놓고 오른쪽 버튼을 눌러 '조인속성'을 클릭한다.

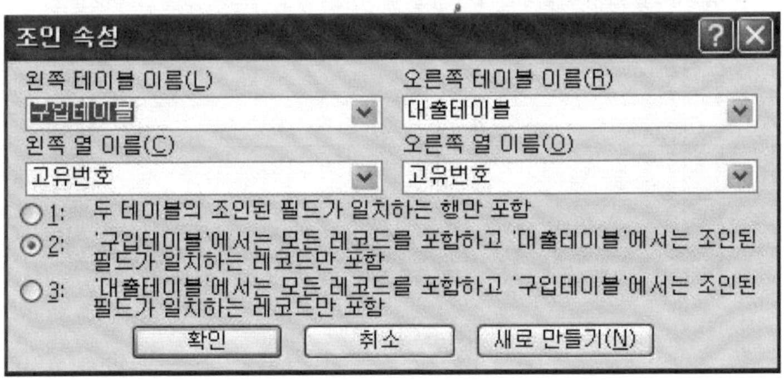

'조인속성'창에서 초기값으로 '1'이 선택되어 있는데 '2'를 클릭한다. 구입테이블의 모든 레코드를 포함하기 위해서이다. '확인'버튼을 누르면 다음 그림과 같이 구입테이블에서 대출테이블의 연결선에 화살표가 생기게 된다.

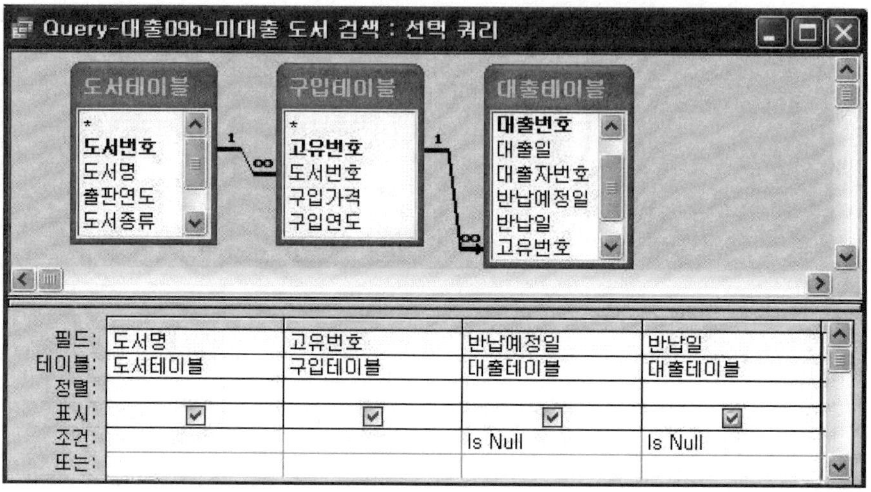

이제 한 번도 대출하지 않는 도서의 목록을 출력할 수 있다.

Query-대출09b-미대출 도서 검색 : 선택 쿼리

도서명	고유번호	반납예정일	반납일
당나귀	4		
발명	5		
해	11		
달	12		
친구	14		
소망	15		

요점정리

- 시험 데이터(test data)만들기; 실제의 상황을 함축적으로 잘 반영할 수 있고, 설계의 각 요소를 점검해 볼 수 있도록 『의미 있는』 데이터를 준비한다. 하나의 테이블 안에 모든 데이터를 넣는 데이터 형태를 플랫 파일(flat file) 또는 플랫 데이터베이스(flat-database)라고 부른다. 플랫 파일의 장점은 시험 데이터를 한 테이블 안에 담고 있어 데이터의 내용을 전체적으로 파악하는데 도움을 준다는 것이다. 복본, 공저, 동명이인을 허용하는 도서테이블(2)를 만든다. (3.1)

- 도서테이블(2)에서 출판사 정보의 중복성 제거; 중복성의 문제점은 2.5에서 찾을 수 있다. 한 출판사가 다수의 책을 출판하는 사실로 인해 도서테이블(2)에는 동일 출판사의 정보가 중복되는 문제점이 있다. 도서테이블(2)에서 {출판사명, 출판사주소, 출판사전화}를 분리하여 도서테이블(3)과 출판사테이블(1)을 만들고, 출판사테이블(1)에서 동일 레코드의 중복을 제거한 후 출판사테이블(2)를 만든다. 도서테이블(3)에는 출판사에 대한 정보가 없으므로 도서테이블에서 출판사 정보의 검색이 불가능하게 된다. 따라서 출판사테이블과 연결을 위한 출판사테이블의 대표성 있는 필드(출판사명=출판사테이블의 키)를 도서테이블에 남겨두어야 한다(분할 결과; 도서테이블(4)와 출판사테이블(2)). 이와 같이 두 테이블의 분할 후에는 두 테이블의 연결을 위한 새로운 테이블(예; 출판사테이블)의 대표성 있는 필드(예; 출판사명)를 원래의 테이블(예; 도서테이블)에 남겨 두어야 한다. 테이블의 분할 전과 후가 동일한 검색 결과를 얻을 수 있는지 점검해야 한다. (3.2)

- 도서테이블(4)에서 저자 정보의 중복성 제거; 한 저자가 다수의 책을 저술할 수 있다는 사실로 인해 도서테이블(4)에는 동일 저자의 정보가 중복되는 문제점이 있다. 도서테이블(4)에서 {저자명, 저자주소, 저자이메일}을 분리하여 도서테이블(5)와 저자테이블(1)을 만들고, 저자테이블(1)에서 동일 레코드의 중복을 제거한 후 저자테이블(2)를 만든다. 도서테이블(5)에는 저자에 대한 정보가 없으므로 도서테이블에서 저자 정보의 검색이 불가능하게 된다. 따라서 저자테이블과 연결을 위한 저자테이블의 대표성 있는 필드(저자명)를 도서테이블에 남겨두어 도서테이블(6)을 만든다. 그러나 저자명은 저자를 유일하게 식별할 수 없으므로 (동명이인의 경우) 저자의 식별을 위한 저자번호 필드를 저자테이블(2)에 추가하여 저자테이블(3)을 만든다. 이제, 저자번호는 저자테이블(3)의 키(primary key)가 되고 저자정보를 유일하게 식별할 수 있게 된다. 도서테이블(6)의 저자명을 저자번호로 바꾸어 도서테이블(7)을 만든다. 도서테이블(7)과 저자테이블(3)은 원래의 테이블인 도서테이블(4)를 오류없이 분할

함을 확인한다. (분할 결과; 도서테이블(7)과 저자테이블(3)) (3.3)

✔ 도서테이블에서 도서의 식별 문제; 현재까지의 결과인 도서테이블(7)에는 도서를 유일하게 식별할 수 있는 필드가 없다. 동일한 도서명이면서 서로 다른 책이 가능하므로 도서명은 식별자가 되지 못한다. 도서의 식별을 위하여 고유번호를 도서테이블에 추가한다(도서테이블(8)). (3.4)

✔ 복본으로 인한 중복의 해결; 대출빈도가 높은 책을 여러 권 구입함으로 인해 도서테이블에는 동일 도서의 정보가 중복되는 문제점이 있다. 그러나 복본이라 하더라도 구입 가격과 구입 연도는 서로 다를 수 있다. 도서테이블(8)에서 구입가격과 구입연도를 분리하면(구입테이블(1)) 동일한 도서정보가 중복되는 현상을 보게 된다(도서테이블(9)). 구입테이블(1)에는 식별자가 없으므로 각각의 책에 대한 식별을 위해 고유번호를 추가한다(구입테이블(2)). 도서테이블(10)은 도서테이블(9)에서 동일한 도서에 대한 정보의 중복을 제거한 결과이다. 다시 도서의 식별을 위하여 도서번호 필드를 넣고, 도서테이블에서 더 이상 의미가 없어진 고유번호를 도서테이블에서 제거한다(도서테이블(11)). (분할 결과; 도서테이블(11)과 구입테이블(2)) (3.5)

✔ 공저로 인한 중복의 해결; 도서테이블(11)에는 한 도서의 저자번호 필드에 저자번호가 여러 개 들어 올 수 있는데 그 이유는 한 저자가 다수의 책을 저술할 수 있기 때문이다. 이는 하나의 필드에는 하나의 값만 저장할 수 있다는 저장의 원칙에 어긋난다. 도서테이블에서 저자번호를 제거하고, 저자테이블에 도서번호를 넣는 것도 문제를 해결하지 못한다. 한 저자 레코드가 여러 도서번호를 저장할 수 있기 때문에 도서테이블에서의 문제점을 저자테이블로 옮겨 온 결과가 된다. 이러한 두 가지 방법이 아닌, 도서와 저자를 연결하는 새로운 방법으로, 두 테이블의 연결을 위한 새로운 테이블인 도서-저자테이블을 만들고 도서번호와 저자번호를 저장함으로써 도서테이블과 저자테이블을 연결 할 수 있다. (분할 결과; 도서테이블(12)와 도서-저자테이블(2)) (3.6)

✔ 테이블 안의 중복성 제거 방법의 일반성; 지금까지 도서DB라는 특수한 영역에서 중복성 제거의 과정을 살펴보았다. 그러나 이러한 중복 제거의 방법은 도서DB에만 제한적으로 사용되는 것이 아니라, 일반적으로 사용 된다. 관계형 데이터베이스는 기본적으로 데이터를 테이블 안에 표현하는 것이고, 테이블 안의 중복성은 최대한 제거하는 것이 데이터베이스 설계의 기본이 되므로, 도서DB에서 사용한 중복성 제거의 방법과 아이디어는 다른 업무 영역의 관계형 데이터베이스 설계에 그대로 적용이 된다.

- 액세스로 테이블 구현; 지금까지 플랫 파일에서 시작하여 데이터의 중복성을 제거하기 위하여 다섯 개의 테이블로 분할하였다. 이제 분할된 각각의 테이블을 액세스로 만드는 과정을 거친다. 먼저, 테이블의 필드 이름과 데이터 형식을 결정해주고, 기본키를 정한다(테이블 디자인). 다음으로, 테이블의 내용을 입력한다(3.7.1). 다음으로, 테이블들 사이의 관계를 설정하는데, 효율적인 연결을 위해 가장 우선순위가 높은 관계부터 차례로 연결한다. 그리하여 모든 테이블들이 연결된 상태에 있어야 하며, 한 테이블이라도 고립되어서는 안 된다. 고립된 테이블이란 다른 테이블로부터의 검색이 불가능하다는 뜻이다. (3.7.2)에서 액세스의 테이블 연결 방법을 보여준다. 두 테이블의 연결 시 '참조무결성'을 설정해야 한다. 그 이유는 두 테이블을 연결하는 값을 통하여 항상 상대방 테이블의 값을 참조 가능해야 하기 때문이다(예; 도서테이블의 출판사명을 출판사테이블에서 찾을 수 있어야 한다). 두 테이블의 연결 시 또 하나의 옵션이 '관련 필드 모두 업데이트'이다. 이는 한 테이블의 데이터를 다른 값으로 변경하면, 관련된 다른 테이블에서도 그 데이터를 동일한 값으로 변경하는 기능이다. 데이터 불일치를 방지하기 위해 이 기능을 사용하는 것이 일반적이다(3.7.2).

- 요구사항의 점검을 위한 질의(query); 2장에서처럼 질의창을 사용한다. 2장에서는 하나의 테이블을 사용하였지만 여기서는 다섯 개의 테이블을 서로 연결한 후에 사용하는 것이 2장과 다르다. 각 질의에서 요구하는 테이블들이 서로 연결 상태에 있도록 질의창에 관련 테이블들을 준비한 후 질의를 실행한다. 키워드 질의가 가능하고, 비교연산자(등호, 부등호), 논리연산자(And, Or, Not), 그리고, 집단 함수의 계산(합계, 개수, 최대값, 최소값, 등)이 가능하다(3.7.3)

- 도서DB에 대출업무의 추가; 대출업무 요구사항 8가지를 도출하여 필요한 속성을 뽑아내고 시험데이터를 준비하였다(대출테이블(1)). 다음으로 대출테이블에 있는 중복성을 제거한다; 도서정보가 도서테이블의 내용과 중복이 되므로 대출테이블(1)에서 도서정보를 제거하고 해당 도서의 고유번호만 남겨둔다(대출테이블(2)). 왜냐하면 고유번호는 각 도서에 부여되는 식별자이므로 대출이 이루어지는 개별적 도서에 대해 검색이 가능하다. 또 다른 중복성으로 대출자 정보가 대출테이블에 중복된다. 왜냐하면 한 대출자는 여러 번 대출할 수 있고 대출할 때마다 대출자 정보를 대출테이블에 기록하기 때문이다. 대출테이블(2)에서 대출자 정보를 분리하여 대출자테이블(1)을 만든다. 대출테이블(2)에서 대출자 정보는 모두 삭제하고 대출자명을 남겨두어 대출자테이블과 연결한다(대출테이블(3)). 그러나 대출자테이블(2)의 대출자명은 대출자의 식별자가 될 수 없다(동명이인). 따라서 대출자번호를 대출자테이블(2)에 추가하여 대출자테이블(3)을 만든다. 대출테이블(3)에 대출자명 대신 대출자번호를 넣고,

대출 이벤트의 식별을 위해 대출번호 필드를 추가한다(대출테이블(4)). 액세스에서 테이블의 구현과 질의는 이전에 했던 도서DB의 경우와 유사하지만 새로운 기능이 몇 가지 추가되어 있고 실습을 위하여 스스로 만들어 보는 것이 좋겠다. (3.9)

점검포인트

- ✔ 주어진 문제에 대하여 시험데이터를 만들 수 있다. 시험데이터에는 요구사항을 점검 할 수 있도록 여러 다양한 경우들을 포함해야 한다.
- ✔ 플랫 파일에서 중복의 원인을 발견할 수 있어야 하고, 중복의 제거를 위해 테이블을 분할 할 수 있다. 분할 전과 분할 후의 내용이 동일함을 확인할 수 있다.
- ✔ 도서DB에서 원래의 플랫 파일이 어떻게 최종적으로 다섯 개의 테이블로 분할되는지 그 원리를 이해한다.
- ✔ 공저로 인한 중복을 어떻게 해결하였는지 그 원리를 이해한다.
- ✔ 복본으로 인한 중복을 어떻게 해결하였는지 그 원리를 이해한다.
- ✔ 테이블에서 식별자의 역할은 무엇이며 식별자를 어떻게 찾는지 또는 어떻게 만드는지를 이해한다.
- ✔ 액세스를 사용하여 테이블을 디자인하고 테이블에 데이터를 입력할 수 있다.
- ✔ 액세스를 사용하여 테이블들 사이의 관계를 설정할 수 있다.
- ✔ 관계창에서 '참조무결성'의 의미를 알고 활용할 수 있다.
- ✔ 관계창에서 '관련 필드 모두 업데이트'의 의미를 알고 활용할 수 있다.
- ✔ 관계창에서 '관련 레코드 모두 삭제'의 의미를 알고 있다.
- ✔ 관계창에서 관계의 편집을 할 수 있다.
- ✔ 액세스의 쿼리창을 띄우고 필요한 테이블(들)과 필드(들)을 가져올 수 있다.
- ✔ 액세스의 쿼리창에서 '표시'의 의미를 알고 필요에 따라 사용할 수 있다.
- ✔ 액세스의 쿼리창에서 필요한 조건을 입력할 수 있다.
- ✔ 액세스의 쿼리창에서 'Σ' (요약)아이콘의 의미를 알고 사용할 수 있다.
- ✔ 액세스의 쿼리창에서 '묶는 방법' 안에 있는 여러 계산의 의미를 알고 사용할 수 있다.
- ✔ 기존의 관계창에서 새로운 테이블을 추가하여 새로운 관계를 만들 수 있다.
- ✔ 출력을 위해 열 제목을 바꿀 수 있다.

연습문제

[3.1] 현재 대출중인 도서의 도서종류를 검색하는 질의창(또는 쿼리창)을 설계하시오.

질의 결과의 예;

Query-대출10-현재 대출중인 도서의 도서종류를 검색 : 선택 쿼리

고유번호	도서명	도서종류	대출일
8	해	문학	2008-05-09
1	꽃시계	문학	2008-08-09
13	불심	종교	2008-08-05
6	지구	과학	2008-08-11

[3.2] 현재 대출중인 도서의 반납예정일을 검색하는 질의창을 설계하시오.

질의 결과의 예;

Query-대출11-현재 대출중인 도서의 반납예정일을 검색 :

도서명	고유번호	반납일	반납예정일
해	8		2008-05-19
꽃시계	1		2008-08-19
불심	13		2008-08-20
지구	6		2008-08-31

[3.3] 대출자명으로 현재 대출 중인 도서목록을 검색하는 질의창을 설계하시오.

질의 결과의 예;

Query-대출12-대출자명으로 현재 대출 중인 도서목록을 검색 : 선택

도서명	고유번호	반납일	반납예정일	대출자명
불심	13		2008-08-20	방영권

[3.4] 각 도서에 대한 대출 횟수를 검색하는 질의창을 설계하시오.

질의 결과의 예;

Query-대출13-각 도서에 대한 대출 횟수를 검색

도서명	대출횟수
과학교육	1
꽃시계	4
나무	3
불심	1
지구	3
해	3

[3.5] 대출자가 대출한 도서의 누적 권수를 계산하는 질의창을 설계하시오.

질의 결과의 예;

Query-대출14-각 대출자가 대출한 도서의 누적 권수를 계산

대출자명	대출횟수
방영권	4

[3.6] 대출자명으로 도서종류별 대출도서의 권수를 검색하는 질의창을 설계하시오.

질의 결과의 예;

Query-대출15-대출자명으로 도서종류별 대출도서의 권수를 계산

대출자명	도서종류	대출권수
방영권	과학	7
방영권	문학	2
방영권	문학	3
방영권	종교	13

04

테이블의 분할과 관계의 구현

3장까지의 내용을 간추려보면, 도서DB를 위한 시험 데이터를 준비하여 하나의 테이블로 표현하였다. 이러한 플랫 파일로부터 중복성을 제거하기 위하여 중복의 요인이 되는 정보를 분리하여 새로운 테이블들을 만들었다. 이 과정에서 분리된 테이블들은 출판사테이블, 저자테이블이었다. 저자의 고유한 식별을 위하여 '저자번호' 필드를 저자테이블에 추가하였고, 도서의 식별을 위하여 '도서번호' 필드를 도서테이블에 추가하였다. 복본으로 인한 중복을 해결하기 위하여 도서테이블에서 구입테이블을 분리하였다. 이 과정에서 개별 도서의 식별을 위하여 구입테이블에 고유번호를 추가하였다. 저자테이블을 만드는 과정에서 도서와 저자의 관계 정보를 보존하기 위하여 두 테이블의 연결을 위한 연결 테이블(도서-정보테이블)이 필요함을 살펴보았다. 이러한 연결 테이블을 통하여 공저와 복수 저술이라는 두 테이블 사이에 존재하는 현상을 보존할 수 있었다. 테이블의 분리 과정에서 발생하는 문제들과 주의할 점들을 살펴보았다. 이러한 과정을 거쳐 우리는 최종적으로 다음과 같은 다섯 개의 테이블을 얻을 수 있었다; 도서테이블(12), 도서-저자테이블(2), 저자테이블(3), 구입테이블(2), 출판사테이블(2).

4장에서는 테이블의 분할과 테이블들 사이의 관계에 대한 이론적 분석을 다룬다. 이론적 토대를 갖추어야만 데이터의 분석과 효율적인 데이터베이스의 설계가 가능하게 된다. 4장의 내용은 5장의 정규화 과정의 이해를 위한 필수적 기초 지식이 된다.

목차

4.1 테이블 분할의 원리
4.2 관계의 종류와 테이블의 구현
4.3 개체관계도(ERD)

04 테이블의 분할과 관계의 구현

4.1 테이블 분할의 원리

4.1.1 개체와 속성의 정의

(1) 개체

테이블 분할의 이유는 무엇인가? 출판사에 대한 모든 정보를 도서테이블에 같이 저장한다면 출판사에 대한 동일한 정보가 중복됨을 3장에서 보았다(3.2). 이와 같이, 테이블 분할의 근본적 이유는 데이터의 중복을 제거하기 위함이다. 도서DB에는 여러 종류의 정보가 함께 포함되어 있다. 도서 정보, 출판사 정보, 저자 정보로 나누어 볼 수 있다. 이들은 상호 간에 뚜렷이 구분할 수 있는 객관적 실체이다. 이와 같이 존재하고 구분할 수 있는 것(things that exist and distinguishable)을 개체(entity)라 정의한다. 예를 들면, 도서DB에서 출판사, 저자, 도서 등과 같다. 존재한다고 해서 반드시 물리적 공간을 차지하는 물체에 국한하는 것은 아니다. 가령 도서DB에서 대출 업무를 추가한다면 대출 정보도 개체로 간주한다. 대출 정보에는 대출자, 대출일, 대출 도서명, 등을 포함할 수 있다. 대출 정보는 물리적 실체는 없지만 다른 정보와 구분하여 관리되어야 하는 정보의 실체이다. 따라서 개체란 실세계의 존재물과 아울러 정보를 나타내는 추상적 개념, 아이디어, 업무, 등도 가능하다. 개체의 또 다른 예로, 항공 예약 시스템에서 예약 관련 정보는 예약자, 편명, 항공사, 출발 시간, 출발 비행장, 등을 포함 할 수 있다. 따라서 예약 정보도 개체가 된다.

(2) 속성

175cm라는 데이터의 의미가 무엇이냐고 묻는다면 의아해 할 것이다. 175cm라는 수치가 무슨 의미를 갖는지 그 수만으로는 알 수 없기 때문이다. 그러나 창식의 키가 175

cm라고 한다면 의미가 있다. 즉, 175cm는 창식이라는 개체를 설명하는 데이터라고 볼 수 있다. 이와 같이 **개체를 설명하는 데이터를** 속성(attribute)이라 하는데 그 개체의 성질을 나타낸다고 생각하면 된다. 예를 들면, 자동차라는 개체를 설명하는 데이터(즉, 속성)에 무엇이 있을까? 자동차의 속성으로 모델명, 연식, 제조회사, 배기량, … 등을 생각할 수 있다. 도서DB에서 도서라는 개체에는 도서명, 출판사명, 출판연도, … 등의 속성들이 있음을 기억할 것이다.

그런데 하나의 개체에 대한 속성은 여러 값을 가질 수 있을까? 예를 들어, 도서번호가 7인 도서의 출판연도가 여러 개 가능할까? 또는, 저자번호가 7인 저자의 저자명이 두 개 있을까? 이와 같이 하나의 속성에 대한 속성값은 최대 하나를 갖는다. **속성값을 두 개 이상 가질 수 없는 특성을** 원자값(atomic value)**이라 한다.** 만약 두 개 이상의 값들이 가능한 속성은 둘로 나눌 필요가 있다. 예를 들어, 전화번호라는 속성값이 지역번호를 포함하고 있는데 지역번호를 독립적인 값으로 사용해야 한다고 하면(업무 분야에 따라 필요하다고 가정하자) 지역번호를 원래의 전화번호에서 분리하는 것이 타당하다. 이런 식으로 하여 속성값은 항상 원자값이 되도록 관계형 데이터베이스에서 요구하고 있다.

경우에 따라서 속성값이 없는 경우도 있다. 예를 들면, 저자의 이메일이 없는 경우도 가능하다. 이와 같이 **존재하지 않는 속성값을** NULL value(널값)이라고 한다. 어떤 속성은 널값을 허용하지만 특정한 속성은 널값을 허용하지 않는 경우도 있다. 이 부분은 5장의 키(key) 단원에서 다루기로 한다.

속성이 가질 수 있는 값들의 집합이 있다. 예를 들면, '도서 종류'라는 속성은 문학, 과학, 종교, … 등 여러 값들이 가능하다. 이와 같이 **속성이 취할 수 있는 값들의 집합을** 도메인(domain)이라 한다. 도메인은 현재 알려진 값들 뿐 아니라 장래에 데이터베이스에 들어 올 수 있는 값들까지도 포함할 수 있어야 한다. 예를 들면, '도서가격'이라는 속성의 도메인은 가능한 값의 범위를 말한다. 예를 들면, 0에서 백만까지의 정수를 생각할 수 있다. '출판연도'라는 속성 역시 일정한 도메인을 정의할 수 있다.

속성값을 기호로 표현하면 저장 공간을 절약할 수 있다. 예를 들면, 쇼핑몰 사이트에서 물품 배송 관련 정보를 살펴보면, 어떤 물품이 현재 '주문' 중인지, '결제' 인지, '미결제' 인지, '배송 중' 인지, '배송 완료' 인지, 등의 상태를 생각할 수 있다. 이와 같이 고정적으로 출현하는 속성값들을 '주문', '결제', '미결제', … 등과 같이 원래의 용어를 그대로 사용하는 것 보다 '주문'은 '1'로, '결제'는 '2'로, … 등과 같이 축약하여 표현하는 것이 저장 공간을 절약 할 수 있으므로 축약을 위한 적절한 기호를 사용하는 것이 바람직하다.

4.1.2 개체를 중심으로 한 테이블 분할

개체를 둘러싼 속성들(attributes)이 자연스럽게 하나의 정보 덩어리를 이룬다. 즉, 출판사명, 출판사주소, 출판사전화라는 속성들은 '출판사'라는 개체를 설명하는 정보이다. 마찬가지로 저자명, 저자주소, 저자이메일이라는 속성들은 '저자'라는 개체에 속한 데이터이다. 예를 들면, "문학사"라는 출판사의 '출판사주소' 속성은 "서울"이고 '출판사전화' 속성은 "02-2222-3333"이다. 이러한 출판사 개체들은 다수 존재할 수 있다. 예를 들면, 출판사테이블(2)에는 모두 8개의 출판사 개체가 존재한다(예; "문학사", "용진출판", "교학사", 등). 도서테이블(12)에는 모두 13개의 개체가 존재한다(도서번호 1부터 13까지). 이와 같이 동일한 속성들을 갖는 개체들은 같은 테이블에 저장하는 것이 당연하다. **동일한 속성을 갖는 개체들의 집합을 개체 집합(entity set)이라** 한다. 즉, 하나의 테이블은 하나의 개체 집합을 나타낸 것이라 볼 수 있다. 그러한 개체 집합들은 공통으로 갖는 속성들이 있다. 예를 들면, 출판사테이블이란 개체 집합은 그 테이블에 속한 속성들(예; 출판사명, 출판사전화, 출판사주소)을 갖고 있다. 이러한 동일한 속성들로 인해 개체 집합을 인식할 수 있다. 이와 같이 **동일한 속성들로 설명 될 수 있는 개체들의 형태를 개체 타입(entity type)이라** 한다. 개체 타입은 그 개체 집합이 갖는 속성들로 나타낼 수 있다. 따라서 동일한 테이블 안에 있는 개체들은 동일한 개체 타입을 갖는다고 볼 수 있다.

개체, 개체 집합, 개체 타입을 예를 들어 한번 더 설명하면, 저자테이블에서 테이블의 각 행은 개별 저자에 대한 정보를 담고 있다. 그러한 각각의 저자가 개체에 해당한다. 저자테이블(3)에서 개체의 수는 14이다. 이렇게 모아 놓은 개체의 집합을 개체 집합이라 한다. 즉, 저자테이블은 저자에 대한 개체 집합이다. 그런데, 저자테이블 안에 있는 각 저자는 모두 동일한 속성들을 갖는다(예; 저자번호, 저자명, 저자주소, 저자이메일). 이러한 속성들을 갖는 개체들의 형태를 개체 타입이라 한다. 따라서 개체 타입은 그 개체 집합이 갖는 속성들로 나타낼 수 있다. 예를 들면, 저자테이블의 개체 타입은 **저자테이블(저자번호, 저자명, 저자주소, 저자이메일)**과 같이 나타낼 수 있다.

저자테이블(3)

저자번호	저자명	저자 주소	저자 이메일
1	어효선	서울	hs@han
2	이주승	부산	js@han
3	어효선	대구	hs@do
4	김정흠	광주	jh@hot
5	최발명	청주	bm@han
6	홍지구	대구	jg@cam
7	유성귀	대구	sg@hot
8	박지구	대전	jg@han
9	유성귀	대구	sk@nav
10	박주해	춘천	ju@hot
11	김서정	서울	sj@cam
12	김부심	인천	bs@nav
13	김서정	서울	seo@do
14	박소망	인천	sm@cam

이제 테이블을 어떻게 나눌 것인지에 대해 생각해 보자. 동일한 개체 타입을 갖는 속성들을 중심으로 테이블을 분할하는 것이 자연스럽지 않은가? 우리는 이미 제3장에서 플랫테이블로부터 각 개체 타입을 중심으로 테이블을 분할하는 작업을 해왔다. 도서라는 개체 타입에 대한 정보를 담는 도서테이블, 저자라는 개체 타입에 대한 정보를 담는 저자테이블, 그리고 출판사라는 개체 타입에 대한 정보를 담는 출판사테이블로 분할하였다. 이와 같이 개체 타입을 중심으로 한 테이블 분할은 자연스럽다고 할 수 있다. 다만, 테이블 분할 전과 후의 의미가 동일해야 함을 제3장에서 살펴보았다. 예를 들면, 플랫파일인 도서테이블로부터 출판사 정보를 분리하여 출판사테이블을 만들 때 도서테이블과 출판사 정보가 연결되도록 도서테이블에 '출판사명' 속성을 남겨 두어야한다. 4장에서 이러한 현상들을 체계적으로 분석한다.

4.2 관계의 종류와 테이블의 구현

도서DB에서 플랫파일의 중복성을 없애기 위해 개체 집합으로 나누었다. 플랫파일에서 출판사 정보를 분리하는 것은 별 문제없이 쉽게 분리가 되었다. 그러나 플랫파일에서 저자 정보를 분리한 후에 도서 정보와의 연결을 위한 테이블(도서-저자테이블)이 필요하였음을 상기하자. 어떤 테이블에 대해서는 단순한 분할이 가능하고 또 어떤 테이블에 대해서는 연결을 위한 테이블이 필요한 이유가 무엇일까? 이러한 이유를 개체 사이의 관계를 이해함으로써 규명할 수 있다.

4.2.1 일대다 관계와 중복성의 제거

출판사 테이블과 도서 테이블의 예를 들어보자. 한 출판사가 여러 권의 책을 출판한다. 그러나 한 권의 책을 여러 출판사가 공동 출판하는 경우는 없다고 가정하자(실제로 그런 경우가 희귀하게 나타나더라도 우리가 요구하는 도서DB의 목적에 비추어 그런 경우는 고려치 않더라도 문제를 야기하지 않는다. 따라서 불필요하게 시스템을 복잡하게 만들 필요가 없으므로 이러한 가정은 타당하다.) 예를 들면, 다음의 도서테이블(A)에서 "교학사"라는 출판사가 "당나귀", "지구", "소망"이라는 책들을 출판하였다.

도서테이블(A)

도서번호	도서명	출판 연도	도서 종류	도서 가격	구입 가격	구입 연도	출판사명	출판사 주소	출판사전화
1	꽃시계	1998	문학	8500	8000	1999	문학사	서울	02-2222-3333
2	나무	1998	문학	4000	3500	1999	용진출판	서울	02-333-1212
3	*당나귀*	1993	문학	3700	3300	1997	*교학사*	대구	053-662-8787
4	발명	1997	과학	4600	4000	2000	삼안출판	부산	051-555-3322
5	*지구*	2001	과학	10000	9000	2003	*교학사*	대구	053-662-8787
6	지구	2008	과학	8000	8000	2008	과학사	대구	053-312-2202
7	해	1998	문학	4000	4000	1999	용진출판	서울	02-333-1212
8	해	2006	과학	12000	10000	2008	과학사	대구	053-312-2202
9	달	2003	과학	11000	11000	2005	학습사	서울	02-3333-4444
10	불심	2004	종교	5000	4500	2006	학조사	광주	062-655-8833
11	친구	2002	문학	8000	8000	2003	아름	대전	042-777-2727
12	*소망*	2007	종교	4800	4800	2007	*교학사*	대구	053-662-8787
13	과학교육	2002	교육	8000	7000	2005	학습사	서울	02-3333-4444

위 테이블에서 데이터 중복을 발견하자. 도서명이 "당나귀", "지구", "소망"인 책은

"교학사"에서 출판하였다. 따라서, 교학사의 동일한 정보가 세 곳에서 중복이 된다. 또 다른 예로, "용진출판"의 정보는 다섯 곳에 중복 되어있다. 위의 테이블은 단순한 것이므로 이러한 중복이 심각하게 보이지 않을 수 있다. 그러나 실제의 데이터베이스는 수 많은 필드와 데이터를 다루게 되므로 이러한 중복성을 반드시 제거해야 한다. 그러면 이러한 중복성이 어떻게 발생하는지 그 원인을 자세히 알아보자. 도서테이블(A)로부터 출판사 및 도서와 연관된 데이터를 일부만 뽑아내면 아래의 표와 같다.

출판사명	도서명	도서번호
문학사	꽃시계	1
용진출판	나무	2
교학사	당나귀	3
삼안출판	발명	4
교학사	지구	5
과학사	지구	6
용진출판	해	7
과학사	해	8
학습사	달	9
학조사	불심	10
아름	친구	11
교학사	소망	12
학습사	과학교육	13

위의 표를 출판사와 도서의 두 집합의 대응 관계로 표시하면 아래 그림과 같다. 도서명 옆의 괄호 안의 숫자는 도서번호이다.

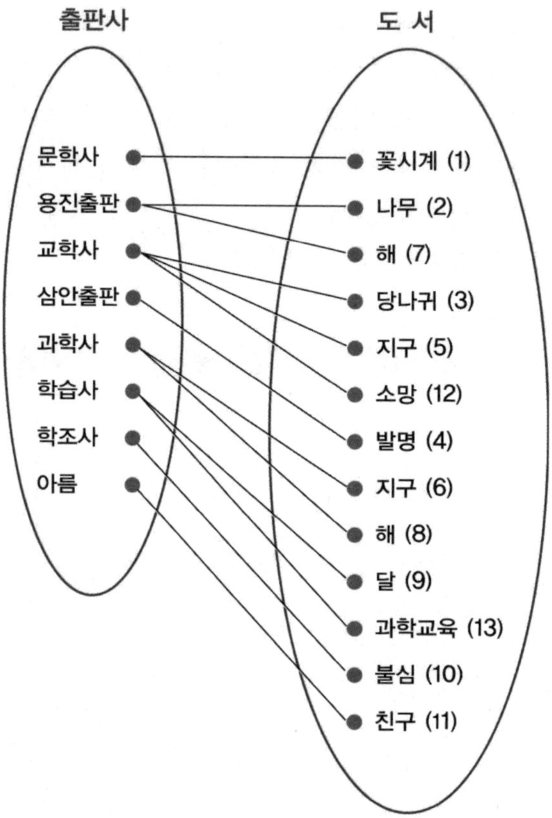

여기에서 하나의 속성값을 레코드 단위로 확장하여 생각해도 두 집단 간의 관계에는 변함이 없다. 위의 그림이 내포하고 있는 의미는 하나의 출판사는 여러 권의 책을 출판한다는 것이다. 이러한 관계는 두 데이터 집단 간의 성질(property)이며 이러한 성질을 일대다 관계(one-to-many relationship, 1:N)라고 하는데 일반적으로 말하자면, 두 개체 집합 A, B에 대하여, A의 요소 하나가 B의 요소 여러 개와 연관이 있는 관계를 A에서 B로 일대다 관계에 있다고 말한다. 또는 B에서 A로 다대일 관계(many-to-one relationship, N:1)에 있다고 말해도 좋다. 즉, 일대다 또는 다대일 관계에는 방향성이 있다. 예를 들면, 출판사에서 도서는 일대다 관계가 존재하고, 도서에서 출판사로는 다대일 관계가 존재한다.

이제 이러한 관계가 테이블 분할에 어떠한 영향을 주는지 살펴보자.

도서 테이블에 출판사 정보가 반복해서 나타나는 이유를 일대다 관계에 의해 설명할 수 있겠는가? 한 출판사가 여러 책을 출판할 수 있으므로 도서테이블(A)에서 보듯이 동일한 출판사의 정보가 다수 출현한다. 즉, 일대다 관계로 인한 중복성이다. 이 때문에 도서테이블에서 출판사 정보를 분리하였다(도서테이블(B)와 출판사테이블(A).

도서테이블(B)

도서번호	도서명	출판 연도	도서 종류	도서 가격	구입 가격	구입 연도
1	꽃시계	1998	문학	8500	8000	1999
2	나무	1998	문학	4000	3500	1999
3	당나귀	1993	문학	3700	3300	1997
4	발명	1997	과학	4600	4000	2000
5	지구	2001	과학	10000	9000	2003
6	지구	2008	과학	8000	8000	2008
7	해	1998	문학	4000	4000	1999
8	해	2006	과학	12000	10000	2008
9	달	2003	과학	11000	11000	2005
10	불심	2004	종교	5000	4500	2006
11	친구	2002	문학	8000	8000	2003
12	소망	2007	종교	4800	4800	2007
13	과학교육	2002	교육	8000	7000	2005

출판사테이블(A)

출판사명	출판사주소	출판사전화
문학사	서울	02-2222-3333
용진출판	서울	02-333-1212
교학사	대구	053-662-8787
삼안출판	부산	051-555-3322
과학사	대구	053-312-2202
학습사	서울	02-3333-4444
학조사	광주	062-655-8833
아름	대전	042-777-2727

그런데, 도서테이블(A)에서는 도서명 "꽃시계"의 출판사명이 "문학사"인 것을 바로

알 수 있지만 도서테이블(B)에서는 그것이 안 된다. 왜냐하면 출판사 정보를 모두 출판사테이블에 넣고 도서테이블에는 출판사 정보가 없기 때문이다. 테이블 분할로 인한 연결 문제가 발생한 것인데 연결을 위해 어떠한 방법이 가능할까?

상대 테이블의 정보를 대표적으로 식별할 수 있는 정보를 현재의 테이블에 포함한다. 이 경우 아래와 같이 두 가지의 방법을 생각 할 수 있다.

> ㉠ 출판사테이블에 도서명을 넣는 경우와(실제로는 도서의 식별을 위해 '도서번호'를 넣는다)
> ㉡ 도서테이블에 출판사명을 포함하는 경우를 생각할 수 있다.

㉠의 경우, 한 출판사가 복수의 도서를 출판할 수 있으므로 그 출판사가 출판한 도서의 수만큼 출판사의 정보가 중복된다. 도서테이블(2)의 '도서명'으로는 개별 도서들의 구분(또는 식별)이 안 된다. 예를 들면, "용진출판"의 "해"와 "과학사"의 "해"는 서로 다르지만 "해"라는 도서명만으로는 식별을 할 수 없다. 도서를 식별하기 위한 식별자를 '도서번호'라 하자. 출판사테이블에 '도서번호'를 추가하여 도서테이블과 출판사테이블을 연결해 보자.

① "문학사"가 출판한 도서와 연결한다; 출판사테이블(A)에 "문학사"가 출판한 도서 "꽃시계"(도서번호 1)를 추가한다(참고; 도서테이블(B)). (결과; 출판사테이블(①))

출판사테이블(A)

출판사명	출판사 주소	출판사전화
문학사	*서울*	*02-2222-3333*
용진출판	서울	02-333-1212
교학사	대구	053-662-8787
삼안출판	부산	051-555-3322
과학사	대구	053-312-2202
학습사	서울	02-3333-4444
학조사	광주	062-655-8833
아름	대전	042-777-2727

⇒

출판사테이블(①)

출판사명	출판사 주소	출판사전화	도서번호
문학사	*서울*	*02-2222-3333*	*1*
용진출판	서울	02-333-1212	
교학사	대구	053-662-8787	
삼안출판	부산	051-555-3322	
과학사	대구	053-312-2202	
학습사	서울	02-3333-4444	
학조사	광주	062-655-8833	
아름	대전	042-777-2727	

② "용진출판"이 출판한 도서와 연결한다; 출판사테이블(①)에 "용진출판"이 출판한 도서 "나무"(도서번호 2)를 추가한다. (결과; 출판사테이블(②))

출판사테이블(①)

출판사명	출판사주소	출판사전화	도서번호
문학사	서울	02-2222-3333	1
용진출판	*서울*	*02-333-1212*	
교학사	대구	053-662-8787	
삼안출판	부산	051-555-3322	
과학사	대구	053-312-2202	
학습사	서울	02-3333-4444	
학조사	광주	062-655-8833	
아름	대전	042-777-2727	

⇒

출판사테이블(②)

출판사명	출판사주소	출판사전화	도서번호
문학사	서울	02-2222-3333	1
용진출판	*서울*	*02-333-1212*	*2*
교학사	대구	053-662-8787	
삼안출판	부산	051-555-3322	
과학사	대구	053-312-2202	
학습사	서울	02-3333-4444	
학조사	광주	062-655-8833	
아름	대전	042-777-2727	

③ "용진출판"이 출판한 도서와 연결한다; 출판사테이블(②)에 "용진출판"이 출판한 도서 "해"(도서번호 7)를 추가한다. "용진출판"에 대하여 이미 도서번호 2가 '도서번호' 필드에 들어가 있다. 아래의 테이블에서 표시한 것처럼 도서번호 7을 도서번호 2와 같은 필드에 넣을 수 없다. 4.1.1의 (2)속성 부분에서 설명하였듯이 한 필드에는 속성값을 두 개 이상 가질 수 없다(원자값 조건).

원자값 조건을 위반한 경우;

출판사명	출판사주소	출판사전화	도서번호
문학사	서울	02-2222-3333	1
용진출판	서울	02-333-1212	*2* *7*
교학사	대구	053-662-8787	
삼안출판	부산	051-555-3322	
과학사	대구	053-312-2202	
학습사	서울	02-3333-4444	
학조사	광주	062-655-8833	
아름	대전	042-777-2727	

그렇다면 행을 하나 추가하여 도서번호 7을 저장하는 수밖에 없다. 물론 이 경우도 문제점이 있다. 왜냐하면 하나의 행은 출판사 개체 하나에 해당하므로 동일한 출판사를 여러 행에 중복 표현할 수는 없다. 이 내용은 나중에 다시 다루기로 하고 새로운 행을 추가하여 도서번호 7을 추가해 보자(결과; 출판사테이블(③)).

출판사테이블(②)

출판사명	출판사 주소	출판사전화	도서번호
문학사	서울	02-2222-3333	1
용진출판	*서울*	*02-333-1212*	*2*
교학사	대구	053-662-8787	
삼안출판	부산	051-555-3322	
과학사	대구	053-312-2202	
학습사	서울	02-3333-4444	
학조사	광주	062-655-8833	
아름	대전	042-777-2727	

⇒

출판사테이블(③)

출판사명	출판사 주소	출판사전화	도서 번호
문학사	서울	02-2222-3333	1
용진출판	*서울*	*02-333-1212*	*2*
용진출판	*서울*	*02-333-1212*	*7*
교학사	대구	053-662-8787	
삼안출판	부산	051-555-3322	
과학사	대구	053-312-2202	
학습사	서울	02-3333-4444	
학조사	광주	062-655-8833	
아름	대전	042-777-2727	

④ "교학사"가 출판한 도서와 연결한다; 출판사테이블(③)에 "교학사"가 출판한 도서인 "당나귀"(도서번호 3), "지구"(도서번호 5), "소망"(도서번호 12)을 추가한다. "용진출판"에 대하여 도서번호 2와 7을 저장한 것처럼, "교학사"에 대하여 도서번호 3, 5, 12를 저장한다. (결과; 출판사테이블(④))

출판사테이블(③)

출판사명	출판사 주소	출판사전화	도서 번호
문학사	서울	02-2222-3333	1
용진출판	서울	02-333-1212	2
용진출판	서울	02-333-1212	7
교학사	*대구*	*053-662-8787*	
삼안출판	부산	051-555-3322	
과학사	대구	053-312-2202	
학습사	서울	02-3333-4444	
학조사	광주	062-655-8833	
아름	대전	042-777-2727	

⇒

출판사테이블(④)

출판사명	출판사 주소	출판사전화	도서 번호
문학사	서울	02-2222-3333	1
용진출판	서울	02-333-1212	2
용진출판	서울	02-333-1212	7
교학사	*대구*	*053-662-8787*	*3*
교학사	*대구*	*053-662-8787*	*5*
교학사	*대구*	*053-662-8787*	*12*
삼안출판	부산	051-555-3322	
과학사	대구	053-312-2202	
학습사	서울	02-3333-4444	
학조사	광주	062-655-8833	
아름	대전	042-777-2727	

이와 같이, 다른 출판사에 대해서도 동일한 방법을 적용하여 각 출판사에 대해 도서번호를 추가하면 아래의 테이블과 같다.

출판사테이블에 도서정보 추가

출판사명	출판사주소	출판사전화	도서번호
문학사	서울	02-2222-3333	1
용진출판	서울	02-333-1212	2
용진출판	서울	02-333-1212	7
교학사	대구	053-662-8787	3
교학사	대구	053-662-8787	5
교학사	대구	053-662-8787	12
삼안출판	부산	051-555-3322	4
과학사	대구	053-312-2202	6
과학사	대구	053-312-2202	8
학습사	서울	02-3333-4444	9
학습사	서울	02-3333-4444	13
학조사	부산	051-655-8833	10
아름	대전	042-777-2727	11

위 테이블에서 같은 출판사 정보가 중복됨을 볼 수 있다. 하나의 출판사가 하나 이상의 도서와 연관이 되므로 출판사 정보의 중복이 나타난다. 예를 들면, "용진출판"은 도서번호 2와 7을 모두 표시해야 하므로 "용진출판"에 대한 정보가 두 행에 중복된다. 이러한 중복성

을 피할 수 없다면 원래의 테이블에서 출판사테이블을 분할하는 이유가 없게 된다. 따라서 방법㉠은 해결책이 될 수 없다.

그렇다면 ㉡ '도서테이블에 출판사명을 포함하는 경우'를 생각할 수 있다. 아래 테이블은 도서테이블에 출판사명을 추가한 결과의 테이블(도서테이블(C))이다.

도서테이블(C)

도서번호	도서명	출판 연도	도서 종류	도서 가격	구입 가격	구입 연도	*출판사명*
1	꽃시계	1998	문학	8500	8000	1999	*문학사*
2	나무	1998	문학	4000	3500	1999	*용진출판*
3	당나귀	1993	문학	3700	3300	1997	*교학사*
4	발명	1997	과학	4600	4000	2000	*삼안출판*
5	지구	2001	과학	10000	9000	2003	*교학사*
6	지구	2008	과학	8000	8000	2008	*과학사*
7	해	1998	문학	4000	4000	1999	*용진출판*
8	해	2006	과학	12000	10000	2008	*과학사*
9	달	2003	과학	11000	11000	2005	*학습사*
10	불심	2004	종교	5000	4500	2006	*학조사*
11	친구	2002	문학	8000	8000	2003	*아름*
12	소망	2007	종교	4800	4800	2007	*교학사*
13	과학교육	2002	교육	8000	7000	2005	*학습사*

단지 '출판사명' 속성만 추가해 줌으로써 도서테이블과 출판사테이블이 완벽하게 연결될 수 있다. 한 출판사가 여러 책을 출판한다는 현상의 표현은 출판사명을 추가함으로써 가능하다. 예를 들면, 위 테이블에서 '교학사'가 3회 나타난다. 이러한 형태의 반복은 분할된 두 테이블의 연결을 위해 불가피하다.

도서테이블과 출판사테이블의 연결은 이러한 방식으로 해결할 수 있다. 이것을 일반화할 수 있을까? 앞의 관계 설명에서 출판사테이블: 도서테이블의 관계는 일대다(一對多, 1:N)임을 보았다. 우리는 일대다 관계의 두 테이블에서 다측(多側)의 테이블에(즉, 도서테이블에) 일측(一側)의 테이블(즉, 출판사테이블)의 식별자를 추가함으로써 일대다로 인해 발생하는 중복성을 해결하였다. 왜 그러할까? 일측의 테이블의 각 요소는 다측의 테이블과 다수의 연관을 가지므로 일측의 테이블의 내용의 중복된다. 그러나 다측의 테이블의 각 요소는 일측의 테이블과 단 하나의 연관을 가지므로 다측 테이블의 내용에 중복이 발생하지 않는다.

일반적으로 말하면, **일대다 관계의 두 테이블에서 다(多)측의 테이블에 일(一)측의 테이블의 식별자를 추가함으로써 일대다로 인해 발생하는 중복성을 해결한다.**

좀 더 명확한 이해를 위해 다음의 예를 들어 보자. 테이블 T_1은 네 개의 속성 A, B, C, D를 갖고 있으며, T_2는 세 개의 속성 U, V, W를 갖고 있다고 하자. 두 테이블은 아래와 같은 값을 갖고 있다.

테이블 T_1

A	B	C	D
a_1	b_1	c_2	d_2
a_2	b_3	c_1	d_2
a_3	b_2	c_1	d_3

테이블 T_2

U	V	W
u_1	v_1	w_2
u_2	v_3	w_3
u_3	v_2	w_4
u_4	v_1	w_2
u_5	v_3	w_1
u_6	v_2	w_3
u_7	v_4	w_2

T_1의 키는 A, T_2의 키는 U라 하자. 두 테이블 사이의 관계는 아래 그림과 같다.

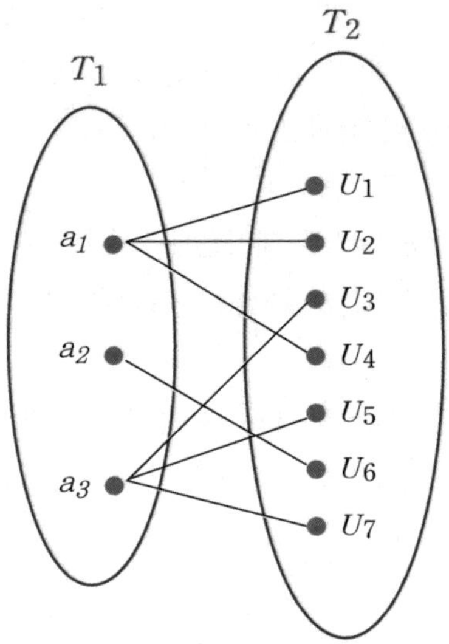

T_1의 각 요소는 T_2의 하나 이상 대응되어 있고 T_2의 각 요소는 T_1과 단 하나 연결되어 있으므로 $T_1 : T_2$의 관계는 일대다이이다. 두 테이블을 독립적으로 두면 두 테이블 사이의 관계가 표현되지 못한다. 예를 들면, 위 그림에서 a_1은 u_1, u_2, u_4와 연결되어 있으나 두 테이블 만으로는 그러한 관계를 알 수 없다. 이제 이 두 테이블을 연결하는 문제를 생각해 보자.

ⓐ T_1에 T_2의 식별자를 추가한다; T_2의 식별자는 U이므로 A의 각 값과 대응하는 U의 값을 T_1에 추가한다. a_1이 u_1, u_2, u_4와 연결되어 있고, a_2는 u_6과, a_3는 u_3, u_5, u_7과 연결되어 있다.

T_1;

A	B	C	D	U
a_1	b_1	c_2	d_2	u_1
a_1	b_1	c_2	d_2	u_2
a_1	b_1	c_2	d_2	u_4
a_2	b_3	c_1	d_2	u_6
a_3	b_2	c_1	d_3	u_3
a_3	b_2	c_1	d_3	u_5
a_3	b_2	c_1	d_3	u_7

속성 A의 값 하나가 U의 하나 이상과 연관이 되어있으므로 행의 추가를 피할 수 없다. 이 경우 A의 값이 중복되므로 A가 식별자로서의 자격을 잃게 되는 오류를 초래하므로 이 방법은 해결책이 아니다.

ⓑ T_2에 T_1의 식별자를 추가한다; T_1의 식별자는 A이므로 U의 각 값과 대응하는 A의 값을 T_2에 추가한다. u_1이 a_1과 연결되어 있고, u_2와 a_1, u_3과 a_3, u_4와 a_1, u_5와 a_3, u_6과 a_2, u_7과 a_3이 각각 연결되어 있다.

T_2;

U	V	W	A
u_1	v_1	w_2	a_1
u_2	v_3	w_3	a_1
u_3	v_2	w_4	a_3
u_4	v_1	w_2	a_1
u_5	v_3	w_1	a_3
u_6	v_2	w_3	a_2
u_7	v_4	w_2	a_3

U의 각 값이 A의 값 하나에만 연관되어 있으므로 속성 A를 테이블 T_2에 추가하더라도

그 행의 수는 변함이 없다.

위의 내용을 정리하면, 일측의 테이블에 다측 테이블의 식별자를 추가하면 행의 수가 증가한다(ⓐ의 경우). 그 이유는 일측 테이블의 각 행은 다측 테이블의 한 개 이상의 행과 연관되어 있기 때문이다.

그러나 다측 테이블에 일측 테이블의 식별자를 추가하면 행의 수는 고정적으로 변하지 않는다(ⓑ의 경우). 왜냐하면, 다측 테이블의 각 행은 일측 테이블의 단 하나의 행과 연관을 갖기 때문이다.

4.2.2 다대다 관계와 중복성의 제거

아래의 도서테이블(P)는 도서정보와 저자정보를 함께 갖고 있다.

도서테이블(P)

도서명	저자명	저자 주소	저자 이메일	출판 연도	도서 종류	도서 가격	출판사명
꽃시계	어효선	서울	hs@han	1998	문학	8500	문학사
나무	이주승	부산	js@han	1998	문학	4000	용진출판
나무	이주승	부산	js@han	1998	문학	4000	용진출판
당나귀	어효선	대구	hs@do	1993	문학	3700	교학사
발명	김정흠	광주	jh@hot	1997	과학	4600	삼안출판
	최발명	청주	bm@han				
지구	홍지구	대구	jg@cam	2001	과학	10000	교학사
	유성귀	대구	sg@hot				
	박지구	대전	jg@han				
지구	유성귀	대구	sk@nav	2008	과학	8000	과학사
해	어효선	대구	hs@do	1998	문학	4000	용진출판
해	어효선	대구	hs@do	1998	문학	4000	용진출판
해	어효선	대구	hs@do	1998	문학	4000	용진출판
해	박주해	춘천	ju@hot	2006	과학	12000	과학사
달	김서정	서울	sj@cam	2003	과학	11000	학습사
불심	김부심	인천	bs@nav	2004	종교	5000	학조사
친구	김서정	서울	seo@do	2002	문학	8000	아름
소망	박소망	인천	sm@cam	2007	종교	4800	교학사
과학교육	최발명	청주	bm@han	2002	교육	8000	학습사

도서테이블(P)로부터 저자정보를 떼 내어 도서테이블(12)와 저자테이블(3)을 만든다.

도서테이블(12)

도서번호	도서명	출판 연도	도서 종류	도서 가격	출판사명
1	꽃시계	1998	문학	8500	문학사
2	나무	1998	문학	4000	용진출판
3	당나귀	1993	문학	3700	교학사
4	발명	1997	과학	4600	삼안출판
5	지구	2001	과학	10000	교학사
6	지구	2008	과학	8000	과학사
7	해	1998	문학	4000	용진출판
8	해	2006	과학	12000	과학사
9	달	2003	과학	11000	학습사
10	불심	2004	종교	5000	학조사
11	친구	2002	문학	8000	아름
12	소망	2007	종교	4800	교학사
13	과학교육	2002	교육	8000	학습사

저자테이블(3)

저자번호	저자명	저자 주소	저자 이메일
1	어효선	서울	hs@han
2	이주승	부산	js@han
3	어효선	대구	hs@do
4	김정흠	광주	jh@hot
5	최발명	청주	bm@han
6	홍지구	대구	jg@cam
7	유성귀	대구	sg@hot
8	박지구	대전	jg@han
9	유성귀	대구	sk@nav
10	박주해	춘천	ju@hot
11	김서정	서울	sj@cam
12	김부심	인천	bs@nav
13	김서정	서울	seo@do
14	박소망	인천	sm@cam

이제, 도서테이블(12)와 저자테이블(3) 으로부터 원래의 데이터를 복원할 수 있는지 점검해 보자. 두 테이블로는 "꽃시계"의 저자가 누구인지 알 수 없다. 왜냐하면, 두 테이블의 연결 장치가 없기 때문이다.

우리는 (4.2.1)에서 1 대 다 관계의 중복성과 그 제거 방법을 알아보았다. 즉, 두 테이블이 1대다 관계에 있을 때, 다(多)측의 테이블에 일(一)측의 테이블의 식별자를 추가함으로써 일대다 관계의 중복성을 해결하였다. 동일한 방법을 도서테이블과 저자테이블에도 적용할 수 있을까? 아래의 두 경우를 모두 고려해야 한다.

(1) 저자테이블:도서테이블의 관계는 무엇일까? 한 저자가 하나 이상의 책을 저술할 수 있으므로 저자테이블:도서테이블은 1대다 관계이다. 그렇다면, 다 쪽인 도서테이블에 '저자번호'를 추가한다(저자테이블(3)의 식별자는 '저자번호'이다).

(2) 도서테이블:저자테이블의 관계는 무엇일까? 한 도서는 하나 이상의 저자에 의해 저술될 수 있으므로(공저) 도서테이블:저자테이블는 1대다 관계이다. 그렇다면, 다 쪽인 저자테이블에 '도서번호'를 추가한다(도서테이블(12)의 식별자는 '도서번호'이다).

이제, 위의 두 경우를 차례로 점검해 보자.

(1) 도서테이블(12)에 '저자번호'를 추가; 도서테이블(Q)는 '도서번호'를 포함하여 도서 정보를 보여준다. 이 테이블에 저자번호를 추가한 결과는 다음과 같다.

도서테이블(Q); 도서테이블(12)에 저자번호를 추가한 결과

도서번호	도서명	*저자번호*	출판연도	도서종류	도서가격	출판사명
1	꽃시계	*1*	1998	문학	8500	문학사
2	나무	*2*	1998	문학	4000	용진출판
3	당나귀	*3*	1993	문학	3700	교학사
4	발명	*4*	1997	과학	4600	삼안출판
		5				
5	지구	*6*	2001	과학	10000	교학사
		7				
		8				
6	지구	*9*	2008	과학	8000	과학사
7	해	*3*	1998	문학	4000	용진출판
8	해	*10*	2006	과학	12000	과학사
9	달	*11*	2003	과학	11000	학습사
10	불심	*12*	2004	종교	5000	학조사
11	친구	*13*	2002	문학	8000	아름
12	소망	*14*	2007	종교	4800	교학사
13	과학교육	*5*	2002	교육	8000	학습사

도서테이블에 저자번호를 넣는 경우, 도서명 “‘발명”의 저자가 둘, 도서명 “지구”의 저자가 셋이다(아래 테이블).

도서번호	도서명	*저자번호*	출판연도	도서종류	도서가격	출판사명
4	발명	*4*	1997	과학	4600	삼안출판
		5				
5	지구	*6*	2001	과학	10000	교학사
		7				
		8				

저자를 표시하기 위하여 부득이 ‘저자번호’ 필드에 여러 개의 저자번호를 나열하였다. 그러나 한 필드에 하나의 값(원자값)만 허용함을 이미 (4.1.1)에서 배웠다. 따라서 위 테이블과 같이 한 필드에 여러 값을 넣는 것은 원자값 만을 저장한다는 원칙에 맞지 않으므로 적절한 해결책이 아니다. 또한, 원자값 조건에 맞추기 위하여 다음과 같이 하나의 책을 여러 행에 나타내는 것은 한 행에 하나의 책에 대한 정보를 저장한다는 저장의 기본 원칙에

어긋난다.

도서번호	도서명	저자번호	출판연도	도서종류	도서가격	출판사명
4	발명	4	1997	과학	4600	삼안출판
4	발명	5	1997	과학	4600	삼안출판
5	지구	6	2001	과학	10000	교학사
5	지구	7	2001	과학	10000	교학사
5	지구	8	2001	과학	10000	교학사

따라서 도서테이블에 저자번호를 추가함으로써 저자테이블과 연결하려는 시도는 잘못임이 드러났다. 이제, 다른 가능성을 살펴보자.

(2) 저자테이블(3)에 ‘도서번호’를 추가; 아래 두 테이블은 저자테이블(3)과 ‘도서번호’를 추가한 결과(저자테이블(R))를 보여준다.

저자테이블(3)

저자번호	저자명	저자주소	저자이메일
1	어효선	서울	hs@han
2	이주승	부산	js@han
3	어효선	대구	hs@do
4	김정흠	광주	jh@hot
5	최발명	청주	bm@han
6	홍지구	대구	jg@cam
7	유성귀	대구	sg@hot
8	박지구	대전	jg@han
9	유성귀	대구	sk@nav
10	박주해	춘천	ju@hot
11	김서정	서울	sj@cam
12	김부심	인천	bs@nav
13	김서정	서울	seo@do
14	박소망	인천	sm@cam

⇨

저자테이블(R)

저자번호	저자명	저자주소	저자이메일	*도서번호*
1	어효선	서울	hs@han	*1*
2	이주승	부산	js@han	*2*
3	어효선	대구	hs@do	*3*
				7
4	김정흠	광주	jh@hot	*4*
5	최발명	청주	bm@han	*4*
				13
6	홍지구	대구	jg@cam	*5*
7	유성귀	대구	sg@hot	*5*
8	박지구	대전	jg@han	*5*
9	유성귀	대구	sk@nav	*6*
10	박주해	춘천	ju@hot	*8*
11	김서정	서울	sj@cam	*9*
12	김부심	인천	bs@nav	*10*
13	김서정	서울	seo@do	*11*
14	박소망	인천	sm@cam	*12*

위 테이블에서 볼 수 있듯이 한 저자가 여러 권의 책을 저술한 경우, 도서번호가 복수 개 출현하게 되어 원자값 조건에 어긋난다. 그러한 부분만 발췌하면 아래 테이블과 같다.

<table>
<tr><th>저자번호</th><th>저자명</th><th>저자
주소</th><th>저자
이메일</th><th>도서번호</th></tr>
<tr><td rowspan="2">3</td><td rowspan="2">어효선</td><td rowspan="2">대구</td><td rowspan="2">hs@do</td><td>3</td></tr>
<tr><td>7</td></tr>
<tr><td rowspan="2">5</td><td rowspan="2">최발명</td><td rowspan="2">청주</td><td rowspan="2">bm@han</td><td>4</td></tr>
<tr><td>13</td></tr>
</table>

현재의 데이터 양이 크지 않으므로 이러한 예가 소수 출현하였지만 일반적으로 보면 이러한 경우가 다수 나타날 수 있고, 설계는 일반적인 경우를 고려하여야 하므로 이 같은 문제점을 해결하지 않고 그냥 둘 수는 없다.

도서번호 필드에 원자값 조건을 지키기 위하여 아래 테이블과 같이 여러 행에 걸쳐 표현할 수 있다. 그러나 한 행에 하나의 개체 정보만 담아야 한다는 저장의 기본 원칙을 위반하였으므로 이것 또한 해결 방법이 아니다.

저자번호	저자명	저자 주소	저자 이메일	*도서번호*
3	어효선	대구	hs@do	*3*
3	어효선	대구	hs@do	*7*
5	최발명	청주	bm@han	*4*
5	최발명	청주	bm@han	*13*

이상에서 알 수 있듯이 두 방법 모두 도서테이블과 저자테이블을 연결하는 방법이 되지 못한다. 이러한 원인을 좀 더 자세히 분석해 보자.

우선 두 테이블들 사이의 관계를 명확히 규명해 보자.

한 책은 여러 저자에 의해 공저될 수 있으므로 도서테이블:저자테이블은 1:N이고, 한 저자가 복수의 책을 저술할 수 있으므로 저자테이블:도서테이블의 관계는 1:N이다. 이와 같이 두 테이블들 사이에 양방향으로 일대다 관계가 성립함을 말한다. 이러한 관계를 다대다(多對多, many-to-many, N:N, N:M, M:N)관계라 부른다. 즉, 도서테이블:저자테이블은 다대다 관계인데 이는 양방향으로 일대다 관계가 성립함을 말한다. 풀이하면, 도서테이블:저자테이블이 1대다이고, 저자테이블:도서테이블이 1대다임을 알 수 있다.

다대다 관계를 일반적으로 설명하면 다음과 같다.

다대다 관계는 두 테이블(또는, 개체의 집합)이 양방향으로 일대다 관계에 있음을 말한다. 즉, T_1, T_2가 두 테이블이라 할 때, T_1에서 T_2 방향으로 일대다, T_2에서 T_1 방향으로 일대다임을 말한다. 아래의 그림은 다대다 관계의 예를 보여준다.

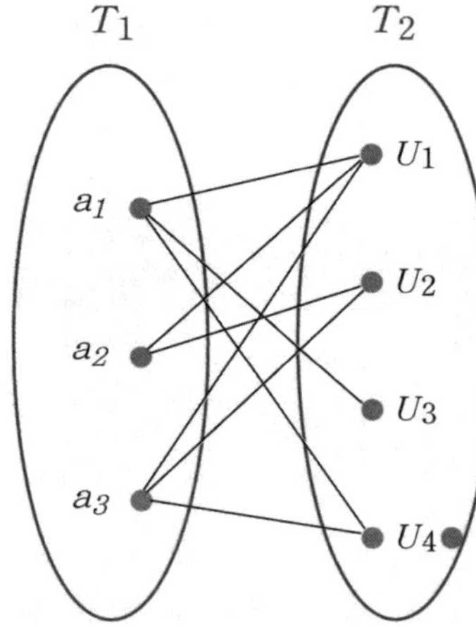

위 그림에서 a_1은 u_1, u_3, u_4와, a_2는 u_1, u_2와, a_3은 u_1, u_2, u_4와 연결되어 있다. 즉, T_1의 각 요소가 T_2의 하나 이상의 요소와 연결되어 있으므로 T_1에서 T_2 방향으로 일대다임을 알 수 있다. 마찬가지로, T_2에서 T_1 방향으로 일대다임을 볼 수 있다. 즉, u_1은 a_1, a_2, a_3과, u_2는 a_2, a_3과, u_3는 a_1과, u_4는 a_1, a_3과 연결되어 있다. 이와 같이

두 테이블이 양방향으로 일대다 관계이면 그 두 테이블은 다대다 관계에 있다.

앞에서 우리는 도서테이블과 저자테이블의 연결을 위하여 두 개의 일대다 관계로 분리하는 방법은 다대다 관계로 인한 중복의 문제를 해결할 수 없다는 것을 보았다. 그 이유는 자명한데, 다대다 관계는 양 방향으로 일대다 관계이므로 어느 한 쪽으로부터 연결이 안 된다면 다른 쪽으로부터의 연결도 같은 조건이므로 연결이 불가능 할 것이다.

이제 새로운 방법을 고안해 보자. 두 테이블이 다대다 관계일 때, 두 테이블 안에 관계정보를 넣는 것은 중복 문제를 해결하지 못함을 보았다. 그렇다면, 다대다 관계정보를 양쪽 테이블에서 발췌하여 두 테이블의 연결을 위한 제3의 새로운 테이블에 모아 둔다면 문제를 해결할 수 있을까? 아래의 도서테이블과 저자테이블의 예를 들어보자.

도서테이블(12)

도서번호	도서명	출판연도	도서종류	도서가격	출판사명
1	꽃시계	1998	문학	8500	문학사
2	나무	1998	문학	4000	용진출판
3	당나귀	1993	문학	3700	교학사
4	발명	1997	과학	4600	삼안출판
5	지구	2001	과학	10000	교학사
6	지구	2008	과학	8000	과학사
7	해	1998	문학	4000	용진출판
8	해	2006	과학	12000	과학사
9	달	2003	과학	11000	학습사
10	불심	2004	종교	5000	학조사
11	친구	2002	문학	8000	아름
12	소망	2007	종교	4800	교학사
13	과학교육	2002	교육	8000	학습사

저자테이블(3)

저자번호	저자명	저자주소	저자이메일
1	어효선	서울	hs@han
2	이주승	부산	js@han
3	어효선	대구	hs@do
4	김정흠	광주	jh@hot
5	최발명	청주	bm@han
6	홍지구	대구	jg@cam
7	유성귀	대구	sg@hot
8	박지구	대전	jg@han
9	유성귀	대구	sk@nav
10	박주해	춘천	ju@hot
11	김서정	서울	sj@cam
12	김부심	인천	bs@nav
13	김서정	서울	seo@do
14	박소망	인천	sm@cam

도서테이블과 저자테이블의 경우, 두 테이블의 연결을 위하여 각각의 식별자(도서테이블의 '도서번호', 저자테이블의 '저자번호')로 구성하는 새로운 연결 테이블을 만들어 보자. 그 연결 테이블의 이름을 '도서-저자테이블' 이라 하자. 아래 연결 테이블에서 연결의 예를 들면, 도서번호 1과 저자번호 1, 도서번호 2와 저자번호 2, 도서번호 3과 저자번호 3, 도서번

호 4와 저자번호 4와 5, 도서번호 5와 저자번호 6, 7, 8과 같이 연결됨을 확인할 수 있다.

도서-저자테이블(2)

도서 번호	저자 번호
1	1
2	2
3	3
4	4
4	5
5	6
5	7
5	8
6	9
7	3
8	10
9	11
10	12
11	13
12	14
13	5

도서-저자테이블이 도서테이블과 저자테이블을 정확하게 연결할 수 있음을 직접 확인하자(3.6).

좀 더 명확한 이해를 위해 다음의 예를 들어 보자. 아래는 두 테이블 T_1과 T_2의 내용을 보여준다.

테이블 T_1

A	B	C	D
a_1	b_1	c_2	d_2
a_2	b_3	c_1	d_2
a_3	b_2	c_1	d_3

테이블 T_2

U	V	W
u_1	v_1	w_2
u_2	v_3	w_3
u_3	v_2	w_4
u_4	v_1	w_2

T_1의 키는 A, T_2의 키는 U이고 두 테이블 사이의 관계는 아래 그림과 같다.

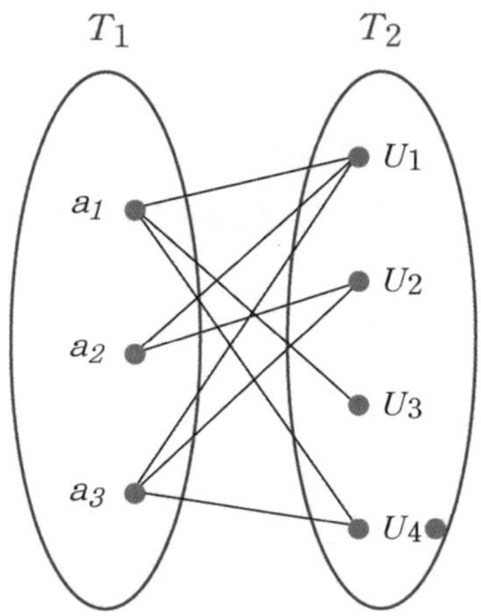

이제 두 테이블을 잇는 연결 테이블을 추가함으로써 다대다 관계를 표현해 보자. T_1의 식별자 A와 T_2의 식별자 U를 사용하여 아래와 같은 연결 테이블을 만든다.

연결 테이블

A	U
a_1	u_1
a_1	u_3
a_1	u_4
a_2	u_1
a_2	u_2
a_3	u_1
a_3	u_2
a_3	u_4

A를 기준으로 보면, a_1은 u_1, u_3, u_4와, a_2는 u_1, u_2와, a_3은 u_1, u_2, u_4와 연결되어

있다. U를 기준으로 보면, u_1은 a_1, a_2, a_3와, u_2는 a_2, a_3과, u_3은 a_1과, u_4는 a_1, a_3과 연결되어 있다. 이와 같이, 연결 테이블을 이용하여 두 테이블 T_1과 T_2를 연결 할 수 있다.

일반적으로 두 테이블이 다대다 관계에 있다면 양쪽 테이블의 식별자로 새로운 연결 테이블을 만드는 것이 다대다 관계의 중복성을 해결하는 방법이다.

4.2.3 일대일 관계와 구현

회사의 부서와 부서장과의 관계(또는 팀과 팀장과의 관계)를 생각해 보자. 각 부서에는 한 명의 부서장이 있다고 가정하자. 또 한 사람은 최대 한 개 부서의 부서장을 맡을 수 있다고 가정하자. 경우에 따라서, 현 시점에서 어느 부서에 부서장이 공석인 경우가 있다. 예를 들면, 아래와 같은 관계의 예를 생각할 수 있다.

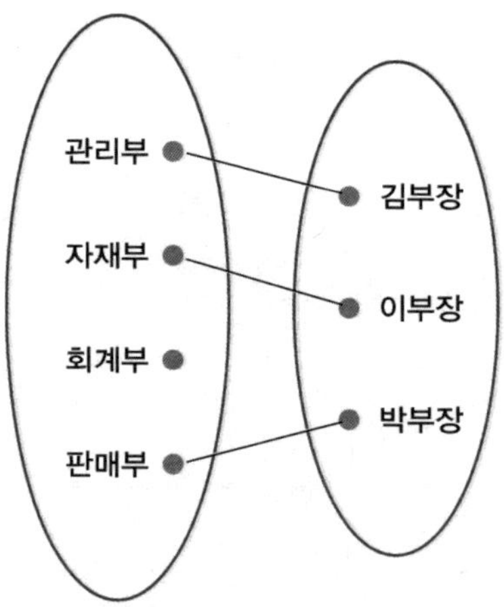

위 그림에서 각 부서에는 최대 한명의 부서장이 있다. 다만, 회계부에는 현재 부서장이 공석중이다. 이와 같이, 두 개체 집합 A, B가 있을 때, A의 각 요소가 최대 하나의 B의 요소와 연관되고, B의 각 요소가 최대 하나의 A의 요소와 연관될 때 두 집합은 일대일 관계(one-to-one relationship, 1:1)라 한다.

또 다른 일대일 관계의 예를 들면, 우리나라의 법적인 부부의 관계(남편과 아내라는 두 개체 집합 간의 관계)를 생각할 수 있겠다.

일대일 관계는 드물게 보이는 관계이므로 실제의 데이터 분석에서 일대일 관계가 나타난다면 정말 일대일인지를 재차 검토할 필요가 있다. 실제의 경우, 일대다 또는 다대다 관계가 대부분을 차지하고 있음을 기억해 두자.

일대일 관계에는 중복의 가능성이 없으므로 각각의 테이블에 상대편 테이블의 식별자만 추가하면 중복 없이 충분히 표현할 수 있다. 예를 들면, 부서 테이블에 부서장 속성을 추가하고, 부서장 테이블에 부서명 속성을 추가하면 일대일 관계가 표현된다.

4.3 개체관계도(ERD)

4.3.1 ERD의 개요

데이터 모델링(data modeling)이란 현실 세계의 정보를 컴퓨터의 데이터베이스에서 사용하기 위한 논리적 정보표현으로 변환/해석하는 과정을 말한다. ERD(Entity –Relationship Diagram, 개체–관계도)는 1976년 P. Chen이 제안한 데이터 모델링을 위한 방법인데 단순명료하게 데이터의 성격을 파악할 수 있고, 쉽게 배우고 쓸 수 있다는 실용성의 장점으로 급속히 확산되어 데이터베이스 모델링의 표준적 도구로 자리 잡게 되었다. 이 후, 이 개념을 발전시키고 보완한 EER(Enhanced ER) 모델과 같은 새로운 기법들이 등장하였다. 최근 대규모 모델에서는 ER 보다 UML(Unified Modeling Language) 기반의 CASE 도구들을 사용하고 있다. 그러나 소규모의 데이터 모델링과 모델링의 개념 학습에는 ER이 쉽게 배울 수 있고 다루기에 경제적이라는 효율성으로 인해 널리 사용되고 있다. ERD를 구성하는 개념 요소를 하나씩 알아보자.

개체 집합(entity set)이란? 개체들의 모임이다.(개체; 4.1.1). 예를 들면, 책이라는 개체들을 모아 놓은 도서테이블, 저자라는 개체들을 모아 놓은 저자테이블, 출판사라는 개체들을 모아 놓은 출판사테이블, 등과 같다. 데이터베이스의 테이블이 바로 개체들의 집합이며, 개체들의 개수는 그 테이블의 행의 수와 같다.

개체 타입(entity type)이란? 동일한 속성들을 갖는 개체의 형태를 말하는 것으로 그 개체 집합이 갖는 속성들로 나타낼 수 있다. 예를 들면, 저자테이블의 개체 타입은 저자테이블(저자번호, 저자명, 저자주소, 저자이메일)과 같이 나타낼 수 있다. 그러나 문맥상 엄밀하게 구분할 필요가 없다면 개체 집합과 개체 타입을 혼용해도 무방하다.

ERD란? 도서DB의 실습에서 테이블 분할은 중복성의 제거에 핵심적 과정이었음을 기억하자. 테이블 분할 과정에서 개체 단위로 정보를 구분하고 개체들 사이의 관계를 규명하는 작업이 필수적이다. ERD(개체-관계도)는 이러한 과정을 체계적이고 표준적인 분석 방법을 제공하며, 정확하고 효율적인 데이터 분석이 이루어지고 테이블 분할이 되도록 도와주는 시각적 도구이다. ERD를 좀 더 명확하게 정의하면 다음과 같다; ERD는 데이터베이스의 대상이 되는 개체 집합(entity set)들과 그들의 관계를 다이어그램으로 표시하여 데이터베이스의 설계를 위한 개념적 데이터 모델링을 위한 그래픽 표현이다.

ERD의 표현; 먼저 전통적인 ERD의 표현 방법에 대해 공부하고, 그 후에 새로운 개념을 포함하는 확장 ERD에 대해 소개한다. 대부분의 경우 전통적 ERD 표현에 의해 표현이 가능하지만 확장 기능이 필요한 경우들도 있으므로 추가되는 기능들에 대해서도 알아 둘 필요가 있다.

전통적 ERD의 표현; 가장 간단한 형태의 ERD인데, 개체와 속성과 관계와 링크를 표현한다(엄밀하게 말하자면 '개체'가 아니고 '개체 집합' 또는 '개체 타입'으로 불러야 한다. 그 이유는 동종의 개체들이 모인 집합적 개념을 다루고 있기 때문이다. 그러나 문맥상 충분히 이해할 수 있는 상황에서는 단순히 '개체'로 부르고 있다).

◎ 개체는 직사각형으로 표현하고 사각형의 내부에 개체의 이름을 명시한다. 예를 들면, 도서DB에서 '도서', '저자', '출판사' 등이 개체로 표현된다.

◎ 속성은 타원으로 표현하고 소속된 개체와 선으로 연결한다. 타원의 내부에 속성의 이름을 명시한다. 키 속성은 다른 속성들과 구분하기 위하여 속성 이름 상단에 별표를 하거나, 밑줄을 긋는다. 예를 들면, 도서DB에서 '도서'의 속성은 '도서번호', '도서명', '출판연도' 등이다.

◎ 관계는 두 개체를 잇는 선 사이에 마름모로 표현하고 마름모 안에는 관계의 이름을

명시한다. 관계의 이름은 두 개체 사이의 관계를 함축적으로 나타낼 수 있고 데이터베이스 개발팀원들이 쉽게 이해할 수 있는 용어를 사용하면 된다. 예를 들면, 도서DB에서 도서 개체와 출판사 개체 사이에는 '출판'이라는 관계 이름을 붙일 수 있다.
◎ 링크는 두 개체 사이의 사상 원소수(functionality)를 명시한다. 사상 원소수에는 일대일, 다대일, 다대다의 세 가지 관계를 고려한다(4.2; 관계의 종류). 일(one)에 해당하는 개체에 '1'을 표시하고, 다(many)에 해당하는 개체에 'M' 또는 'N' 또는 '∞'를 표시한다. 예를 들면, 도서DB에서 '도서'와 '저자'와의 링크는 다대다 관계이다. 그런데, 4.2.2 다대다 관계에서 다대다 관계의 두 개체는 두 개의 일대다 관계로 구현함을 보았다. 그러나 ERD에서는 다대다 관계를 그대로 사용한다. 왜냐하면, ERD에서는 개체 사이의 관계에 대한 정보를 표현하는 것이 목적이지 구현단계는 고려하지 않기 때문이다.

4.3.2 ERD의 예

이제 도서DB에 대한 ERD를 생각해 보자. 도서DB에는 도서 개체, 저자 개체, 출판사 개체, 구입 개체의 네 가지 개체를 생각할 수 있다(3.7.2). 아래의 그림은 각 개체와 그 속성을 표시한다. 키 속성은 별표로 구분한다.

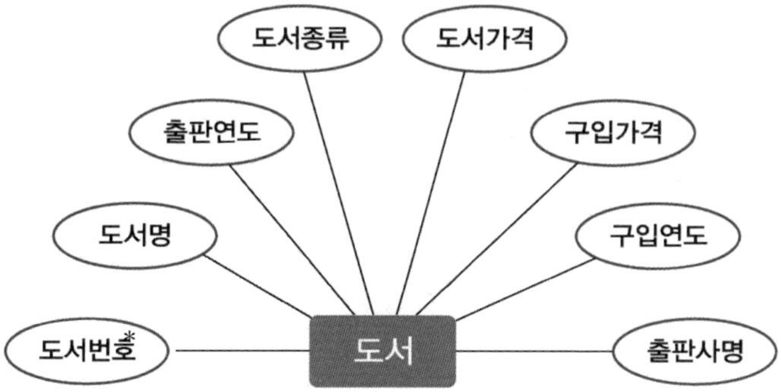

도서 개체와 속성

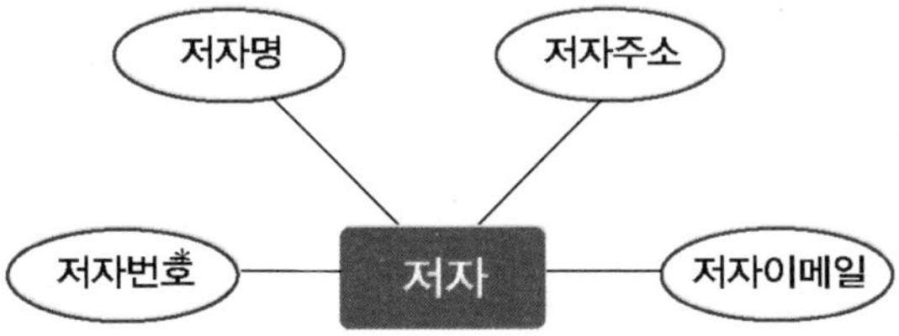

저자 개체와 속성

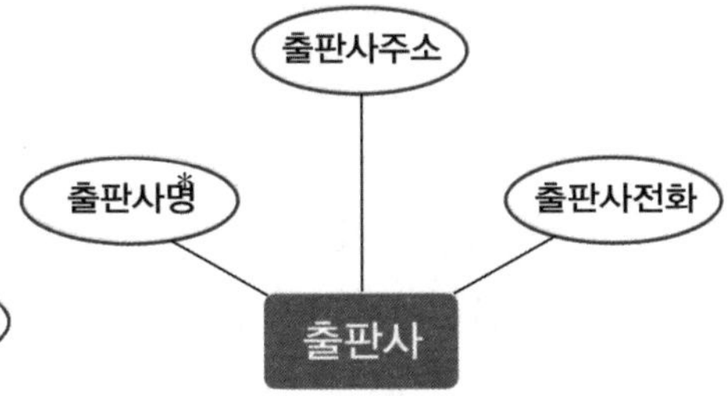

출판 개체와 속성

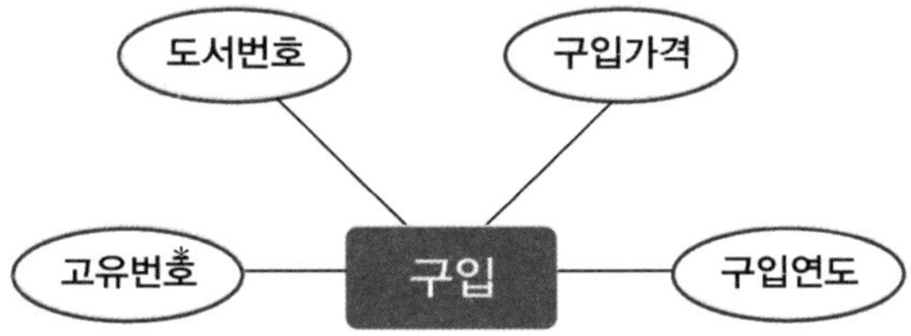

구입 개체와 속성

출판사 개체에서 도서 개체의 관계는 일대다 관계임을 알 수 있다(4.2.1). 하나의 출판사는 복수의 책을 출판할 수 있으나 한 권의 책은 하나의 출판사에 의해 출판된다. 즉, 출판과 도서와의 관계는 1:N이다. 이를 ERD에서 표현하면 '출판'측에 "1"을, '도서'측에 "N"을 표시한다. 두 개체의 관계 이름을 'R(출판)'이라고 한다면 아래 그림과 같은 ERD를 그릴 수 있다. 간단히 나타내기 위해 개체의 속성은 생략한다.

구입 개체는 도서 정보에서 구입 관련 정보를 빼내어 구성한 것인데 복본으로 인한 도서 정보의 중복을 방지하기 위하여 고안 되었다(3.5; 복본으로 인한 중복의 해결). 복본의 경우, 동일한 도서를 여러 권 보유하므로 동일한 도서정보가 복수개의 구입 정보와 연결된다. 따라서 도서 개체에서 구입 개체의 관계는 일대다 관계에 있음을 알 수 있다. 두 개체의 관계명을 'R(구입)'이라 하자.

도서 개체와 저자 개체는 다대다 관계임을 (4.2.2; 다대다 관계)에서 살펴보았다. 즉, 하나의 책은 여러 저자에 의해 저술될 수 있고, 한 저자는 여러 책을 저술할 수 있다는 현상에서 다대다 관계가 비롯된다. 두 개체 사이의 관계의 이름을 'R(저술)'이라 하자.

지금까지의 개체-관계에 대한 ERD를 표시하면 아래와 같다(간략한 표현을 위해 속성은 생략).

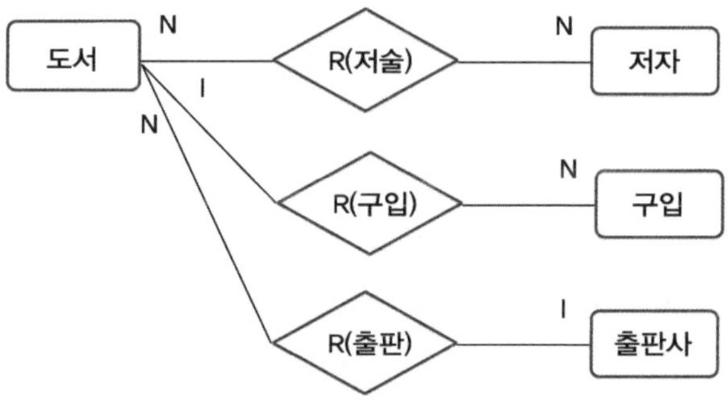

위의 ERD에서 개체의 수는 모두 4개이다. 그렇다면 4개의 개체가 생성할 수 있는 관계의 최대 개수는 6개이다. 그런데 우리는 3개의 관계만 고려하였다. 고려하지 않은 나머지 관계는 무엇인가? 저자와 구입의 관계, 저자와 출판사의 관계, 구입과 출판사의 관계가 ERD에서 제외되었다.

가능한 모든 관계를 고려할 필요가 있을까? 아니다. 어떤 개체가 다른 개체와 연결되지 않고 고립되어 있다면 고립된 개체의 정보가 질의에서 다른 개체로부터 검색이 되지 않는 문제가 발생하므로 고립된 개체가 없도록 모든 개체가 연결 상태에 있어야 한다. 연결 상태에 있는 개체들은 상호 검색이 가능하다. 예를 들면, 저자 개체와 출판사 개체는 서로 직접 연결되지 않았지만 저자와 도서가 연결되어 있고 도서와 출판사가 연결되어 있으므로 도서를 통하여 저자와 출판사가 상호 검색이 가능하다(즉, 두 개체는 간접적으로 연결되어 있다). 예를 들어 저자번호가 1인 저자 "어효선"이 저술한 도서의 출판사 정보를 검색할 수 있다. 또는 반대 방향으로 "교학사"가 출판한 도서의 저자들에 대한 정보를 검색할 수 있다.

ERD에서 관계 설계의 원리는 가급적 최소한의 관계를 유지하는 것이 바람직하다. 왜냐하면, 하나의 관계를 데이터베이스 시스템에서 유지, 관리하는 데에는 상당한 비용이 들기 때문이다. 그렇다면, ERD에서 어떤 관계는 포함하고 어떤 관계는 제외하는 기준이 무엇일까? 그것은 요구분석에서 중요도가 높은 관계를 우선적으로 포함하는 것이다. 이러한 작업은 정형화된 공식이나 규칙이 있는 것이 아니라 개발자의 경험 정도에 따라 중요도가 결정되는 부분이다.

4.3.3 확장 ERD(Extended ERD)

기존의 ERD만으로는 개체, 속성, 관계에 대한 표현이 안 되거나 어려운 경우들에 대한 표현 방법을 ERD에 새롭게 추가한 확장된 ERD를 확장 ERD(Extended ERD)라 한다. 아래는 확장 ERD에 포함된 요소들을 소개한다.

◎ **강 개체 타입(또는 정규 개체 타입)과 약 개체 타입; 강 개체 타입(strong entity type)은 그 자체에 개체를 식별할 수 있는 속성(들)이 있으나 약 개체 타입(weak entity type)은 그러한 속성이 자체에는 없고 다른 개체에 종속되어야 식별이 되는 특징이 있다.** 예를 들면, 회사에서 직원의 부양가족에 대한 테이블을 작성한다면 부양가족테이블에는 동명이인이 가능하므로 부양가족테이블의 식별자는 직원ID와 함께 연계해야 한다. 부양가족테이블에 "박상호"라는 이름이 있다면 그 이름이 여럿 있을 수 있기 때문에 이름만으로는 식별이 안된다. "박상호"는 직원ID가 A3244인 "박철수"의 부양가족이라면 부양가족테이블에 직원ID를 포함시켜야 한다. 이제 직원ID와 이름을 조합한 쌍이 식별자의 역할(키)을 할 수 있다. ERD에서는 대부분 강 개체 타입을 주로 사용한다.

◎ 단순 속성(simple attribute), 복합 속성(composite attribute); 단순 속성(simple attribute)은 더 이상 다른 속성으로 나눌 수 없는 속성이다. 그 예로는 도서테이블의 도서명, 출판연도, 등과 같다. 도서명이라는 속성은 더 이상 나눌 수 없다. 마찬가지로 출판연도도 더 이상 나눌 수 없다(즉, 나누면 의미가 없어진다). 그런데, 어떤 속성은 더 세분하게 나눌 수 있다. 예를 들면, '주소'라는 속성은 (업무에 따라) '우편번호', '도시', '번지' 등과 같이 세분할 수 있다. 이런 경우의 속성을 복합 속성(composite attribute)이라 한다. 즉, 하나의 복합속성에는 여러 개의 단순 속성들을 포함한다. ERD에서 복합 속성을 나타내는 방법은 그 속성에 속한 단순 속성들을 모두 실선으로 연결하면 된다(아래 그림). 관계형 데이터베이스에서는 각 속성의 값이 단일한 값인 원자값만을 허용하므로(원자값; 3.6, 4.1.1), 여러 속성을 포함하는 복합 속성을 관계형 데이터베이스에서 허용하지 않는다. 따라서 복합속성은 단순 속성으로 분리하여 관계형 데이터베이스에 저장해야 한다.

◎ 단일 값 속성(single-valued attribute)와 다치 속성(multi-valued attribute); 각 개체가 하나의 속성값을 갖는 속성을 단일 값 속성(single-valued attribute)이라 한다. 예를 들면, 출판사테이블에서 각 개체의 '출판사명'이라는 속성의 속성값은 단 하나이다. 또 다른 예를 들면, 도서테이블에서 '꽃시계'라는 도서명의 '출판연도'라는 속성값은 1998이고 단 하나이다. ERD에서 단순 속성과 동일한 의미이다. 이에 대해, 여러 개의 속성값이 가능한 속성을 다치 속성(multi-valued attribute)이라 한다. 예를 들면, 학생 개체 집합에서 학생의 '취미'라는 속성값은 0개 이상이 가능하다. 다치 속성의 표현은 타원의 외곽선을 이중으로 표시한다(아래 그림에서 '취미' 속성). 다치속성은 여러 개의 속성값을 가질 수 있으므로, 복합 속성의 경우와 마찬가지로 관계형 데이터베이스에서 다치속성을 허용하지 않는다.

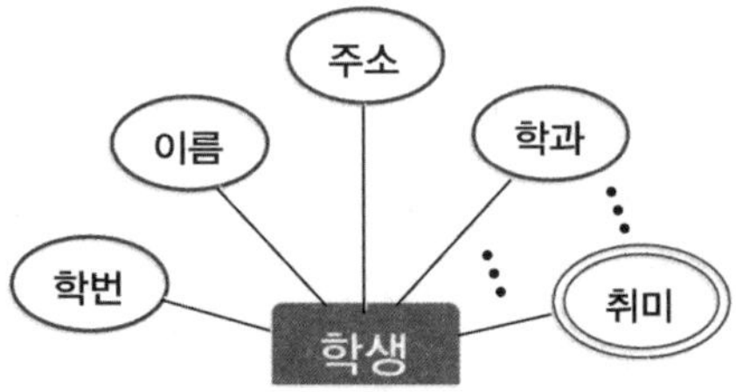

◎ 저장된 속성(stored attribute), 유도된 속성(derived attribute); 저장된 속성(stored attribute)은 다른 속성과 독립적으로 존재하는 속성이다. 예를 들면, '주소'라는 속성은 '학과'라는 속성과 독립적이다. 그러나 '출생연도'라는 속성으로 부터 '나이'라는 속성을 계산할 수 있다. 즉, '나이'라는 속성은 '출생연도'에 종속적이다. 이와 같이 다른 속성에 종속적인 속성을 유도된 속성(derived attribute)이라 한다. 그렇다면 유도된 속성을 데이터베이스 테이블에 포함하여야 할까? 유도된 속성은 다른 속성으로부터 계산 결과로 주어질 수 있으므로 굳이 테이블에 포함할 필요가 없다. 뿐만 아니라 '나이'라는 속성의 값은 해마다 바뀐다는 점을 생각한다면 테이블에서 제외하는 것이 안전하다. 같은 이유로 ERD에서는 유도된 속성을 표현하지 않는다. 유도된 속성을 굳이 확장 ERD에 표현하겠다면 타원의 외곽선을 점선으로 나타내기도 한다.

◎ 새발 표기법(crow–feet); 두 개체 집합 사이의 관계에 대한 표기법이다. (crow-feet를 직역하면 "까마귀 발"이 되는데, 굳이 까마귀 발이라 하지 않고 새발이라 다른 교재들에서도 번역하고 있다.)

- ERD의 마름모 도형을 사용하지 않고 관계의 이름을 관계의 선 위에 표기한다. 개체 집합을 직사각형으로 나타내는 것은 기존의 ERD와 동일하다.
- 다(many)에 해당하는 개체 집합의 직사각형에 새발 모양을 표시한다. 일(one)에 해당하는 직사각형에는 새발 없이 선으로만 연결한다.
- 속성은 개체 집합의 이름 아래에 나열한다.

새발 표기법에 의한 도서DB의 확장 ERD는 아래와 같다.

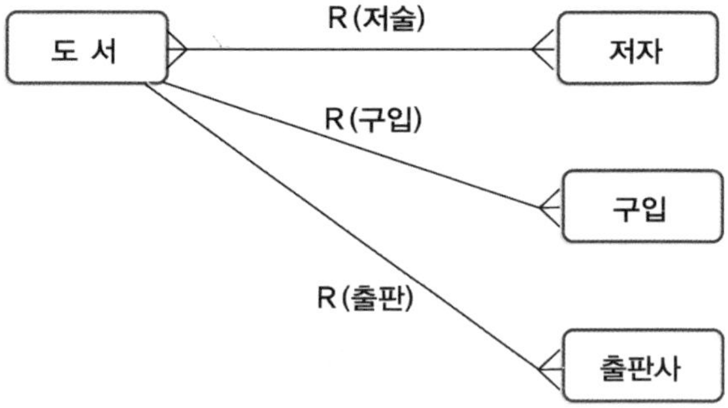

◎ 전체 참여, 부분 참여; 각 책은 출판사명과 반드시 하나의 출판사와 연결이 되어 있어야 한다. 그러나 어떤 출판사는 현재 보유중인 책과 아무런 연결이 없을 수 있다. 어떤 출판사에 대한 정보가 필요하여 그 출판사의 책이 없더라도 출판사 정보를 보유할 수 있다. 또 다른 경우로, 어떤 출판사의 책들을 모두 폐기하여 현재 그 출판사의 책이 한 권도 남아 있지 않은 상태에서 그 출판사의 정보는 그대로 남아 있을 수 있다. 이와 같이, 두 개체가 관계에 있더라도 어떤 요소는 연결이 되지 않고 고립되는 경우도 있다.

서로 연관이 있는 두 개체 집합 A, B에서 B에 속한 어떤 요소가 A와 연결되지 않은 상태일 때, B가 그 관계에 부분 참여라 하고(또는, B에서 A로 선택적(optional) 관계에 있다고 한다), 그렇지 않다면(즉, B의 모든 요소가 A와 반드시 연결 상태에 있다), B가 그 관계에 전체 참여라 한다(또는 B에서 A로 필수적(mandatory) 관계에 있다고 한다). 확장 ERD에서 선택적 관계는 'O'(작은 원), 필수적 관계는 '|'(수직선)으로 표시한다. 몇 가지 예를 들어 보자.

예제 1. 도서와 출판사와의 관계;

① 모든 도서는 반드시 출판사와 연결되어야 한다(전체 참여);

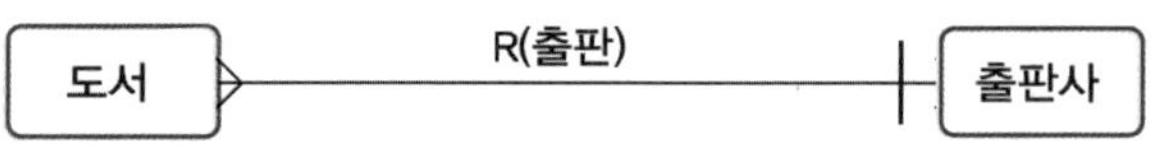

② 그러나 출판사는 고립된 요소가 있을 수 있다. 아래는 그 한 예를 보여 준다(P_2가 고립되었다).

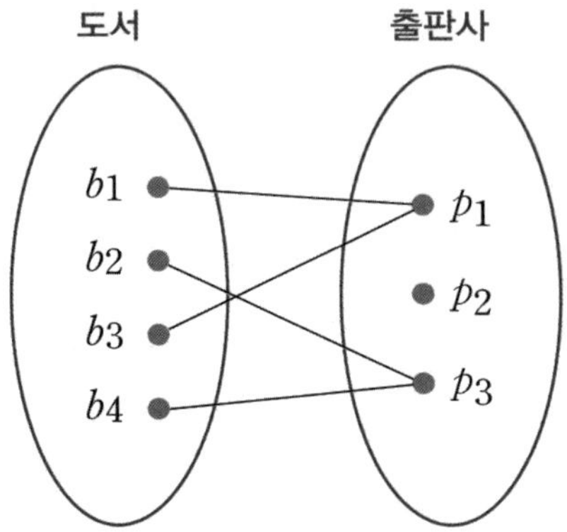

이를 ERD로 표현하면(부분 참여),

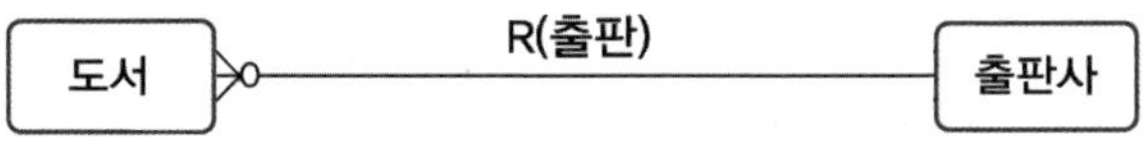

위의 두 경우를 종합하면,

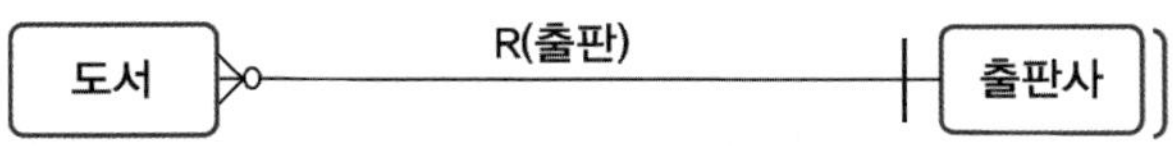

예제 2. 은행의 '고객'과 '투자 상품'과의 관계를 확장 ERD로 표현하자. 한 고객은 여러 투자 상품에 투자할 수 있다. 또, 하나의 투자 상품에 여러 고객이 가입할 수 있다. 두 개체의 관계의 종류는 무엇일까?

풀이 한 고객은 여러 투자 상품에 투자할 수 있다(고객:투자상품=1:N). 또, 하나의 투자 상품에 여러 고객이 가입할 수 있다(투자상품:고객=1:N). 따라서, 두 개체의 관계는 N:N이다. 그런데, 어떤 고객은 어떠한 투자 상품에도 투자하고 있지 않을 수 있다(부분 참여). 어떤 투자 상품에는 아직 고객이 없을 수 있다(부분 참여).

예제 3. 대학의 수강 신청에서 '학생'과 '과목'의 관계를 확장 ERD로 표현하자. 대학의 수강 신청 현상을 생각해 보자. 모든 학생은 일정 수 이상의 과목을 신청해야 한다. 그리고 일정 학생수에 미달되는 과목은 개설되지 않고 폐강되며 폐강된 과목은 과목 개체에서 삭제한다. 두 개체의 관계의 종류는 무엇일까?

풀이 수강 신청이 완료된 후의 상태를 보면, 한 학생은 여러 과목을 수강할 수 있고(학생:과목=1:N), 하나의 과목을 여러 학생들이 수강하므로(과목:학생=1:N), 학생과 과목의 수강 신청이라는 관계는 N:N으로 볼 수 있다. 그런데, 각 학생은 한 개 이상의 과목을 수강해야 하고(전체 참여), 각 과목은 일정 수 이상의 학생이 신청해야 하므로(전체 참여) 아래와 같은 그림으로 나타낼 수 있다.

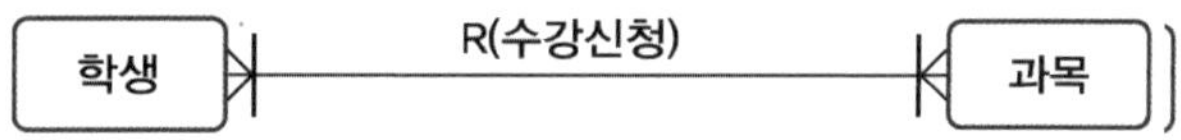

요점정리

✔ 개체; 3장에서 보았듯이 테이블 분할의 이유는 중복성을 제거하기 위함이고, 중복성의 이유는 한 테이블 안에 여러 개체가 함께 들어 있기 때문이다. 개체(entity)라 함은 존재하고 구분할 수 있는 것(things that exist and distinguishable)을 말하는데, 예를 들면, 도서DB에서 출판사, 저자, 도서 등이다. 물리적 실체는 없지만 다른 정보와 구분하여 관리되어야 하는 정보의 실체도 개체에 해당된다. 예를 들면, 대출 정보, 예약 정보와 같은 것이다. (4.1.1)

✔ 속성; 개체를 설명하는 데이터를 속성(attribute)이라 한다. 예를 들면, 출판사 개체의 속성에는 출판사명, 출판사전화, 등이 있다. 어떤 한 속성이 취할 수 있는 값들의 집합을 도메인(domain)이라 하는데, 각각의 속성값은 단일한 값을 가져야 한다. 어떤 속성의 속성값을 두 개 이상 가질 수 없는 특성을 원자값(atomic value)이라 한다. 예를 들면, 어떤 출판사의 '출판사명'이라는 속성값은 단 하나이다. 존재하지 않는 속성값을 NULL value(널값)이라고 한다. 저장 공간의 절약을 위해 긴 속성값을 줄여서 간단한 기호로 대체하여 사용하는 경우도 있다. (4.1.1)

✔ 개체타입 단위로 테이블 분할; 3장에서 테이블의 중복성을 제거하는 방법으로 중복성을 야기하는 속성들을 새로운 테이블로 떼 내는 작업을 하였다(테이블 분할 작업). (예; 도서테

이블에서 출판사테이블을 분할하였다) 테이블 분할의 근거는 동일한 속성들을 갖는 개체들은 같은 테이블에 저장하는 것이다. 동일한 속성을 갖는 개체들의 집합을 개체 집합(entity set)이라 한다. 즉, 하나의 테이블은 하나의 개체 집합을 나타낸 것이라 볼 수 있다. 동일한 속성들로 설명 될 수 있는 개체들의 형태를 개체 타입(entity type)이라 한다. 개체 타입은 그 개체 집합이 갖는 속성들로 나타낼 수 있다. 예를 들면, 출판사테이블라는 개체 타입은 '출판사테이블(출판사명, 출판사주소, 출판사전화)'와 같이 나타낼 수 있다. (4.1.2)

✔ 두 테이블 사이의 매핑(mapping) 관계에 의한 두 테이블의 연결 방법; 두 테이블들 사이의 관계를 규명함으로써 테이블 분할시 두 테이블을 연결하는 방법을 결정 할 수 있다. 예를 들면, 도서테이블과 출판사테이블의 연결은 도서테이블에 출판사명 필드를 넣어 둠으로써 가능하였고, 도서테이블과 저자테이블의 연결은 도서-저자테이블이라는 연결테이블이 필요하였다. 이러한 연결 방법의 차이는 두 테이블 사이의 매핑(mapping) 관계에 따른다. 두 테이블 사이의 관계의 종류는 일대다, 다대다, 일대일의 세 가지가 있다. (4.2)

✔ 일대다 관계; 두 개체 집합 A, B에 대하여, A의 요소 하나가 B의 요소 여러 개와 연관이 있는 관계를 A에서 B로 일대다 관계(one-to-many relationship, 1:N)에 있다고 말한다. 또는 B에서 A로 다대일 관계(many-to-one relationship, N:1)에 있다고 한다. 예를 들어, 하나의 출판사는 여러 책과 연결이 되므로 출판사에서 도서로의 관계는 일대다이다. 반대로, 도서에서 출판사로 다대일이다. (4.2.1)

✔ 다대다 관계; 두 개체 집합 A, B에 대하여, A의 요소 하나가 B의 요소 여러 개와 연관이 있고, B의 요소 하나가 A의 요소 여러 개와 연관이 있는 관계를 A에서 B로, 또는 B에서 A로 다대다 관계(many-to-many relationship, N:N)에 있다고 말한다. 예를 들면, 하나의 책은 여러 저자와 연결이 될 수 있고(공저의 경우), 한 저자는 여러 책과 연결이 될 수 있으므로 도서와 저자와의 관계, 또는 저자와 도서와의 관계는 다대다이다. (4.2.2)

✔ 일대일 관계; 두 개체 집합 A, B가 있을 때, A의 각 요소가 최대 하나의 B의 요소와 연관되고, B의 각 요소가 최대 하나의 A의 요소와 연관될 때 두 집합은 일대일 관계(one-to-one relationship, 1:1)라 한다. 예를 들면, 부서와 부서장과의 관계라든지, 또는 우리나라의 법적인 부부의 관계(남편과 아내라는 두 개체 집합 간의 관계)를 생각할 수 있겠다. 일대일 관계는 드물게 보이는 관계이다. 실제의 경우, 일대다 또는 다대다 관계가 대부분을 차지하고 있음을 기억해 두자. (4.2.3)

✔ 일대다 관계의 두 테이블의 연결 방법; 두 테이블이 일대다 관계에 있을 때(예; 출판사에서

도서로의 관계는 일대다), 일대다 관계의 두 테이블에서 다(多)측의 테이블에 일(一)측의 테이블의 식별자를 추가함으로써 두 테이블을 연결한다. 예를 들면, 도서테이블에 출판사명을 추가함으로써 도서테이블과 출판사테이블을 연결한다. (4.2.1)

✔ 다대다 관계의 두 테이블의 연결 방법; 두 테이블이 다대다 관계에 있을 때(예; 도서와 저자와의 관계는 다대다), 양쪽 테이블의 식별자로 새로운 연결 테이블을 만든다. 그 이유는 각각의 테이블에 상대편 테이블의 식별자를 두더라도 중복성을 제거하지 못하기 때문에 순수하게 두 테이블의 연결을 위한 테이블을 새롭게 만든다. 예를 들면, 도서테이블로부터 도서번호를 가져오고, 저자테이블로부터 저자번호를 가져와서 새로운 테이블인 '도서-저자 테이블'을 만든다. (4.2.2)

✔ 일대일 관계의 두 테이블의 연결 방법; 일대일 관계에는 중복의 가능성이 없으므로 각각의 테이블에 상대편 테이블의 식별자만 추가하면 중복 없이 두 테이블을 연결할 수 있다. 예를 들면, 부서 테이블에 부서장 속성을 추가하고, 부서장 테이블에 부서명 속성을 추가하면 일대일 관계가 표현된다. (4.2.3)

✔ 개체관계도(ERD); 데이터 모델링(data modeling)이란 현실 세계의 정보를 컴퓨터의 데이터베이스에서 사용하기 위한 논리적 정보표현으로 변환/해석하는 과정을 말한다. ERD (Entity-Relationship Diagram, 개체-관계도)는 1976년 P. Chen이 제안한 데이터 모델링을 위한 방법인데 실용성의 장점으로 급속히 확산되어 데이터베이스 모델링의 표준적 도구로 자리 잡게 되었다. 이 후, 이 개념을 발전시키고 보완한 EER(Enhanced ER) 모델과 같은 새로운 기법들이 등장하였다. 최근 대규모 모델에서는 ER 보다 UML(Unified Modeling Language) 기반의 CASE 도구들을 사용하고 있다. 그러나 소규모의 데이터 모델링과 모델링의 개념 학습에는 ER이 쉽게 배울 수 있고 다루기에 경제적이라는 효율성으로 인해 널리 사용되고 있다. ERD는 데이터베이스의 대상이 되는 개체 집합(entity set)들과 그들의 관계를 다이어그램으로 표시하여 데이터베이스의 설계를 위한 개념적 데이터 모델링을 위한 그래픽 표현이다. 개체는 직사각형으로 표현하고 사각형의 내부에 개체의 이름을 명시한다. 속성은 타원으로 표현하고 소속된 개체와 선으로 연결한다. 타원의 내부에 속성의 이름을 명시한다. 키 속성은 다른 속성들과 구분하기 위하여 속성 이름 상단에 별표를 하거나, 밑줄을 긋는다. 관계는 두 개체를 잇는 선 사이에 마름모로 표현하고 마름모 안에는 관계의 이름을 명시한다. 링크는 두 개체 사이의 사상 원소수(functionality)를 명시한다. 사상 원소수에는 일대일, 다대일, 다대다의 세 가지 관계를 고려한다. (4.3.1)

✔ 확장 ERD(Extended ERD); 기존의 ERD만으로는 개체, 속성, 관계에 대한 표현이 안 되거나 어려운 경우들에 대한 표현 방법을 ERD에 새롭게 추가한 확장된 ERD를 확장 ERD (Extended ERD)라 한다. 강 개체 타입은 그 자체에 개체를 식별할 수 있는 속성(들)이 있으나 약 개체 타입은 그러한 속성이 자체에는 없고 다른 개체에 종속되어야 식별이 되는 특징이 있다. 단순 속성(simple attribute)은 더 이상 다른 속성으로 나눌 수 없는 속성이다. 여러 개의 단순 속성들을 포함하는 속성을 복합 속성(composite attribute)이라 한다. 각 개체가 하나의 속성값을 갖는 속성을 단일 값 속성(single-valued attribute)이라 한다. 여러 개의 속성값이 가능한 속성을 다치 속성(multi-valued attribute)이라 한다. 저장된 속성 (stored attribute)은 다른 속성과 독립적으로 존재하는 속성이다. 다른 속성에 종속적인 속성을 유도된 속성(derived attribute)이라 한다. (4.3.3)

✔ 새발 표기법(crow-feet); 두 개체 집합 사이의 관계에 대한 표기법인데, ERD의 마름모 도형을 사용하지 않고 관계의 이름을 관계의 선 위에 표기한다. 개체 집합을 직사각형으로 나타내는 것은 기존의 ERD와 동일하다. 다(many)에 해당하는 개체 집합의 직사각형에 새발 모양을 표시한다. 일(one)에 해당하는 직사각형에는 새발 없이 선으로만 연결한다. 속성은 개체 집합의 이름 아래에 나열한다. (4.3.3)

✔ 전체 참여와 부분 참여; 서로 연관이 있는 두 개체 집합 A, B에서 B에 속한 어떤 요소가 A와 연결되지 않은 상태일 때, B가 그 관계에 부분 참여라 하고(또는, B에서 A로 선택적 (optional) 관계에 있다고 한다), 그렇지 않다면(즉, B의 모든 요소가 A와 반드시 연결 상태에 있다), B가 그 관계에 전체 참여라 한다(또는 B에서 A로 필수적(mandatory) 관계에 있다고 한다). 확장 ERD에서 선택적 관계는 'O'(작은 원), 필수적 관계는 'ㅣ'(수직선)으로 표시한다. (4.3.3)

점검포인트

❍ 개체와 속성의 정의를 알며, 실제의 데이터에서 개체와 속성을 발견할 수 있다.
❍ 원자값의 의미를 알고, 데이터에서 원자값을 인식할 수 있다.
❍ 널값(null value)의 의미를 알고, 어떠한 경우에 널값이 필요한지 안다. 실제의 데이터 표현에서 필요에 따라 널값을 사용할 수 있다.
❍ 도메인의 의미를 알고, 속성이 취할 수 있는 값을 예측할 수 있다.

- 개체, 개체 집합, 개체 타입의 의미를 알고, 차이를 구분할 수 있다.
- 개체를 중심으로 플랫 파일을 분할할 수 있다.
- 두 개체 집합 사이의 관계의 종류를 이해하며, 실제의 테이블에서 개체 집합 간의 관계의 종류를 발견할 수 있다.
- 한 테이블 안에 일대다 관계를 갖는 두 개체 집합에서 중복성이 발생하는 원인을 알고, 테이블 분할을 통한 중복성의 제거를 할 수 있다.
- 한 테이블 안에 다대다 관계를 갖는 두 개체 집합에서 중복성이 발생하는 원인을 알고, 테이블 분할을 통한 중복성의 제거를 할 수 있다.
- 일대일 관계의 의미를 알고, 그 예를 들 수 있다.
- 개체관계도(ERD)의 의미를 알고, 데이터로부터 확장ERD를 그릴 수 있다.
- 확장ERD의 의미를 알고, 데이터로부터 ERD를 그릴 수 있다.
- 단순 속성과 복합 속성의 의미를 알고, 그 예를 들 수 있다.
- 단일 값 속성과 다치 속성의 의미를 알고, 그 예를 들 수 있다.
- 저장된 속성과 유도된 속성의 의미를 알고, 그 예를 들 수 있다.
- 새발 표기법의 의미를 알고, ERD를 새발 표기법으로 그릴 수 있다.

연습문제

[4.1] (4.3.2)의 ERD에 대출 정보를 추가하여 ERD를 갱신해 보자(3.9;대출업무).

[4.2] 문제[4.1]에서 대출 정보를 추가한 ERD에 대하여 새발 표기법으로 표현하자.

[4.3] 항공사와 고객의 비행기 예약 관계를 새발 표기법으로 표현하자. 가능한 개체를 모두 발견하고 개체들 사이의 관계를 규명하자. 문제 해결에 필요한 가정 또는 조건을 모두 기록하자.

[4.4] 병원과 환자의 진료 관계를 새발 표기법으로 표현하자. 가능한 개체를 모두 발견하고 개체들 사이의 관계를 규명하자. 문제 해결에 필요한 가정 또는 조건을 모두 기록하자.

05

정규화

테이블의 중복성을 제거하기 위해 테이블을 분할하였는데, 중복의 원인이 되는 속성들을 원래의 테이블에서 떼 내어 새로운 테이블을 만들어 주었다. 이러한 과정을 지금까지 도서DB의 예를 통하여 살펴보았다. 5장에서는 중복성의 원인을 체계적으로 분석하고, 중복의 원인을 제거하는 방법을 이론적으로 규명하며, 중복 제거를 위한 일정한 논리적 틀을 규정한 정규형의 여러 형태를 공부하고, 정규형을 만들어 가는 과정을 배운다. 이 장에서 다루게 될 정규형의 형태는 1정규형, 2정규형, 3정규형, BC정규형, 4정규형을 포함한다. 5정규형부터는 실용적 가치보다 이론적 가치에 치중하므로 이 책에서는 다루지 않는다. 5정규형 이상의 내용은 다른 이론서를 참고하면 된다.

목차

5.1 키의 개념
5.2 무결성 제약
5.3 정규형(normal form)과 정규화(normalization)의 개요
5.4 정규형

05 정규화

5.1 키의 개념

2장, 3장의 도서DB의 예에서 기본키(Primary Key)를 정의하였고 액세스에서 테이블을 만들 때 기본키를 지정하는 방법을 공부하였다(2.3, 3.7). 여기서는 키에 대한 이론적 설명과 정의를 배우고 키에 관련된 여러 용어들을 공부한다. 아울러 키의 정확한 사용을 위한 조건들도 공부한다. 키에 관한 내용들은 정규화 과정에서 필수적 개념을 제공하므로 명확한 이해가 필요하다.

5.1.1 후보키

릴레이션(relation)이란 테이블의 데이터 성격/특성과 제한적 조건들을 일반적 개념으로 표현한 개체 집합이며, 테이블은 릴레이션의 성격/특성과 조건에 맞는 데이터를 모아 놓은 표라 할 수 있다. 따라서 테이블은 데이터베이스를 구성하는 데이터들의 모임이고, 릴레이션은 테이블을 규정짓는 개념적 표현이라 볼 수 있다. 엄밀한 이론적 서술을 필요로 하지 않는다든지, 문맥상 오해를 야기하지 않는다면 릴레이션과 테이블을 혼용하여 사용하더라도 무방하다.

◎ 유일하게 식별한다는 뜻은 무엇인가?

유일하게 식별하는 속성(들)이란 그 속성(들)의 각 값에 대해 테이블의 투플(tuple, 행 또는 레코드)이 단 하나 연관되어 있음을 말한다. 예를 들면, 도서테이블에서 도서번호 7은 저자가 어효선이고, 용진출판사가 출판하였으며, 도서명이 "해"인 책이 유일하게 식별된다. 도서

DB의 도서테이블에서 '도서명'은 키(key)가 될 수 없음을 보았다. 그 이유는 도서명이 같지만 서로 다른 책일 수 있기 때문이다. 예를 들면, '해'라는 책은 어효선의 책과 박주해의 책을 찾을 수 있다. 이 예에서 '도서명'이란 책을 유일하게 식별할 수 있는 속성이 될 수 없다. 도서테이블의 내용을 유일하게 식별할 수 있는 속성의 필요성으로 인해 '도서번호'라는 식별자를 추가하여 키로 지정하였다(표 3-20; 도서테이블(12); 어효선의 책은 도서번호 7, 박주해의 책은 도서번호 8). 이제 '도서번호'를 통하여 어느 책을 말하는지 정확하게 알 수 있다. 이와 같이 릴레이션(또는 테이블) 안의 내용을 유일하게 식별할 수 있는 성질을 유일성(uniqueness)이라 한다.

◎ 유일성을 가진 최소한(minimal)의 속성(의 집합)이란 무슨 뜻인가?

어느 테이블의 하나 이상의 속성들의 집합에서 그 어느 하나의 속성이라도 제거하면 테이블의 투플을 유일하게 식별한다는 특성을 상실하게 되는 성질을 말한다(원래 minimal이란 집합의 크기가 최소임을 말한다. 이는 숫자의 크기가 최소임을 말하는 minimum과 구분하여 용어를 사용한다). 최소성(minimality)은 유일성을 충족하기 위한 최소개의 속성들의 집합을 말한다.

유일성과 최소성을 이용하여 후보키를 정의할 수 있다.

> 후보키(candidate key)의 정의; 어느 릴레이션(또는 테이블)에서 모든 투플들(tuples)을 유일하게 식별(uniquely identify)할 수 있는 특성을 가진 최소한(minimality)의 속성(또는 속성들의 집합)이다. 즉, 후보키는 이 두 가지 조건을 모두 만족해야 한다(유일성과 최소성).

◎ 최소성과 유일성 중 어느 하나만 만족하는 속성(들)은 후보키가 될 수 있는가?

(1) 예를 들면, 도서테이블에서 '도서명'이란 속성은 유일성을 만족할 수 없다. 따라서 후보키가 아니다.

(2) 도서테이블에서 {'도서번호', '도서명'}은 유일하게 투플을 지정할 수 있다. 예를 들어, '도서번호'=7 이고, '도서명'="해"인 투플을 유일하게 지정할 수 있다. 왜냐하면 '도서번호' 하나만으로도 유일성이 있는데 그 상태에서 다른 속성을 덧붙이더라도 유일성을 깨뜨리지는 않는다. 그러나 최소성을 위반하였다. 도서테이블을 유일하게 지정하려면 '도서번호' 하나만으로도 충분하다. {'도서번호', '도서명'}에서 '도서명'이라는 속성을 제거하면 유일성이 유지되므로 {'도서번호', '도서명'}은 최소성을 만족하지 못한다는 증거이다. 따라서 {'도서번호', '도서명'}은 후보키가 될 수 없다.

결론적으로, 후보키가 되려면 최소성과 유일성을 모두 만족해야 한다(충분조건). 물론 후보키는 최소성과 유일성을 만족한다(필요조건).

◎ 현재의 테이블에서 후보키의 역할을 할 수 있는 속성(들)이 없다면 어떻게 할 것인가?

예를 들면, 원래의 도서테이블에는 키를 정할 수 없으므로 '도서번호'라는 새로운 속성을 만들어 주었다. 이제 '도서번호'는 도서테이블의 키로 사용된다. 이와 같이 어느 테이블에서 키가 없다면 식별을 위한 속성을 추가하면 된다(예; 도서DB에서 도서테이블의 도서번호, 저자테이블의 저자번호 등).

◎ 키를 이루는 속성의 개수는 단 한 개인가?

그렇지 않다. 일반적으로 키는 하나 이상의 속성들로 이루어진다. 예를 들어, 다음의 테이블에서 키는 무엇인가?

[표 5-1] **도시테이블(1)**

도시	동	번지	지가
경주	황남동	211-2	1,500
경주	황남동	202	2,000
경주	황남동	700	1,900
경주	동부동	202	1,300
대전	황남동	211-2	2,000
대구	이천동	650	2,500

'도시'와 '동'이 '번지'를 결정하지 못한다. 왜냐하면 경주의 황남동에는 다수의 번지가 있다(예; 211-2번지와 202번지). 당연히 한 동에는 다수의 번지가 있으므로 도시와 동이 번지를 결정할 수 없음을 쉽게 알 수 있다. 마찬가지로 도시와 동이 지가(=땅값)를 결정하지 못한다. 한 동 안에서도 지가가 다를 수 있다. 그러나 도시, 동 번지를 연합한 값들은 지가를 유일하게 결정할 수 있다. 이제 {도시, 동, 번지}의 최소성(minimality)을 검사해 보자. 최소성이란 속성들의 집합에서 어느 하나라도 제거하면 유일하게 식별할 수 없게 되는 상황을 말한다. 즉, 유일한 식별자로서 더 이상 뺄 수 없는 속성들의 집합을 말한다. {도시, 동, 번지}에서 어느 한 속성을 제거하더라도 유일한 식별자로서의 역할을 할 수 없음을 관찰할 수 있다. 따라서 위 테이블의 키(또는 후보키)는 {도시, 동, 번지}이다. 즉, 세 개의 속성으로 이루어진 키이다.

◎ 한 테이블 안에 후보키가 여럿 있는 것이 가능할까?
그렇다. 위의 후보키 정의를 만족하는 속성(들)이 하나 이상 가능하다.

5.1.2 기본키

복수개의 후보키가 있을 경우 테이블의 구현을 위해 그 중 하나를 기본키(primary key)로 지정해야 한다. 어느 테이블에서 후보키가 단 하나뿐이라면 자동으로 그것이 기본키로 된다. 그러나 후보키가 여럿이라면 그 중에서 하나를 기본키로 지정해야 한다.

> 기본 키(Primary key)란?; (테이블의 구현을 위하여) 후보키(candidate key)들 중에서 지정된 하나의 키이다. 주키(主키)라고도 한다.

◎ 한 테이블에 반드시 기본키가 존재해야 하는가?

관계 데이터베이스에서 각 테이블에는 반드시 하나의 기본키가 있어야 한다. 그 이유는 기본키를 통해서 테이블의 내용을 저장하기 때문이다. 관계 데이터베이스의 테이블에서 기본키가 존재하지 않는다면 어떻게 될까? 테이블로서의 정의가 불가능하다. 따라서 모든 테이블에는 반드시 하나의 기본키가 필요하다.

◎ 어느 것을 기본키로 정할 것인가?

후보키들 중에서 식별의 의미가 가장 강한 것을 기본키로 선택하는 것이 자연스럽다. 또한 업무에 비추어 어느 것을 기본키로 사용하는 것이 가장 좋을지를 선택해야 한다. 아래의 예에서 후보키는 무엇인가? 기본키를 결정하자.

[표 5-2] **도시테이블(2)**

도시	동	번지	우편번호
경주	황남동	211-2	780-080
경주	황남동	202	780-080
경주	황남동	700	780-081
경주	동부동	202	780-040
대전	황남동	211-2	708-012
대구	이천동	650	705-715

도시로 동을 결정할 수 있는가? 아니다. 한 도시에는 많은 동이 있다(예; 경주의 황남동, 동부동 등). 그렇다면, 도시와 동으로 번지를 결정할 수 있는가? 아니다. 그 이유는 한 동 안에 많은 번지가 있기 때문이다. {도시, 동}은 우편번호를 결정할 수 있는가? 아니다. 일반적으로 한 도시의 같은 동 안에는 우편번호가 여럿 있을 수 있다(예를 들면, 위 테이블에서 경주 황남동의 우편번호가 780-080과 780-081의 둘이다). 그러나 {도시, 동, 번지}는 우편번호를 결정할 수 있다. 따라서 {도시, 동, 번지}는 후보키이다. 또 다른 후보키가

있는가? 우편번호는 도시와 동을 결정할 수 있다. 그러나 우편번호는 번지를 결정하지 못한다. 왜냐하면 하나의 우편번호에는 많은 번지가 있기 때문이다. 그렇다면 우편번호와 번지를 연합하면 이 테이블의 투플을 유일하게 결정할 수 있는가? 그렇다. 하나의 우편번호에 여러 번지가 있더라도 특정 번지를 지정해준다면 {우편번호, 번지}는 특정한 투플을 유일하게 지정할 수 있다. 예를 들면, 우편번호가 780-080이고 번지가 211-2인 투플은 위 테이블의 맨 위 투플 하나만 검색된다.

그렇다면, {도시, 동, 번지}와 {우편번호, 번지}의 둘 중 어느 것을 기본키로 지정해야 할까? {도시, 동, 번지}로 '우편번호'를 알아야 하는 것이 다른 경우보다 더 중요하다면 (또는 검색이 더 빈번하게 이루어진다면) {도시, 동, 번지}를 기본키로 지정하는 것이 마땅하다. 마찬가지로, {우편번호, 번지}의 경우도 동일한 방법으로 따져볼 수 있겠다.

5.1.3 대체키

기본키로 지정이 되지 못한 다른 후보키들은 더 이상 키가 아닌가? 예를 들어, 위의 {도시, 동, 번지, 우편번호} 테이블에서 후보키는 {도시, 동, 번지}와 {우편번호, 번지}임을 보았다. 그런데 {도시, 동, 번지}를 기본키로 지정한다고 하자. 남아 있는 {우편번호, 번지}는 키로서의 성질이 없어지는 것일까? 키본키로 지정되지 않은 후보키는 키의 성질을 상실하는 것일까? 그렇지 않다. 키로서의 성질은 후보키로 지정되든 그렇지 않든 그대로 존재하는 것이다. 다만 데이터베이스 테이블의 구현에 기본키의 지정이 반드시 필요하기 때문에 후보키들 중에서 하나를 선택하는 것이고 나머지 후보키들은 키로서의 특성이 여전히 존재하므로 키이다.

> 기본키로 지정되지 못한 후보키를 대체키(alternate key)라 한다.

5.1.4 키 속성과 비키 속성

◎ 키 속성(key attributes)이란?

> 키 속성(key attributes)이란? (후보)키를 구성하는 속성을 말한다.
> 키 속성이 아닌 속성은 비키속성(non-key attributes)이다.

도시테이블(1)에서 {도시, 동, 번지}가 유일한 키임을 앞에서 보았다. 그렇다면, 도시, 동, 번지가 모두 키 속성이 된다. 그러나 지가는 비키속성이다.

[표 5-1] **도시테이블(1)**

도시	동	번지	지가
경주	황남동	211-2	1,500
경주	황남동	202	2,000
경주	황남동	700	1,900
경주	동부동	202	1,300
대전	황남동	211-2	2,000
대구	이천동	650	2,500

아래의 테이블에서 키 속성과 비키 속성을 구분하자.

[표 5-2] **도시테이블(2)**

도시	동	번지	우편번호
경주	황남동	211-2	780-080
경주	황남동	202	780-080
경주	황남동	700	780-081
경주	동부동	202	780-040
대전	황남동	211-2	708-012
대구	이천동	650	705-715

{도시, 동, 번지}와 {우편번호, 번지}가 모두 키이다. 따라서 이 테이블의 모든 속성이 키 속성이며 비키 속성은 없다.

5.1.5 외래키

다음의 도서테이블과 출판사테이블을 살펴보자.

[표 5-3] **도서테이블**

도서번호	도서명	출판연도	도서종류	도서가격	출판사명
1	꽃시계	1998	문학	8500	문학사
2	나무	1998	문학	4000	용진출판
3	당나귀	1993	문학	3700	교학사
4	발명	1997	과학	4600	삼안출판
5	지구	2001	과학	10000	교학사
6	지구	2008	과학	8000	과학사
7	해	1998	문학	4000	용진출판
8	해	2006	과학	12000	과학사
9	달	2003	과학	11000	학습사
10	불심	2004	종교	5000	학조사
11	친구	2002	문학	8000	아름
12	소망	2007	종교	4800	교학사
13	과학교육	2002	교육	8000	학습사

[표 5-4] **출판사테이블**

출판사명	출판사주소	출판사전화
문학사	서울	02-2222-3333
용진출판	서울	02-333-1212
교학사	대구	053-662-8787
삼안출판	부산	051-555-3322
과학사	대구	053-312-2202
학습사	서울	02-3333-4444
학조사	부산	051-655-8833
아름	대전	042-777-2727

도서테이블에 출판사명 속성이 있다. 그런데 이들 출판사명은 출판사테이블의 키로 사용되고 있다. 왜냐하면 출판사명으로 출판사에 대한 정보를 검색할 수 있기 때문이다. 예를 들면, "문학사"라는 출판사의 정보를 알려면 출판사테이블에서 '출판사명' = "문학사"

인 투플을 검색하면 된다. 이는 다른 속성들 보다 더 중요하다고 볼 수 있다. '도서종류', '도서가격'과 같은 속성은 그 자체의 값만 가지고 있고 그것을 통해서 다른 정보와 연결되지는 못한다. 또한, 값이 없거나 잘못되더라도 해당하는 투플에만 상관이 있다. 그러나 도서테이블의 '출판사명'은 좀 더 특별한 의미를 갖는다. 즉, '출판사명'이라는 속성을 통하여 해당 출판사의 다른 정보들과 연결이 되어 있다는 것이다. 만약 찾는 출판사가 출판사테이블에 없다면 그 출판사에 대한 정보가 누락 되었거나 그 출판사명에 오류가 있음을 의미한다. 따라서 그러한 오류가 생기지 않도록 특별한 관리가 필요하게 된다. 도서테이블의 '출판사명'은 출판사테이블에서 키가 된다는 점으로 인해 중요하다는 것을 알 수 있다. 이와 같이 다른 테이블에서 키가 되는 속성(들)에 특별히 주목할 필요가 있기 때문에 그러한 속성(들)을 외래키(foreign key)라 한다. 외래키를 정의하자.

> 외래키(foreign key)란? 다른 테이블에서 키로 사용되는 속성(들)을 말한다.
> 외부키라고도 한다.

(예) 도서테이블의 '출판사명' 필드는 외래키이다. 왜냐하면 '출판사명'은 다른 테이블(출판사테이블)의 키로 사용되기 때문이다.

◎ 외래키는 키인가?

외래키는 다른 테이블에서 키로 사용되는 속성이지만 현재의 테이블에서 반드시 키로 사용된다는 보장은 없다. 예를 들면, 도서테이블에서 '출판사명'은 외래키이지만 키속성은 아니다.

5.1.6 수퍼키

> 수퍼키(superkey)란? 유일성(어느 릴레이션(또는 테이블)에서 모든 투플들을 유일하게 식별(uniquely identify)할 수 있는 능력)을 갖고 있는 속성(들)을 수퍼키(superkey)라 한다.

유일성은 있으나 최소성이 없다면 후보키는 될 수 없지만 유일하게 식별할 수 있다는 중요한 성질로 인해 수퍼키는 정규화 과정에서 활용되고 있다. 수퍼키의 정의에 의하면 후보키를 포함하는 모든 속성들의 집합은 수퍼키라 할 수 있다. 후보키도 수퍼키에 포함된다. 예를 들면, 도서테이블에서 {도서번호, 도서명}은 수퍼키이다. 그 이유는 {도서번호}가 기본키이므로 이것만으로도 유일성이 있다. 여기에 도서명을 하나 더 붙인다고 해서 유일성이 없어지는 것은 아니다. 그러나 최소성은 만족하지 못한다. 따라서 수퍼키는 후보키의 조건을 만족할 수 없는 경우가 있다.

5.2 무결성 제약

무결성이란 데이터베이스에는 항상 정확한 값을 저장해야한다는 원칙이다. 데이터 입력 단계에서 오류가 발생할 수 있고, 데이터를 사용하는 도중에 오류를 발생할 수도 있다. 입력 단계에서 오류를 막는 방법이 많이 개발되어 있다. 예를 들면, 주민번호 생성 규칙에 어긋나는 주민번호를 가려낸다든지, 주소 입력할 때 메뉴에서 골라 넣게 한다든지 하는 오류 방지 절차를 사용하고 있다. 물론 이러한 장치에도 불구하고 입력 오류는 존재할 수 있다. 이러한 장치 외에 데이터베이스 안에서 적절한 제약 조건으로 데이터를 검사하면 또 다른 종류의 데이터 오류를 사전에 방지할 수 있다.

무결성 제약(data integrity)이란 데이터베이스에 존재하는 데이터의 정확성 또는 유효성을 유지하기 위한 제약 조건을 말한다.

이러한 제약 조건을 데이터베이스에 부과하여 데이터가 항상 정확한 상태를 유지하도록 한다. 예를 들면, 기본키를 구성하는 속성의 값에는 어떠한 경우라도 널값(NULL value, 공백값)을 허용하지 않는다는 제약 조건이 그러한 예이다. 이러한 제약 조건에는 개체 무결성과 참조 무결성의 두 가지가 있다.

무결성의 확보를 위한 가장 중요한 제약 조건 두 가지를 정의한다.

5.2.1 개체 무결성

널값(null value)을 정의해 보자. 어떤 속성값이 현재 '알 수 없는'(unknown) 경우가 있다. 또 다른 경우는 속성값이 '해당 없는'(not applicable) 경우이다. 이런 경우, 'NULL'이라는 특별한 값이 사용된다. 예를 들면, 출판사테이블에서 어떤 출판사에 대한 정보를 입력하는데 그 출판사의 전화번호를 알 수 없어서 '출판사전화' 속성의 값을 NULL로 두는 경우가 그러하다. 또 하나의 예는 '해당 사항이 없는' 경우인데, 회사의 사원테이블에서 배우자의 이름을 입력해야 하는데 어느 직원이 아직 미혼인 경우 배우자가 없으므로 그 값을 입력할 수 없게 된다. 이런 경우 NULL을 입력한다. 액세스의 경우 널값은 따옴표 없이 NULL로 표시한다.

◎ 킷값(key value)을 공백으로 둘 수 있을까?

어느 한 투플의 키를 널값(null value)으로 둘 수 있을까? 예를 들면, 출판사명은 출판사테이블의 키이다. 그런데 출판사테이블의 어느 출판사명의 값을 공백으로 비워 둘 수 있을까? 아직 알 수 없는 값(unknown value, null value)을 킷값으로 하여 자료를 검색할 수는 없다. 이와 같이, 테이블의 정확성을 유지하기위하여 키를 구성하는 속성은 널값일 수 없다는 제약조건이 필요하게 된다. 이러한 제약조건을 개체 무결성(entity integrity)이라 한다. 즉, 개체 무결성이란 기본키의 속성에 대한 제약조건이다.

개체 무결성(entity integrity)이란 기본키를 구성하는 속성은 널값일 수 없다는 제약조건이다.

5.2.2 참조 무결성

도서테이블에서 한 투플의 출판사명의 값이 "대명출판사"라 하자. 그런데, 출판사테이블의 출판사명 속성에 "대명출판사"라는 값을 갖는 투플이 없다면 어떻게 될까? "대명출판사"를 출판사테이블에서 찾을 수 없을 것이다. "대명출판사"에 대한 정보가 있는 것처럼 도서테이블에 표시해 놓고 그 출판사에 대한 정보는 갖고 있지 않다는 뜻이다. 이것은 상황에 따라 오류로 취급되어야 한다. 일반적으로 말하면, 어떤 테이블에서 외래키(다른 테이블의 기본키)는 그것이 기본키로 사용되는 테이블에서 참조 가능해야 한다는 것이다. 즉, 외래 키 값은 참조 가능해야한다. 이러한 제약조건을 참조 무결성(referential integrity)이라 한다.

참조 무결성(referential integrity)이란 어떤 테이블에서 외래키(다른 테이블의 기본키)는 그것이 기본키로 사용되는 테이블에서 참조 가능해야 한다는 제약조건이다.

◎ 외래키에 널값이 허용될까? 이유는?

먼저 허용하지 않을 경우에 어떤 문제점이 있는지 살펴보자. 허용하지 않는다면 그 속성의 입력란을 비워 둘 수 없다는 뜻이다. 그렇다고 부정확한 값을 입력할 수도 없다. 결국 입력하려는 투플의 입력을 포기해야 한다. 그렇게 되면 다른 정보를 입력하지 못하게 되는 더 큰 손실이 생긴다. 따라서 외래키에 널값을 허용하는 것이 타당하다. 그러나 외래키가 현재 테이블에서 기본키 속성이라면 당연히(개체 무결성으로 인해) 널값이 허용되지 않으므로 해당 투플의 입력 자체가 시스템에 의해 거부된다.

◎ 테이블이 제약조건을 어기면 어떻게 되는가?

제약조건을 구현하는 방법은 DBMS에 따라 차이를 보인다. 대개의 경우, 제약조건의 실행여부를 개발자가 선택하도록 하고 있다. 즉, 데이터베이스를 구현할 때 개발자가 이들 제약조건을 사용할 것인지 무시할 것인지를 선택할 수 있다. 경우에 따라서는 제약조건을 무시해야할 때도 있다. 그러나 일반적으로 제약조건을 살려두는 경우가 원칙이다. 제약조건을 선택한 경우, 데이터베이스의 사용 중에 해당 조건을 위반하면 데이터베이스의 사용이 금지된다. 어떠한 경우에 제약조건을 무시할까? 그 한 예를 들면, 데이터베이스의 개발/보수 중에 제약조건이 걸려있으면 오류가 발생하여 더 이상 작업 진행이 안 되는 경우가 있다. 이 때, 제약조건을 잠시 풀어두고 작업을 계속할 수 있다.

5.3 정규형(normal form)과 정규화(normalization)의 개요

지금까지 도서DB의 예를 통하여 여러 가지 형태의 중복성을 제거하는 과정을 살펴보았다. 그 외 다른 형태의 중복성들도 물론 존재한다. 중복성에는 간단한 형태의 중복성에서부터 복잡한 형태의 중복성이 있다. 데이터베이스 설계의 핵심은 바로 이와 같은 중복성의 제거에 있다. 단순한 중복은 제거하기 쉽다. 그러나 복잡한 형태의 중복은 어렵고 경우에 따라서는 중복성의 제거가 불가능하거나 부작용(side-effects) 때문에 실제의 경우는 모든 중복성을 다 제거하지 못하고 적당한 선에서 만족해야 하는 경우들이 많다.

즉, 중복성의 제거에는 수준이 있다는 말인데, 높은 수준의 중복성 제거는 중복의 제거가 많이 이루어지지만 비용이 많이 발생하고 낮은 수준의 중복성 제거는 중복의 제거가 적게 이루어지지만 비용이 적다. 어느 수준에서 만족할 것인가 하는 것은 설계자의 경험과 사용자의 요구에 따라 결정된다. 그러한 중복 제거의 수준을 명확하게 논리적으로 정의한 기준이 <u>정규형(Normal Form)</u>이다.

5.3.1 정규형의 개요

데이터의 중복성을 억제하고 각종의 문제들을 방지하기 위하여 데이터에 일정한 제약조건을 갖추도록 한다. 일정한 제약조건을 만족하는 테이블(또는 릴레이션)의 형태를 정규형(Normal Form)이라 한다. 정규화(normalization)란 테이블을 정규형이 되도록 하는 설계의 과정을 말한다.

5.3.2 정규화(normalization)의 필요성

정규화를 통한 데이터 중복의 체계적인 제거가 이루어지지 않는 경우, 아래와 같은 세 가지의 문제점 또는 이상(anomaly)을 발견할 수 있다.

(1) 갱신 이상(update anomaly);

아래 테이블에서 출판사 정보가 중복되게 나타난다. 만약, 교학사의 출판사전화가 02-312-3300으로 바뀐다면 모든 경우에 대하여 동일하게 변경하여야 한다. 하나라도 누락하거나 틀리게 변경하면 데이터의 모순성(inconsistency)을 초래한다. 이와 같이 갱신으로 인한 데이터 불일치의 문제점을 갱신 이상(update anomaly)이라 한다.

[표 5-5] **도서테이블**

고유번호	도서명	출판연도	도서종류	도서가격	출판사명	출판사주소	출판사전화
1	꽃시계	1998	문학	8500	문학사	서울	02-2222-3333
2	나무	1998	문학	4000	용진출판	서울	02-333-1212
3	나무	1998	문학	4000	용진출판	서울	02-333-1212
4	당나귀	1993	문학	3700	*교학사*	*대구*	*053-662-8787*
5	발명	1997	과학	4600	삼안출판	부산	051-555-3322
6	지구	2001	과학	10000	*교학사*	*대구*	*053-662-8787*
7	지구	2008	과학	8000	과학사	대구	053-312-2202
8	해	1998	문학	4000	용진출판	서울	02-333-1212
9	해	1998	문학	4000	용진출판	서울	02-333-1212
10	해	1998	문학	4000	용진출판	서울	02-333-1212
11	해	2006	과학	12000	과학사	대구	053-312-2202
12	달	2003	과학	11000	학습사	서울	02-3333-4444
13	불심	2004	종교	5000	학조사	부산	051-655-8833
14	친구	2002	문학	8000	아름	대전	042-777-2727
15	소망	2007	종교	4800	*교학사*	*대구*	*053-662-8787*
16	과학교육	2002	교육	8000	학습사	서울	02-3333-4444

(2) 삭제 이상(deletion anomaly);

위 테이블의 예에서 "친구"라는 책은 "아름"이라는 출판사의 책이다. 그런데, "아름"이라는 출판사는 이 책에만 나타난다고 가정하자. 만약 "친구"라는 책을 폐기처분 한다면 "아름"이라는 출판사의 정보도 함께 없어지게 된다. 그 출판사에 대한 자료는 이 곳에만 유일하게 저장되어 있으므로 이 자료를 삭제한다면 정보의 손실(loss of information)을 가져온다. 이와 같이 자료의 삭제로 인한 관련 정보의 손실을 삭제 이상(deletion anomaly)이라 한다.

(3) 삽입 이상(insertion anomaly);

삭제 이상의 경우와 반대이다. 위 테이블의 예를 들면, 책이 들어오기 전에 새로운 출판사에 대한 정보를 넣고 싶을 경우, 출판사 정보 외의 다른 모든 필드에는 모두 널값(null value)이 들어갈 수밖에 없는 문제가 발생한다. 또한 키에 널값이 들어 갈 수 없다는 원칙(즉, 개체 무결성)을 위반하는 문제가 발생한다. 이와 같은 문제를 삽입 이상(insertion anomaly)이라 한다.

5.3.3 정규형(normal form)의 종류

정규화에는 여러 형태의 정규형이 있다. 정규형의 종류에는 1정규형(First Normal Form; 1NF), 2정규형(Second Normal Form; 2NF), 3정규형(Third Normal Form; 3NF), BC정규형(Boyce/Codd Normal Form; BCNF), 4정규형(Fourth Normal Form; 4NF), 5정규형(Fifth Normal Form; 5NF) 등이 있다.

각 정규형에는 만족시켜야 하는 제약조건들이 있다. 1정규형이 가장 단순하고 위로 올라갈수록 제약조건이 추가된다. 5정규형이 가장 복잡한 제약 조건을 갖는다. 즉, 2정규형은 1정규형보다 높은 제약조건을, 3정규형은 2정규형보다 높은 제약조건을, …, 5정규형은 4정규형보다 높은 제약조건을 갖는다. 그 의미는 어떤 테이블이 상위의 정규형을 만족하면 하위의 정규형은 자동으로 만족한다는 뜻이다.

높은 단계의 정규형일수록 데이터의 중복을 더 감소할 수 있다는 장점이 있지만 데이터 사이의 고유한 관계에 대한 정보가 상실될 수 있다는 단점도 있다.

실용성을 이유로, 3정규형이나 BC정규형을 많이 사용하고 있다. 그 이상의 정규형은 ㉠제약 조건이 까다로우며 ㉡데이터사이의 관계를 상실할 위험도 있고 ㉢정규화하는 과정이 복잡하므로 합리적인 선택이 되지 못하는 경우가 많다. 즉, 무조건 상위의 정규형을 갖추는 것이 바람직하다는 말은 할 수 없다.

경우에 따라서는, 3정규형이나 BC정규형도 실용적이지 못할 경우가 있다. 그러나 대부분의 경우는 3정규형까지 도달할 수 있고 많은 경우 BC정규형은 무난히 달성할 수 있다. 4정규형 이상은 이론적인 가치를 지니고 있으나 현실적 실용성은 크지 않으므로 굳이 이론적 내용에 흥미가 없다면 BC정규형까지만 이해해도 충분하다.

5.3.4 정규화(normalization)의 과정

하나의 테이블을 상위의 정규형으로 설계하기 위하여 분할(decomposition)과 합성(synthesis)의 두 가지 방법을 사용하고 있다. 보통, 분할방법을 많이 사용하고 있다. 합성의 경우 효율적인 좋은 알고리즘이 있으나 여기서는 생략한다. 실제의 정규화 과정은 주로 분할 방법을 사용하기 때문에 합성 방법은 생략한다. 정규형에 대한 논의는 상당히 이론적인 내용이 포함되어 있지만 실제적인 데이터를 관찰하면서 이론을 확인해 나간다면 정규화의 과정을 쉽게 이해할 수 있다.

5.4 정규형

이 단원에서는 각 정규형에 대한 자세한 내용을 배운다. 가장 단순한 형태인 1정규형에서부터 BC정규형까지 실용성을 이유로 많이 다루고 있다. 4정규형은 실용성보다 이론적 중요성 때문에 주목을 받고 있다. 그러나 4정규형도 실용적 활용이 가능한 경우가 있으므로 4정규형까지 다루기로 한다.

5.4.1 1정규형(First Normal Form, 1NF)

아래는 어느 은행의 고객에 대한 테이블이다. 테이블에서 문제점을 관찰해 보자.

[표 5-6] **고객테이블(1)**

고객번호	고객명	계좌번호
1123	박인수	24330, 25534, 24454
1125	최주승	34232
1245	이현재	44655
1256	김종성	47054, 47700, 47689, 48894
1354	Kelly	53353, 54378
1365	Johnson	67544

한 고객이 다수의 계좌번호를 가질 수 있다. 그러한 경우, 여러 개의 계좌를 한 필드 안에 열거하였다. 그런데 계좌번호가 "47689"인 고객의 정보를 알고 싶다면 각 고객의 계좌번호로부터 해당하는 계좌번호가 있는지 검색해야한다. 그러나 이 테이블의 경우, 여러 계좌번호가 같이 저장되어 있으므로 찾는 계좌번호가 있는지 분간하기가 번거롭다. 이를테면, 김종성의 계좌번호의 값은 하나의 문자열인 "47054, 47700, 47689, 48894"에서 원하는 번호인 "47689"가 있는지를 찾아야 한다. 문자열 매칭(string matching) 과정으로 해결할 수 있지만 효율적인 정보 표현이 아니다. 만약 계좌번호 필드에 하나의 계좌번호만 존재한다면 검색이 아주 쉬울 것이다.

또 다른 문제점으로, 계좌번호 필드의 길이를 얼마로 정해야 하는지가 명확하지 않다. 최대 개수를 허용해야 하는데 계좌번호의 개수가 많지 않은 고객들도 많으므로 공간의 낭비가 많을 것이다. 또한, 최대 개수의 계좌가 장래에 몇 개가 될지를 예측하는 것도 쉽지 않다. 물론 계좌번호들을 저장하기 위해 가변 길이로 자료구조를 준비할 수 있으나 관리가 번거롭다는 문제가 있다.

또 생각할 수 있는 문제점으로 각 계좌번호에 대한 예금액 등과 같은 정보를 저장하기가 쉽지 않다.

이와 같은 여러 가지 문제점을 해결하기 위한 방법을 생각해 보자.

하나의 계좌번호 필드에 하나의 계좌번호만 허용한다면 테이블을 어떻게 만들어야 할까? 다음 테이블은 여러 개의 계좌번호 필드를 보여준다. 그러나 계좌번호가 최대 몇 개일지 예측할 수 없다는 문제가 있다.

[표 5-7] **고객테이블(2)**

고객번호	고객명	계좌번호1	계좌번호2	계좌번호3	계좌번호4
1123	박인수	24330	25534	24454	
1125	최주승	34232			
1245	이현재	44655			
1256	김종성	47054	47700	47689	48894
1354	Kelly	53353	54378		
1365	Johnson	67544			

그렇다면 다음 테이블과 같은 방법은 어떨까? 하나의 계좌번호 필드에 하나의 계좌번호만 갖지만 고객번호와 고객명이 중복된다는 문제점이 있다. 고객번호는 이 테이블의 키(key)가 되는데, 키 값이 중복되는 문제가 있다.

[표 5-8] **고객테이블(3)**

고객번호	고객명	계좌번호
1123	박인수	24330
1123	*박인수*	*25534*
1123	*박인수*	*24454*
1125	최주승	34232
1245	이현재	44655
1256	김종성	47054
1256	*김종성*	*47700*
1256	*김종성*	*47689*
1256	*김종성*	*48894*
1354	Kelly	53353
1354	*Kelly*	*54378*
1365	Johnson	67544

위에서 열거한 문제들을 해결하는 방법을 생각해 보자. 위의 문제점들로부터 해결의 실마리를 찾아보자.

- 하나의 필드에 하나의 값만을 저장한다. 즉, 하나의 계좌번호 필드에 하나의 계좌번호만 넣는다.
- 키가 되는 고객번호가 테이블에서 중복이 되지 않도록 한다.

해결의 방법은 문제를 야기하는 계좌번호를 원래의 테이블에서 분리하는 것이다. 이때, 원래의 테이블과의 연결을 위해 키인 고객번호를 새 테이블에 추가한다.

[표 5-10] **고객테이블(5)**

계좌번호	고객번호
24330	1123
25534	1123
24454	1123
34232	1125
44655	1245
47054	1256
47700	1256
47689	1256
48894	1256
53353	1354
54378	1354
67544	1365

[표 5-9] **고객테이블(4)**

고객번호	고객명
1123	박인수
1125	최주승
1245	이현재
1256	김종성
1354	Kelly
1365	Johnson

왼쪽 테이블의 키는 '고객번호'이고, 오른쪽 테이블의 키는 '계좌번호'이다. 위의 두 테이블은 원래의 테이블과 내용이 같으며 원래 테이블의 문제점들을 해결해준다.

- 계좌번호 필드에 단 하나의 계좌번호만 있으므로 계좌번호의 검색이 편리하다.
- 고객번호로부터 계좌번호의 검색, 계좌번호로부터 고객번호의 검색이 용이하다.
- 각 테이블에서 중복되는 키 값이 없다.

이와 같이 하나의 필드에 기껏해야 하나의 값만 갖도록 제한 조건을 둔다면 한 필드에 여러 값을 저장하는 문제점들을 해결할 수 있다. 이러한 관점에서 나온 것이 아래에서 설명하는 원자값이라는 개념이다.

(1) 원자값이란?

더 이상 분리할 수 없는 값을 원자값(atomic value)이라 한다(An attribute value is atomic if it is indivisible). 원자값이 아닌 값은 비원자값(非원자값, non-atomic value)이라 한다.

(2) 원자값의 예

도서명, 도서가격, 출판연도, 도서종류, 저자명 등이 원자값의 예이다. 예를 들면, 도서명 "지구"의 경우 더 이상 분리할 필요성이 없다. 더 이상 분리하는 것이 의미가 없다는 뜻이다. 어떤 책의 도서명이라는 것은 전체로써 의미가 있지 부분적으로는 의미가 없다. 가격이나 도서종류 등도 동일하게 생각할 수 있다. 도서종류의 경우, "역사"를 예로 들면, "역사"를 분리한 "역"과 "사"에 무슨 의미가 있는가? "역사"라는 데이터는 더 이상 분리할 수 없다. 따라서 원자값이다. 어떤 속성값이 원자값이라는 말은 그 속성의 도메인(domain)이 원자값들로 이루어져 있다는 말과 같다.

◎ 원자값의 개념은 데이터에 고정적인가?

예를 들면, 전화번호는 원자값인가? 혹은, 주소는 원자값인가?라는 문제를 생각해 보자. 전화번호의 경우는 어떠한가? 예를 들어, "053-334-9898"의 경우, 지역번호인 "053"을 분리하여 처리해야 하는 경우가 있다면 어떻게 되는가? 즉, 지역별로 전화번호의 목록을 알고 싶다면 지역번호를 독립적인 필드로 취급해야 할 것이다. 이런 경우에는 지역번호를 포함하는 전화번호는 원자값이 될 수 있는가? 지역번호를 분리할 수 있으므로 더 이상 원자값이 아니다. 그러나, 지역번호를 분리할 경우가 결코 생기지 않는다고 가정한다면 어떠한가? 전화번호를 더 이상 분리할 필요가 없으므로 원자값이다. 즉, 데이터베이스 사용자의 요구에 따라 같은 데이터가 원자값이 될 수도 있고 아닐 수도 있다. 그러므로 데이터베이스를 처음 설계할 때 어떠한 관점으로 데이터를 보느냐 하는 것이 중요하다. 주소의 경우는 어떠한가? "대구시 남구 대명2동 1797-6"을 한 묶음으로 간주하기보다 도시와 번지를 분리하는 것이 사용자의 관점이라면 도시를 분리하여 독립적인 데이터로 관리하는 것이 타당하다. 그러나 고객의 주소에 대하여 도시를 구분하여 처리할 필요 없이 한 덩어리로 취급한다면 위의 주소는 원자값이다. 이와 같이, 어떤 데이터가 원자값인가 아닌가는 데이터베이스 사용자/설계자의 관점에 따라 달라진다. 이제 1정규형을 정의해 보자.

(3) 1정규형의 정의

> 어떤 릴레이션의 모든 속성값이 원자값이면 그 릴레이션은 1정규형(First Normal Form, 1NF)이다(또 그 역도 성립한다).

(또 다른 말로, 릴레이션에 속한 모든 도메인이 원자값만으로 이루어져 있다. 또는, 어떤 릴레이션이 항상 원자값만 갖도록 되어있다.)

◎ 원자값이 아닌 경우의 문제점은 무엇인가?

여러 정보가 한 곳에 들어 있으므로 필요한 정보만 분리해내려면 정보처리의 비효율성을 초래한다. 이는 바람직하지 않은 현상이다.

예제 어느 회사에서 고객 관리를 위한 고객테이블을 작성하였다. 고객테이블을 활용하여 도시(또는 군)별 통계가 업무에 필요하다고 하자. 아래 테이블은 1정규형인가? 그렇지 않다면 어떠한 문제점(들)이 있는가? 1정규형이 아니라면 1정규형으로 개선하자.

[표 5-11] **고객테이블(6)**

고객번호	고객명	전화	주소
8023	박상일	02-1122-4355	서울시 마포구 38번지
8024	Charles K.	02-5344-6546	서울시 동작구 100번지
8025	김선혜	053-2342-5345	대구시 대명동 200번지
8027	최도호	051-5244-6367	부산광역시 해운대구 300번지
8029	진정호	043-534-3619	청주시 흥덕구 333번지
8030	이용구	062-7476-2455	광주시 풍향동 11번지

주소에 도시와 번지가 함께 포함되어 있으므로 원자값이 아니다. 이를 1정규형으로 표현하려면 주소를 도시와 번지로 나누어 주어야 한다.

[표 5-12] **고객테이블(7)**

고객번호	고객명	전화	주소1	주소2
8023	박상일	02-1122-4355	서울	마포구 38번지
8024	Charles K.	02-5344-6546	서울	동작구 100번지
8025	김선혜	053-2342-5345	대구	대명동 200번지
8027	최도호	051-5244-6367	부산	해운대구 300번지
8029	진정호	062-534-3619	광주	풍향동 11번지
8030	이용구	043-7476-2455	청주	흥덕구 333번지

참고

도시명을 표현할 때 사람에 따라 여러 형태의 표현이 가능하다. 예를 들면, 서울시, 서울, 서울특별시 등과 같이 사람이 보기에는 모두 같은 도시를 의미한다. 그러나, 컴퓨터는 서로 다른 문자열로 간주하여 프로그램 내부에서 같음을 확인하는 과정이 필요하게 되므로 비효율을 초래한다. 따라서 고유명사의 사용은 통일이 필요하게 된다

예제 아래의 도서테이블은 1정규형인가? 아니라면 1정규형으로 테이블을 개선하시오.

[표 5-13] **도서테이블**

고유번호	도서명	저자번호	출판연도	도서종류	도서가격	구입가격	구입연도	출판사명
1	꽃시계	1	1998	문학	8500	8000	1999	문학사
2	나무	2	1998	문학	4000	4000	1998	용진출판
3	나무	2	1998	문학	4000	3500	1999	용진출판
4	당나귀	3	1993	문학	3700	3300	1997	교학사
5	발명	4, 5	1997	과학	4600	4000	2000	삼안출판
6	지구	6, 7, 8	2001	과학	10000	9000	2003	교학사
7	지구	9	2008	과학	8000	8000	2008	과학사
8	해	3	1998	문학	4000	4000	1999	용진출판

도서명 "발명"의 저자번호 필드와 "지구"의 저자번호 필드에 복수개의 값이 들어 있다. 저자번호 필드에 원자값이 아닌 경우가 있으므로 이 테이블은 1정규형이 아니다. 이 단원 앞부분의 고객테이블의 예에서 한 고객이 여러 계좌를 갖는 경우와 같은 상황임을 알 수

있다. 여러 값이 가능한 계좌 필드를 테이블에서 분리하여 다른 테이블에서 계좌 정보를 다루었듯이 이 경우에도 동일한 방법을 적용하면 어떨까? 아래는 그 결과를 보여준다.

[표 5-14] **도서테이블**

고유번호	도서명	출판연도	도서종류	도서가격	구입가격	구입연도	출판사명
1	꽃시계	1998	문학	8500	8000	1999	문학사
2	나무	1998	문학	4000	4000	1998	용진출판
3	나무	1998	문학	4000	3500	1999	용진출판
4	당나귀	1993	문학	3700	3300	1997	교학사
5	발명	1997	과학	4600	4000	2000	삼안출판
6	지구	2001	과학	10000	9000	2003	교학사
7	지구	2008	과학	8000	8000	2008	과학사
8	해	1998	문학	4000	4000	1999	용진출판

[표 5-15]
도서-저자테이블

고유번호	저자번호
1	1
2	2
3	2
4	3
5	4
5	5
6	6
6	7
6	8
7	9
8	3

이제 각 테이블은 1정규형임을 알 수 있다. 또한 두 테이블은 원래의 테이블과 동일한 정보를 갖고 있음을 알 수 있다. 오른쪽 테이블의 기본키는 무엇인가? '고유번호'는 키가 될 수 있는가? (동일한 고유번호가 복수개 있음을 관찰하자) 그렇다면, '저자번호'는 키가 될 수 있는가? (저자번호가 2인 행이 둘 있다) 이런 경우에는 두 속성을 연합한 {고유번호, 저자번호}가 기본키의 역할을 할 수 있다. 두 값의 쌍은 복수 개로 존재할 수 없고(유일성), 어느 하나라도 제거하면 투플을 유일하게 식별할 수 없으므로(최소성) 키의 조건을 만족한다. 이 내용은 앞으로의 이론 전개에 기초가 되므로 독자들은 스스로 확인해 보자.

5.4.2 2정규형(Second Normal Form, 2NF)

다음의 테이블은 도시에 관한 정보이다. 이 테이블은 1정규형인가?

[표 5-16] **도시 테이블(3)**

도시	동	번지	지가	우편번호	도시인구
경주	황남동	211-2	1,500	780-080	280,000
경주	황남동	202	2,000	780-080	280,000
경주	황남동	700	1,900	780-081	280,000
경주	동부동	202	1,300	780-040	280,000
대전	황남동	211-2	2,000	708-012	1,500,000
대구	이천동	650	2,500	705-715	2,500,000

각 필드의 모든 값이 원자값만으로 이루어져 있기 때문에 1정규형이다. 그러나 이 테이블은 심각한 문제를 가지고 있다. 바로 데이터 중복성인데 어느 부분에서 중복성이 존재하는지 발견해 보자. 아래 테이블에서 둘째 행, 셋째 행의 도시인구에 값을 넣을 수 있는가? (위의 테이블을 참고하지 말고 아래 테이블로만 그 값을 넣어보자)

도시	동	번지	지가	우편번호	도시인구
경주	황남동	211-2	1,500	780-080	280,000
경주	황남동	202	2,000	780-080	?
경주	황남동	700	1,900	780-081	?
경주	동부동	202	1,300	780-040	?
대전	황남동	211-2	2,000	708-012	1,500,000
대구	이천동	650	2,500	705-715	2,500,000

첫째 행에서 경주의 도시인구가 28만임을 이미 알 수 있다. 그렇다면, 도시인구의 값은 당연히 28만이 되어야 한다. 왜냐하면 한 테이블에서 도시인구란 변할 수 없기 때문이다. 테이블에서 그 자체의 정보만으로도 공백을 메울 수 있다는 뜻은 무엇일까? 바로 그 부분에 중복성이 있다는 뜻이다. 이러한 중복성을 어떻게 체계적으로 발견할 수 있는가? 그리고 중복성의 해소는 어떻게 하는가? 이에 대한 이해를 위해 몇 가지의 사전 지식이 필요하다. 즉, 완전종속, 부분종속, 이행적종속과 같은 함수종속의 개념이 요구된다.

(1) 함수 종속

아래는 도서DB의 도서테이블이다. 도서번호가 1인 도서명은 무엇인가? "꽃시계"라는 답을 이 테이블로부터 얻을 수 있다. 이와 같이 각 도서번호에 오직 하나의 도서명과 연관되어 있음을 알 수 있다. 즉, '도서번호'가 '도서명'을 (함수적으로) 결정한다(functionally determines)라고 한다. 또는 다른 말로 '도서명'이 '도서번호'에 함수종속(functional dependency)이라고 한다.

[표 3-20] **도서테이블(12)**

도서 번호	도서명	출판 연도	도서 종류	도서 가격	출판사명
1	꽃시계	1998	문학	8500	문학사
2	나무	1998	문학	4000	용진출판
3	당나귀	1993	문학	3700	교학사
4	발명	1997	과학	4600	삼안출판
5	지구	2001	과학	10000	교학사
6	지구	2008	과학	8000	과학사
7	해	1998	문학	4000	용진출판
8	해	2006	과학	12000	과학사
9	달	2003	과학	11000	학습사
10	불심	2004	종교	5000	학조사
11	친구	2002	문학	8000	아름
12	소망	2007	종교	4800	교학사
13	과학교육	2002	교육	8000	학습사

◎ 도서번호는 도서종류를 결정할 수 있는가? 또는 도서종류는 도서번호에 함수종속인가?

각 도서번호에 대하여 도서종류가 유일하게 결정되므로 그러하다. 도서번호는 이 테이블에서 기본키이므로 각 속성을 유일하게 결정할 수 있다.

◎ 도서명은 출판사명을 결정할 수 있는가? 또는 출판사명은 도서명에 함수종속인가?

그렇지 않다. 그 이유는 두 도서가 동일한 도서명이라도 서로 다른 출판사와 연관될 수 있기 때문이다. 예를 들면, 도서명 "해"는 "용진출판"이 출판한 것과 "과학사"가 출판한 것이 있다.

◎ 출판사명은 도서명을 결정할 수 있는가? 또는 도서명은 출판사명에 함수종속인가? 그렇지 않다. 그 이유는 동일한 출판사가 여러 도서를 출판할 수 있기 때문이다.

함수 종속의 정의; 어떤 릴레이션의 두 속성 X, Y에 대해, 속성 X의 각 값이 속성 Y의 오직 하나의 값에 연관되어 있을 때, Y는 X에 함수 종속(functional dependency)이라 하고 X → Y로 표기한다. 이때 X는 Y의 결정자(determinant)라고 한다. X와 Y는 속성들의 집합일 수도 있다. (X functionally determines Y. X determines Y. Y depends on X.) X ↛ Y는 Y는 X에 함수 종속이 아님을 표기한다.

'X → Y'의 의미는 X의 값이 결정되면 Y가 단 하나 지정된다는 뜻이다. 예를 들면, 도서테이블에서 '도서번호'가 결정되면 도서테이블에서 단 하나의 투플을 지정한다. 도서번호의 값이 3이면 도서명이 "당나귀"인 투플이 단 하나 지정된다는 뜻이다.

그런데, '도서명'은 '출판사명'을 유일하게 결정할 수 있을까? 즉, {도서명} → {출판사명}인가? 도서명이 "해"일 때, 복수 개의 투플이 지정되므로("용진출판", "과학사") 유일한 지정이 아니다. 따라서, '도서명'이 '출판사명'을 결정할 수 없다('{도서명} ↛ {출판사명}'). 다른 말로 표현하면, '출판사명'은 '도서명'에 함수종속이 아니다.

(2) 완전(함수) 종속

아래 테이블의 예에서 함수종속성을 찾아보자.

[표 5-2] **도시테이블(2)**

도시	동	번지	우편번호
경주	황남동	211-2	780-080
경주	황남동	202	780-080
경주	황남동	700	780-081
경주	동부동	202	780-040
대전	황남동	211-2	708-012
대구	이천동	650	705-715

① {도시}가 결정할 수 있는 속성(들)이 있는가? 한 '도시'로부터 많은 '동'이 연결되므로 도시는 동을 결정하지 못한다. 마찬가지로 도시는 '번지'나 '우편번호'를 결정하지 못한다.

② {동}이 결정할 수 있는 속성(들)이 있는가? 도시의 경우처럼, 한 동 안에는 다수의 번지가 존재한다. 따라서 동이 번지를 결정할 수 없다. 그렇다면 동은 '우편번호'를 결정할 수 있는가? 위 테이블에서 "황남동"은 경주에도 있고 대전에도 있기 때문에 서로 다른 우편번호가 나타난다(780-080, 708-012). 따라서 동은 우편번호를 결정할 수 없다. 같은 이유로 동은 도시를 결정할 수 없다.

③ {도시, 동}은 어떠한가? 일반적으로 같은 도시의 한 '동' 안에 여러 개의 번지와 우편번호가 있을 수 있다. 따라서 {도시, 동}은 번지와 우편번호를 결정할 수 없다.

④ {도시, 번지}는 어떠한가? 같은 도시, 같은 번지를 갖는 다른 동이 가능하다(예; 경주의 202번지는 황남동과 동부동에 있다). 따라서 {도시, 번지}는 동을 결정할 수 없다. {도시, 번지}가 동을 결정할 수 없다면 마찬가지로 우편번호도 결정할 수 없다.

⑤ {동, 번지}는 어떠한가? 우리는 ②에서 이미 {동}이 결정할 수 있는 속성은 없음을 보았다. 그 이유는 '동'은 '도시'와 연계하여야 의미가 있기 때문이다. 따라서 도시가 제외된 {동, 번지}가 결정할 수 있는 속성은 없다.

⑥ 그렇다면, {도시, 동, 번지}는 어떠한가? (5.1.5)에서 밝혔듯이 {도시, 동, 번지}는 키이므로 '우편번호'를 결정한다.

⑦ {우편번호}는 어떠한가? 하나의 우편번호는 특정한 도시의 특정한 동에만 제한되어 있다. 따라서 우편번호는 도시와 동을 결정한다. 그렇다면, 우편번호는 번지를 결정할 수 있을까? 하나의 우편번호는 다수의 번지와 연관되어 있으므로 우편번호는 번지를 결정할 수 없다.

⑧ {우편번호, 번지}는 어떠한가? 우편번호가 도시와 동을 결정하고, 번지는 자기 자신을 (즉, 번지를) 결정할 수 있으므로 {우편번호, 번지}는 {도시, 동, 번지}를 결정할 수 있다. 즉, {우편번호, 번지}는 키가 된다(5.1.5).

위의 논의를 정리하면, {도시, 동, 번지}는 {우편번호}를 결정한다. 이를, "{도시, 동, 번지} → {우편번호}"와 같이 화살표로 표시한다. 다른 말로 표현하면, "{우편번호}는 {도시, 동, 번지}에 함수 종속(functionally dependent)이다"라고 한다. 그러나, {도시, 동}은 {우편번호}를 결정하지 못한다. 이를 "{도시, 동} $\nrightarrow$ {우편번호}"로 표현한다. 마찬가지로, {도시, 번지} $\nrightarrow$ {우편번호}, {동, 번지} $\nrightarrow$ {우편번호}이다. 즉, {도시, 동, 번지}의 어떠한 부분 집합도 {우편번호}를 결정하지 못하고 오직 {도시, 동, 번지}가 {우편번호}를 결정한다. 이를 {우편번호}는 {도시, 동, 번지}에 완전종속(fully functionally dependent)이라고 한다.

> 속성 $X_1, \cdots, X_n$, Y에 대하여, $X_1 \cdots X_n \rightarrow Y$일 때, 모든 $V \subset X_1 \cdots X_n$에 대하여, $V \nrightarrow Y$이면, Y는 $X_1 \cdots X_n$에 완전(함수) 종속(full (functional) dependency, fully (functionally) dependent)이라 한다.
> 또는 다른 말로 풀이하면,
> $X_1 \cdots X_n \rightarrow$ Y(즉, Y가 $X_1 \cdots X_n$에 함수종속)이고, $X_1 \cdots X_n$의 어떠한 부분 집합도 Y를 유일하게 결정하지 못할 때 "Y는 $X_1 \cdots X_n$에 완전종속"이라 한다.

X → Y(즉, Y가 X에 함수종속)이고, X의 어떠한 부분 집합도 Y를 유일하게 결정하지 못할 때 "Y는 X에 완전종속"이라 한다. 이 경우, X는 여러 속성들의 집합임을 전제로 하고 있다. 따라서, 완전종속의 의미는 X의 모든 속성들이 모두 참여되어야 하며, 그 중에 한 속성이라도 제외된 상태에서 여전히 종속성이 성립된다면 '완전'한 종속이라 할 수 없다. 어떤 속성을 빼내더라도 종속성이 유지된다면 그 종속성은 불필요한 속성이 포함되어있다는 의미이다. 불필요한 속성을 제거한 상태의 종속성이 보다 경제적이며 효율적인 상태라고 할 수 있다.

◎ X → Y에서 X가 단일한 속성이라면 이것은 완전종속일까?

그렇다. X에서 다른 속성을 제거할 수 없으므로 불필요한 속성이 없다. 따라서 X → Y는 완전종속이다.

아래 테이블에서 완전 종속을 모두 발견해 보자.

[표 5-1] **도시테이블(1)**

도시	동	번지	지가
경주	황남동	211-2	1,500
경주	황남동	202	2,000
경주	황남동	700	1,900
경주	동부동	202	1,300
대전	황남동	211-2	2,000
대구	이천동	650	2,500

도시테이블(2)에서 밝혔듯이 {도시, 동, 번지}가 유일한 키임을 알 수 있다(5.1.2). {도시, 동, 번지} → {지가}이며, {도시, 동, 번지}에서 어느 한 속성이라도 제거하면 {지가}를 결정할 수 없으므로 {지가}는 {도시, 동, 번지}에 완전종속이다.

(3) 부분(함수) 종속

다음 테이블에서 키를 발견해 보자(참고; 5.4.2의 (2)완전종속).

[표 5-16] **도시테이블(3)**

도시	동	번지	지가	우편번호	도시인구
경주	황남동	211-2	1,500	780-080	280,000
경주	황남동	202	2,000	780-080	280,000
경주	황남동	700	1,900	780-081	280,000
경주	동부동	202	1,300	780-040	280,000
대전	황남동	211-2	2,000	708-012	1,500,000
대구	이천동	650	2,500	705-715	2,500,000

{도시, 동, 번지}와 {우편번호, 번지}가 모두 키가 됨을 5.4.2의 (2)에서 살펴보았다. '지가'와 '도시인구'는 순수한 데이터의 성격을 가지므로 키로서의 역할을 할 수 없다. {도시, 동, 번지}가 키이므로 당연히 {도시, 동, 번지} → {도시인구}이다.

◎ {도시, 동, 번지} → {도시인구}는 완전종속인가?

완전종속이라면 {도시, 동, 번지}에서 어떠한 부분집합도 '도시인구'를 결정할 수 없다. 그러나 도시인구는 도시에 종속되는 정보임을 알 수 있다. 한 도시의 인구는 그 시점에서 데이터베이스 안에서 모두 동일하게 정의되어야 하며 다른 속성들에 의해서 변하는 값이 아니다. '도시'만으로 '도시인구'를 결정하므로 이 함수 종속은 완전종속이 아니다.

어떤 함수 종속 $X_1 \cdots X_n \rightarrow Y$ 이 완전 종속이 아니라면 $X_1 \cdots X_n$의 어떤 부분집합이 Y 를 결정한다고 볼 수 있다. 이러한 함수 종속을 부분(함수) 종속(partial (functional) dependency)이라고 한다. 위의 예에서 {도시, 동, 번지} → {도시인구}는 부분 종속이다. 왜냐하면, {도시} → {도시인구}이기 때문이다.

속성 $X_1, \cdots, X_n$, Y에 대하여, $X_1 \cdots X_n \rightarrow Y$일 때, 어떤 $V \subset X_1 \cdots X_n$에 대하여, $V \rightarrow Y$인 V가 있으면, Y는 $X_1 \cdots X_n$에 부분(함수) 종속(partial (functional) dependency, partially (functionally) dependent)이라 한다.
또는 다른 말로 풀이하면,
$X_1 \cdots X_n \rightarrow$ Y(즉, Y가 $X_1 \cdots X_n$에 함수종속)이고, 제거해도 원래의 종속성이 성립하는 속성들이 $X_1 \cdots X_n$ 안에 들어 있다는 의미이다.

(4) 이행적(함수) 종속

위의 도시테이블(1)에서 하나의 우편번호는 오직 하나의 도시와 연관되어 있으므로 {우편번호} → {도시}라는 종속 관계를 말할 수 있다. 그런데, {도시} → {도시인구}이므로 결국, {우편번호} → {도시인구}라 할 수 있다. 예를 들면, 우편번호가 780-080은 경주에 속해 있고, 경주의 인구는 280,000이라는 관계로 부터 우편번호가 780-080이 속한 도시의 인구는 280,000임을 알 수 있다. 이러한 두 함수 종속의 관계를 이행적(transitive) 종속이라 한다.

> 속성 또는 속성들의 집합 A, B, C에 대하여, A → B, B → C이면, A → C인 종속 관계를 이행적(함수) 종속(transitive (functional) dependency)이라 한다.

(5) 2정규형의 정의

이 단원의 첫 부분에서 소개한 도시테이블(3)을 다시 살펴보자.

[표 5-16] **도시테이블(3)**

도시	동	번지	지가	우편번호	도시인구
경주	황남동	211-2	1,500	780-080	280,000
경주	황남동	202	2,000	780-080	280,000
경주	황남동	700	1,900	780-081	280,000
경주	동부동	202	1,300	780-040	280,000
대전	황남동	211-2	2,000	708-012	1,500,000
대구	이천동	650	2,500	705-715	2,500,000

위 테이블은 1정규형인가? 각 필드의 모든 값이 원자값만으로 이루어져 있기 때문에 1정규형이다. 그러나 '도시인구'는 '도시'에 종속적이므로 다음 테이블에서 '?'를 채워 넣을 수 있다. 즉, '도시'가 "경주"일 때, '도시인구'는 280,000임을 알 수 있다. 이것은 곧 데이터 중복을 의미한다. 이 테이블에서 '도시'가 "경주"인 행(또는 투플)이 들어 올 때마다 280,000이라는 값이 중복된다. 이는 다른 도시들도 마찬가지이다. 예를 들면, '도시'가 "대전"인 모든 행의 '도시인구' 값은 동일하다. 이와 같은 중복성은 어디에서 나오는 것일까?

도시	동	번지	지가	우편번호	도시인구
경주	황남동	211-2	1,500	780-080	280,000
경주	황남동	202	2,000	780-080	?
경주	황남동	700	1,900	780-081	?
경주	동부동	202	1,300	780-040	?
대전	황남동	211-2	2,000	708-012	1,500,000
대구	이천동	650	2,500	705-715	2,500,000

만약 '도시'가 키라면 어떻게 될까? 킷값은 유일하므로 각 도시에 대해 도시인구도 한번만 나타날 것이다. 예를 들면, 다음과 같은 테이블을 생각할 수 있다.

[표 5-17] **도시인구테이블(1) (가상 데이터)**

도시	도시인구	면적	평균수명
경주	280,000	1,324	77
부산	3,580,000	763	76
전주	630,000	206	77
대전	1,500,000	539	78
대구	2,500,000	885	79

도시인구테이블(1)의 경우, '도시'가 키이므로 도시명이 단 한 번 나타난다. 이 경우에는 '도시인구'는 중복성이 없다. 그렇다면 도시테이블(3)에서 '도시인구'에 중복성이 있는 이유는 무엇인가? '도시인구'는 '도시'에 함수종속인데, '도시'는 키가 아니기 때문이다. '도시'는 키인 {도시, 동, 번지}의 일부분이지 키가 아니므로 같은 도시가 한 테이블에서 여러 번 나타날 수 있고, 바로 그 때문에 '도시인구'의 중복성이 나타나게 되었다. (5.1.2와 5.1.3에서 {도시, 동, 번지}와 {우편번호, 번지}가 도시테이블(3)의 키임을 보았다.) 즉, 도시테이블(3)에서 '도시인구'는 키의 한 부분인 '도시'에 종속이므로 '도시인구'에 데이터 중복성이 발생할 가능성이 있다.

이러한 관계를 일반적으로 말하자면, 어떤 속성이 키에 부분종속일 때 그 속성에 데이터 중복성이 발생할 수 있다. 2정규형은 바로 이런 관찰로부터 정의된다. 2정규형은 특별히 비키(non-key)(5.1.5) 속성에 대한 키의 부분종속성에 제한하고 있다. 예를 들면, 도시테이블(1)에서 '도시인구'는 비키속성이다. 키속성을 포함한 경우의 종속성에 대해서는 더 상위의 정규형에서 다룬다.

> 어떤 릴레이션이 1정규형에 속하고, 모든 비키(non-key) 속성이 키에 완전 종속일 때의 테이블은 2정규형에 속한다.

(또 다른 말로, 키가 여러 속성으로 구성되어 있을 경우, 그 키의 속성들 중에서 일부를 제거하더라도 비키 속성에 대하여 종속관계가 성립하면 2정규형이 아니다. 즉, 2정규형은 모든 비키 속성이 키에 완전종속인 조건을 만족한다.)

◎ 도시테이블(3)은 2정규형인가? 이유는?

2정규형이 아니다. '도시인구'는 비키인데 '도시'에 함수종속이므로 키 {도시, 동, 번지}에 부분종속이다.

◎ 그렇다면, 도시테이블(3)을 2정규형으로 만들어보자. 중복성의 원인을 제거하기 위해 테이블을 분할한다. 중복성의 원인은 무엇인가?

중복성의 원인은 {도시} → {도시인구}이다. 따라서 {도시, 도시인구}를 도시테이블(3)에서 가져와서 새로운 테이블을 만든다(도시인구테이블). 이제 '도시인구'는 도시테이블(3)에서 더 이상 필요 없으므로 도시테이블(3)에서 제거한다. 그러나 '도시' 속성은 도시테이블(3)에 여전히 필요하므로 그냥 둔다. 도시인구테이블에는 도시명이 중복되지 않도록 한다. 도시인구테이블에서 '도시'가 키이다.

[표 5-18] **도시테이블(4)**

도시	동	번지	지가	우편번호
경주	황남동	211-2	1,500	780-080
경주	황남동	202	2,000	780-080
경주	황남동	700	1,900	780-081
경주	동부동	202	1,300	780-040
대전	황남동	211-2	2,000	708-012
대구	이천동	650	2,500	705-715

[표 5-19] **도시인구테이블(2)**

도시	도시인구
경주	280,000
대전	1,500,000
대구	2,500,000

도시인구테이블의 '도시인구'는 키인 '도시'에 함수종속이므로 중복성이 없다. 위의 두 테이블은 모두 2정규형을 만족한다. 2정규형의 정의를 적용하여 확인해 보자.

◎ 어떤 테이블이 1정규형에 속하고, 키 속성이 단 하나 있다면 그 테이블은 2정규형을 만족하는가? (예; 도시인구테이블)

키속성이 단 하나이므로 키에 대해 부분종속이 존재하지 않는다. 키 속성이 단 하나이므로 그 키에 의한 종속성은 완전종속이다. 예를 들면, 도시인구테이블의 키는 {도시}이고 하나의 속성으로 이루어져 있다. {도시} → {도시인구}는 완전종속이므로 부분종속은 존재할 수 없다. 따라서 기본키가 하나의 속성으로 이루어진 테이블의 경우, 그 테이블이 1정규형이면 자동으로 2정규형을 만족한다.

◎ 어떤 테이블이 1정규형에 속하고, 비키 속성이 없다면(즉, 그 테이블의 모든 속성은 키 속성이다), 그 테이블은 2정규형에 속하는가?

비키 속성이 없으므로 2정규형의 비키속성에 대한 제약조건을 위반하지 않는다. 비키 속성이 없으므로 비키 속성으로 인하여 발생하는 중복성이 존재하지 않는다는 의미이다. 따라서 2정규형에 속한다.

예제 다음의 테이블은 2정규형인가? 그 이유를 설명하시오.

[표 5-1] **도시테이블(1)**

도시	동	번지	지가
경주	황남동	211-2	1,500
경주	황남동	202	2,000
경주	황남동	700	1,900
경주	동부동	202	1,300
대전	황남동	211-2	2,000
대구	이천동	650	2,500

풀이 이 테이블의 키는 {도시, 동, 번지}이고 '지가'는 유일한 비키이다. {도시, 동, 번지}의 세 속성이 모두 있어야 지가를 결정할 수 있다. 따라서 지가는 {도시, 동, 번지}에 완전종속이다. (답; 2정규형이다.)

예제 다음의 테이블은 2정규형인가? 그 이유를 설명하시오.

[표 5-2] **도시테이블(2)**

도시	동	번지	우편번호
경주	황남동	211-2	780-080
경주	황남동	202	780-080
경주	황남동	700	780-081
경주	동부동	202	780-040
대전	황남동	211-2	708-012
대구	이천동	650	705-715

풀이 이 테이블의 키는 {우편번호, 번지}와 {도시, 동, 번지}이다. 모든 속성이 키이고 비키속성이 없으므로 비키 속성으로 인하여 발생하는 중복성이 존재하지 않는다. 따라서 2정규형을 만족한다. (답; 2정규형이다.)

5.4.3 3정규형(Third Normal Form, 3NF)

다음의 테이블은 아래의 두 가지 조건을 만족한다.

① 한 제조회사의 '제품명'은 일정한 '무게'를 갖는다.

② 각 회사는 '무게'에 따라 일정한 '가격'을 결정한다.

이 테이블은 2정규형인가?

[표 5-20] **제품테이블(1)**

제조회사	제품명	무게	가격
금강	삼천리	200	50,000
금강	오류동	200	50,000
금강	까치	300	70,000
코라스	까치	400	70,000
코라스	강낭콩	200	40,000

먼저, 함수종속성을 찾아보자. 함수종속성들로부터 키를 찾을 수 있다.

① 한 제조회사는 여러 개의 제품명이 있고, 제품명에 따라 일정한 무게를 갖는다. 함수종속성으로 나타내면, {제조회사, 제품명} → {무게}. 예를 들면, “금강”의 “삼천리”는 무게가 200이다. 그러나 제품명만으로는 무게를 결정하지 못한다. 예를 들면, “금강”의 “까치”와 “코라스”의 “까치”는 무게가 다르다.

② 모든 회사는 ‘무게’에 따라 일정한 ‘가격’을 결정한다; 이를 함수종속으로 나타내면, {제조회사, 무게} → {가격}. 예를 들면, 무게가 200인 제품의 가격은 제조회사마다 다를 수 있다. ‘제조회사’가 “금강”이면서 무게가 200인 제품의 가격은 50,000이다. 그러나 같은 무게라도 제조회사가 다르면 가격이 다를 수 있다. “코라스”의 “강낭콩”은 무게가 200인데 가격은 40,000이다.

그렇다면, 키는 무엇일까? 위에서 찾은 두 함수종속을 살펴보자. {제조회사, 제품명} → {무게}, {제조회사, 무게} → {가격}로부터 {제조회사, 제품명} → {가격}이 됨을 알 수 있다. 왜냐하면, {제조회사, 제품명} → {제조회사, 무게}이고, {제조회사, 무게} → {가격}이므로 이행적 종속의 정의로부터(5.4.2의(4)) {제조회사, 제품명} → {가격}이 된다. 종합하면, {제조회사, 제품명} → {무게, 가격}이고, {제조회사, 제품명} 중 어느 하나를 제거하면 함수종속을 만족할 수 없으므로, {제조회사, 제품명}은 유일성과 최소성을 만족한다. 따라서 {제조회사, 제품명}이 키이다.

(참고; {제조회사, 제품명} → {제조회사, 무게}에 대하여;

{제조회사, 제품명} → {제조회사}는 항상 성립한다. 왜냐하면, 모든 속성은 자신(또는 그 일부)을 항상 유일하게 결정할 수 있기 때문이다. 예를 들면, "금강"과 "삼천리"는 "금강"을 유일하게 결정한다. 일반적으로 속성 X, Y에 대하여, {X, Y} → {X} 또는 {X, Y} → {Y} 또는 {X, Y} → {X, Y}이다.

{제조회사, 제품명} → {제조회사}와 {제조회사, 제품명} → {무게}로부터 {제조회사, 제품명} → {제조회사, 무게}를 도출한다. 일반적으로, 속성(또는 속성들의 집합) X, Y, Z에 대하여, {X} → {Y} 이고, {X} → {Z} 이면, {X} → {Y, Z}. 이는 논리적으로 쉽게 이해할 수 있다. 예를 들어, '제조회사'와 ,'제품명'이 '제조회사'를 결정하고 '제조회사'와 '제품명'이 '무게'를 결정한다면, '제조회사'와 ,'제품명'이 '제조회사'와 '무게'를 결정할 수 있다. 위 테이블에서 예를 들면, "금강"과 "삼천리"는 "금강"을 결정하고, "금강"과 "삼천리"는 무게가 200이므로, 이 두 종속 관계를 함께 고려하면, "금강"과 "삼천리"는 제조회사가 "금강"이고 무게가 200임을 알 수 있다.)

이와 같이 {제조회사, 제품명}은 '무게'와 '가격'을 모두 결정함을 알 수 있다. 따라서, 이 테이블의 키는 {제조회사, 제품명}이다.

{제조회사, 무게}는 키인가? {제조회사, 무게}가 키가 되려면 그것이 가격과 제품명을 모두 결정할 수 있어야 한다. 한 제조회사는 같은 무게의 여러 가지 제품을 만들 수 있으므로 {제조회사, 무게}는 제품명을 유일하게 결정하지 못한다. 따라서 {제조회사, 무게}는 키가 아니다. 예를 들면, 제조회사가 금강이고 무게가 200인 제품명은 무엇인가? 테이블에서 두 개의 값이 나온다(삼천리, 오류동).

그렇다면, 이 테이블의 비키 속성은 무엇인가? 키 속성이 '제조회사'와 '제품명'이므로 키 속성이 아닌 속성들이 모두 비키 속성이 된다. 즉, '무게'와 '가격'이 비키 속성이다.

이제 이 테이블이 2정규형 인지를 검사하자. 우선, 이 테이블은 모두 원자값으로 이루어져있으므로 1정규형이다. 2정규형은 비키 속성의 키에 대한 부분종속성을 검사하면 된다. 이 테이블의 키는 두 개의 속성으로 구성되어 있으므로 부분종속이 가능하다. 각 비키 속성에 대하여 검사하자.

(ㄱ) '무게' 속성에 대하여; {제조회사, 제품명} → {무게}인데, {제조회사} ↛ {무게}이고 (왜냐하면, 한 제조회사에는 여러 제품이 있고 제품마다 무게가 다를 수 있기 때문이다. 예를 들면, "금강"이 만드는 제품의 무게는 200과 300이 있다. 따라서 제조회사 단독으로는 무게를 결정하지 못한다. 현재 테이블에 그러한 데이터가 없다 하더라도 미래에는 그러한 데이터가 들어올 수 있다는 사실에 유의하자.), {제품명} ↛ {무게}이다. (제품명이 같지만 제조회사가 다르면 무게가 다를 수 있다. 예를 들면, "금강"의 "까치"와 "코라스"의 "까치"는 무게가 다르다.) 따라서 '무게' 속성은 키(={제조회사, 제품명})에 완전종속이다.

(ㄴ) '가격' 속성에 대하여; {제조회사, 제품명} → {가격}인데, {제조회사} ↛ {가격}이고 {제품명} ↛ {가격}이다. 따라서 '가격' 속성은 키(={제조회사, 제품명})에 완전종속이다.

결론적으로, 모든 비키 속성이 키에 완전종속이므로 이 테이블은 2정규형에 속한다. 그렇다면, 위 테이블에서 중복성은 없는가? 아래 테이블의 공백을 채워 넣자.

제조회사	제품명	무게	가격
금강	삼천리	200	50,000
금강	오류동	200	?
금강	까치	300	70,000
코라스	까치	400	70,000
코라스	강낭콩	200	40,000

"모든 회사는 '무게'에 따라 일정한 '가격'을 결정한다."라는 조건에 의하면, 위 테이블의 공백에 50,000을 넣을 수 있다. 즉, '제조회사'가 "금강"이고, '무게'가 200이면, '가격'은 50,000임을 알 수 있다. 이것은 곧 데이터 중복을 의미한다. 이 테이블에서 '제조회사'가 "금강"이고, '무게'가 200인 행이 들어 올 때마다 50,000이라는 값이 중복된다. 이는 다른 제조회사들에 대해서도 마찬가지이다. 이와 같은 중복성은 어디에서 나오는 것일까? 이 현상을 함수 종속으로 나타내면, {제조회사, 무게} → {가격}이다. {제조회사, 무게}가 키가

아니므로 2정규형의 제약조건과는 다르다. 우리는 여기에서 2정규형으로는 제거하지 못하는 새로운 형태의 중복성을 제거할 필요가 있다. 위와 같은 형태의 중복성을 제거하기 위하여 3정규형을 정의하자.

어떤 릴레이션이 2정규형에 속하고, 그것의 모든 비키(non-key) 속성은 수퍼키에만 함수종속이면 3정규형에 속한다.

모든 비키 속성이 수퍼키(5.1.7)에만 종속 관계가 있어야 3정규형이다. 다른 말로하면, 비키 속성이 수퍼키가 아닌 속성(들)에 함수종속이면 3정규형이 아니다. 수퍼키란 키를 포함하는 속성(들)의 집합이므로, 비키 속성은 키를 포함하는 속성들에만 함수종속관계를 허용한다는 뜻이다. 어떤 비키 속성이 수퍼키에만 함수종속이 있다는 뜻은 수퍼키는 테이블의 투플을 유일하게 결정할 수 있으므로 그 비키 속성을 유일하게 결정할 수 있다(즉, 그 비키 속성이 단 한번 나타난다). 그러나 수퍼키가 아니면서 비키에 대한 함수종속이 있으면 그 속성이 다수 나타날 가능성이 있으므로 그 함수종속성에 의해 중복이 발생하게 된다. 이러한 형태의 중복성을 제거하기 위한 정규형이 3정규형이다.

{제조회사, 무게} → {가격}의 예를 들면, {제조회사, 무게}는 수퍼키가 아니다. 예를 들면, '제조회사'가 "금강"이고, '무게'가 200인 제품은 여러 개가 가능하다("삼천리", "오류동"). 따라서 '제조회사'와 '무게'는 테이블의 투플을 유일하게 결정할 수 없으므로 수퍼키가 아니다. 따라서, 위의 테이블은 3정규형이 아니다.

이행적 함수종속을 이용하여 3정규형을 정의할 수 있다. 많은 교재에서 이런 정의를 하고 있으므로 참고로 소개한다.

> 어떤 릴레이션이 2정규형에 속하고, 그것의 어떠한 비키(non-key) 속성도 키에 이행적 함수 종속이 아니면 3정규형에 속한다. (즉, 키에 이행적 함수종속인 비키 속성이 있으면 3정규형이 아니다)

위 테이블의 예를 들면,

{제조회사, 제품명} → {제조회사, 무게}이고,

{제조회사, 무게} → {가격}이므로

{제조회사, 제품명} → {가격}이다.

비키인 '가격'이 키인 {제조회사, 제품명}에 이행적 종속임을 보여준다. 따라서 이 테이블은 3정규형이 아니다.

이와 같이 이행적 종속관계를 이용하여 3정규형을 정의할 수 있다. 물론 두 정의가 의미적으로 정확히 일치한다. 따라서 무슨 정의를 선택하느냐는 상황에 따른다. 여기서는 수퍼키를 이용하는 정의를 사용하고자 한다(두 정의가 서로 다르게 느껴질 수 있다. 관심있는 독자들을 위하여 두 정의가 같음을 3정규형 단원의 뒷부분에 설명해 두었다).

다음의 테이블은 3정규형이 아님을 보았다. 현재 2정규형인 이 테이블을 3정규형으로 개선해 보자.

[표 5-20] **제품테이블(1)**

제조회사	제품명	무게	가격
금강	삼천리	200	50,000
금강	오류동	200	50,000
금강	까치	300	70,000
코라스	까치	400	70,000
코라스	강낭콩	200	40,000

우선 중복의 원인을 제거하는데 중점을 두어야 한다. 중복의 원인은 무엇인가? {제조회

사, 무게} → {가격}인 함수 종속에서 {제조회사, 무게}는 수퍼키가 아니다. 비키인 {가격}이 비수퍼키에 함수종속이라는 사실은 3정규형의 조건에 어긋난다. {제조회사, 무게} → {가격}인 함수 종속인 관계를 유지하려면, 이 세 속성은 한 테이블에 있어야 한다. 문제를 일으킨 이 세 속성을 원래의 테이블에서 분리하여 보자. {"금강", "200", "50,000"}인 투플은 중복되므로 하나는 제거한다.

[표 5-21] **제품테이블(2)**

제조회사	무게	가격
금강	200	50,000
금강	300	70,000
코라스	400	70,000
코라스	200	40,000

이제 원래의 테이블에서 '가격' 속성은 더 이상 필요 없게 되었다. 원래의 테이블에서 '가격' 속성을 제거하면 {제조회사, 제품명, 무게}가 남게 되는데, {제조회사, 제품명} → {무게}라는 원래의 관계를 그대로 유지해 준다.

[표 5-22] **제품테이블(3)**

제조회사	제품명	무게
금강	삼천리	200
금강	오류동	200
금강	까치	300
코라스	까치	400
코라스	강낭콩	200

그렇다면 {제조회사, 제품명} → {가격}이라는 관계는 유지되는가? 두 테이블을 연결하면 가능하다. 예를 들면, {"금강", "삼천리"}의 무게는 200이고, {"금강", "200"}의 가격은 50,000이다. 따라서 위의 두 테이블은 원래의 테이블과 같은 내용이다. 각 테이블은 3정규

형인지 각자 확인해 보자.

질문 어떤 2정규형 테이블에서 비키 속성은 없고 모두 키 속성들만 있다면 이 테이블은 3정규형일까?

답 그렇다. 비키 속성이 없으므로 제약조건을 위반하지 않는다(참고; 이러한 '참'을 논리학에서 Vacuously true라 한다).

질문 어떤 2정규형 테이블의 키가 X이고 X가 단일 속성이라면 이 테이블은 3정규형일까?

답 알 수 없다. 수퍼키에 대한 비키의 함수종속관계에 따른다.

예제 아래의 테이블은 3정규형인가? 판단의 이유를 설명하시오. 3정규형이 아니면 3정규형으로 개선하시오.

[표 5-2] **도시테이블(2)**

도시	동	번지	우편번호
경주	황남동	211-2	780-080
경주	황남동	202	780-080
경주	황남동	700	780-081
경주	동부동	202	780-040
대전	황남동	211-2	708-012
대구	이천동	650	705-715

풀이 앞 단원에서 2정규형임을 보았다. 이 테이블의 키는 {우편번호, 번지}와 {도시, 동, 번지}이다. 모든 속성이 키이고 비키속성이 없으므로 비키 속성으로 인하여 발생하는 중복성이 존재하지 않는다. 따라서 3정규형을 만족한다.

예제 아래의 테이블은 3정규형인가? 그 이유를 설명하시오.

[표 5-1] **도시테이블(1)**

도시	동	번지	지가
경주	황남동	211-2	1,500
경주	황남동	202	2,000
경주	황남동	700	1,900
경주	동부동	202	1,300
대전	황남동	211-2	2,000
대구	이천동	650	2,500

풀이 앞 단원에서 2정규형임을 보았다. 이 테이블의 키는 {도시, 동, 번지}이고 '지가'는 유일한 비키이다. {도시, 동, 번지}의 세 속성이 모두 있어야 '지가'를 결정할 수 있다. 따라서 '지가'는 {도시, 동, 번지}에 완전종속이고 다른 함수종속이 없다. {도시, 동, 번지}는 키이며, 모든 키는 수퍼키이므로 '지가'는 수퍼키에 함수종속이다. 따라서 이 테이블은 3정규형이다. (또는 둘째 정의를 사용하면, 이 테이블에서 유일한 비키인 '지가'는 키에 이행적 종속관계가 없다. 따라서 3정규형이다.)

예제 아래의 테이블은 3정규형인가? 그 이유를 설명하시오.

[표 5-18] 도시테이블(4)

도시	동	번지	지가	우편번호
경주	황남동	211-2	1,500	780-080
경주	황남동	202	2,000	780-080
경주	황남동	700	1,900	780-081
경주	동부동	202	1,300	780-040
대전	황남동	211-2	2,000	708-012
대구	이천동	650	2,500	705-715

풀이 앞 단원에서 2정규형임을 보았다. 이 테이블의 키는 {도시, 동, 번지}, {우편번호, 번지}이고 '지가'는 유일한 비키이다. '지가'는 이들 키 외에는 함수종속 관계가 없다. 따라서 3정규형이다.

◎ 3정규형 정의의 두 가지에 대하여;

3정규형의 정의를 하나는 수퍼키를 이용하였고 또 하나는 이행적 종속관계를 이용하였다. 가끔 두 정의가 정말 같을까 하는 질문을 하는 이들이 있어 지면을 조금 할애하여 (이러한 이론적 내용에 흥미를 갖는 독자들을 위해) 두 정의가 같음을 보여주고자 한다.

P; 모든 비키 속성이 수퍼키에만 함수 종속이다.

Q; 키에 이행적 종속인 비키 속성은 존재하지 않는다.

K를 키, N을 비키 속성이라 하자.

Q를 다시 풀이하면, 어떤 속성 A에 대해, K→A, A→N을 만족하는 A가 존재하지 않는다. 즉, A→N을 만족하는 A가 존재하지 않는다. (K→A는 항상 만족한다)

그리고 A는 수퍼키가 아니다. 왜냐하면 A가 수퍼키라면 A→N이기 때문이다.

즉, Q; K, N에 대하여, K→A, A→N을 만족하는 비수퍼키(non-superkey) A는 존재하지 않는다.

(1) P⇒Q;

¬Q(¬; 논리적 부정, negation of Q); K, N에 대하여, K→A, A→N을 만족하는 비수퍼키(non-superkey) A가 존재한다.

즉, 비수퍼키에 함수종속인 비키속성이 존재한다.

이는 ¬P와 같다. 즉, ¬Q⇒¬P이다. 즉, P⇒Q이다.

(2) Q⇒P;

¬P; 비수퍼키에 함수종속인 비키 속성이 존재한다.

즉, A는 비수퍼키, N은 비키라 할 때, A→N인 A와 N이 존재한다.

K를 키라 하면, K→A는 항상 성립하므로, K→A, A→N 이다.

즉, K→A, A→N을 만족하는 비수퍼키 A가 존재한다. 즉, ¬Q.

즉, ¬P⇒¬Q이다. 즉, Q⇒P이다.

(1)과 (2)에 의해, P⇔Q이다.

5.4.4 BC정규형(BCNF; Boyce-Codd Normal Form)

아래 테이블 {도시, 동, 번지, 우편번호}는 3정규형임을 5.4.3의 예제에서 보았다. 그렇다면 아래 테이블에는 중복성이 없는 것일까? (5.4.2; 키는 {도시, 동, 번지}와 {우편번호, 번지})

[표 5-2] **도시테이블(2)**

도시	동	번지	우편번호
경주	황남동	211-2	780-080
경주	황남동	202	780-080
경주	황남동	700	780-081
경주	동부동	202	780-040
대전	황남동	211-2	708-012
대구	이천동	650	705-715

아래 테이블에서 공백('?'부분)을 매워 보자.

도시	동	번지	우편번호
경주	황남동	211-2	780-080
?	?	202	780-080
경주	황남동	700	780-081
경주	동부동	202	780-040
대전	황남동	211-2	708-012
대구	이천동	650	705-715

어렵지 않게 "경주", "황남동"을 넣을 수 있을 것이다. 왜 그러한가? 위 테이블의 함수종속성은 {도시, 동, 번지}→{우편번호}, {우편번호}→{도시, 동}이다(5.4.2). 중복의 발생원인은 {우편번호}→{도시, 동}이라는 함수종속에서 발생된다. 우편번호를 알면 도시와 동이 유일하게 결정되기 때문이다(그러나 그 반대 방향, 즉, 도시와 동을 알더라도 우편번호는 유일하게 결정되지 않는 경우가 있다. 왜냐하면 한 동 안에 여러 우편번호가 존재할 수 있기 때문이다). 동일한 우편번호가 나타날 때마다 이러한 중복성이 발생한다. 실제

위와 같은 테이블에서 같은 도시와 동에 속한 번지가 다수 출현할 수 있기 때문에 이와 같은 중복의 발생 빈도는 높다고 볼 수 있다. 그렇다면, 어떻게 이러한 중복성을 제거할 수 있는지에 대해 살펴보자. 이제 BC정규형을 정의하자(Boyce와 Codd는 BC정규형의 고안자들이다).

> 어떤 릴레이션이 3정규형에 속하고, 각 함수종속의 결정자가 (후보)키이면 BC정규형에 속한다.

3정규형의 정의에서는 비키속성이 수퍼키에 함수종속이라는 조건이었다. BC정규형에서는 모든 속성이 후보키에 함수종속이라는 조건이다. 또 다른 표현으로, BC정규형은 비키 속성 뿐 아니라 키 속성도 함께 포함하여 후보키와의 종속 관계만을 조건으로 한다. 그렇다면 위의 도시테이블(2)가 BC정규형이 안되는 이유는 무엇인가?

{우편번호}→{도시, 동} 관계를 살펴보자. {우편번호, 번지}는 (후보)키이지만, {우편번호}는 후보키가 아니다. 따라서 이 도시테이블(2)는 BC정규형이 아니다. 이제 이 테이블을 BC정규형으로 만들어 보자.

지금까지의 정규형 과정에서 그러했듯이 정규형의 제약조건을 위반하는 종속성을 원래의 테이블에서 분리하여 보자. 원래의 테이블로부터 도시테이블(5) {우편번호, 도시, 동}를 만들면 {우편번호}→{도시, 동} 관계를 유지할 수 있다.

[표 5-23] **도시테이블(5)**

우편번호	도시	동
780-080	경주	황남동
780-081	경주	황남동
780-040	경주	동부동
708-012	대전	황남동
705-715	대구	이천동

이제 남은 것은 '번지' 속성과 {도시, 동, 번지}→{우편번호}라는 함수종속이다. (경우

에 따라서 상위 정규형을 만들 때 원래의 함수종속이 어렵거나 불가능한 경우가 있다. 그러나 원래의 속성을 잃어서는 안 된다.) '번지'를 포함하여 테이블을 구성하는 여러 가지 방법을 생각할 수 있다.

㉠ {도시, 동, 번지}로 테이블을 구성하는 경우;

[표 5-24] **도시테이블(6)**

도시	동	번지
경주	황남동	211-2
경주	황남동	202
경주	황남동	700
경주	동부동	202
대전	황남동	211-2
대구	이천동	650

이 경우, {도시, 동, 번지}→{우편번호}의 관계를 회복할 방법이 있을까? 예를 들어, "경주", "황남동", "202"번지의 '우편번호'는 무엇인가?라는 질문에 답할 수 있을까?

"경주", "황남동", "202"번지를 테이블에서 발견 할 수 있지만 도시테이블(5)와 연관지을 수 있는 것은 "경주"와 "황남동"이라는 값이고, 도시테이블(5)에서 그 값에 대한 우편번호는 "780-080"과 "780-081"의 두 우편번호 중에서 어느 것이 맞는 것인지 결정지을 수 없다. 따라서 도시테이블(6)으로는 원래의 함수 종속을 회복할 수 없다.

㉡ {우편번호, 번지}로 테이블을 구성하는 경우;

[표 5-24] **도시테이블(7)**

우편번호	번지
780-080	211-2
780-080	202
780-081	700
780-040	202
708-012	211-2
705-715	650

테이블이 좀 이상하게 보인다. 키가 무엇인가? '우편번호' 하나 만으로 투플을 유일하게 결정할 수 있는가? 하나의 우편번호에는 다수의 번지를 포함하므로 '우편번호' 단독으로는 키가 될 수 없다. 그렇다면 '번지'는 어떠한가? 동일한 번지가 다른 '동'(들)에서 출현 가능하므로 '번지'도 키의 역할을 할 수 없다. 어느 하나만으로는 (투플을 유일하게 식별하는) 키의 역할을 할 수 없다. 이런 경우에는, 일반적인 방법으로 두 속성을 연합하여 키로 삼는다. 즉, {우편번호, 번지}가 키가 된다. 그렇다면 도시테이블(7)은 원래의 함수종속 {도시, 동, 번지}→{우편번호}의 관계를 회복할 수 있는가?

예를 들면, "경주", "황남동", "202"번지의 '우편번호'는 무엇인가?라는 질문에 답할 수 있는가? 도시테이블(5)에서 "경주", "황남동"의 '우편번호'는 "780-080"과 "780-081"이고, 도시테이블(7)에서 "202" 번지의 '우편번호'는 "780-080"과 "780-040" 두 개가 검색되는데, 두 개중 도시테이블(5)와 합치하는 우편번호는 "780-080"이므로 검색 결과는 "780-080"이다. 이와 같이 두 테이블을 연결하면 {도시, 동, 번지}→{우편번호}의 관계를 회복할 수 있음을 알 수 있다. 또한 원래의 테이블의 중복성을 해결할 수 있다.

그렇다면, 두 테이블(도시테이블(5)와 (7))은 BC정규형인가?

[표 5-23] **도시테이블(5)**

우편번호	도시	동
780-080	경주	황남동
780-081	경주	황남동
780-040	경주	동부동
708-012	대전	황남동
705-715	대구	이천동

[표 5-25] **도시테이블(7)**

우편번호	번지
780-080	211-2
780-080	202
780-081	700
780-040	202
708-012	211-2
705-715	650

㉠ 도시테이블(5)가 BC정규형인지 검사하자. {우편번호, 도시, 동}에서 키는 무엇인가? {우편번호}→{도시, 동}이 이 테이블의 유일한 함수종속이다. 따라서 {우편번호}가 키이다. 키가 단일한 속성을 가지므로 자동으로 2정규형이며, 비키 속성인 '도시'와 '동'이 각각 '우편번호'(즉, 키)에만 종속되므로 3정규형이다. BC정규형은 키 속성에 대해서도 후보키

에만 종속되어야 한다는 조건을 갖는데 '우편번호'가 유일한 키속성이고 {우편번호}→{도시, 동}이 유일한 함수종속이므로 도시테이블(5)는 BC정규형이다.

ⓛ 도시테이블(7)이 BC정규형인지 검사하자. {우편번호, 번지}의 키는 무엇인가? 두 속성이 함께 키가 됨을 이미 살펴보았다. 이 경우, 굳이 함수종속을 나타내자면, {우편번호, 번지}→{우편번호}, {우편번호, 번지}→{번지}가 되고 모든 함수종속의 결정자는 키이므로 이 테이블은 BC정규형이다.

◎ 3정규형은 비키 속성과 수퍼키 사이의 종속 관계를 고려하였다. BC정규형은 비키 속성뿐 아니라 키 속성도 함께 포함하여 수퍼키와의 종속 관계를 고려한다. 그렇다면, BC정규형은 3정규형 보다 제약조건을 확대한 것일까 축소한 것일까?

풀이 BC정규형은 비키속성뿐 아니라 키속성에 대해서도 제약 조건을 부여하므로 3정규형보다 더 까다로운 조건이다.

◎ 어떤 3정규형 테이블에서 비키 속성은 없고 모두 키 속성들만 있다면 이 테이블은 BC정규형일까?

풀이 BC정규형의 정의에 따르면, 각 함수종속의 결정자가 (후보)키이어야 한다. 테이블이 모두 키속성들로만 이루어졌다하더라도 어떤 함수종속의 결정자가 (후보)키가 아닐 수 있다. 따라서 BC정규형임을 보장하지 못한다(즉, 경우에 따라 BC정규형이 아닐 수도 있고 BC정규형일 수도 있다).

◎ 어떤 테이블에서 그 테이블의 모든 속성으로 이루어진 단 하나의 키가 존재하며, 그 키가 그 테이블의 단 하나 존재하는 함수종속의 결정자가 된다면 이 테이블은 BC정규형일까?

풀이 이 테이블에는 비키가 없고 모든 속성이 키속성이므로 3정규형을 만족한다. 키가 결정자가 되는 함수종속이 이 테이블에서 유일한 함수종속이므로 이 테이블은 BC정규형이다.

예제 아래의 테이블은 BC정규형인가? 그 이유를 설명하시오.

[표 5-1] **도시테이블(1)**

도시	동	번지	지가
경주	황남동	211-2	1,500
경주	황남동	202	2,000
경주	황남동	700	1,900
경주	동부동	202	1,300
대전	황남동	211-2	2,000
대구	이천동	650	2,500

풀이 앞 단원에서 3정규형임을 보았다. 이 테이블의 키는 {도시, 동, 번지}이고 '지가'는 유일한 비키이다. {도시, 동, 번지}의 세 속성이 모두 있어야 '지가'를 결정할 수 있다. {도시, 동, 번지}→{지가}는 이 테이블의 유일한 함수종속이고 {도시, 동, 번지}가 키이므로 이 테이블은 BC정규형이다.

예제 고객 정보에 대한 아래의 테이블은 BC정규형인가? 그 이유를 설명하시오. 아니라면 BC정규형으로 테이블을 개선하시오(조건; 한명의 고객은 한명의 직원에 의해 서비스를 받는다. 그러나 한 직원은 다수의 고객을 담당할 수 있다. 한명의 직원은 하나의 지점에 소속된다. 하나의 지점에는 여러 명의 직원이 소속되어 있다).

[표 5-26] **고객테이블(8)**

고객번호	고객명	전화	직원ID	지점ID
8023	박상일	02-1122-4355	E021	B12
8024	Charles K.	02-5344-6546	E021	B12
8025	김선혜	053-2342-5345	E023	B12
8027	최도호	051-5244-6367	E021	B12
8029	진정호	062-534-3619	E023	B14
8030	이용구	043-7476-2455	E025	B14

풀이

① 이 테이블의 함수종속을 살펴보면,

㉠ 한 고객은 하나의 '고객명'과 '전화'를 갖는다; {고객번호}→{고객명, 전화}

㉡ 한 고객은 한명의 직원에 의해 서비스를 받는다; {고객번호}→{직원ID}

㉢ 한 직원은 하나의 지점에 소속된다; {직원ID}→{지점ID}

㉣ ㉡과 ㉢으로부터 (이행적 함수종속); {고객번호}→{지점ID}

㉤ '전화' 속성에 대하여; 하나의 '전화'를 여러 고객이 공유할 수도 있다(예; 한 가족이 고객인 경우). 그리고 어떤 고객은 전화가 없을 수도 있다. 따라서 '전화'라는 속성은 데이터로 인식하는 것이 적절하고 키 속성으로는 부적당하다.

② 키는 무엇인가? 위의 함수종속을 종합하면; {고객번호}→{고객명, 전화, 직원ID, 지점ID}. 따라서, '고객번호'는 이 테이블의 유일한 키이다.

③ 정규형은 무엇인가? 키가 단일 속성으로 이루어져있으므로 키에 부분종속이 존재하지 않는다. 그러므로 2정규형을 만족한다.
{직원ID}→{지점ID}; 비키 속성인 '지점ID'가 수퍼키가 아닌 '직원ID'에 함수종속이므로 3정규형이 아니다. (또는, {고객번호}→{직원ID}, {직원ID}→{지점ID}; 비키 속성인 '지점ID'가 키에 이행적종속이다. 그러므로 3정규형이 아니다.)

④ 3정규형으로 만들기; 3정규형의 제약조건을 위반한 함수종속은 {직원ID}→{지점ID}이다. 따라서 이 종속을 원래의 테이블에서 제거하여 {직원ID, 지점ID}를 속성으로 하는 독립적인 테이블을 만들자. 두 테이블의 연결을 위해 원래의 테이블에 '직원ID' 속성을 남겨둔다. 아래는 테이블을 분할한 결과이다.

[표 5-27] **고객테이블(9)**

고객번호	고객명	전화	직원ID
8023	박상일	02-1122-4355	E021
48024	Charles K.	02-5344-6546	E021
8025	김선혜	053-2342-5345	E023
8027	최도호	051-5244-6367	E021
8029	진정호	062-534-3619	E023
8030	이용구	043-7476-2455	E025

[표 5-28] **고객테이블(10)**

직원ID	지점ID
E021	B12
E023	B12
E025	B14

⑤ 이 테이블은 BC정규형인가? 고객테이블(9)에서 키에 의한 함수종속만 있으므로 이 테이블은 BC정규형에 속한다. 고객테이블(10)에서도 키인 {직원ID}에 의한 함수종속만 존재한다. 따라서 고객테이블(10)은 BC정규형에 속한다.

거의 모든 경우에 BC정규형은 실용적 가치를 갖는다. 대부분의 응용에서 3정규형이나 BC정규형을 요구하고 있다. 4정규형은 다치종속(Multi-Valued Dependency; MVD)에 기반한 정규형인데, 실무에서 4정규형까지 요구하는 경우는 흔하게 보는 것은 아니다. 그러나 이론적 중요성이 있고, 실무에서도 쉽게 적용할 수 있는 경우가 없지 않고, 배우기도 쉬운 내용이므로 핵심적인 개념 위주로 소개하고자 한다.

5.4.5 4정규형(4NF; Fourth Normal Form)

아래 테이블은 회사의 인사테이블인데 직원에 대한 자격증과 근무 경험이 있는 지점을 보여준다. 한 직원은 적어도 하나 이상의 자격증을 보유하고, 또 적어도 한 개의 지점(현재 근무 중인 지점 포함)을 근무한 경력이 있다. 예를 들면, 직원번호가 E97177인 직원은 소방기사, 전기기사 자격증을 가지고 있고, 근무지로 포항, 대구, 동대문 지점의 근무 경력이 있음을 테이블에서 볼 수 있다. 아래 테이블의 정규형은 무엇인가?

[표 5-29] **인사테이블(1)**

직원번호	자격증	근무지점
E95003	전기기사	광양
E95003	전기기사	울산
E95003	토목기사	광양
E95003	토목기사	울산
E97177	소방기사	포항
E97177	소방기사	대구
E97177	소방기사	동대문
E97177	전기기사	포항
E97177	전기기사	대구
E97177	전기기사	동대문
E98080	정보기사	진주
E98080	정보기사	인천
E06045	소방기사	포항
E06045	소방기사	부산
E09055	건축기사	광주
E09055	건축기사	포항
E09055	건축기사	동대문

먼저, 함수종속성을 찾아보자.

① 한 직원은 여러 '자격증'을 가질 수 있으므로, 직원번호↛자격증. 또, 자격증↛직원번호.

② 한 직원은 여러 '근무지점'을 가질 수 있으므로, 직원번호↛근무지점. 또, 근무지점↛직원번호.

③ '자격증'과 '근무지점'과는 아무런 연관성이 없으므로 함수종속성이 없다.

그렇다면, 위의 함수종속성들로부터 키를 찾을 수 있는가? 세 속성을 모두 합한다면 키를 구성할 수 있다. 즉, {직원번호, 자격증, 근무지점}은 이 테이블의 유일한 키이다. 따라서 이 테이블은 BC정규형을 만족한다(이 테이블에는 비키가 없고 모든 속성이 키속성이므로 3정규형을 만족한다. 키가 결정자가 되는 함수종속이 이 테이블에서 유일한 함수종속이므로 이 테이블은 BC정규형이다).

BC정규형을 만족하면서도 이 테이블에는 많은 중복성을 보게 된다. 예를 들면, E97177의 '자격증' = "소방기사"라는 데이터가 세 번이나 나타난다. 중복성의 원인은 한 직원이 여러 자격증을 가질 수 있다는 것과 한 직원의 근무지점이 여러 곳이라는 데이터가 한 테이블에 들어있다는 것에서부터 기인한다. 이와 같은 중복성을 해결할 수는 없을까?

중복의 원인을 좀 더 세밀히 분석해 보자. 각 직원은 여러 자격증을 가질 수 있고, 여러 근무지점을 가질 수 있기 때문에 정규화 이전의 원래의 모습을 테이블로 나타내면 다음과 같다.

[표 5-30] **인사테이블(2)**

직원번호	자격증	근무지점
E95003	{전기기사, 토목기사}	{광양, 울산}
E97177	{소방기사, 전기기사}	{포항, 대구, 동대문}
E98080	{정보기사}	{진주, 인천}
E06045	{소방기사}	{포항, 부산}
E09055	{건축기사}	{광주, 포항, 동대문}

물론 위의 테이블은 어떠한 정규형에 속하지 못한다. 왜냐하면 1정규형은 각 필드가 원자값(atomic value, 더 이상 분리할 수 없는 의미있는 데이터 하나)이 되어야 하는데, 이 테이블에는 여러 값이 한 필드에 들어가 있기 때문이다. 그러나 의미적으로 본다면 이 테이블은 인사테이블(1)보다 사람이 이해하기가 쉽다.

인사테이블(2)와 같이 **한 필드에 여러 값을 갖는 경우를** 다치(multi-valued)라 한다. 인사테이블(2)는 사람이 눈으로 보기에는 편하지만 데이터베이스로 처리하기에는 문제가 많다(1정규형도 만족할 수 없다). 인사테이블(2)를 정규형에 맞춘 것이 인사테이블(1)이다. 즉, 인사테이블(1)에는 다치를 포함하고 있다. 다치 관계를 나타내기 위해 다치종속 개념이 출현하였다.

> 한 속성이 다른 속성의 복수개의 값을 결정하는 것을 다치종속성(multivalued dependency: MVD)이라 한다. 속성A가 속성B를 다치종속하는 것을 A↠B라 표시하고, A가 B를 다중결정(multidetermine)한다고 말한다.

다치종속의 예를 들면, 인사테이블(1)에서 '직원번호' 속성은 '자격증'을 다치종속하고, '직원번호' 속성은 '근무지점'을 다치종속한다. 즉, 직원번호↠자격증이다. 마찬가지로, 직원번호↠근무지점이다. 그러한 사례를 들면, "E95003"직원은 자격증이 {"전기기사", "토목기사"}이고, 근무지점이 {"광양", "울산"}이다.

이러한 다치 개념은 함수종속과는 다르다. 함수종속성의 특징은 '유일하게 결정한다'는 개념인데, 다치는 '다수 개의 값을 결정한다'라는 개념이다. 따라서 함수종속은 다치종속의 특수한 경우이다.

우리는 인사테이블(1)에서 다치종속성을 두 건 발견하였다. 직원번호↠자격증이고 직원번호↠근무지점이지만, '자격증'과 '근무지점' 사이에는 어떠한 종속관계도 없다. 즉, 아무런 종속관계가 없는 두 다치 속성('자격증'과 '근무지점')을 한 테이블에 두었다는 것인데 이것이 어떠한 상황을 만들어 가는지 살펴보자.

① '직원번호'="E95003"에 대하여; '자격증'={"전기기사", "토목기사"}이고, '근무지점'={"광양", "울산"}이다. 이 내용을 정규화하여 각 필드에 원자값만 오도록 테이블을 만들자. '직원번호'="E95003"에 대하여, '자격증'={"전기기사"}이고, '근무지점'={"광양"}인 경우 아래의 테이블과 같다.

직원번호	자격증	근무지점
E95003	*전기기사*	*광양*

'직원번호'="E95003"에 대하여, '자격증'={"전기기사"}이고, '근무지점'={"울산"}인

경우를 테이블에 추가하자.

직원번호	자격증	근무지점
E95003	전기기사	광양
E95003	*전기기사*	*울산*

'직원번호'="E95003"에 대하여, '자격증'={"토목기사"}이고, '근무지점'={"광양"}인 경우를 테이블에 추가하자.

직원번호	자격증	근무지점
E95003	전기기사	광양
E95003	전기기사	울산
E95003	*토목기사*	*광양*

'직원번호'="E95003"에 대하여, '자격증'={"토목기사"}이고, '근무지점'={"울산"}인 경우를 테이블에 추가하자.

직원번호	자격증	근무지점
E95003	전기기사	광양
E95003	전기기사	울산
E95003	토목기사	광양
E95003	*토목기사*	*울산*

② '직원번호'="E97177"에 대하여; '자격증'={"소방기사", "전기기사"}이고, '근무지점'={"포항", "대구", "동대문"}이다. ①과 동일한 방법으로 테이블에 그 내용을 추가하자.

직원번호	자격증	근무지점
E95003	전기기사	광양
E95003	전기기사	울산
E95003	토목기사	광양
E95003	토목기사	울산
E97177	*소방기사*	*포항*
E97177	*소방기사*	*대구*
E97177	*소방기사*	*동대문*
E97177	*전기기사*	*포항*
E97177	*전기기사*	*대구*
E97177	*전기기사*	*동대문*

이런 방식으로 만들어진 테이블이 인사테이블(1)이다.

이상에서 알 수 있듯이 종속관계가 없는 두 다치 속성을 한 테이블에 두면 중복성이 발생한다. 이와 같이 연관없는 다치종속들을 한 테이블에 둠으로써 발생하는 중복성을 제거하기 위하여 4정규형의 개념이 제안되었다. 4정규형의 정의에 필요한 단순다치종속의 개념을 먼저 알아보자.

> A→→B에 대하여, B가 A의 부분집합이거나 A∪B가 전체 테이블일 경우 A→→B는 <u>단순다치종속(trivial MVD)</u>이라 한다. 단순다치종속이 아닌 다치종속을 <u>비단순다치종속(nontrivial MVD)</u>이라 한다.

위의 인사테이블(1)에서 직원번호→→자격증 관계를 생각해보자. '직원번호→→자격증'은 단순다치종속인가? {자격증}은 {직원번호}의 부분집합이 아니다. 또, {자격증}∪{직원번호}이 전체 테이블을 만들지 못한다. 따라서 이 다치종속은 단순다치종속이 아니므로 비단순다치종속이다. 이제, 4정규형을 정의해 보자.

테이블 R의 각 다치종속 A↠B에 대하여, A↠B가 단순다치종속이거나 A가 R의 수퍼키이면 R은 4정규형(4NF, Fourth Normal Form)이다.

위의 정의에 의하면, 인사테이블(1)은 4정규형인가? 테이블의 각 다치종속에 대하여 위의 조건을 점검해야 한다. '직원번호↠자격증'에 대하여, 이것은 비단순다치종속이고 '직원번호'가 수퍼키가 아니므로 4정규형이 아니다. (남은 다치종속인 '직원번호↠근무지점'에 대하여 더 따질 필요가 없다. 4정규형을 만족하지 못하는 다치종속이 단 한 건만 있어도 그 테이블은 4정규형이 아니기 때문이다.)

중복의 원인은 연관없는 두 다치종속('자격증'과 '근무지점')을 한 테이블에 둠으로써 발생함을 앞에서 보았다. 그렇다면 지금까지 해 온 것처럼 중복의 원인을 테이블 분할을 통하여 해결해 보자. 즉, 연관없는 두 다치종속을 한 테이블에 같이 두지 말고, 두 테이블로 각각 분할해 보자. '직원번호↠자격증'을 하나의 테이블에 표시해 보고(자격증테이블), '직원번호↠근무지점'을 또 다른 테이블에 표시해 보자(지점테이블).

[표 5-31] **자격증테이블**

직원번호	자격증
E95003	전기기사
E95003	토목기사
E97177	소방기사
E97177	전기기사
E98080	정보기사
E06045	소방기사
E09055	건축기사

[표 5-32] **지점테이블**

직원번호	근무지점
E95003	광양
E95003	울산
E97177	포항
E97177	대구
E97177	동대문
E98080	진주
E98080	인천
E06045	포항
E06045	부산
E09055	광주
E09055	포항
E09055	동대문

인사테이블(1)로부터 분할한 자격증테이블과 지점테이블의 정규형은 무엇일까?

① 자격증테이블의 정규형; 이 테이블의 유일한 종속성은 '직원번호↠자격증'이다. {직원번호}∪{자격증}이 자격증테이블의 모든 속성들의 집합과 같으므로 '직원번호↠자격증'은 단순다치종속이다. 그러므로 자격증테이블은 4정규형이다.

② 지점테이블의 정규형; 이 테이블의 유일한 종속성은 '직원번호↠근무지점'이다. {직원번호}∪{근무지점}이 지점테이블의 모든 속성들의 집합과 같으므로 '직원번호↠근무지점'은 단순다치종속이다. 그러므로 지점테이블은 4정규형이다.

인사테이블(1)을 자격증테이블과 지점테이블로 나누었다. 그렇다면, 자격증테이블과 지점테이블을 연합하면 원래의 테이블인 인사테이블(1)을 복구할 수 있는가? 두 테이블을 연합하는 과정을 살펴보자.

① '직원번호'="E95003"에 대하여;

자격증테이블

직원번호	자격증
E95003	전기기사
E95003	토목기사
………	………

지점테이블

직원번호	근무지점
E95003	광양
E95003	울산
………	………

'자격증'="전기기사"인 행과 '근무지점'="광양"인 행을 합치면,

직원번호	자격증	근무지점
E95003	*전기기사*	*광양*
………	………	………

'자격증'="전기기사"인 행과 '근무지점'="울산"인 행을 합치면,

직원번호	자격증	근무지점
E95003	전기기사	광양
E95003	*전기기사*	*울산*
………	………	………

'자격증'="토목기사"인 행과 '근무지점'="광양"인 행을 합치면,

직원번호	자격증	근무지점
E95003	전기기사	광양
E95003	전기기사	울산
E95003	*토목기사*	*광양*
………	………	………

'자격증'="토목기사"인 행과 '근무지점'="울산"인 행을 합치면,

직원번호	자격증	근무지점
E95003	전기기사	광양
E95003	전기기사	울산
E95003	토목기사	광양
E95003	*토목기사*	*울산*
………	………	………

여기까지의 결과는 인사테이블(1)의 '직원번호'="E95003"인 행들과 일치한다. 이러한 방식으로 자격증테이블과 지점테이블을 연합하면 원래의 테이블인 인사테이블(1)을 복구할 수 있다. 즉, 자격증테이블과 지점테이블은 원래의 테이블과 의미적으로 동일하다. 따라서 인사테이블(1)을 자격증테이블과 지점테이블로 나누더라도 의미적으로 문제가 없음을 알 수 있다.

인사테이블(1)에는 다치종속에 의한 중복성이 있어서 그것을 해결하기 위하여 두 개의 4정규형 테이블로 만들어 주었다. 그리고 4정규형인 두 테이블을 가지고 원래의 내용을

조회할 수 있음을 보았다. 이제 동일한 내용을 삽입하는 경우를 비교해 보자.

새로 추가할 직원의 직원번호는 "E10012"이고, 자격증은 {"산업기사", "전기기사", "정보기사"}, 근무지점은 {"광양", "인천"}이다. 이 내용을 인사테이블(1)에 추가한 결과를 아래 테이블에 보여준다(새로 추가한 내용만 나타낸다). 모두 여섯 행이 추가되었다. 역시 많은 중복성이 보인다.

인사테이블(1)

직원번호	자격증	근무지점
......	......	......
E10012	*산업기사*	*광양*
E10012	*산업기사*	*인천*
E10012	*전기기사*	*광양*
E10012	*전기기사*	*인천*
E10012	*정보기사*	*광양*
E10012	*정보기사*	*인천*

이제 아래 두 테이블에 새로운 내용을 추가하자(새로 추가한 내용만 나타낸다). 새로운 내용의 삽입이 이전 테이블보다 간결하고 효율적인 모습을 보인다.

자격증테이블

직원번호	자격증
......	......
E10012	*산업기사*
E10012	*전기기사*
E10012	*정보기사*

지점테이블

직원번호	근무지점
......	......
E10012	*광양*
E10012	*인천*

기존의 데이터를 수정하는 경우를 보자. "E97177"의 자격증에 "토목기사"를 추가하자. 근무지점까지 고려하여 각 근무지점에 대하여 새로운 행을 추가해야 한다(기울인 글씨).

인사테이블

직원번호	자격증	근무지점
……	……	……
E97177	소방기사	포항
E97177	소방기사	대구
E97177	소방기사	동대문
E97177	전기기사	포항
E97177	전기기사	대구
E97177	전기기사	동대문
E97177	*토목기사*	*포항*
E97177	*토목기사*	*대구*
E97177	*토목기사*	*동대문*
……	……	……

그러나 4정규형으로 분할된 테이블에 위의 새로운 내용을 추가할 경우 필요한 추가만 하면 된다. 근무지점에는 새롭게 들어 갈 데이터가 없으므로 지점테이블은 변경이 없다. 자격증테이블에 아래와 같이 "토목기사"를 추가한다(기울인 글씨).

자격증테이블

직원번호	자격증
……	……
E97177	소방기사
E97177	전기기사
E97177	*토목기사*
……	……

이와 같이, 4정규형 테이블은 그렇지 않은 경우보다 데이터의 저장에 있어서 중복성이 감소되는 효과가 있다.

이제 4정규형이 아닌 테이블을 어떻게 4정규형으로 만드는지에 대해 알아보자.

인사테이블(1)을 자격증테이블과 지점테이블로 나누었고, 나누어진 각 테이블은 각각 4정규형임을 보았다. 그리고 나누어진 두 테이블을 결합하니 다시 원래의 테이블인 인사테이블(1)을 복구할 수 있었다. 두 테이블의 결합은 4정규형을 만들어 가는데 중요한 역할을 하므로 이에 대하여 체계적으로 알아보자.

두 테이블의 연합을 결합(join)이라 한다. 일반적으로, 두 테이블의 결합은 두 테이블의 공통 속성들을 중심으로 두 테이블의 모든 속성들을 포함하면서 중복없는 행들로 이루어진다.

> 두 릴레이션(또는 테이블) r, s에 대하여, r과 s의 결합(join)은 두 테이블의 공통 속성들의 값이 같은 행들의 집합으로 정의하고 $r \bowtie s$로 표시한다. 만약 두 테이블에 공통 속성이 없다면 $r \bowtie s$는 두 테이블의 카티시언 곱(Cartesian product, r×s)과 같다.

결합의 예를 들면, 아래의 세 테이블 r, s, t를 보면, r에는 속성이 A와 B가 있고, s에는 속성이 B와 C가 있고, t에는 C와 D가 있다. 테이블의 숫자는 데이터이다.

r (A	B)
22	102
33	103

s (B	C)
102	220
106	660

t (C	D)
440	99
220	77

r과 s를 결합하면, r과 s의 공통 속성은 B이고, 그 값이 같은 경우(B=102)는 r의 첫 행과, s의 첫 행이므로 이 둘을 결합하면 다음과 같다.

r⋈s = (A	B	C)
22	102	220

s와 t를 결합하면, s와 t의 공통 속성은 C이고, 그 값이 같은 경우(C=220)는 s의 첫 행과, t의 둘째 행이므로 이 둘을 결합하면 다음과 같다.

s⋈t = (B	C	D)
102	220	77

r과 t을 결합하면, r과 t의 공통 속성은 없으므로 두 테이블로부터 모든 가능한 행들의 조합으로 결합이 이루어진다.

r⋈t = (A	B	C	D)
22	102	440	99
22	102	220	77
33	103	440	99
33	103	220	77

다시 인사테이블로 돌아가서, 지금까지 인사테이블(1)을 자격증테이블과 지점테이블로 나누었고, 나누어진 두 테이블을 결합하면 원래의 테이블인 인사테이블(1)이 된다는 것을 관찰하였다. 직원번호가 "E95003"인 경우에 대하여 위에서 결합과정을 설명하였는데 다른 직원번호의 경우에 대해서도 직접 확인해 보자.

[표 5-29] **인사테이블(1)**

직원번호	자격증	근무지점
E95003	전기기사	광양
E95003	전기기사	울산
E95003	토목기사	광양
E95003	토목기사	울산
E97177	소방기사	포항
E97177	소방기사	대구
E97177	소방기사	동대문
E97177	전기기사	포항
E97177	전기기사	대구
E97177	전기기사	동대문
E98080	정보기사	진주
E98080	정보기사	인천
E06045	소방기사	포항
E06045	소방기사	부산
E09055	건축기사	광주
E09055	건축기사	포항
E09055	건축기사	동대문

=

[표 5-31] **자격증테이블**

직원번호	자격증
E95003	전기기사
E95003	토목기사
E97177	소방기사
E97177	전기기사
E98080	정보기사
E06045	소방기사
E09055	건축기사

⋈

[표 5-32] **지점테이블**

직원번호	근무지점
E95003	광양
E95003	울산
E97177	포항
E97177	대구
E97177	동대문
E98080	진주
E98080	인천
E06045	포항
E06045	부산
E09055	광주
E09055	포항
E09055	동대문

테이블의 분할과, 나누어진 두 테이블의 결합에 대하여 무손실분할을 정의한다.

> 원래의 테이블 R을 두 개의 테이블 S와 T로 분할하고, S⋈T = R이면 (즉, 분할된 두 테이블을 결합하면 다시 원래의 테이블과 같으면), 이때의 분할을 무손실분할(lossless decomposition)이라 하고, R은 S와 T로 무손실분할한다(decompose losslessly)라고 한다.

예제 아래의 테이블 r을 s과 t로 분할하자. 이 분할은 무손실분할인가?

r (A	B	C)
22	102	220
22	102	107
23	102	107
23	103	220
23	103	207

⇒

s (A	B)
22	102
23	102
23	103

,

t (B	C)
102	220
102	107
103	220
103	207

풀이

s⋈t를 구하자.

s⋈t = (A	B	C)
22	102	220
22	102	107
23	102	220
23	102	107
23	103	220
23	103	207

그런데, s⋈t에는 r에는 없는 (23, 102, 220) 행이 더 있다. s⋈t ≠ r이므로, 이 분할은 무손실분할이 아니다.

예제 아래의 테이블 r을 s와 t로 분할하자. 이 분할은 무손실분할인가?

r (A	B	C)
22	102	220
22	102	107
23	103	220
23	103	207

⇒

s (A	B)
22	102
23	103

,

t (B	C)
102	220
102	107
103	220
103	207

풀이

s⋈t를 구하자.

s⋈t = (A	B	C)
22	102	220
22	102	107
23	103	220
23	103	207

s⋈t = r이므로, 이 분할은 무손실분할이다.

무손실분할과 다치종속의 관계를 이용하면 4정규형을 쉽게 달성하는 방법이 있다. 필요한 이론을 소개한다.

> 테이블 r의 두 속성을 X, Y라 하고, 그 나머지 속성들의 집합을 Z라 하자. (R은 r의 모든 속성들의 집합이다; R=XYZ, Z=R−XY.)
> ① X↠Y ⇒ X↠Z.
> ② r = XY⋈XZ이면, X↠Y이고, 그 역도 성립한다.

①의 예를 들면, r={직원번호, 자격증, 근무지점}이고, X={직원번호}, Y={자격증}이면, Z={근무지점}이다. 그렇다면, ①에 의해, '직원번호'↠자격증'이므로 '직원번호'↠근무지점'이다.

②를 다른 말로 풀이하면, r이 XY와 XZ로 무손실분할이 되면, X↠Y이다. 또한, X↠Y이면, r이 XY와 XZ로 무손실분할된다. ②의 예를 들면, 인사테이블(1)이 자격증테이블과 지점테이블로

무손실분할된다. 즉, {직원번호, 자격증, 근무지점} = {직원번호, 자격증}⋈{직원번호, 근무지점}이다. 그렇다면, 위의 정리에 따라, r = {직원번호, 자격증, 근무지점}이고, X = {직원번호}, Y = {자격증}, Z = {근무지점}이므로, {직원번호}→→{자격증} (집합기호를 생략할 수 있다; '직원번호'→→자격증')이다. 또한, '직원번호'→→자격증'이므로, {직원번호, 자격증}과 {직원번호, 근무지점}로 무손실분할된다.

①과 ②에 의해, '직원번호'→→자격증'이고, '직원번호'→→근무지점'임을 알 수 있다. 그렇다면, 자격증테이블에서 '직원번호'→→자격증'은 단순다치종속이다. 왜냐하면, {직원번호}∪{자격증}이 자격증테이블을 구성하기 때문이다. 따라서 4정규형의 정의에 의하여, 자격증테이블은 4정규형이다. 지점테이블도 같은 이유로 4정규형임을 알 수 있다.

위의 정리로부터, 4정규형을 쉽게 만들 수 있는 방법을 알 수 있다. 즉,

> 원래의 테이블을 두 개의 테이블로 무손실분할한다면, 그 각각의 테이블은 4정규형이 된다.

예를 들면, 인사테이블(1)은 자격증테이블과 지점테이블로 무손실분할된다. 그러므로 자격증테이블과 지점테이블은 각각 4정규형이다.

◎ 4정규형이 BC정규형 보다 항상 우수한가?

그렇지 않다. 테이블을 분할하는 과정에서 원래의 다치종속성을 잃게 되는 경우가 발생할 수 있다. 물론 다치종속들의 관계로 인한 중복성은 감소된다는 장점이 있다. 장점과 단점을 잘 비교하여 선택해야 하는 문제가 발생한다. 이러한 과정은 데이터베이스 설계자의 경험에 많이 좌우된다. 정해진 공식이 있어서 그 공식만 적용하면 답이 나올 수 있다면 경험이라는 측면이 그다지 중요하지 않게 된다. 그러나 데이터베이스의 설계와 개발에는 공학적으로 결정하기 어려운 경험의존적인 판단이 많이 필요하게 된다.

이 장의 끝으로, 이론적으로 중요한 다치종속에 관련한 정리를 소개한다. 이론적 증명에 흥미가 있는 독자들은 다른 이론서를 참고하면 상세한 증명을 확인할 수 있다.

$$X \rightarrow Y \Rightarrow X \twoheadrightarrow Y$$
$$X \twoheadrightarrow Y \Rightarrow X \twoheadrightarrow R-XY$$
$$X \twoheadrightarrow R-XY \Rightarrow X \twoheadrightarrow Y$$
$$X \twoheadrightarrow Y,\ Z \subset W \Rightarrow XW \twoheadrightarrow YZ$$
$$X \twoheadrightarrow Y,\ Y \twoheadrightarrow Z \Rightarrow X \twoheadrightarrow Z-Y \ (\text{주의};\ X \twoheadrightarrow Y,\ Y \twoheadrightarrow Z \not\Rightarrow X \twoheadrightarrow Z)$$

요점정리

- ✔ 릴레이션(relation); 릴레이션(relation)이란 테이블의 데이터 성격/특성과 제한적 조건들을 일반적 개념으로 표현한 개체 집합이며, 테이블은 릴레이션의 성격/특성과 조건에 맞는 데이터를 모아 놓은 표라 할 수 있다. (5.1.1)
- ✔ 유일성(uniqueness); 릴레이션 (또는 테이블) 안의 내용을 유일하게 식별할 수 있는 성질을 유일성(uniqueness)이라 한다. (5.1.1)
- ✔ 최소성(minimality); 어느 테이블의 하나 이상의 속성들의 집합에서 그 어느 하나의 속성이라도 제거하면 테이블의 투플을 유일하게 식별한다는 특성을 상실하게 되는 성질을 말한다. (5.1.1)
- ✔ 후보키(candidate key); 어느 릴레이션(또는 테이블)에서 모든 투플들(tuples)을 유일하게 식별(uniquely identify)할 수 있는 특성을 가진 최소한(minimality)의 속성(또는 속성들의 집합)이다. 즉, 후보키는 이 두 가지 조건을 모두 만족해야 한다(유일성과 최소성). (5.1.1)
- ✔ 기본 키(Primary key); 후보키(candidate key)들 중에서 지정된 하나의 키이다. 주키(主키)라고도 한다. 관계 데이타베이스에서 각 테이블에는 반드시 하나의 기본키가 있어야 한다. (5.1.2)
- ✔ 대체키(alternate key); 기본키로 지정되지 못한 후보키를 대체키(alternate key)라 한다. (5.1.3)
- ✔ 키 속성(key attributes); 키 속성은 (후보)키를 구성하는 속성을 말한다. 키 속성이 아닌 속성은 비키속성(non-key attributes)이다. (5.1.4)

✔ 외래키(foreign key); 다른 테이블에서 키가 되는 속성(들)에 특별히 주목할 필요가 있다. 왜냐하면 그 키를 통해서 다른 테이블의 내용을 찾을 수 있기 때문이다. 외래키는 다른 테이블에서 키로 사용되는 속성(들)을 말한다. 외부키라고도 한다. (5.1.5)

✔ 수퍼키(superkey); 유일성(어느 릴레이션(또는 테이블)에서 모든 투플들을 유일하게 식별(uniquely identify)할 수 있는 능력)을 갖고 있는 속성(들)을 수퍼키(superkey)라 한다. 유일성은 있으나 최소성이 없다면 후보키는 될 수 없지만 유일하게 식별할 수 있다는 중요한 성질로 인해 수퍼키는 정규화 과정에서 활용되고 있다. 수퍼키의 정의에 의하면 후보키를 포함하는 모든 속성들의 집합은 수퍼키라 할 수 있다. 후보키도 수퍼키에 포함된다. (5.1.6)

✔ 무결성 제약(data integrity); 데이터베이스에 존재하는 데이터의 정확성 또는 유효성을 유지하기 위한 제약 조건을 말한다. 이러한 제약 조건에는 개체 무결성과 참조 무결성의 두 가지가 있다. 개체 무결성(entity integrity)이란 기본키를 구성하는 속성은 널값일 수 없다는 제약조건이다. 참조 무결성(referential integrity)이란 어떤 테이블에서 외래키(다른 테이블의 기본키)는 그것이 기본키로 사용되는 테이블에서 참조 가능해야 한다는 제약조건이다. (5.2)

✔ 정규형(Normal Form)과 정규화(normalization); 데이터베이스 설계의 핵심은 중복성의 제거에 있다. 데이터의 중복성을 억제하고 각종의 문제들을 방지하기 위하여 데이터에 일정한 제약조건을 갖추도록 한다. 그러한 제약조건을 만족하는 테이블(또는 릴레이션)의 형태를 정규형(Normal Form)이라 한다. 정규화(normalization)란 테이블을 정규형이 되도록 하는 설계의 과정을 말한다. (5.3.1)

✔ 정규화(normalization)의 필요성; 정규화를 통한 데이터 중복의 체계적인 제거가 이루어지지 않는 경우, 다음과 같은 세 가지의 문제점 또는 이상(anomaly)을 발견할 수 있다; 갱신이상(update anomaly), 삭제 이상(deletion anomaly), 삽입 이상(insertion anomaly). (5.3.2)

✔ 정규형(normal form)의 종류; 정규형의 종류에는 1정규형(First Normal Form; 1NF), 2정규형(Second Normal Form; 2NF), 3정규형(Third Normal Form; 3NF), BC정규형(Boyce/Codd Normal Form; BCNF), 4정규형(Fourth Normal Form; 4NF), 5정규형(Fifth Normal Form; 5NF) 등이 있다. 각 정규형에는 만족시켜야 하는 제약조건들이 있다. 어떤 테이블이 상위의 정규형을 만족하면 하위의 정규형은 자동으로 만족한다. 높은 단계의 정규형일수록 데이터의 중복을 더 감소할 수 있다는 장점이 있지만 데이터 사이의 고유한 관계에

대한 정보가 상실될 수 있다는 단점도 있다. 실용성을 이유로, 3정규형이나 BC정규형을 많이 사용하고 있다. 그 이상의 정규형은 ㉠제약 조건이 까다로우며 ㉡데이터 사이의 관계를 상실할 위험도 있고 ㉢정규화하는 과정이 복잡하므로 합리적인 선택이 되지 못하는 경우가 많다. (5.3.3)

✔ 원자값(atomic value); 더 이상 분리할 수 없는 값을 원자값(atomic value)이라 한다. 원자값이 아닌 값은 비원자값(非원자값, non-atomic value)이라 한다. (5.4.1)

✔ 1정규형(First Normal Form, 1NF); 어떤 릴레이션의 모든 속성값이 원자값이면 그 릴레이션은 1정규형(First Normal Form, 1NF)이다(또 그 역도 성립한다). (5.4.1)

✔ 함수종속(functional dependency); 어떤 릴레이션의 두 속성 X, Y에 대해, 속성 X의 각 값이 속성 Y의 오직 하나의 값에 연관되어 있을 때, Y는 X에 함수 종속(functional dependency)이라하고 X → Y로 표기한다. 이때 X는 Y의 결정자(determinant)라고 한다. X와 Y는 속성들의 집합일 수도 있다. X ↛ Y는 Y는 X에 함수 종속이 아님을 표기한다. 예를 들면, 도서테이블에서 '도서번호'가 결정되면 도서테이블에서 단 하나의 투플을 지정한다. 도서번호의 값이 3이면 도서명이 "당나귀"인 투플이 단 하나 지정된다는 뜻이다. 즉, '도서번호'가 '도서명'을 결정한다. (5.4.2)

✔ 완전(함수) 종속(full (functional) dependency, fully (functionally) dependent); 속성 $X_1, \cdots, X_n$, Y에 대하여, $X_1 \cdots X_n \rightarrow Y$일 때, 모든 $V \subset X_1 \cdots X_n$에 대하여, $V \nrightarrow Y$이면, Y는 $X_1 \cdots X_n$에 완전(함수) 종속(full (functional) dependency, fully (functionally) dependent)이라 한다. 또는 다른 말로 풀이하면, $X_1 \cdots X_n$ → Y(즉, Y가 $X_1 \cdots X_n$에 함수종속)이고, $X_1 \cdots X_n$의 어떠한 부분 집합도 Y를 유일하게 결정하지 못할 때 "Y는 $X_1 \cdots X_n$에 완전종속"이라 한다. 예를 들면, 도시테이블(2)에서 {우편번호}는 {도시, 동, 번지}에 완전종속(fully functionally dependent)이다. (5.4.2)

✔ 부분(함수) 종속(partial (functional) dependency, partially (functionally) dependent); 속성 $X_1, \cdots, X_n$, Y에 대하여, $X_1 \cdots X_n \rightarrow Y$일 때, 어떤 $V \subset X_1 \cdots X_n$에 대하여, $V \rightarrow Y$인 V가 있으면, Y는 $X_1 \cdots X_n$에 부분(함수) 종속(partial (functional) dependency, partially(functionally) dependent)이라 한다. 또는 다른 말로 풀이하면, $X_1 \cdots X_n$ → Y (즉, Y가 $X_1 \cdots X_n$에 함수종속)이고, 제거해도 원래의 종속성이 성립하는 속성들이

$X_1 \cdots X_n$ 안에 들어 있다는 의미이다. 예를 들면, 도시테이블(3)에서 {도시인구}는 {도시, 동, 번지}에 부분 종속이다. 왜냐하면, {도시} → {도시인구}이기 때문이다. (5.4.2)

✔ 이행적(함수) 종속(transitive (functional) dependency); 속성 또는 속성들의 집합 A, B, C에 대하여, A → B, B → C 이면, A → C인 종속 관계를 이행적(함수) 종속(transitive (functional) dependency)이라 한다. 예를 들면, 도시테이블(1)에서 {우편번호} → {도시}이고 {도시} → {도시인구}이므로 결국, {우편번호} → {도시인구}이다. (5.4.2)

✔ 2정규형(Second Normal Form, 2NF); 어떤 릴레이션이 1정규형에 속하고, 모든 비키(non-key) 속성이 키에 완전 종속일 때의 테이블은 2정규형에 속한다. (5.4.2)

✔ 3정규형(Third Normal Form, 3NF); 어떤 릴레이션이 2정규형에 속하고, 그것의 모든 비키(non-key) 속성은 수퍼키에만 함수종속이면 3정규형에 속한다. 같지만 또 다른 3정규형의 정의는; 어떤 릴레이션이 2정규형에 속하고, 그것의 어떠한 비키(non-key) 속성도 키에 이행적 함수종속이 아니면 3정규형에 속한다. (즉, 키에 이행적 함수종속인 비키 속성이 있으면 3정규형이 아니다). (5.4.3)

✔ BC정규형(Boyce Codd Normal Form, BCNF); 어떤 릴레이션이 3정규형에 속하고, 각 함수종속의 결정자가 (후보)키이면 BC정규형에 속한다. (5.4.4)

✔ 다치종속성(multivalued dependency: MVD)과 다중결정(multidetermine); 한 속성이 다른 속성의 복수개의 값을 결정하는 것을 다치종속성(multivalued dependency: MVD)이라 한다. 속성A가 속성B를 다치종속하는 것을 A↠B라 표시하고, A가 B를 다중결정(multidetermine)한다고 말한다. 예를 들면, 인사테이블(1)에서 '직원번호' 속성은 '자격증'을 다치종속하고, '직원번호' 속성은 '근무지점'을 다치종속한다. 즉, 직원번호↠자격증이다. (5.4.5)

✔ 단순다치종속(trivial MVD)과 비단순다치종속(nontrivial MVD); A↠B에 대하여, B가 A의 부분집합이거나 AUB가 전체 테이블일 경우 A↠B는 단순다치종속(trivial MVD)이라 한다. 단순다치종속이 아닌 다치종속을 비단순다치종속(nontrivial MVD)이라 한다. 예를 들면, 인사테이블(1)에서 직원번호↠자격증 관계에서 '직원번호↠자격증'은 비단순다치종속이다. 왜냐하면, {자격증}은 {직원번호}의 부분집합이 아니다. 또, {자격증}∪{직원번호}이 전체 테이블을 만들지 못한다. (5.4.5)

✔ 4정규형(Fourth Form, 4NF); 테이블 R의 각 다치종속 A↠B에 대하여, A↠B가 단순다치종

속이거나 A가 R의 수퍼키이면 R은 4정규형(4NF, Fourth Normal Form)이다. (5.4.5)

✔ 결합(join); 두 릴레이션(또는 테이블) r, s에 대하여, r과 s의 결합(join)은 두 테이블의 공통 속성들의 값이 같은 행들의 집합으로 정의하고 $r \bowtie s$로 표시한다. 만약 두 테이블에 공통 속성이 없다면 $r \bowtie s$는 두 테이블의 카티시언 곱(Cartesian product, r×s)과 같다. (5.4.5)

✔ 무손실분할(lossless decomposition); 원래의 테이블 R을 두 개의 테이블 S와 T로 분할하고, S⋈T = R이면(즉, 분할된 두 테이블을 결합하면 다시 원래의 테이블과 같으면), 이때의 분할을 무손실분할(lossless decomposition)이라 하고, R은 S와 T로 무손실분할한다(decompose losslessly)라고 한다. (5.4.5)

✔ 다치종속과 결합에 관한 성질; 테이블 r의 두 속성을 X, Y라 하고, 그 나머지 속성들의 집합을 Z라 하자. (R은 r의 모든 속성들의 집합이다; R=XYZ, Z=R−XY.) ① X↠Y ⇒ X↠Z. ② r = XY⋈XZ이면, X↠Y이고, 그 역도 성립한다. (5.4.5)

✔ 무손실분할을 통한 4정규형의 달성; 원래의 테이블을 두 개의 테이블로 무손실분할한다면, 그 각각의 테이블은 4정규형이 된다. (5.4.5)

✔ 다치종속에 관련한 정리; (5.4.5)

$$X \rightarrow Y \Rightarrow X \twoheadrightarrow Y$$
$$X \twoheadrightarrow Y \Rightarrow X \twoheadrightarrow R\text{-}XY$$
$$X \twoheadrightarrow R\text{-}XY \Rightarrow X \twoheadrightarrow Y$$
$$X \twoheadrightarrow Y,\ Z \subset W \Rightarrow XW \twoheadrightarrow YZ$$
$$X \twoheadrightarrow Y,\ Y \twoheadrightarrow Z \Rightarrow X \twoheadrightarrow Z\text{-}Y \ (\text{주의; } X \twoheadrightarrow Y,\ Y \twoheadrightarrow Z \not\Rightarrow X \twoheadrightarrow Z)$$

점검포인트

❍ 후보키의 정의를 알고 테이블에서 후보키를 찾을 수 있다.
❍ 유일성과 최소성의 의미를 안다.
❍ 기본키의 정의를 알고, 기본키, 후보키, 대체키와의 관계를 안다.
❍ 키 속성과 비키 속성의 정의를 알고 테이블에서 이들을 식별할 수 있다.
❍ 외래키의 정의를 알고 테이블에서 이들을 식별할 수 있다.

- 수퍼키의 정의를 알고 테이블에서 이들을 식별할 수 있다.
- 무결성제약의 정의를 알고 테이블을 만들 때 이 기능을 사용할 수 있다.
- 개체무결성과 참조무결성의 정의를 알고 테이블을 만들 때 이 기능을 사용할 수 있다.
- 정규화의 정의와 그 필요성을 안다.
- 정규형의 종류와 각 정규형의 제약조건을 알고, 테이블이 속한 정규형을 식별할 수 있고, 테이블 분할 때 적절한 정규형을 적용할 수 있다.
- 원자값의 정의를 알며, 데이터 분석에서 원자값을 식별할 수 있다.
- 함수종속의 개념을 알고, 테이블에서 함수종속을 발견할 수 있다.
- 완전종속과 부분종속, 이행적종속의 개념을 알고, 테이블에서 이 세 가지의 종속을 발견할 수 있다.
- 다치종속의 개념을 알고 테이블에서 다치종속을 발견할 수 있다.
- 두 테이블의 결합(join), 무손실결합(lossless join)의 개념을 알고, 4정규형의 발견과 정규화에 적용할 수 있다.
- 무손실분할의 개념을 알고 4정규형의 정규화에 적용할 수 있다.

연습문제

[5.1] 항공 여객 정보에 관한 아래의 테이블이 만족하는 정규형은 무엇인가? 이 테이블이 만족할 수 있는 최고의 정규형으로 테이블을 개선하시오. (가정; 동일 기종은 항속거리가 같다.)

비행테이블(1)

비행번호	출발지	도착지	출발시간	도착시간	기종	항속거리
AR301	서울	북경	14:20	15:50	737	5,300
AR302	서울	북경	17:10	18:40	737	5,300
AA204	서울	동경	08:30	09:55	747	13,500
AA409	대구	상해	17:20	19:30	777	10,500
AR307	서울	오사카	11:00	12:30	737	5,300
AR405	서울	싱가폴	08:00	11:20	747	13,500

[5.2] 아래 테이블은 어느 종합 병원의 환자 진료에 대한 테이블이다. 이 테이블의 정규형을 말하고 BC정규형이 아니라면 BC정규형으로 만드시오.

(조건; ㉠ 하나의 의사는 하나의 진료과목을 담당한다.

㉡ 하나의 진료과목을 하나 이상의 의사들이 담당할 수 있다.

㉢ 환자는 같은 날 하나 이상의 진료과목을 진료 받을 수 있다.

㉣ 환자는 같은 날, 같은 진료과목에 대해 하나 이상의 의사로부터 진료를 받을 수 있다.

진료테이블(1)

환자	진료일	진료과목	의사	진료비
P207	09.1.5.	S3	D03	4,000
P208	09.1.5.	S3	D03	4,500
P208	09.1.5.	S2	D07	7,000
P208	09.1.5.	S3	D01	6,000
P208	09.1.5.	S3	D06	10,000
P207	09.1.6.	S2	D07	8,000
P207	09.1.6.	S2	D07	9,000
P209	09.1.6.	S1	D02	7,000
P209	09.1.6.	S2	D07	6,000
P209	09.1.6.	S2	D08	8,000
P210	09.1.6.	S4	D04	7,000
P211	09.1.6.	S2	D07	9,000

테이블 내용의 이해를 돕기 위해 각 조건을 만족하는 예를 보여준다.

(조건; ㉠ 하나의 의사는 하나의 진료과목을 담당한다.

의사 D01의 진료과목은 S3이다.

의사 D02의 진료과목은 S1이다.

㉡ 하나의 진료과목을 하나 이상의 의사들이 담당할 수 있다.

진료과목 S3을 맡은 의사는 D01, D03, D06이다.

진료과목 S4를 맡은 의사는 D04이다.

㉢ 환자는 같은 날 하나 이상의 진료과목을 진료 받을 수 있다.

'09년1월5일에 환자 P208은 진료과목 S2와 S3을 진료받았다.

㉣ 환자는 같은 날, 같은 진료과목에 대해 하나 이상의 의사로부터 진료를 받을 수 있다.

'09년1월5일에 환자 P208은 진료과목 S3에 대해 의사 D01, D03, D06으로부터 진료받았다.

[5.3] 위의 진료테이블에서 아래와 같은 조건을 몇 가지 더 추가하는 경우를 생각해 보자. 이 테이블의 정규형을 말하고 BC정규형이 아니라면 BC정규형으로 만드시오.

(조건; ㉠ 하나의 의사는 하나의 진료과목을 담당한다.

㉡ 하나의 진료과목을 하나 이상의 의사들이 담당할 수 있다.

㉢ 하나의 의사는 같은 날 하나 이상의 간호사를 사용할 수 있다.

㉣ 하나의 간호사는 같은 날 하나의 의사에게 소속된다.

㉤ 하나의 간호사는 여러 의사에 소속될 수 있다.

㉥ 하나의 간호사는 같은 날 여러 명의 환자를 맡을 수 있다.

㉦ 환자는 같은 날 하나 이상의 진료과목을 진료 받을 수 있다.

㉧ 환자는 같은 날, 같은 진료과목에 대해 하나 이상의 의사로부터 진료를 받을 수 있다.

진료테이블(2)

환자	진료일	진료과목	의사	간호사	진료비
P207	09.1.5.	S3	D03	N02	4,000
P208	09.1.5.	S3	D03	N02	4,500
P208	09.1.5.	S2	D07	N01	7,000
P208	09.1.5.	S3	D01	N05	6,000
P208	09.1.5.	S3	D06	N03	10,000
P207	09.1.6.	S2	D07	N01	8,000
P207	09.1.6.	S2	D07	N02	9,000
P209	09.1.6.	S1	D02	N03	7,000
P209	09.1.6.	S2	D07	N02	6,000
P209	09.1.6.	S2	D08	N05	8,000
P210	09.1.6.	S4	D04	N04	7,000
P211	09.1.6.	S2	D07	N02	9,000

테이블 내용의 이해를 돕기 위해 각 조건을 만족하는 예를 보여준다.

조건; ㉠ 하나의 의사는 하나의 진료과목을 담당한다.

의사 D01은 진료과목이 S3이다.

의사 D02은 진료과목이 S1이다.

㉡ 하나의 진료과목을 하나 이상의 의사들이 담당할 수 있다.

진료과목 S3을 맡은 의사는 D01, D03, D06이다.

진료과목 S4를 맡은 의사는 D04이다.

㉢ 하나의 의사는 같은 날 하나 이상의 간호사를 사용할 수 있다.

'09년1월6일에 의사 D07은 간호사 N01와 N02를 사용하였다.

㉣ 하나의 간호사는 같은 날 하나의 의사에게 소속된다.

'09년1월5일에 간호사 N02는 의사 D03에 소속되었다.

㉤ 하나의 간호사는 여러 의사에 소속될 수 있다.

간호사 N02는 의사 D03과 D07에 소속되었다.

㉥ 하나의 간호사는 같은 날 여러 명의 환자를 맡을 수 있다.

'09년1월5일에 간호사 N02는 환자 P207과 P208을 맡았다.

㉦ 환자는 같은 날 하나 이상의 진료과목을 진료 받을 수 있다.

'09년1월5일에 환자 P208은 진료과목 S2와 S3을 진료받았다.

㉧ 환자는 같은 날, 같은 진료과목에 대해 하나 이상의 의사로부터 진료를 받을 수 있다.

'09년 1월 5일에 환자 P208은 진료과목 S3에 대해 의사 D01, D03, D06 으로부터 진료 받았다.

06

SQL과 관계 연산

앞의 2장, 3장에서 액세스의 질의창을 사용하여 데이터베이스 질의를 공부하였다. 6장에서는 텍스트로 이루어진 질의어를 공부한다. SQL이라 부르는 질의어는 국제 표준을 따르고 있어 PC기반의 액세스에서 사용하는 SQL이나 서버급에서 사용하는 SQL이나 동일한 개념과 원리에 의해 작동되므로 여기에서 배운 SQL 지식을 다른 시스템에서도 활용할 수 있다. 앞에서 배운 질의창을 이용하는 질의 방식은 초보자가 질의의 개념을 쉽게 학습할 수 있다는 장점이 있다. 그러나 실제의 데이터베이스 관리는 텍스트 기반의 프로그램으로 이루어지므로 SQL의 학습은 데이터베이스 공부에 있어서 필수적이라 할 수 있다.

목차

6.1 SQL의 개요
6.2 SQL의 기초
6.3 SQL의 함수
6.4 갱신 질의
6.5 집합 연산
6.6 관계 연산

06 SQL과 관계 연산

6.1 SQL의 개요

데이터베이스에는 특정 응용 분야에 필요한 대량의 데이터가 저장되어 있다. 방대한 양의 데이터로부터 필요한 정보를 찾는다든지, 기존의 값을 새로운 값으로 수정하는 등의 일은 정확하면서 쉽고 빠르게 처리할 수 있어야 한다. 이러한 목적을 위한 데이터베이스 언어를 데이터베이스 질의어(query language)라 한다. 즉, 데이터베이스 질의어란 **데이터베이스에 대한 정보의 검색 또는 정의와 조작을 위한 컴퓨터 언어를 말한다.**

이러한 목적을 가진 질의어는 오해의 여지가 없는 정확한 서술이 가능해야하고, 문법이 복잡하지 않으면서 필요한 조작 기능을 갖추어야 한다. 컴퓨터 회사마다 DBMS(데이터베이스 관리시스템;(1.3))가 서로 다를 수 있다. DBMS에 따라 각기 다른 질의어를 사용한다면 새로운 DBMS를 사용할 때마다 질의어를 새로 배워야 하는 불편이 있다. 이러한 이유로 데이터베이스의 질의어를 표준화할 필요가 있다. 질의어를 표준화하면 DBMS 상호간의 호환성 뿐 아니라, 한번 배운 질의어를 컴퓨터와 DBMS가 다르더라도 공통적으로 사용할 수 있다는 커다란 장점이 있다. 이러한 이유로 데이터베이스의 질의어를 세계 공통으로 표준화하여 사용하고 있다. SQL(Structured Query Language)은 바로 그러한 표준 질의어로 제정되어 사용되고 있다. SQL에 대한 중요 내용을 간추리면 다음과 같다.

- 약어; SQL(Structured Query Language)
- 유래; 1974년 IBM의 SEQUEL에서 유래. 즉, SQL의 전신.
  (SEQUEL; Structured English QUEry Language)
- 사용범위; IBM, ORACLE, INFORMIX, SYBASE 등의 DBMS 업체 등에서 널리 사용
- 표준 제정;

SQL-86; 미국 ANSI 표준(1986년), 국제 ISO 표준에 채택(1987년)
SQL-89; 무결성 제약조건의 강화
SQL-92(SQL2); 1992년 국제표준(ISO)으로 채택. 정의어, 조작어 등의 추가
SQL-1999(SQL3); 1999년 객체지향 등의 기능 추가
SQL-2003; XML 기능 추가, 윈도우 함수들 추가
SQL-2006; XML 보강, XQuery(the XML Query Language)언어 기능 추가
SQL-2008; 여러 기능 보강

- 기능; 데이터베이스 검색, 데이터 정의, 조작, 제어 기능 등을 함께 갖고 있다.
- 언어의 사용; 일반적 범용 언어에 두루 사용된다(예; FORTRAN, COBOL, C, 등)
- 언어의 특징; 비절차적 언어(문제해결을 위한 구체적 방법과 절차를 제시하는 방식이 아니라, 문제가 무엇인지를 기술함으로써 DBMS에게 명령을 내리고 DBMS가 구체적 방법과 절차를 마련하여 문제를 해결하는 방식의 언어이다)
- 이론적 근거; 관계대수학(relational algebra)

3장에서 도서DB의 질의를 실습해 보았다. 이때 Access의 질의창(query window)을 사용했던 것을 기억할 것이다(예; 아래 그림).

질의창의 예

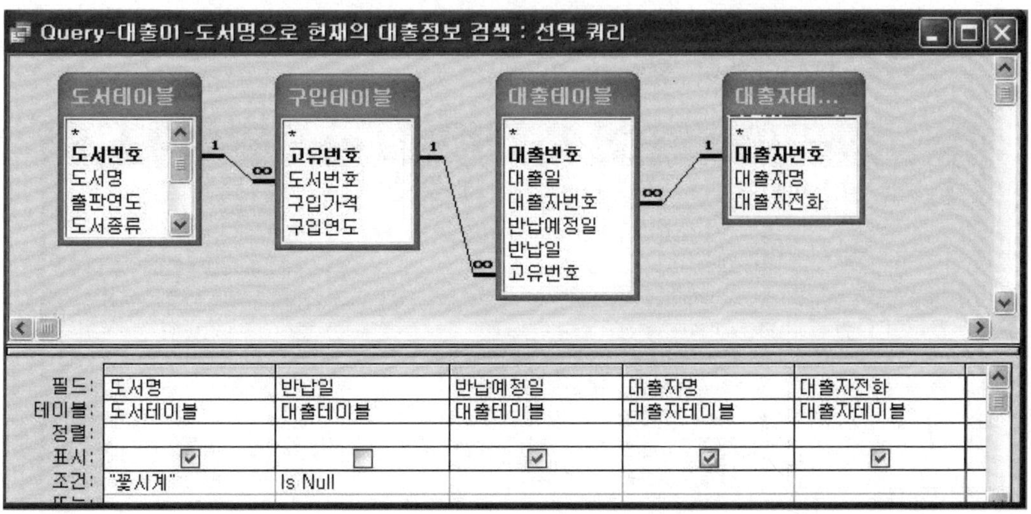

질의창의 장점은 질의의 모든 상황을 그림으로 볼 수 있다는 것인데 특히 질의의 개념을 배우는 학습자에게는 상당히 도움이 된다. 질의 상황을 그래픽으로 볼 수 있다는 것이 질의창의 가장 큰 장점이다. 그러나 질의는 응용 프로그램 안에서 필요할 경우가 많다. 응용 프로그램 안에서 데이터베이스에 대한 질의를 하고 그 질의 결과를 출력한다든지 그것을 이용해서 또 다른 계산이나 질의를 하는 경우가 많다. 이러한 경우, 텍스트 형식의 명령문으로 되어있는 SQL을 사용하여 프로그램하는 것이 자연스럽다. 따라서 질의창을 통하여 질의 과정을 기초적으로 이해하고 그 후에 SQL을 배우는 것이 효율적 학습을 위해 필요하다고 생각한다.

SQL의 공식 매뉴얼은 수천페이지에 달하는 방대한 내용이다. 그러나 긴요하고 핵심적인 내용만 간추려 공부한다면 짧은 시간에 충분한 효과를 낼 수 있다. 3장에서 질의창을 통하여 이미 질의에 대한 기초적 학습은 한 바 있으니 그를 토대로 SQL의 핵심 내용을 공부하고자 한다.

6.1.1 쿼리창에서 SQL문을 편집하는 방법

SQL문을 알면 직접 SQL문을 수정하는 것이 더 편리할 경우가 많다. 질의창에서 SQL 편집창을 띄워보자. 예를 들어, "도서DB"파일을 열고 쿼리들 중에서 "Query03-도서명으로 출판연도 검색"의 '디자인'을 연다.

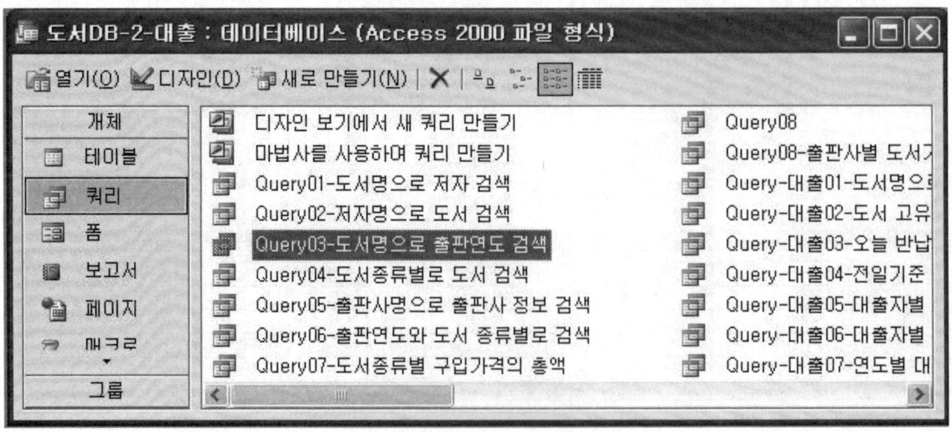

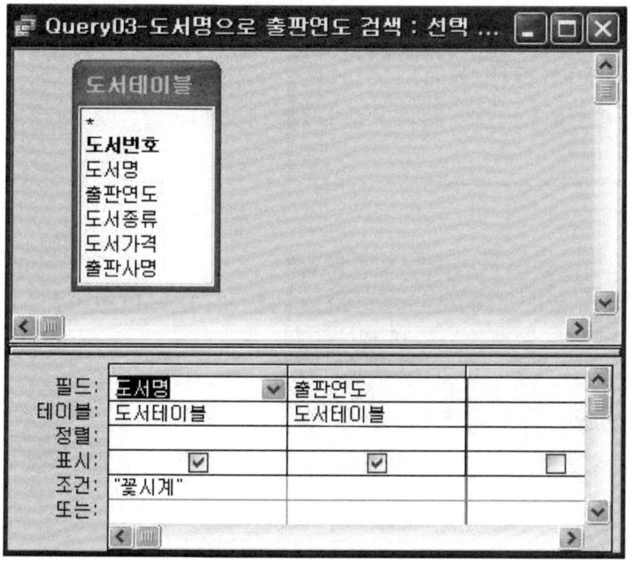

위의 그림처럼 질의창이 나온 상태에서 [홈]메뉴(또는 2000버전; [파일]메뉴) 바로 아래에 '보기'(또는 2000버전; 'SQL 보기')를 클릭한다. 아래의 창에서 보듯이 SQL문장이 나타난다. 이 창을 "SQL창"이라 한다. SQL창에서 SQL문장의 편집이 가능하며 질의창의 실행처럼 동일한 방법으로 실행하면 질의의 결과를 볼 수 있다.

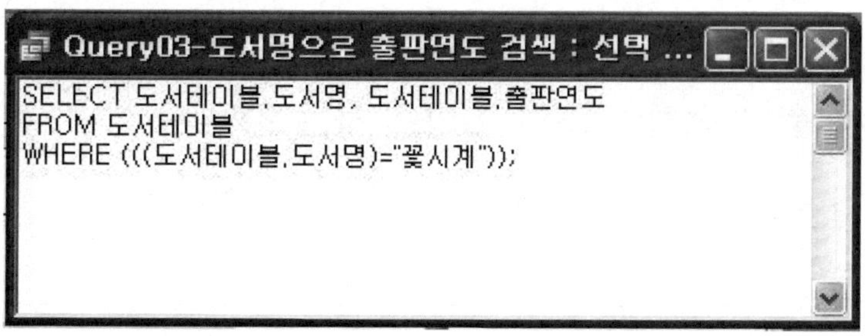

위의 SQL창에서 WHERE절(clause)의 "꽃시계"를 "지구"로 바꾸어서 실행해 보자.

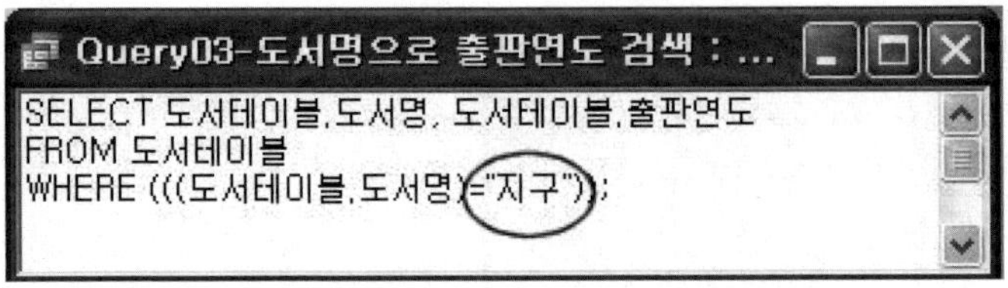

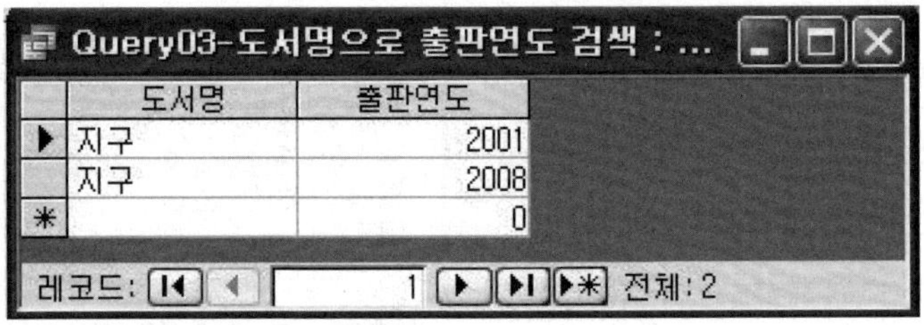

6.2 SQL의 기초

도서DB의 질의 중에서 간단한 질의부터 시작하여 SQL문장을 차근차근 배우도록 하자.

SQL의 문법은 DBMS 업체에 따라 조금씩 다르다. 그러나 큰 틀은 같으므로 Access를 중심으로 쉽게 배운 다음, 실제 사용할 시스템의 매뉴얼을 참고해야 한다.

6.2.1 테이블 하나를 사용하여 조건 질의를 하는 경우

다음은 도서DB의 "Query03-도서명으로 출판연도 검색" 쿼리이다.

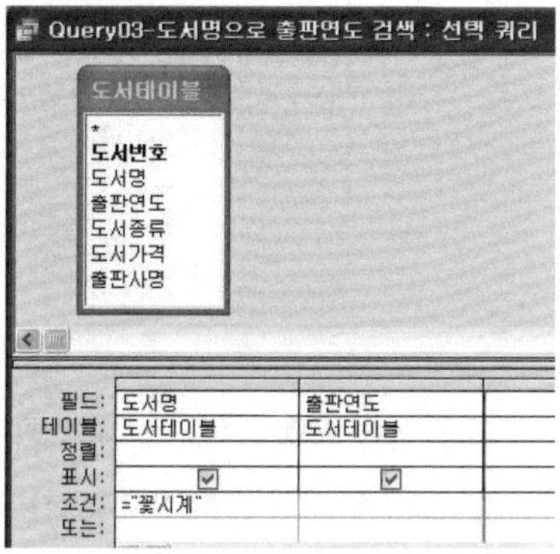

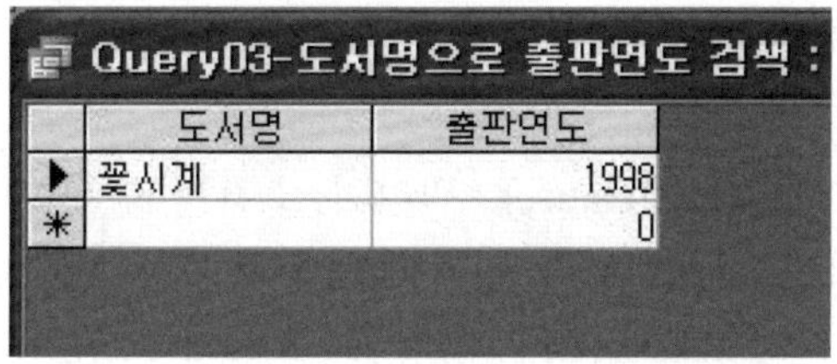

쿼리의 SQL문을 보자.

```
SELECT 도서테이블.도서명, 도서테이블.출판연도
FROM 도서테이블
WHERE (((도서테이블.도서명)="꽃시계"));
```

SQL에는 많은 명령문이 있는데, 위의 문장은 SELECT문이다.

① SELECT문; 결과에 나타나게 될 필드를 나열한다. 필드는 소속되는 테이블명을 명시한다. 테이블명과 필드명 사이의 '.'은 소속을 나타낸다. 나타낼 필드가 여러 개이면 필드 사이를 ','로 분리한다.

```
SELECT 테이블명.필드명
```

예; 도서테이블의 도서명과 도서테이블의 출판연도를 결과에 표시한다.

```
SELECT 도서테이블.도서명, 도서테이블.출판연도
```

② FROM절(clause); 쿼리에 사용되는 테이블을 표시한다. 여러 개의 테이블이 필요한 경우 (대부분) INNER JOIN이라는 조작이 필요하다.

예; 도서테이블을 쿼리에 사용한다. 이 예에서는 단 하나의 테이블을 사용하므로 테이블 하나의 이름만 필요하다(그러나 일반적으로 여러 개의 테이블이 필요하다).

```
FROM 도서테이블
```

③ WHERE절(clause); 쿼리의 조건을 명시한다.
예; 도서테이블을 쿼리에 사용한다. "Query03-도서명으로 출판연도 검색" 쿼리에서 도서테이블의 도서명이 "꽃시계"인 도서라는 조건이 들어가므로 WHERE절에 그러한 조건을 표시한다.

```
WHERE (((도서테이블.도서명)="꽃시계"));
```

만약 그 조건이 "지구"라면, 다음과 같은 WHERE절이 된다.

```
WHERE (((도서테이블.도서명)="지구"));
```

조건이 없다면 WHERE절을 제거하면 된다.

```
SELECT 도서테이블.도서명, 도서테이블.출판연도
FROM 도서테이블;
```

그 의미는 도서테이블의 모든 도서의 도서명과 출판연도를 출력하라는 것이다.

이와 같이 SELECT는 다양한 형태의 절(clause)를 포함하여 필요한 명령을 수행한다.

질문 위와 비슷한 문제로 "Query05-출판사명으로 출판사 정보 검색" 쿼리를 살펴 보자.

```
SELECT 출판사테이블.출판사명, 출판사테이블.출판사주소, 출판사테이블.출판사전화
FROM 출판사테이블
WHERE (((출판사테이블.출판사명)="학습사"));
```

6.2.2 테이블 두 개를 사용하여 조건 질의를 하는 경우

"Query-대출02-도서 고유번호로 대출 이력 검색" 쿼리는 두 개의 테이블(대출자테이블, 대출테이블)이 필요하다. 아래는 질의에 대한 SQL문이다.

```
Query-대출02-도서 고유번호로 대출 이력 검색;
SELECT 대출테이블.고유번호, 대출테이블.대출일, 대출테이블.반납일, 대출자테이블.
        대출자명
FROM 대출자테이블 INNER JOIN 대출테이블 ON 대출자테이블.대출자번호 = 대
      출테이블.대출자번호
WHERE (((대출테이블.고유번호)=1));
```

FROM 부분에서 두 테이블의 연결 상황을 서술하고 있는데 INNER JOIN이라는 명령을 사용하고 있다. 두 테이블의 연결 상황을 질의창에서 보면 다음과 같다.

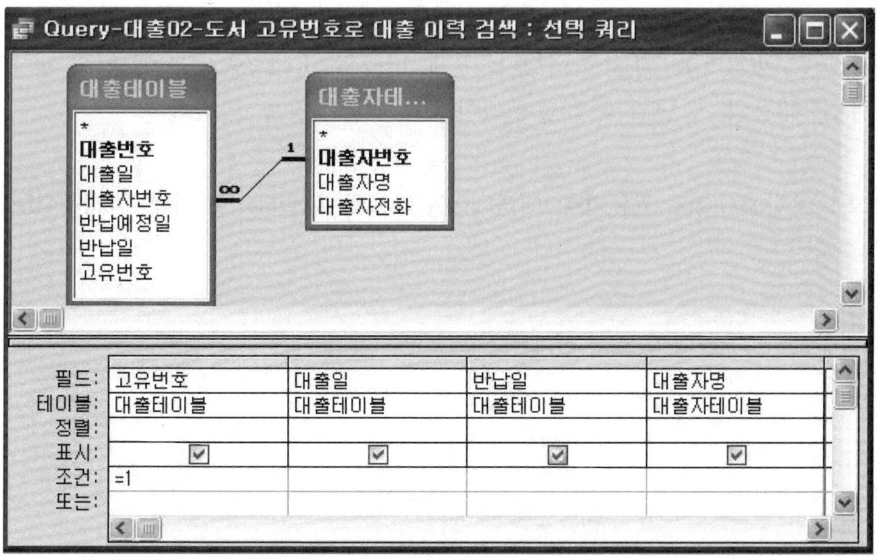

질의창을 보면 대출테이블의 '대출자번호'와 대출자테이블의 '대출자번호'가 연결되어 있음을 알 수 있다.

FROM 대출자테이블 INNER JOIN 대출테이블 ON 대출자테이블.대출자번호 = 대출테이블.대출자번호

이와 같이 두 테이블의 연결을 위한 명령이 INNER JOIN(등결합)이다. 이 예에서는 대출자테이블과 대출테이블을 연결한다.

FROM 대출자테이블 INNER JOIN 대출테이블

INNER JOIN은 두 테이블의 연결을 위한 필드를 지정하기 위하여 ON이라는 키워드를 사용한다. 이 예에서는 대출테이블의 '대출자번호' 필드와 대출자테이블의 '대출자번호' 필드의 값이 일치하는 행들을 연결한다.

ON 대출자테이블.대출자번호 = 대출테이블.대출자번호

이런 식으로 두 테이블이 연결되는데 WHERE절이 없으면 (즉, 아무런 조건이 없으면) 대출자번호로 연결되는 모든 행을 출력한다. 이때, 다음의 SELECT 문장에 의해 대출테이블의 고유번호, 대출일, 반납일과 대출자테이블의 대출자명을 출력한다.

SELECT 대출테이블.고유번호, 대출테이블.대출일, 대출테이블.반납일, 대출자테이블.대출자명

대출자테이블과 대출테이블은 아래와 같다(3.9.2).

대출자테이블

대출자 번호	대출자명	대출자전화
1	김진석	312-2212
2	길명진	433-6422
3	홍성진	881-3322
4	김재만	599-3434
5	홍성진	221-4432
6	방영권	440-5533
7	김혜영	223-5434
8	문준영	778-4333

대출테이블

대출일	대출자 번호	반납 예정일	반납일	고유 번호
2005-02-02	1	2005-02-12	2005-02-11	1
2005-08-12	2	2005-08-22	2005-09-03	10
2006-03-07	3	2006-03-27	2006-03-31	3
2006-10-03	4	2006-10-13	2006-11-04	6
2006-12-01	5	2006-12-21	2006-12-21	1
2007-01-09	6	2007-01-24	2007-01-20	7
2007-05-08	6	2007-05-23	2007-05-23	3
2007-11-02	7	2007-11-12	2007-11-15	16
2008-03-14	6	2008-03-29	2008-05-02	2
2008-05-04	2	2008-05-14	2008-05-12	1
2008-05-09	1	2008-05-19		8
2008-06-11	2	2008-06-21	2008-06-20	9
2008-08-09	8	2008-08-19		1
2008-08-05	6	2008-08-20		13
2008-08-11	3	2008-08-31		6

두 테이블이 '대출자번호' 필드로 연결되는 상황을 보여주면 다음과 같다.

대출테이블 **대출자 정보**

대출일	대출자 번호	반납 예정일	반납일	고유 번호	*연결 조건*	*대출자 번호*	대출자명	대출자 전화
2005-02-02	1	2005-02-12	2005-02-11	1	*대출자번호=1*	*1*	김진석	312-2212
2005-08-12	2	2005-08-22	2005-09-03	10	*대출자번호=2*	*2*	길명진	433-6422
2006-03-07	3	2006-03-27	2006-03-31	3	*대출자번호=3*	*3*	홍성진	881-3322
2006-10-03	4	2006-10-13	2006-11-04	6	*대출자번호=4*	*4*	김재만	599-3434
2006-12-01	5	2006-12-21	2006-12-21	1	*대출자번호=5*	*5*	홍성진	221-4432
2007-01-09	6	2007-01-24	2007-01-20	7	*대출자번호=6*	*6*	방영권	440-5533
2007-05-08	6	2007-05-23	2007-05-23	3	*대출자번호=6*	*6*	방영권	440-5533
2007-11-02	7	2007-11-12	2007-11-15	16	*대출자번호=7*	*7*	김혜영	223-5434
2008-03-14	6	2008-03-29	2008-05-02	2	*대출자번호=6*	*6*	방영권	440-5533
2008-05-04	2	2008-05-14	2008-05-12	1	*대출자번호=2*	*2*	길명진	433-6422
2008-05-09	1	2008-05-19		8	*대출자번호=1*	*1*	김진석	312-2212
2008-06-11	2	2008-06-21	2008-06-20	9	*대출자번호=2*	*2*	길명진	433-6422
2008-08-09	8	2008-08-19		1	*대출자번호=8*	*8*	문준영	778-4333
2008-08-05	6	2008-08-20		13	*대출자번호=6*	*6*	방영권	440-5533
2008-08-11	3	2008-08-31		6	*대출자번호=3*	*3*	홍성진	881-3322

이 같은 방식으로 두 테이블을 연결하려면 모든 행에 대하여 처리해야 한다. 그런데, 쿼리에서 '고유번호=1'이라는 조건을 주었다.

```
WHERE (((대출테이블.고유번호)=1));
```

따라서, 대출테이블의 '고유번호'가 1인 행에 대해서만 INNER JOIN을 실행하는 것이 훨씬 효율적인 계산이 될 것이다.

대출테이블 / 대출자 정보

대출일	대출자 번호	반납 예정일	반납일	고유 번호	*연결 조건*	*대출자 번호*	대출자명	대출자 전화
2005-02-02	1	2005-02-12	2005-02-11	1	*대출자번호=1*	*1*	김진석	312-2212
2006-12-01	5	2006-12-21	2006-12-21	1	*대출자번호=5*	*5*	홍성진	221-4432
2008-05-04	2	2008-05-14	2008-05-12	1	*대출자번호=2*	*2*	길명진	433-6422
2008-08-09	8	2008-08-19		1	*대출자번호=8*	*8*	문준영	778-4333

이와 같이 계산의 효율성을 위하여 조건에 맞는 행에 대해서만 INNER JOIN을 실행한다.

다음으로, SELECT 명령에 의하여 대출테이블의 고유번호, 대출일, 반납일과 대출자테이블의 대출자명을 출력하므로 위 테이블에서 출력하지 않는 속성들(대출자번호, 반납예정일, 대출자전화)을 모두 제거한다.

대출테이블과 대출자테이블의 INNER JOIN 결과

대출일	반납일	고유번호	대출자명
2005-02-02	2005-02-11	1	김진석
2006-12-01	2006-12-21	1	홍성진
2008-05-04	2008-05-12	1	길명진
2008-08-09		1	문준영

고유번호가 1인 INNER JOIN 결과

Query-대출02-도서 고유번호로 대출 이력 검색 : 선택 쿼리

	고유번호	대출일	반납일	대출자명
	1	2005-02-02	2005-02-11	김진석
	1	2008-05-04	2008-05-12	길명진
	1	2006-12-01	2006-12-21	홍성진
▶	1	2008-08-09		문준영
*				

이와 같은 방법으로 INNER JOIN이 이루어진다.

6.2.3 테이블 세 개 이상을 사용하여 조건 질의를 하는 경우

다음은 도서DB의 "Query01-도서명으로 저자 검색" 쿼리이다.

쿼리창

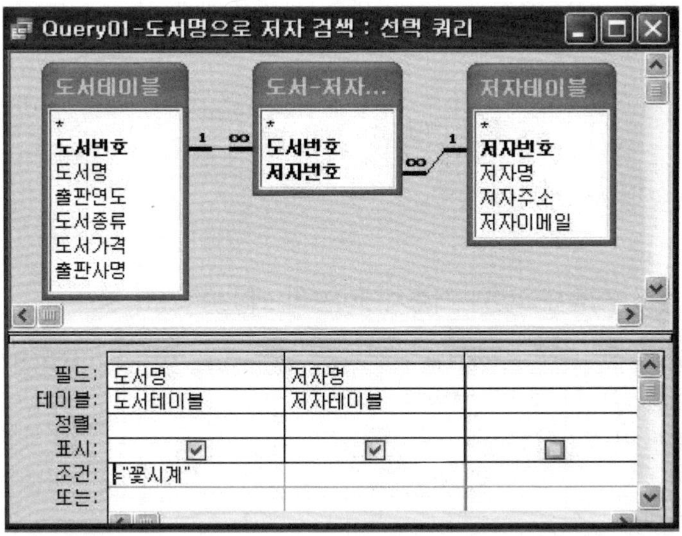

쿼리 결과

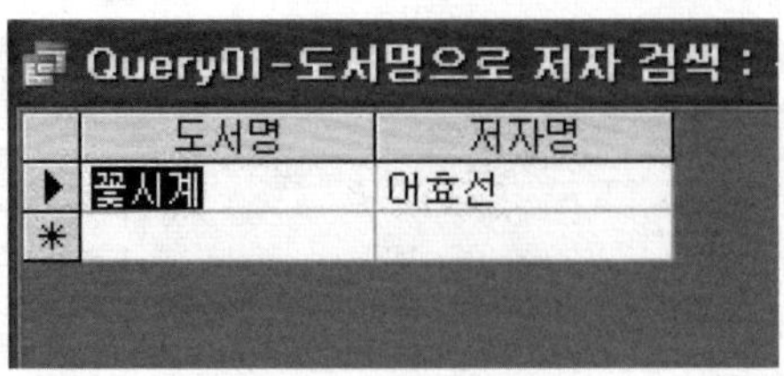

쿼리의 SQL문을 보자.

```
SELECT 도서테이블.도서명, 저자테이블.저자명
FROM 저자테이블 INNER JOIN (도서테이블 INNER JOIN [도서-저자테이블] ON
도서테이블.도서번호 = [도서-저자테이블].도서번호) ON 저자테이블.저자번호 =
[도서-저자테이블].저자번호
WHERE (((도서테이블.도서명)="꽃시계"));
```

이전의 두 쿼리와 비교하면 FROM절에 INNER JOIN과 ON이 두 번 나타나는 것 외에는 동일한 형태의 질의이다. 이 질의는 세 개의 테이블(도서테이블, 도서-저자테이블, 저자테이블)을 사용하고 있다. 세 개의 테이블을 연결하는 방법은 먼저 두 개의 테이블을 연결하고 그 다음으로 나머지 테이블과 연결하면 된다. 이와 같이 순차적인 방법으로 여러 개의 테이블을 연결한다. FROM절을 살펴보자.

```
FROM 저자테이블 INNER JOIN (도서테이블 INNER JOIN [도서-저자테이블] ON
도서테이블.도서번호 = [도서-저자테이블].도서번호) ON 저자테이블.저자번호 =
[도서-저자테이블].저자번호
```

위의 FROM절에서 기울여 표시한 괄호 부분을 주목하자. 수식에서 괄호 안을 먼저 계산 하듯 여기서도 맨 안의 괄호부터 차례로 계산한다. 이 경우 괄호 안을 보면,

(도서테이블 INNER JOIN [도서-저자테이블] ON 도서테이블.도서번호 = [도서-저자테이블].도서번호)

즉, '도서테이블'과 '도서-저자테이블'을 연결(INNER JOIN)하는데 ON에 의하여 '도서테이블'의 '도서번호' 필드와 '도서-저자테이블'의 '도서번호' 필드의 값이 일치하는 행들을 연결한다.

ON 도서테이블.도서번호 = [도서-저자테이블].도서번호

이 상황을 두 테이블로 표시하자.

도서테이블(12)

도서번호	도서명	출판연도	도서종류	도서가격	출판사명
1	꽃시계	1998	문학	8500	문학사
2	나무	1998	문학	4000	용진출판
3	당나귀	1993	문학	3700	교학사
4	발명	1997	과학	4600	삼안출판
5	지구	2001	과학	10000	교학사
6	지구	2008	과학	8000	과학사
7	해	1998	문학	4000	용진출판
8	해	2006	과학	12000	과학사
9	달	2003	과학	11000	학습사
10	불심	2004	종교	5000	학조사
11	친구	2002	문학	8000	아름
12	소망	2007	종교	4800	교학사
13	과학교육	2002	교육	8000	학습사

도서-저자테이블(2)

도서번호	저자번호
1	1
2	2
3	3
4	4
4	5
5	6
5	7
5	8
6	9
7	3
8	10
9	11
10	12
11	13
12	14
13	5

두 테이블에서 도서번호가 같은 행들을 모두 출력하면 다음 테이블과 같다.

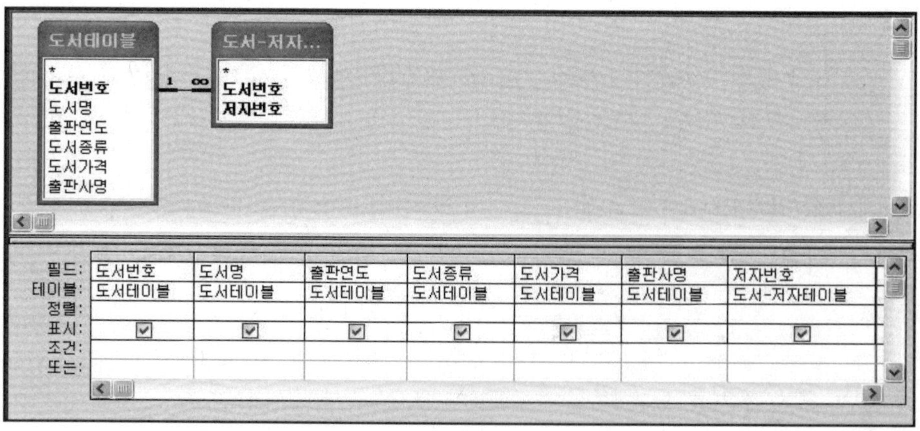

중간결과테이블

도서번호	도서명	출판연도	도서종류	도서가격	출판사명	저자번호
1	꽃시계	1998	문학	₩8,500	문학사	1
2	나무	1998	문학	₩4,000	용진출판	2
3	당나귀	1993	문학	₩3,700	교학사	3
4	발명	1997	과학	₩4,600	삼안출판	4
4	발명	1997	과학	₩4,600	삼안출판	5
5	지구	2001	과학	₩10,000	교학사	6
5	지구	2001	과학	₩10,000	교학사	7
5	지구	2001	과학	₩10,000	교학사	8
6	지구	2008	과학	₩8,000	과학사	9
7	해	1998	문학	₩4,000	용진출판	3
8	해	2006	과학	₩12,000	과학사	10
9	달	2003	과학	₩11,000	학습사	11
10	불심	2004	종교	₩5,000	학조사	12
11	친구	2002	문학	₩8,000	아름	13
12	소망	2007	종교	₩4,800	교학사	14
13	과학교육	2002	교육	₩8,000	학습사	5

레코드: 1 전체: 16

'도서-저자테이블'에서 같은 '도서번호'가 다수 출현 가능하다는 사실에 주목하자. 그러한 경우 두 테이블을 INNER JOIN하면 '도서테이블'에서 중복된 행들이 INNER JOIN의 결과로 나타나게 된다.

그런데, 위와 같은 INNER JOIN은 조건을 고려하지 않고 단순히 두 테이블을 INNER JOIN한 것이다. 그러나 계산의 효율을 위해 조건에 맞는 행에 대해서만 INNER JOIN을 실행한다는 것을 상기하자.

```
WHERE (((도서테이블.도서명)="꽃시계"));
```

모든 행에 대하여 INNER JOIN하는 것이 아니라 도서테이블의 '도서명'이 "꽃시계"인 행에 대해서만 INNER JOIN을 실행하면 연산이 아주 간단해진다. 다음의 테이블은 도서테이블의 '도서명'이 "꽃시계"인 조건을 만족하는 행만 보여준다.

도서테이블 / 도서-저자테이블

도서번호	*도서명*	출판연도	도서종류	도서가격	출판사명	*연결 조건*	*도서번호*	저자번호
1	*꽃시계*	1998	문학	8500	문학사	*도서번호=1*	*1*	1

두 테이블의 INNER JOIN 결과는 다음 표와 같다.

도서테이블과 도서-저자테이블의 INNER JOIN 결과

도서번호	도서명	출판연도	도서종류	도서가격	출판사명	저자번호
1	꽃시계	1998	문학	8500	문학사	1

이제 아래 SQL의 기울인 부분은 처리하였으므로 이 부분을 '중간결과테이블'이라 부르자.

FROM 저자테이블 INNER JOIN ***(도서테이블 INNER JOIN [도서-저자테이블] ON 도서테이블.도서번호 = [도서-저자테이블].도서번호)*** ON 저자테이블.저자번호 = [도서-저자테이블].저자번호

⇒ FROM 저자테이블 INNER JOIN ***중간결과테이블*** ON 저자테이블.저자번호 = [도서-저자테이블].저자번호

이제 '저자테이블'과 '중간결과테이블'을 INNER JOIN하면 된다. 이 때 두 테이블의 '저자번호'가 같은 행들을 찾아낸다.

ON 저자테이블.저자번호 = [도서-저자테이블].저자번호

저자테이블(3)

저자번호	저자명	저자주소	저자이메일
1	*어효선*	*서울*	*hs@han*
2	이주승	부산	js@han
3	어효선	대구	hs@do
4	김정흠	광주	jh@hot
5	최발명	청주	bm@han
6	홍지구	대구	jg@cam
7	유성귀	대구	sg@hot
8	박지구	대전	jg@han
9	유성귀	대구	sk@nav
10	박주해	춘천	ju@hot
11	김서정	서울	sj@cam
12	김부심	인천	bs@nav
13	김서정	서울	seo@do
14	박소망	인천	sm@cam

중간결과테이블
(도서테이블과 도서-저자테이블의 INNER JOIN 결과)

도서번호	도서명	출판연도	도서종류	도서가격	출판사명	*저자번호*
1	꽃시계	1998	문학	8500	문학사	*1*

두 테이블의 저자번호가 같은 행들끼리 연결하면 되는데, 중간결과테이블에서 저자번호가 단 하나 뿐이므로 그것에 대해서만 두 테이블을 연결한다. 이때, 출력을 원하는 필드들만 골라내면 된다.

```
SELECT 도서테이블.도서명, 저자테이블.저자명
```

도서명과 저자명에 대해서만 출력한 다음의 테이블이 쿼리의 최종 결과이다.

쿼리의 결과

도서명	저자명
꽃시계	어효선

Access 질의 결과

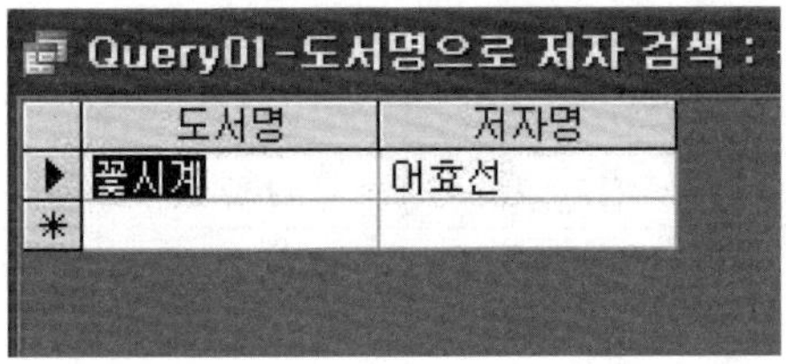

Query01-도서명으로 저자 검색 :

도서명	저자명
꽃시계	어효선
*	

예제 다음의 쿼리는 위와 유사한 문제이다. 아래의 쿼리 결과를 확인해 보자.

```
Query04-도서종류별로 도서 검색;
SELECT 도서테이블.도서종류, 도서테이블.도서명, 저자테이블.저자명
FROM 저자테이블 INNER JOIN (도서테이블 INNER JOIN [도서-저자테이블] ON
        도서테이블.도서번호 = [도서-저자테이블].도서번호) ON 저자테이블.저자
        번호 = [도서-저자테이블].저자번호
WHERE (((도서테이블.도서종류)="과학"));
```

이 쿼리는 세 개의 테이블을 요구한다. FROM절의 괄호 안의 INNER JOIN부터 실행한다.

```
(도서테이블 INNER JOIN [도서-저자테이블] ON 도서테이블.도서번호 = [도서-저자테
이블].도서번호)
```

ON 이하에 의하여 도서테이블의 도서번호와 도서-저자테이블의 도서번호가 같은 행들을 서로 연결한다. 이 때, WHERE절의 조건(도서테이블의 도서종류가 "과학")을 만족하는 행들을 연결한다.

```
WHERE (((도서테이블.도서종류)="과학"));
```

도서테이블(12)

도서 번호	도서명	출판 연도	도서 종류	도서 가격	출판사명
1	꽃시계	1998	문학	8500	문학사
2	나무	1998	문학	4000	용진출판
3	당나귀	1993	문학	3700	교학사
4	발명	1997	*과학*	4600	삼안출판
5	지구	2001	*과학*	10000	교학사
6	지구	2008	*과학*	8000	과학사
7	해	1998	문학	4000	용진출판
8	해	2006	*과학*	12000	과학사
9	달	2003	*과학*	11000	학습사
10	불심	2004	종교	5000	학조사
11	친구	2002	문학	8000	아름
12	소망	2007	종교	4800	교학사
13	과학교육	2002	교육	8000	학습사

도서-저자테이블(2)

도서 번호	저자 번호
1	1
2	2
3	3
4	4
4	5
5	6
5	7
5	8
6	9
7	3
8	10
9	11
10	12
11	13
12	14
13	5

도서테이블의 도서종류가 "과학"을 만족하는 행들을 연결한 결과;

도서테이블로부터 / **도서-저자 테이블로부터**

도서 번호	도서명	출판 연도	도서 종류	도서 가격	출판사명	*연결 조건*	*도서 번호*	저자 번호
4	발명	1997	*과학*	4600	삼안출판	*도서번호=4*	*4*	4
4	발명	1997	*과학*	4600	삼안출판	*도서번호=4*	*4*	5
5	지구	2001	*과학*	10000	교학사	*도서번호=5*	*5*	6
5	지구	2001	*과학*	10000	교학사	*도서번호=5*	*5*	7
5	지구	2001	*과학*	10000	교학사	*도서번호=5*	*5*	8
6	지구	2008	*과학*	8000	과학사	*도서번호=6*	*6*	9
8	해	2006	*과학*	12000	과학사	*도서번호=8*	*8*	10
9	달	2003	*과학*	11000	학습사	*도서번호=9*	*9*	11

위의 테이블을 편의상 '중간결과테이블'이라 하자.

중간결과테이블

도서테이블로부터						도서-저자테이블로부터	
도서번호	도서명	출판연도	도서종류	도서가격	출판사명	도서번호	저자번호
4	발명	1997	*과학*	4600	삼안출판	4	4
4	발명	1997	*과학*	4600	삼안출판	4	5
5	지구	2001	*과학*	10000	교학사	5	6
5	지구	2001	*과학*	10000	교학사	5	7
5	지구	2001	*과학*	10000	교학사	5	8
6	지구	2008	*과학*	8000	과학사	6	9
8	해	2006	*과학*	12000	과학사	8	10
9	달	2003	*과학*	11000	학습사	9	11

중간결과테이블을 사용하여 원래의 쿼리를 다시 나타내면,

```
SELECT 도서테이블.도서종류, 도서테이블.도서명, 저자테이블.저자명
FROM 저자테이블 INNER JOIN 중간결과테이블 ON 저자테이블.저자번호
= [도서-저자테이블].저자번호
WHERE (((도서테이블.도서종류)="과학"));
```

이제, 저자테이블과 중간결과테이블의 결합을 하자.

중간결과테이블

도서번호	도서명	출판연도	도서종류	도서가격	출판사명	도서번호	저자번호
4	발명	1997	*과학*	4600	삼안출판	4	4
4	발명	1997	*과학*	4600	삼안출판	4	5
5	지구	2001	*과학*	10000	교학사	5	6
5	지구	2001	*과학*	10000	교학사	5	7
5	지구	2001	*과학*	10000	교학사	5	8
6	지구	2008	*과학*	8000	과학사	6	9
8	해	2006	*과학*	12000	과학사	8	10
9	달	2003	*과학*	11000	학습사	9	11

저자테이블(3)

저자번호	저자명	저자주소	저자이메일
1	*어효선*	*서울*	*hs@han*
2	이주승	부산	js@han
3	어효선	대구	hs@do
4	김정흠	광주	jh@hot
5	최발명	청주	bm@han
6	홍지구	대구	jg@cam
7	유성귀	대구	sg@hot
8	박지구	대전	jg@han
9	유성귀	대구	sk@nav
10	박주해	춘천	ju@hot
11	김서정	서울	sj@cam
12	김부심	인천	bs@nav
13	김서정	서울	seo@do
14	박소망	인천	sm@cam

이때, 저자번호를 중심으로 연결한다. 저자테이블에서는 '저자명'만 출력하므로 나머지 필드는 표시할 필요가 없다.

중간결과테이블 **저자테이블로부터**

도서번호	도서명	출판연도	도서종류	도서가격	출판사명	도서번호	저자번호	*연결 조건*	*저자번호*	저자명
4	발명	1997	과학	4600	삼안출판	4	4	*저자번호=4*	*4*	김정흠
4	발명	1997	과학	4600	삼안출판	4	5	*저자번호=5*	*5*	최발명
5	지구	2001	과학	10000	교학사	5	6	*저자번호=6*	*6*	홍지구
5	지구	2001	과학	10000	교학사	5	7	*저자번호=7*	*7*	유성귀
5	지구	2001	과학	10000	교학사	5	8	*저자번호=8*	*8*	박지구
6	지구	2008	과학	8000	과학사	6	9	*저자번호=9*	*9*	유성귀
8	해	2006	과학	12000	과학사	8	10	*저자번호=10*	*10*	박주해
9	달	2003	과학	11000	학습사	9	11	*저자번호=11*	*11*	김서정

마지막으로, 출력을 원하는 필드들만 골라내면 된다.

SELECT 도서테이블.도서종류, 도서테이블.도서명, 저자테이블.저자명

위의 테이블에서 도서종류, 도서명, 저자명 필드에 대해서만 출력한 다음의 테이블이 쿼리의 최종 결과이다.

결과테이블

도서종류	도서명	저자명
과학	발명	김정흠
과학	발명	최발명
과학	지구	홍지구
과학	지구	유성귀
과학	지구	박지구
과학	지구	유성귀
과학	해	박주해
과학	달	김서정

6.2.4 날짜를 사용하는 조건절

특정한 날짜를 기준으로 질의가 이루어지는 경우가 많다. 다음은 도서DB의 "Query-대출03-오늘 반납 예정인 도서 검색" 쿼리이다. 이 질의의 쿼리창과 SQL문을 보자.

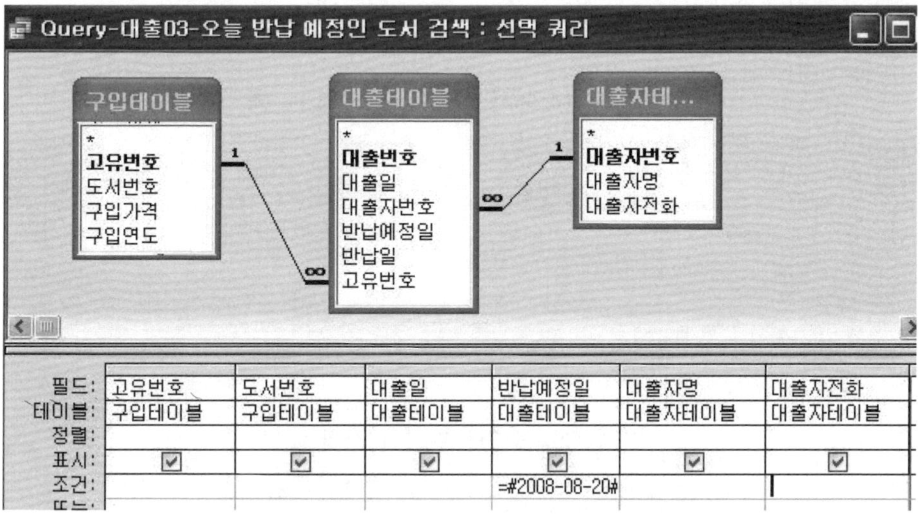


```
SELECT 구입테이블.고유번호, 구입테이블.도서번호, 대출테이블.대출일, 대출테이블.반납예
정일, 대출자테이블.대출자명, 대출자테이블.대출자전화
FROM 대출자테이블 INNER JOIN (구입테이블 INNER JOIN 대출테이블 ON 구입테이블.고
유번호 = 대출테이블.고유번호) ON 대출자테이블.대출자번호 = 대출테이블.대출자번호
WHERE (((대출테이블.반납예정일)=#8/20/2008#));
```

이 질의는 세 개의 테이블(구입테이블, 대출테이블, 대출자테이블)을 사용하고 있다. 구입테이블과 대출테이블은 고유번호로 연결되고, 그 두 테이블을 INNER JOIN 한 결과와 대출자테이블이 대출자번호로 연결되는 것을 보여준다. 이때 대출테이블의 반납예정일이 2008년 8월 20일 (테이블에서는 "#8/20/2008#"와 같이 표시)인 제한 조건을 만족하는 행(들)에 대해 검색을 한다. 날짜를 입력할 때 "2008-08-20"으로 입력하면 Access가 "#8/20/2008#"와 같이 자동으로 변환하여 준다.

오늘 날짜의 입력 방법으로, Date()함수가 있다. Date()는 오늘의 날짜를 산출한다. 쿼리창의 조건에 =Date()와 같이 사용한다. SQL의 예를 들면, 아래와 같이 표현한다.

WHERE (((대출테이블.반납예정일)=*Date()*));

대출테이블(4)에서 반납예정일이 질의와 일치하는 행은 단 하나이다.

대출테이블(4)에서 질의 조건에 맞는 행

대출 번호	대출일	대출자 번호	반납 예정일	반납일	고유 번호
14	2008-08-05	6	*2008-08-20*		13

고유번호가 13인 구입테이블의 행은 다음과 같다.

구입테이블(2)로부터의 결과

고유 번호	도서번호	구입 가격	구입 연도
13	10	4500	2006

위의 두 테이블을 연결하자;

대출테이블(4)로부터 / **구입테이블(2)로부터**

대출 번호	대출일	대출자 번호	반납 예정일	반납일	고유 번호	*연결 조건*	*고유 번호*	도서 번호	구입 가격	구입 연도
14	2008-08-05	6	2008-08-20		*13*	*고유번호=13*	*13*	10	4500	2006

이제 이 테이블을 대출자테이블과 대출자번호(=6)로 INNER JOIN을 한다. 대출자테이블에서 대출자번호가 6인 행은 다음과 같다.

대출자테이블(2)로부터

대출자 번호	대출자명	대출자 전화
6	방영권	440-5533

마지막으로 SQL의 SELECT에서 지정한 필드들만 출력하면 된다.

Query-대출03-오늘 반납 예정인 도서 검색 : 선택 쿼리

고유번호	도서번호	대출일	반납예정일	대출자명	대출자전화
13	10	2008-08-05	2008-08-20	방영권	440-5533

예제 반납예정일이 2008년 8월 20일 이후인 대출정보에 대해 질의하자.

풀이 'Query-대출03' 질의는 특정한 날짜를 지정한 질의이었는데 이 문제는 특정한 날짜 이후를 질의한다. 쿼리창에서 '반납예정일' 필드의 조건을 ">=#2008-08-20#"와 같이 ">="을 날짜 앞에 붙여주면 된다.

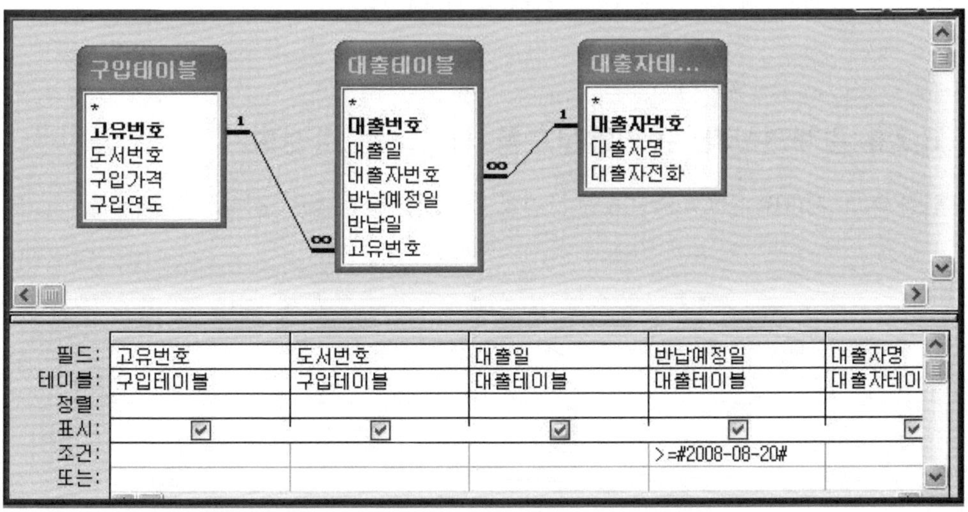

이 질의의 SQL문은 이전의 질의('Query-대출03' 질의)와 비교하면 WHERE절에서 '=' 대신 '> ='를 사용하는 것만 다르다.

```
WHERE (((대출테이블.반납예정일)>=#8/20/2008#));
```

질의의 결과를 보면 반납예정일이 2008년 8월 20일 이후인 경우가 두건 검색되었다.

	고유번호	도서번호	대출일	반납예정일	대출자명	대출자전화
	13	10	2008-08-05	2008-08-20	방영권	440-5533
	6	5	2008-08-11	2008-08-31	홍성진	881-3322
▶						

이와 같이 비교연산자를 사용하면 이전(< =), 이후(> =), 같은 날짜('='), 다른 날짜('< >')와 같은 날짜를 포함한 질의가 가능하고, 물론 다른 연산자도 사용가능하다('<', '>').

만약 기간을 표시하고 싶으면, "Between And" 키워드를 사용한다. 예를 들면, 2009 3월 20일부터 2010년 3월19일까지의 기간이라면, "Between #2009-03-20# And #2010-03-19#"와 같이 표현한다. 시작과 끝은 기간에 포함된다.

6.2.5 관계연산자, 논리연산자를 사용하는 조건절

다음은 도서DB의 "Query06-출판연도와 도서 종류별로 검색" 쿼리이다.

쿼리창

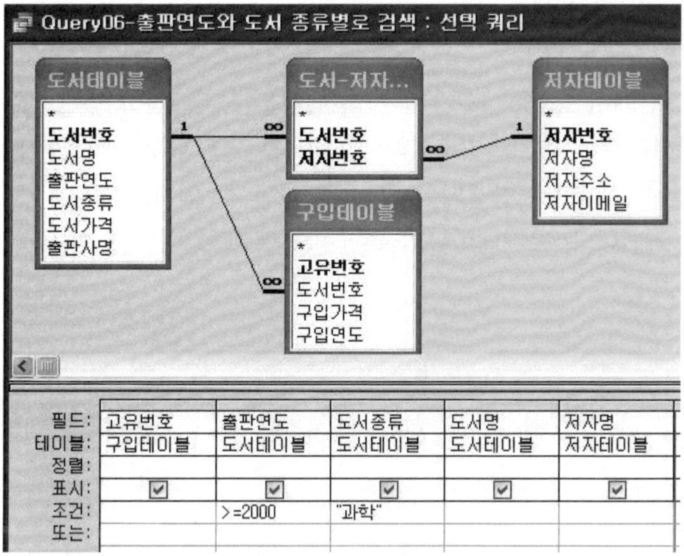

쿼리 결과

Query06-출판연도와 도서 종류별로 검색

고유번호	출판연도	도서종류	도서명	저자명
6	2001	과학	지구	홍지구
6	2001	과학	지구	유성귀
6	2001	과학	지구	박지구
7	2008	과학	지구	유성귀
11	2006	과학	해	박주해
12	2003	과학	달	김서정

쿼리의 SQL문을 보자.

SELECT 구입테이블.고유번호, 도서테이블.출판연도, 도서테이블.도서종류, 도서테이블.도서명, 저자테이블.저자명
FROM 저자테이블 INNER JOIN ((도서테이블 INNER JOIN 구입테이블 ON 도서테이블.도서번호 = 구입테이블.도서번호) INNER JOIN [도서-저자테이블] ON 도서테이블.도서번호 = [도서-저자테이블].도서번호) ON 저자테이블.저자번호 = [도서-

```
저자테이블].저자번호
WHERE (((도서테이블.출판연도)>=2000) AND ((도서테이블.도서종류)="과학"));
```

이 쿼리는 그림에서 보듯이 모두 네 개의 테이블을 사용하고 있다. WHERE 조건절을 살펴보자. 이 쿼리는 두 개의 조건(도서테이블의 출판연도가 2000 이후이며, 도서테이블의 도서종류가 과학)이 AND로 연결되어 있는 것을 볼 수 있다. 즉, 두 개의 조건을 동시에 만족해야한다는 조건이다. 도서테이블의 출판연도가 2000 이후인 조건을 만족하는 행들은 다음 표와 같다.

도서번호	도서명	출판연도	도서종류	도서가격	출판사명
5	지구	2001	과학	10000	교학사
6	지구	2008	과학	8000	과학사
8	해	2006	과학	12000	과학사
9	달	2003	과학	11000	학습사
10	불심	2004	종교	5000	학조사
11	친구	2002	문학	8000	아름
12	소망	2007	종교	4800	교학사
13	과학교육	2002	교육	8000	학습사

위의 테이블에서 도서 종류가 과학인 조건을 만족하는 행들은 아래와 같다.

도서번호	도서명	출판연도	도서종류	도서가격	출판사명
5	지구	2001	과학	10000	교학사
6	지구	2008	과학	8000	과학사
8	해	2006	과학	12000	과학사
9	달	2003	과학	11000	학습사

만약 세 가지의 조건(C_1, C_2, C_3이라 하자)을 동시에 만족해야 한다면 WHERE절은,

WHERE (C_1 AND C_2 AND C_3);

이다. 이와 같이 복수 개의 조건을 동시에 만족해야 한다면 조건들을 AND로 연결하면 된다.

OR 조건도 마찬가지로 생각할 수 있다. 두 조건 C_1, C_2의 OR 조건은,

WHERE (C_1 OR C_2);

이다. 이와 같이 복수 개의 조건을 OR로 연결 할 수 있다.

만약 C_1과 C_3이 AND로 결합되고, 그 결과와 C_2가 OR로 결합된다면,

WHERE ((C_1 AND C_3) OR C_2);

이다.

만약 C_1과 C_3이 AND로 결합되고, C_2과 C_4가 AND로 결합되고, 각각의 결과가 OR로 결합된다면,

WHERE ((C_1 AND C_3) OR (C_2 AND C_4));

이다. 이와 같이 AND와 OR의 조합으로 복잡한 조건의 표현이 가능하다.

만약, "~이 아닌"과 같은 논리적 부정을 나타내려면 'Not'을 사용한다. 예를 들면, "도서 종류가 과학이 아닌"이라는 조건을 표현하면,

WHERE (Not (도서테이블.도서종류)="과학");

이다. 이와 같이 AND, OR, NOT의 세 가지 논리 연산자를 사용하는 명제논리식의 처리가 쿼리에서 가능하다.

예제 "Query-대출01-도서명으로 현재의 대출정보 검색" 질의에서 "꽃시계"라는 도서가 현재 대출중일 때, 대출자 정보를 검색하기 위한 SQL 문장을 작성해 보자.

(풀이) 아래의 쿼리창에서 보듯이 네 개의 테이블에 대한 INNER JOIN이 필요하다.

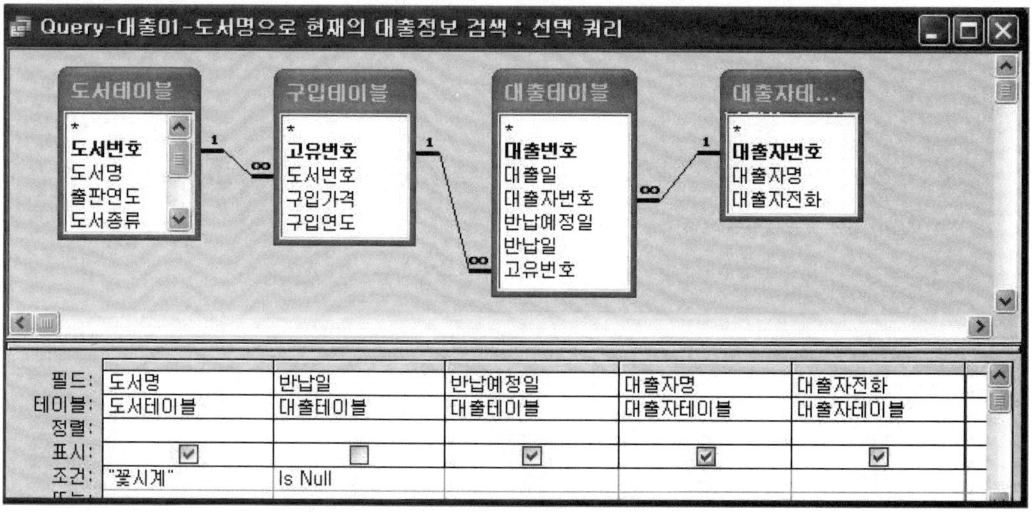

질의 결과;

Query-대출01-도서명으로 현재의 대출정보 검색 : 선택 쿼리

	도서명	반납예정일	대출자명	대출자전화
▶	꽃시계	2008-08-19	문준영	778-4333
*				

검색의 조건은 도서명이 "꽃시계"라는 것과, 반납일이 NULL인 경우(즉, 아직 반납되지 않은 상태)를 동시에 만족해야 한다. 따라서 WHERE 절에 AND 연산자를 사용해야 한다. 필드의 값이 NULL인지를 점검하려면 Is Null을 사용한다.

```
SELECT 도서테이블.도서명, 대출테이블.반납예정일, 대출자테이블.대출자명, 대출자테이블.대출자전화
FROM 도서테이블 INNER JOIN (대출자테이블 INNER JOIN (구입테이블 INNER JOIN 대출테이블 ON 구입테이블.고유번호 = 대출테이블.고유번호) ON 대출자테이블.대출자번호 = 대출테이블.대출자번호) ON 도서테이블.도서번호 = 구입테이블.도서번호
WHERE (((도서테이블.도서명)="꽃시계") AND ((대출테이블.반납일) Is Null));
```

6.2.6 GROUP 연산과 집단함수(aggregate functions)

(1) GROUP으로 묶고 합계 계산("GROUP BY"와 "SUM"함수)

도서종류별로 구입가격 총액을 출력하는 질의를 생각해 보자("Query07-도서종류별 구입가격의 총액"). 이 질의는 도서 종류별로 그룹을 만들고(Group by) 각 그룹에 속한 구입가격을 합산한다. 다음은 그 질의창과 결과를 보여준다.

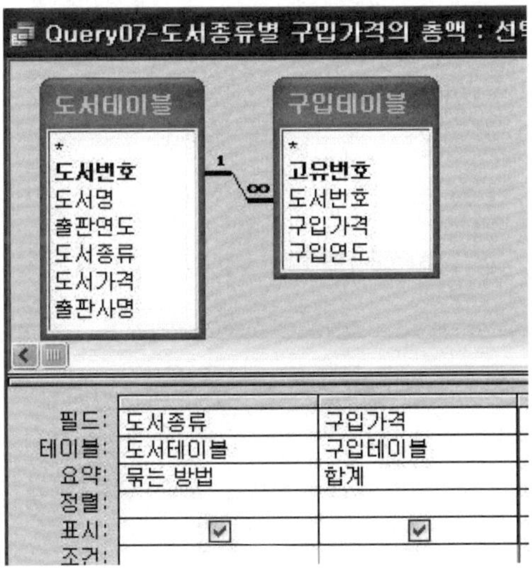

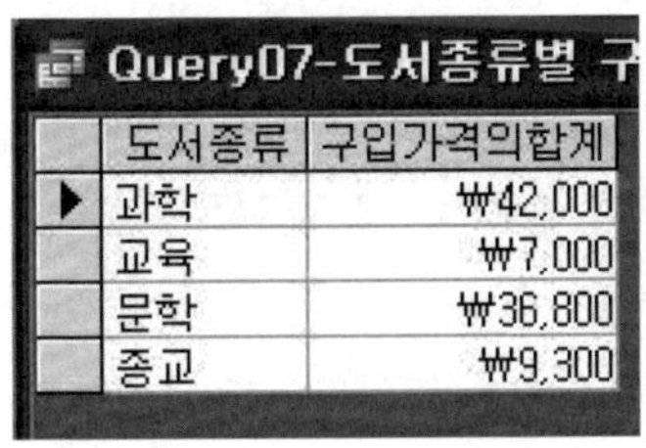
Query07-도서종류별 구

도서종류	구입가격의합계
과학	₩42,000
교육	₩7,000
문학	₩36,800
종교	₩9,300

쿼리의 SQL문을 보자.

```
SELECT 도서테이블.도서종류, Sum(구입테이블.구입가격) AS 구입가격의합계
FROM 도서테이블 INNER JOIN 구입테이블 ON 도서테이블.도서번호 = 구입테이블.도서번호
GROUP BY 도서테이블.도서종류;
```

필드 단위로 그룹을 만들기 위해 "GROUP BY"절을 사용한다. 이 예에서는 도서테이블의 도서종류 필드에 대하여 GROUP BY절을 사용한다.

```
GROUP BY 도서테이블.도서종류;
```

이와 같이 종류가 같은 도서들을 그룹으로 묶은 다음, 각 그룹에 대해 구입가격의 합계를 계산한다. 구입테이블에 각 도서의 구입가격이 저장되어 있으므로 각 그룹의 구입가격 합계는 구입테이블의 구입가격 필드로부터 얻어진다. 합계를 계산하기 위하여 Sum 함수를 사용한다. 도서 종류가 같은 도서들끼리 이미 그룹으로 묶여진 상태에 있으므로 같은 그룹 안에 있는 구입가격의 총액은 다음과 같이 SELECT문장에서 출력한다.

SELECT 도서테이블.도서종류, *Sum*(구입테이블.구입가격) AS 구입가격의합계

Sum함수 다음의 AS는 출력할 때의 열 제목을 정할 때 사용한다. 여기서는 "구입가격의 합계"라는 열제목으로 출력하게 된다.

(2) 조건을 적용하여 GROUP으로 묶고 합계 계산(GROUP BY, HAVING, SUM)

도서종류별로 구입가격 총액을 출력하는 질의는 앞에서 보았다("Query07-도서종류별 구입가격의 총액"). 그 결과로 과학, 교육, 문학, 종교라는 도서종류별로 총액을 출력하였다. 이번 질의는 모든 도서 종류에 대한 질의가 아니라 특정한 도서 종류를 지정한 질의를 생각해 보자. 예를 들면, 도서종류가 "과학"인 도서들의 구입가격의 합계를 계산해 보자. 다음 질의창은 도서종류의 조건이 ="과학"임을 보여준다.

쿼리창

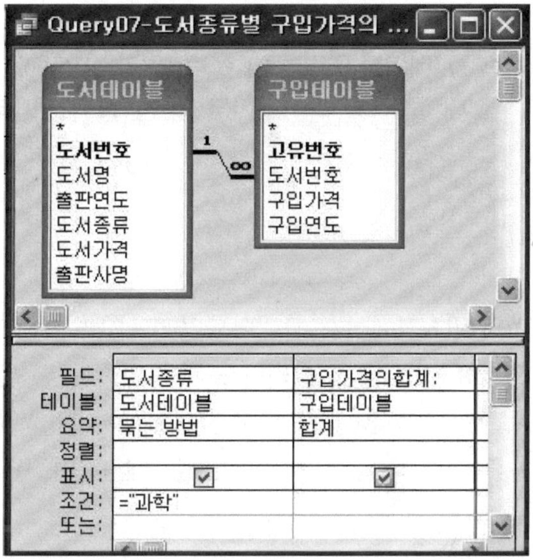

쿼리 결과

쿼리의 SQL문을 보자.

```
SELECT 도서테이블.도서종류, Sum(구입테이블.구입가격) AS 구입가격의합계
FROM 도서테이블 INNER JOIN 구입테이블 ON 도서테이블.도서번호 = 구입테이블.도서번호
GROUP BY 도서테이블.도서종류
HAVING (((도서테이블.도서종류)="과학"));
```

GROUP BY에 원하는 출력을 지정하려면 HAVING을 사용한다. 여기서는 도서종류가 “과학”이라는 조건을 부여한다.

```
HAVING (((도서테이블.도서종류)="과학"));
```

(주의) GROUP BY절과 HAVING절의 순서를 바꾸면 오류가 발생하여 쿼리를 실행할 수 없다. 따라서 두 절의 순서가 중요하다.

아래의 쿼리와 위의 쿼리를 비교해 보자.

```
SELECT 도서테이블.도서종류, Sum(구입테이블.구입가격) AS 구입가격의합계
FROM 도서테이블 INNER JOIN 구입테이블 ON 도서테이블.도서번호 = 구입테이블.도서번호
WHERE (((도서테이블.도서종류)="과학"))
GROUP BY 도서테이블.도서종류;
```

위의 쿼리의 실행과정을 살펴 보면, WHERE절에서 도서테이블의 도서종류가 "과학"이라는 조건을 부여하고 있다. 그 아래의 GROUP BY절은 그러한 조건을 만족하는 행들에 대하여 그룹으로 묶을 것을 요구하고 있다. 즉, 도서테이블의 도서종류가 "과학"인 행들을 하나의 그룹으로 묶는다. 그렇게 한 후, 그 행들로부터 구입가격의 합계를 계산한다. 앞에서 본 HAVING과 차이를 알 수 있다.

ⓐ
```
GROUP BY 도서테이블.도서종류
HAVING (((도서테이블.도서종류)="과학"));
```

; GROUP BY에 의해 도서종류별로 먼저 묶는다.
(즉, "과학", "교육", "문학", "종교", 등 종류별로 묶는다)
; 그 다음으로, HAVING에 의해 도서종류가 "과학"인 행들에 대하여 Sum계산을 한다.

ⓑ
```
WHERE (((도서테이블.도서종류)="과학"))
GROUP BY 도서테이블.도서종류;
```

; WHERE에 의하여 도서종류가 "과학"인 행들만 가려낸다.
; GROUP BY에 의해 "과학" 도서들을 묶는다. 그 다음으로, 이들에 대해 Sum계산을 한다.

결과적으로 두 방법은 같은 출력을 제공하지만, 계산 과정은 다르다. GROUP BY - HAVING의 경우는 관련 데이터를 그룹별로 모두 묶은 다음에 HAVING에 의해 출력을

지정하는 방식이고, WHERE - GROUP BY의 경우는 WHERE 조건을 먼저 적용한 다음 집단 함수의 사용을 위해 그룹으로 묶는다. WHERE 조건을 먼저 적용하면 불필요한 자료는 초기에 고려치 않게 되므로 대량의 데이터에 대해서 효율적이라 볼 수 있다.

예제 "용진출판"이 발행한 도서의 도서가격의 총액을 출력하는 SQL을 작성하자.

풀이 "용진출판"이라는 정보는 도서테이블에 있고, 동일한 책이 여러 권 있는 복본의 경우를 다루기 위하여 구입테이블이 필요하므로 필요한 테이블은 도서테이블과 구입테이블이다. 이 두 테이블은 도서번호로 연결된다.

```
FROM 도서테이블 INNER JOIN 구입테이블 ON 도서테이블.도서번호 = 구입테이
        블.도서번호
```

도서테이블의 출판사명으로 그룹을 묶은 다음, 출판사명이 용진출판이라는 제한 조건을 준다.

```
GROUP BY 도서테이블.출판사명
HAVING (((도서테이블.출판사명)="용진출판"));
```

마지막으로 출력할 내용을 SELECT에 표시한다.

```
SELECT 도서테이블.출판사명, Sum(도서테이블.도서가격) AS 도서가격의합계
```

위의 SQL을 종합하면,

```
SELECT 도서테이블.출판사명, Sum(도서테이블.도서가격) AS 도서가격의합계
FROM 도서테이블 INNER JOIN 구입테이블 ON 도서테이블.도서번호 = 구입테이
        블.도서번호
GROUP BY 도서테이블.출판사명
HAVING (((도서테이블.출판사명)="용진출판"));
```

또는,

```
SELECT 도서테이블.출판사명, Sum(도서테이블.도서가격) AS 도서가격의합계
FROM 도서테이블 INNER JOIN 구입테이블 ON 도서테이블.도서번호 = 구입테이
        블.도서번호
WHERE (((도서테이블.출판사명)="용진출판"))
GROUP BY 도서테이블.출판사명;
```

(3) GROUP으로 묶고 COUNT하여 순서 정렬(GROUP BY, COUNT, ORDER BY)

GROUP BY와 COUNT는 이미 앞 절에서 공부했다. 이 절에서는 정렬하는 방법에 대해 공부해보자. "2008년도의 대출 도서를 빈도가 높은 순서로 출력하는 질의"를 생각해 보자. 먼저, 순서 정렬을 제외한 문제를 생각한다면, 문제는 "2008년도의 대출 도서의 빈도를 출력하는 질의"가 될 것이고, 그 SQL 문장은 아래와 같다.

```
SELECT 도서테이블.도서번호, 도서테이블.도서명, Count(구입테이블.도서번호) AS
        도서번호의개수
FROM 도서테이블 INNER JOIN (구입테이블 INNER JOIN 대출테이블 ON 구입테
        이블.고유번호 = 대출테이블.고유번호) ON 도서테이블.도서번호 = 구입테
        이블.도서번호
WHERE (((대출테이블.대출일)>=#1/1/2008# And (대출테이블.대출일)
        <=#12/31/2008#))
GROUP BY 도서테이블.도서번호, 도서테이블.도서명;
```

그 결과는 아래와 같이 정렬되지 않은 모습을 보여준다.

Query-대출07-연도별 대출 빈도 질의 : 선택 쿼리

도서번호	도서명	대출빈도수
1	꽃시계	2
2	나무	1
5	지구	1
7	해	2
10	불심	1

위의 출력에서 '대출빈도수'는 SELECT절에서 구입테이블의 도서번호를 Count한 결과이다;

SELECT 도서테이블.도서번호, 도서테이블.도서명, Count(구입테이블.도서번호) AS
도서번호의개수

따라서 대출빈도수를 정렬하려면 구입테이블의 도서번호를 정렬(ORDER BY)해야 한다;

*ORDER BY Count(*구입테이블.도서번호);

이렇게 하면 오름차순 정렬이 된다. 내림차순 정렬을 하려면 끝에 'DESC'를 붙인다(descending order). 오름차순은 'ASC'를 붙이거나 또는 생략한다(ascending order).

ORDER BY Count(구입테이블.도서번호) **DESC;**

그 결과는 아래와 같이 대출빈도가 내림차순으로 정렬된 모습을 보여준다.

Query-대출07-연도별 대출 빈도 질의 : 선택

도서번호	도서명	대출빈도수
7	해	2
1	꽃시계	2
10	불심	1
5	지구	1
2	나무	1

전체적인 SQL 문장을 보면;

```
SELECT 도서테이블.도서번호, 도서테이블.도서명, Count(구입테이블.도서번호) AS
        도서번호의개수
FROM 도서테이블 INNER JOIN (구입테이블 INNER JOIN 대출테이블 ON 구입테
        이블.고유번호 = 대출테이블.고유번호) ON 도서테이블.도서번호 = 구입테
        이블.도서번호
WHERE (((대출테이블.대출일)>=#1/1/2008# And (대출테이블.대출일)
        <=#12/31/2008#))
GROUP BY 도서테이블.도서번호, 도서테이블.도서명;
ORDER BY Count(구입테이블.도서번호) DESC;
```

6.2.7 조인 속성을 사용하는 질의(LEFT JOIN)

3장의 끝 부분에서 대출 관련 질의를 공부하였다. 마지막 부분의 '미대출 도서 검색'(아직까지 한 번도 대출되지 않은 도서의 목록)에서 한 번도 대출하지 않는 도서의 목록을 검색하였다. 이를 위해 질의창에서 구입테이블과 대출테이블 사이의 '조인속성'을 '2'로 선택하여 구입테이블의 모든 레코드를 포함한다(아래의 질의창).

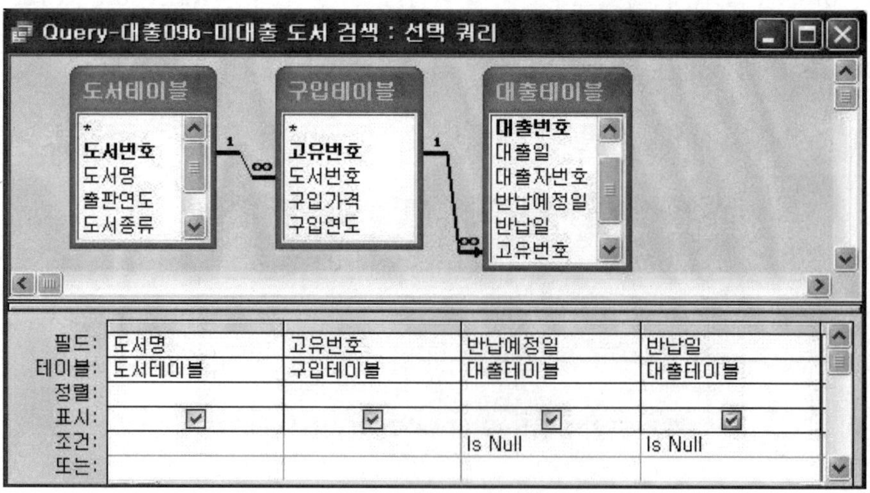

이와 같이 두 테이블의 연결에서 어느 한 쪽의 내용을 모두 포함하기 위한 두 테이블의 결합은 LEFT JOIN을 사용한다.

```
SELECT 도서테이블.도서명, 구입테이블.고유번호, 대출테이블.반납예정일, 대출테
        이블.반납일
FROM 도서테이블 INNER JOIN (구입테이블 LEFT JOIN 대출테이블 ON 구입테이
        블.고유번호 = 대출테이블.고유번호) ON 도서테이블.도서번호 = 구입테이
        블.도서번호
WHERE (((대출테이블.반납예정일) Is Null) AND ((대출테이블.반납일) Is Null));
```

6.2.8 하위 쿼리(서브쿼리, subquery)

하나의 쿼리 안에 또 다른 쿼리를 포함하여 그 결과를 이용하는 쿼리를 서브쿼리(하위쿼리, subquery)라 한다.

도서DB에서 서브쿼리를 사용하는 예를 생각해 보자. 도서명으로 출판사명의 전화번호 검색하는 문제를 생각해 보자. 아래는 도서테이블의 데이터와 질의창 및 그 결과를 보여준다.

도서테이블

도서테이블 : 테이블

도서번호	도서명	출판연도	도서종류	도서가격	출판사명
1	꽃시계	1998	문학	₩8,500	문학사
2	나무	1998	문학	₩4,000	용진출판
3	당나귀	1993	문학	₩3,700	교학사
4	발명	1997	과학	₩4,600	삼안출판
5	지구	2001	과학	₩10,000	교학사
6	지구	2008	과학	₩8,000	과학사
7	해	1998	문학	₩4,000	용진출판
8	해	2006	과학	₩12,000	과학사
9	달	2003	과학	₩11,000	학습사
10	불심	2004	종교	₩5,000	학조사
11	친구	2002	문학	₩8,000	아름
12	소망	2007	종교	₩4,800	교학사
13	과학교육	2002	교육	₩8,000	학습사
14	컴퓨터교육	2010	교육	₩15,000	과학사
0		0		₩0	

도서명으로 출판사의 전화번호를 검색

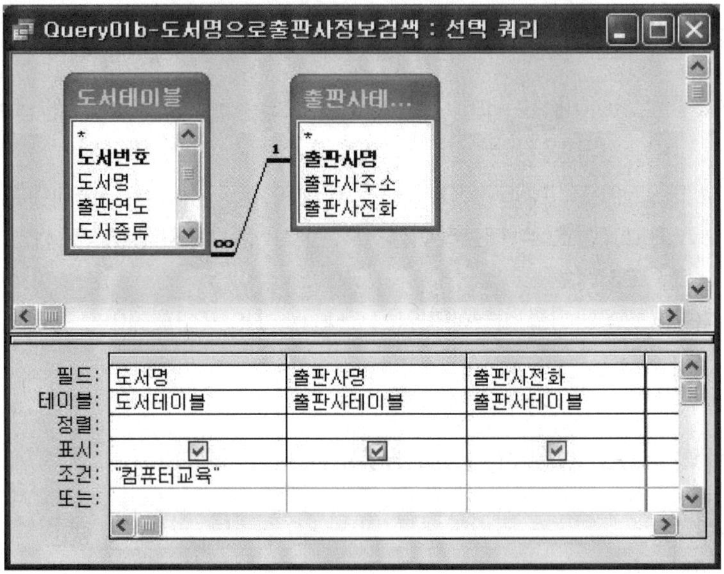

검색 결과

위의 질의는 도서명이 "컴퓨터교육"인 도서의 출판사명과 출판사 전화번호를 출력하는 예이다. 위 질의에 대한 SQL을 살펴보자.

```
SELECT 도서테이블.도서명, 출판사테이블.출판사명, 출판사테이블.출판사전화
FROM 출판사테이블 INNER JOIN 도서테이블 ON 출판사테이블.출판사명 = 도서
        테이블.출판사명
WHERE (((도서테이블.도서명)="컴퓨터교육"));
```

위의 SQL은 서브쿼리를 사용하고 있지 않다. 서브쿼리를 이용하여 동일한 질의를 수행

하는 SQL은 다음과 같다. (WHERE절 안의 'Like'는 '='과 같다.)

```
SELECT 출판사테이블.출판사명, 출판사테이블.출판사전화
FROM 출판사테이블
WHERE ((출판사테이블.출판사명) Like
   (SELECT 도서테이블.출판사명
   FROM 도서테이블
   WHERE (((도서테이블.도서명) Like "컴퓨터교육"))
  ));
```

검색 결과

Query01c-subquery : 선택 쿼리

	출판사명	출판사전화
▶	과학사	053-312-2202
*		

위의 SQL문장은 다음과 같이 분석해 볼 수 있다.

```
SELECT 출판사테이블.출판사명, 출판사테이블.출판사전화
FROM 출판사테이블
WHERE ((출판사테이블.출판사명) Like
```

```
(SELECT 도서테이블.출판사명
   FROM 도서테이블
   WHERE (((도서테이블.도서명) Like "컴퓨터교육"))
  )
```

```
);
```

글상자 안을 먼저 실행하자. WHERE절에서 도서명="컴퓨터교육"인 레코드를 도서테

이블에서 찾을 수 있다(도서번호=14). 그 레코드의 출판사명="과학사"이므로 글상자 안의 서브쿼리의 결과는 "과학사"이다. 그렇다면, 위의 SQL은 아래와 같은 SQL과 동일하게 된다.

```
SELECT 출판사테이블.출판사명, 출판사테이블.출판사전화
FROM 출판사테이블
WHERE  ((출판사테이블.출판사명) Like "과학사");
```

이와 같이 한 SQL 문장 안에 또 다른 SQL 문장을 포함하고 있는 형태의 질의를 서브쿼리(또는 하위쿼리, subquery)라 한다.

이제, 도서명이 "*교육"인 도서(즉, 교육을 끝나는 도서명)의 출판사명과 출판사 전화번호를 출력하는 질의를 생각해 보자.

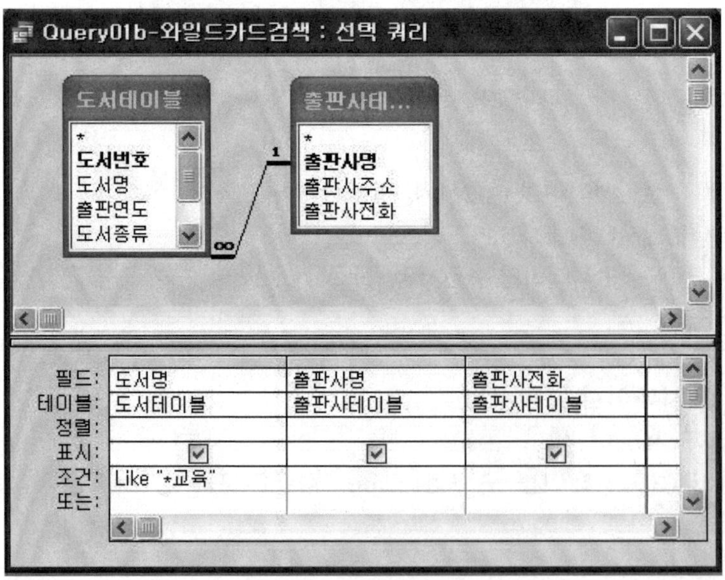

위 질의창에 대한 SQL문장을 보자. WHERE절에서 Like "*교육"과 같이 교육으로 끝나는 도서명을 검색한다.

```
SELECT 도서테이블.도서명, 출판사테이블.출판사명, 출판사테이블.출판사전화
FROM 출판사테이블 INNER JOIN 도서테이블 ON 출판사테이블.출판사명 = 도서
        테이블.출판사명
WHERE (((도서테이블.도서명) Like "*교육"));
```

"교육"으로 끝나는 도서명 두 개를 찾아서 출력한다.

Query01b-와일드카드검색 : 선택 쿼리

	도서명	출판사명	출판사전화
▶	과학교육	학습사	02-3333-4444
	컴퓨터교육	과학사	053-312-2202
*			

이제, 서브쿼리를 사용하여 위의 SQL을 다시 작성하자.

```
SELECT 출판사테이블.출판사명, 출판사테이블.출판사전화
FROM 출판사테이블
WHERE  ((출판사테이블.출판사명) Like
   (SELECT 도서테이블.출판사명
    FROM 도서테이블
    WHERE (((도서테이블.도서명) Like "*교육"))
   ));
```

결과를 확인해 보자.

(※ 주의; Access의 버전에 따라 여러 개의 레코드가 결과로 출력되는 서브쿼리를 허용하지 않는 경우가 있다. 질의창에서는 "*교육"과 같이 복수개의 결과 레코드를 처리하지만 SQL에서는 서브쿼리에서 복수개의 결과 레코드를 허용하지 않는 버전이 있다.)

이와 같이, 서브쿼리를 사용하지 않고 JOIN을 사용하면 서브쿼리의 기능을 충분히 구현할 수 있다(예; 위 "컴퓨터교육"도서의 질의). 그렇다면, 서브쿼리는 왜 사용하는 것일까? 서브쿼리를 사용하면 JOIN을 하지 않고도 질의를 실행할 수 있으므로 서브쿼리를

사용하는 것이 더 효율적이라 할 수 있다. (왜냐하면, JOIN을 수행하는 데에는 일반적으로 많은 공간과 시간을 소비한다.)

또 하나의 이유는 서브쿼리를 사용하면 대단히 편리한 경우가 있다. 「가장 많이 대출된 도서의 도서명과 저자명의 검색」 하는 질의를 예로 들어 보자. 아래는 그 질의창과 검색 결과이다.

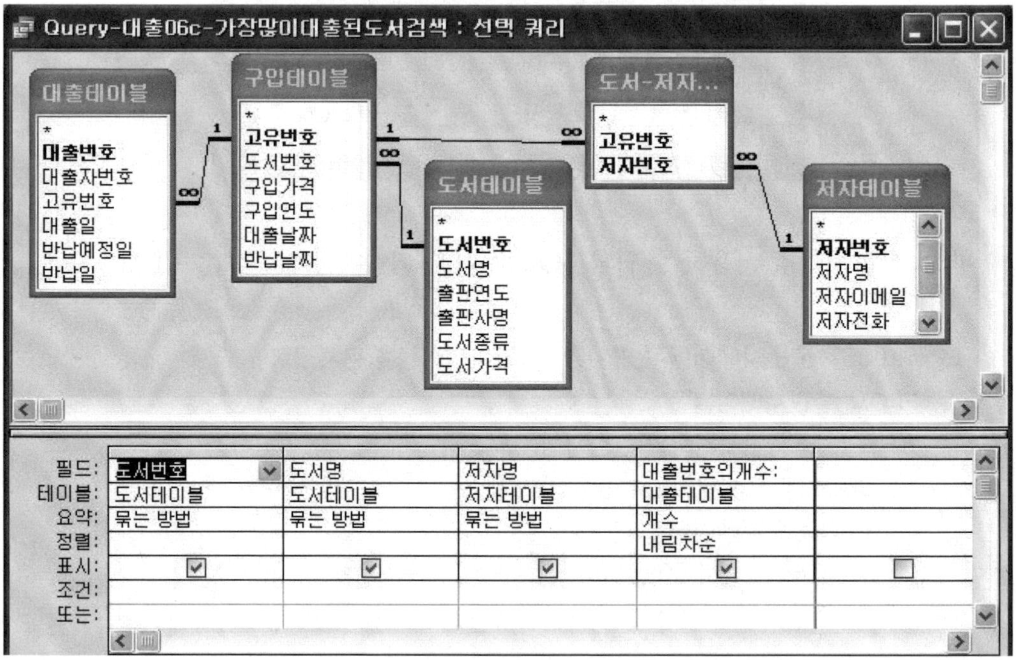

결과창은 대출횟수의 내림차순으로 정렬된 결과를 보여준다.

도서번호	도서명	저자명	대출번호의개수
1	꽃시계	어효선	5
7	해	어효선	4
5	지구	유성귀	3
3	당나귀	어효선	3
4	발명	유성귀	2
4	발명	김정흠	2
8	소명	파커	1
6	지구	홍지구	1
2	나무	이주승	1

Query-대출06c-가장많이대출된도서검색 : 선택 쿼리

아래는 위 질의의 SQL 문장이다.

```
SELECT 도서테이블.도서번호, 도서테이블.도서명, 저자테이블.저자명, Count(대출
        테이블.대출번호) AS 대출번호의개수
FROM 저자테이블 INNER JOIN (도서테이블 INNER JOIN ((구입테이블 INNER
      JOIN 대출테이블 ON 구입테이블.고유번호 = 대출테이블.고유번호) INNER
      JOIN [도서-저자테이블] ON 구입테이블.고유번호 = [도서-저자테이블].고
      유번호) ON 도서테이블.도서번호 = 구입테이블.도서번호) ON 저자테이블.
      저자번호 = [도서-저자테이블].저자번호
GROUP BY 도서테이블.도서번호, 도서테이블.도서명, 저자테이블.저자명
ORDER BY Count(대출테이블.대출번호) DESC;
```

이제, 질의 결과들 중에서 대출횟수가 가장 많은 결과 하나만 출력해 보자. 결과 테이블로부터 첫째 행의 값을 출력하면 된다. 그러한 목적으로 원래의 SQL을 하위쿼리로 사용한다. 전체적인 구조는 다음과 같다.

```
SELECT First(도서테이블.도서번호) As 도서번호, First(도서테이블.도서명) As 도
        서명, First(저자테이블.저자명) As 저자명, First(대출번호의개수) As 최
        다대출횟수
FROM (
                    원래의 SQL
);
```

완성된 SQL의 모습이다;

```
SELECT First(도서테이블.도서번호) As 도서번호, First(도서테이블.도서명) As 도
        서명, First(저자테이블.저자명) As 저자명, First(대출번호의개수) As 최
        다대출횟수
FROM (
   SELECT 도서테이블.도서번호, 도서테이블.도서명, 저자테이블.저자명, Count
        (대출테이블.대출번호) AS 대출번호의개수
   FROM 저자테이블 INNER JOIN (도서테이블 INNER JOIN ((구입테이블 INNER
      JOIN 대출테이블 ON 구입테이블.고유번호 = 대출테이블.고유번호) INNER
      JOIN [도서-저자테이블] ON 구입테이블.고유번호 = [도서-저자테이블].고
      유번호) ON 도서테이블.도서번호 = 구입테이블.도서번호) ON 저자테이블.
      저자번호 = [도서-저자테이블].저자번호
   GROUP BY 도서테이블.도서번호, 도서테이블.도서명, 저자테이블.저자명
   ORDER BY Count(대출테이블.대출번호) DESC
);
```

위 SQL의 결과

Query-대출06d-subquery : 선택 쿼리

도서번호	도서명	저자명	최다대출횟수
1	꽃시계	어효선	5

6.3 SQL의 함수

앞 절에서 도서종류별로 구입가격 총액을 출력하는 질의를 공부했다("Query07-도서종류별 구입가격의 총액"). 이 질의는 도서 종류별로 그룹을 만들고(Group by) 각 그룹에 속한 도서가격을 합산한다. 또 다른 예로 대출자명으로 금년의 대출횟수를 질의할 수 있다. 이러한 질의들은 합산을 한다든지, 카운팅하는 계산을 요구하고 있다. 이와 같은 특정한

계산을 하도록 SQL에서 다양한 함수들을 준비해 놓고 있다. 이와 같은 그룹 함수들 외에 문자열을 처리하는 함수들, 연산을 위한 함수들이 있다. 쿼리에서 자주 사용되는 함수들을 소개한다.

그룹함수에서 흔히 사용하는 함수들에는 합계, 갯수, 평균, 최대값, 최소값, 표준편차, 분산, 처음값, 마지막값 등이 있다.

그룹함수 (group function)	
기능	함수명
합계	Sum
갯수	Count
평균	Avg
최대값	Max
최소값	Min
표준편차	StDev
분산	Var
처음값	First
마지막값	Last

(1) 합계(Sum 함수)

① 특정 필드의 값을 합산하기

가장 단순한 형태의 합계는 각 행의 특정 필드의 값을 모두 합산하는 경우이다. 이때 조건을 부여할 수 있다.

아래는 도서DB의 구입테이블에서 각 책의 고유번호와 구입가격을 출력한 모습이다.

```
SELECT 구입테이블.고유번호, 구입테이블.구입가격
FROM 구입테이블;
```

	고유번호	구입가격
▶	1	₩8,000
	2	₩4,000
	3	₩3,500
	4	₩3,300
	5	₩4,000
	6	₩9,000
	7	₩8,000
	8	₩4,000
	9	₩3,000
	10	₩3,000
	11	₩10,000
	12	₩11,000
	13	₩4,500
	14	₩8,000
	15	₩4,800
	16	₩7,000
	17	₩15,000

아래는 각 행으로부터 구입가격을 모두 더하는 SQL과 질의 결과를 보여준다. 위 테이블에 있는 17권의 책의 구입가격을 모두 합산한다. 합산을 위해 Sum 함수를 사용하고 있다.

```
SELECT Sum(구입테이블.구입가격) AS 구입가격의합계
FROM 구입테이블;
```

	구입가격의합계
▶	₩110,100

② 조건에 맞는 필드의 값을 합산하기;

이제 구입가격이 1만원 이상인 책의 구입가격을 모두 합산해 보자. WHERE절에서 조건을 주고 있다.

```
SELECT Sum(구입테이블.구입가격) AS 구입가격의합계
FROM 구입테이블
WHERE (구입테이블.구입가격>=10000);
```

	구입가격의합계
▶	₩36,000

③ 그룹으로 묶고 특정 필드의 값을 합산하기;

도서종류별로 구입가격 총액을 출력하는 질의를 생각해 보자. 이 질의는 도서 종류별로 그룹을 만들고(Group by) 각 그룹에 속한 구입가격을 합산한다. 다음은 SQL문과 그 결과를 보여준다.

```
SELECT 도서테이블.도서종류, Sum(구입테이블.구입가격) AS 구입가격의합계
FROM 도서테이블 INNER JOIN 구입테이블 ON 도서테이블.도서번호 = 구입테이블.도서번호
GROUP BY 도서테이블.도서종류;
```

Query07-도서종류별 구

도서종류	구입가격의합계
과학	₩42,000
교육	₩7,000
문학	₩36,800
종교	₩9,300

(2) 갯수(Count 함수)

① 갯수를 헤아리기

아래는 대출자의 인원을 계산하는 SQL이다. 대출자테이블에서 대출자번호의 개수를 헤아리기 위해 Count 함수를 사용한다.

```
SELECT Count(대출자테이블.대출자번호) As 대출자인원수
FROM 대출자테이블;
```

Query-함수01-Count-대출자인원수

대출자인원수
8

② 조건에 맞는 필드의 갯수를 헤아리기

아래의 SQL은 도서의 구입가격이 5천원 이하인 도서의 고유번호와 구입가격 목록을 출력한다. 모두 아홉권이 출력되었다.

```
SELECT 구입테이블.고유번호, 구입테이블.구입가격
FROM 구입테이블
WHERE (((구입테이블.구입가격)<=5000));
```

고유번호	구입가격
2	₩4,000
3	₩3,500
4	₩3,300
5	₩4,000
8	₩4,000
9	₩3,000
10	₩3,000
13	₩4,500
15	₩4,800
0	₩0

이제, 위에서 출력된 고유번호의 갯수를 카운팅하자. 아래의 SQL은 도서의 구입가격이 5천원 이하인 도서의 총 권수를 카운팅하는 질의를 보여준다. 모두 아홉권이 나왔다.

```
SELECT Count(구입테이블.고유번호) As 5천원이하도서권수
FROM 구입테이블
WHERE (((구입테이블.구입가격)<=5000));
```

	5천원이하도서권수
▶	9

③ 그룹으로 묶고 특정 필드의 갯수를 헤아리기

아래 SQL에서 각 도서명에 대한 대출 횟수를 계산하기 위해 Count 함수를 사용한다. 도서테이블의 각 도서명에 대하여 그룹으로 묶고 그 도서에 대한 대출테이블의 고유번호를 카운팅함으로써 각 도서에 대한 대출 횟수를 계산한다. 대출 이벤트가 발생할 때마다 대출테이블에 새로운 고유번호가 생성되고 그 대출에 대한 정보가 저장되므로 대출테이블의 고유번호를 카운팅하면 된다.

```
SELECT 도서테이블.도서명, Count(대출테이블.고유번호) AS 고유번호의개수
FROM 도서테이블 INNER JOIN (구입테이블 INNER JOIN 대출테이블 ON 구입테
        이블.고유번호 = 대출테이블.고유번호) ON 도서테이블.도서번호 = 구입
        테이블.도서번호
GROUP BY 도서테이블.도서명;
```

Query-대출13-각 도서에 대한 대출 횟수

	도서명	대출횟수
▶	과학교육	1
	꽃시계	4
	나무	3
	불심	1
	지구	3
	해	3

(3) 평균(Avg 함수)

구입테이블에는 각 도서에 대한 구입가격이 기록되어 있다.

고유번호	구입가격
1	₩8,000
2	₩4,000
3	₩3,500
4	₩3,300
5	₩4,000
6	₩9,000
7	₩8,000
8	₩4,000
9	₩3,000
10	₩3,000
11	₩10,000
12	₩11,000
13	₩4,500
14	₩8,000
15	₩4,800
16	₩7,000
17	₩15,000
0	₩0

도서의 구입가격

구입테이블의 모든 도서에 대한 구입가격의 평균을 계산하자. 아래의 SQL에서 평균을 계산하기 위하여 Avg 함수(Avg; average)를 사용한다.

```
SELECT Avg(구입테이블.구입가격) AS 구입가격의평균
FROM 구입테이블;
```

구입가격의평균
₩6,476.4706

(4) 최대값(Max 함수)

구입테이블로부터 구입가격의 최대값을 계산하자. 아래의 SQL에서 최대값을 계산하기 위하여 Max 함수(Max; maximum)를 사용한다.

```
SELECT Max(구입테이블.구입가격) AS 구입가격의최대값
 FROM 구입테이블;
```

구입가격의최대값
₩15,000

(5) 최소값(Min 함수)

최소값은 최대값(Max)과 같은 방법으로 계산한다. 다만, 함수 Max 대신 함수 Min을 사용한다는 것만 다르다.

그 외의 함수로 표준편차(StDev), 분산(Var), 처음값(First), 마지막값(Last) 등과 같은 통계 계산을 할 수 있다.

그 외, 문자열의 처리를 위한 함수에는 UCASE(영문대문자), LCASE(영문소문자), MID(문자열의 일부), LEN(문자열의 길이), LTRIM(왼쪽 공백 제거), RTRIM(오른쪽 공백 제거) 등의 함수가 있다.

산술 연산을 위한 함수에는 ABS(절대값), SGN(음,양 부호), SQR(제곱근), 등이 있다.

6.4 갱신 질의

6.2와 6.3에서 배운 SQL은 데이터베이스의 내용을 조회하는 목적으로 사용되었다. 그러나 SQL의 기능에는 데이터베이스의 내용을 변경하는 기능도 있다. 변경을 위한 질의를 갱신 질의라 하는데 그 중요한 기능에는 새로운 행의 추가, 내용의 변경, 행의 삭제가 있다.

6.4.1 새로운 행의 추가 - INSERT 문장

SQL의 INSERT 문장을 사용하면 테이블에 새로운 행을 추가할 수 있다. 직접 테이블을 열어 행을 추가할 수 있지만 SQL을 이용하는 것이 일반적이다. INSERT 문장의 형식은 아래와 같다.

```
INSERT INTO 테이블명
VALUES (각 필드의 값);
```

예를 들어, 출판사테이블에 새로운 출판사를 추가하자. 아래는 출판사 테이블의 내용이다.

출판사테이블 : 테이블

출판사명	출판사주소	출판사전화
과학사	대구	053-312-2202
교학사	대구	053-662-8787
문학사	서울	02-2222-3333
삼안출판	부산	051-555-3322
아름	대전	042-777-2727
용진출판	서울	02-333-1212
학습사	서울	02-3333-4444

새로운 출판사 정보는 출판사명='과학기술사', 출판사주소='광주', 출판사전화='010-2345-5434'이다. (Query-INSERT-01)

```
INSERT INTO 출판사테이블
VALUES ('과학기술사', '광주', '010-2345-5434');
```

행을 추가한 결과는 아래와 같다.

출판사테이블 : 테이블

출판사명	출판사주소	출판사전화
과학기술사	광주	010-2345-5434
과학사	대구	053-312-2202
교학사	대구	053-662-8787
문학사	서울	02-2222-3333
삼안출판	부산	051-555-3322
아름	대전	042-777-2727
용진출판	서울	02-333-1212
학습사	서울	02-3333-4444

- 값이 없을 경우, NULL을 줄 수 있다. 예를 들어 전화번호를 모를 경우 VALUES에 NULL을 넣는다; VALUES ('과학기술사', '광주', NULL); (물론, 키에 NULL이 올 수 없다)

6.4.2 내용의 변경 – UPDATE

SQL의 UPDATE 문장을 사용하면 조건에 맞는 행의 내용을 수정(또는 갱신)할 수 있다. UPDATE 문장의 형식은 아래와 같다.

```
UPDATE 테이블명
SET 속성명1 = 속성값1, …, 속성명k = 속성값k
WHERE 조건식;
```

예를 들어, 아래의 출판사테이블에서 과학기술사의 전화번호를 갱신해 보자.

출판사테이블 : 테이블

출판사명	출판사주소	출판사전화
과학기술사	광주	010-2345-5434
과학사	대구	053-312-2202
교학사	대구	053-662-8787
문학사	서울	02-2222-3333
삼안출판	부산	051-555-3322
아름	대전	042-777-2727
용진출판	서울	02-333-1212
학습사	서울	02-3333-4444

'과학기술사'의 전화번호를 '010-2345-5434'에서 '010-2323-5454'로 갱신한다.

```
UPDATE 출판사테이블
SET 출판사전화='010-2323-5454'
WHERE 출판사명='과학기술사';
```

행을 갱신한 결과는 아래와 같다.

출판사테이블 : 테이블

출판사명	출판사주소	출판사전화
과학기술사	광주	010-2323-5454
과학사	대구	053-312-2202
교학사	대구	053-662-8787
문학사	서울	02-2222-3333
삼안출판	부산	051-555-3322
아름	대전	042-777-2727
용진출판	서울	02-333-1212
학습사	서울	02-3333-4444

6.4.3 행의 삭제 – DELETE

조건에 맞는 행을 삭제하려면 DELETE 문장을 사용한다.

DELETE 문장의 형식은 아래와 같다.

```
DELETE FROM 테이블명
WHERE 조건식;
```

6.4.1에서 '과학기술사'라는 출판사를 추가했고, 6.4.2에서 그 출판사의 전화번호를 갱신했다. 여기서는 '과학기술사'라는 출판사를 제거해 보자.

```
DELETE FROM 출판사테이블
WHERE 출판사명='과학기술사';
```

'과학기술사' 행을 삭제한 결과는 아래와 같다.

	출판사명	출판사주소	출판사전화
+	과학사	대구	053-312-2202
+	교학사	대구	053-662-8787
+	문학사	서울	02-2222-3333
+	삼안출판	부산	051-555-3322
+	아름	대전	042-777-2727
+	용진출판	서울	02-333-1212
+	학습사	서울	02-3333-4444

- 주의; 조건을 주지 않으면 해당 테이블 내의 모든 행이 삭제된다.

6.5 집합연산

수학의 집합이론에서 정의되는 합집합, 교집합, 차집합을 데이터베이스에서 정의할 수 있다. 이와 같은 집합 연산에는 UNION, INTERSECT, EXCEPT(또는 MINUS)가 있다.

6.5.1 UNION

'출판사테이블'은 책을 주로 출판하는 출판사의 정보를 저장하고, '개발사테이블'은 디지털 매체를 주로 개발하는 디지털 업체의 정보를 저장한다. '출판사테이블'에는 출판사명, 출판사조소, 출판사전화, 매체코드의 필드가 있고, '개발사테이블'에는 개발사명, 개발사조소, 개발사전화, 매체코드의 필드가 있다. 아래는 두 테이블의 예를 보여준다.

출판사테이블

출판사명	출판사주소	출판사전화	매체코드
과학사	대구	053-312-2202	1
교학사	대구	053-662-8787	2
문학사	서울	02-2222-3333	2
삼안출판	부산	051-555-3322	3
아름	대전	042-777-2727	2
용진출판	서울	02-333-1212	1
학습사	서울	02-3333-4444	1
학조사	광주	062-655-8833	1

출판사테이블

개발사테이블

개발사	개발사주소	개발사전화	매체코드
교학사	대구	053-662-8787	2
문학사	서울	02-2222-3333	2
삼안출판	부산	051-555-3322	3
삼진디지털	인천	010-111-1212	3
아름	대전	042-777-2727	2
이진수이러닝	포항	010-332-3232	2
인터캠	전주	010-434-4343	3

개발사테이블

이제, 두 테이블에 있는 모든 내용을 출력하자. 즉, Union은 수학의 집합이론에서 합집합의 개념과 같다. 두 테이블의 합집합은 다음과 같이 UNION 연산자를 사용한다.

```
SELECT  * FROM 테이블이름A
UNION
SELECT  * FROM 테이블이름B;
```

두 테이블의 합집합을 구하는 SQL은 다음과 같다.

```
SELECT  * FROM 개발사테이블
UNION
SELECT  * FROM 출판사테이블;
```

Query01-UNION-1

개발사	개발사주소	개발사전화	매체코드
과학사	대구	053-312-2202	1
교학사	대구	053-662-8787	2
문학사	서울	02-2222-3333	2
삼안출판	부산	051-555-3322	3
삼진디지털	인천	010-111-1212	3
아름	대전	042-777-2727	2
용진출판	서울	02-333-1212	1
이진수이러닝	포항	010-332-3232	2
인터캠	전주	010-434-4343	3
학습사	서울	02-3333-4444	1
학조사	광주	062-655-8833	1

UNION 연산자는 동일 내용의 중복 출력을 허용하지 않는다. 위의 예를 들면, "교학사"가 양쪽 테이블에 있지만 단 한번만 출력된다. 만약 동일 내용의 중복 출력을 허용하려면 UNION ALL 연산자를 사용한다.

```
SELECT  * FROM 개발사테이블
UNION ALL
SELECT  * FROM 출판사테이블;
```

Query01-UNION_ALL

개발사	개발사주소	개발사전화	매체코드
교학사	대구	053-662-8787	2
문학사	서울	02-2222-3333	2
삼안출판	부산	051-555-3322	3
아름	대전	042-777-2727	2
인터캠	전주	010-434-4343	3
삼진디지털	인천	010-111-1212	3
이진수이러닝	포항	010-332-3232	2
과학사	대구	053-312-2202	1
교학사	대구	053-662-8787	2
문학사	서울	02-2222-3333	2
삼안출판	부산	051-555-3322	3
아름	대전	042-777-2727	2
용진출판	서울	02-333-1212	1
학습사	서울	02-3333-4444	1
학조사	광주	062-655-8833	1

6.5.2 INTERSECT

Intersect는 두 테이블에서 공통되는 정보를 출력한다. 집합 이론의 교집합과 같다. 이 연산은 Access에서는 지원되지 않는다(Oracle, SQL-92에서는 가능).

```
SELECT * FROM 개발사테이블
INTERSECT
SELECT * FROM 출판사테이블;
```

개발사명	개발사주소	개발사전화	매체코드
교학사	대구	053-662-8787	2
문학사	서울	02-2222-3333	2
삼안출판	부산	051-555-3322	3
아름	대전	042-777-2727	2

6.5.3 EXCEPT(또는 MINUS)

Except는 첫째 테이블에서 둘째 테이블의 내용을 제외한 결과를 출력한다. 집합 이론의 차집합과 같다. 이 연산은 Access에서는 지원되지 않는다(Oracle에서는 MINUS를 사용하고, SQL-92에서는 EXCEPT를 사용한다).

```
SELECT  *  FROM 개발사테이블
MINUS
SELECT  *  FROM 출판사테이블;
```

개발사명	개발사주소	개발사전화	매체코드
과학사	대구	053-312-2202	1
용진출판	서울	02-333-1212	1
학습사	서울	02-3333-4444	1
학조사	광주	062-655-8833	1

6.6 관계연산

관계연산은 관계대수학에 이론적 기반을 두고 있는 연산인데, 관계데이터베이스가 출현하게 된 이론적 배경을 제공하고 있다. 관계연산자 중에서 기본적인 네 가지에 대해 알아보자.

6.6.1 선택(selection)

선택(selection)은 관계테이블에서 조건에 맞는 행을 찾아내는 연산이다. 관계연산의 선택(selection)을 실행하려면, SQL의 WHERE 절에서 조건을 명시하고, "SELECT *"를 사용하면 된다. 예를 들면, 아래의 도서테이블에서 출판연도가 2006년 이후의 도서정보를 출력하는 문제를 생각해 보자.

도서테이블 : 테이블

도서번호	도서명	출판연도	도서종류	도서가격	출판사명
1	꽃시계	1998	문학	₩8,500	문학사
2	나무	1998	문학	₩4,000	용진출판
3	당나귀	1993	문학	₩3,700	교학사
4	발명	1997	과학	₩4,600	삼안출판
5	지구	2001	과학	₩10,000	교학사
6	지구	2008	과학	₩8,000	과학사
7	해	1998	문학	₩4,000	용진출판
8	해	2006	과학	₩12,000	과학사
9	달	2003	과학	₩11,000	학습사
10	불심	2004	종교	₩5,000	학조사
11	친구	2002	문학	₩8,000	아름
12	소망	2007	종교	₩4,800	교학사
13	과학교육	2002	교육	₩8,000	학습사
0		0		₩0	

쿼리의 SQL문을 보자.

```
SELECT *
FROM 도서테이블
WHERE (((도서테이블.출판연도)>=2006));
```

조건에 맞는 행을 세 개 출력한다.

Query-관계연산-출판연도로 도서검색 : 선택 쿼리

도서번호	도서명	출판연도	도서종류	도서가격	출판사명
6	지구	2008	과학	₩8,000	과학사
8	해	2006	과학	₩12,000	과학사
12	소망	2007	종교	₩4,800	교학사
0		0		₩0	

6.6.2 사영(射影, projection)

사영(projection)은 관계테이블로부터 원하는 열(또는 필드)을 뽑아내는 연산이다. 관계연산의 사영(projection)을 실행하려면, SQL의 SELECT문에서 필요한 필드명을 명시하면 된다. 예를 들면, 도서테이블에서 '도서번호', '도서명', '출판사명' 필드만 간추려내려고 한다.

도서테이블 : 테이블

도서번호	도서명	출판연도	도서종류	도서가격	출판사명
1	꽃시계	1998	문학	₩8,500	문학사
2	나무	1998	문학	₩4,000	용진출판
3	당나귀	1993	문학	₩3,700	교학사
4	발명	1997	과학	₩4,600	삼안출판
5	지구	2001	과학	₩10,000	교학사
6	지구	2008	과학	₩8,000	과학사
7	해	1998	문학	₩4,000	용진출판
8	해	2006	과학	₩12,000	과학사
9	달	2003	과학	₩11,000	학습사
10	불심	2004	종교	₩5,000	학조사
11	친구	2002	문학	₩8,000	아름
12	소망	2007	종교	₩4,800	교학사
13	과학교육	2002	교육	₩8,000	학습사
0		0		₩0	

쿼리의 SQL문을 보자.

```
SELECT 도서테이블.도서번호, 도서테이블.도서명, 도서테이블.출판사명
FROM 도서테이블;
```

도서테이블로부터 지정한 세 개의 필드의 정보를 출력한다.

Query-관계연산-사명 : 선택 쿼리

도서번호	도서명	출판사명
1	꽃시계	문학사
2	나무	용진출판
3	당나귀	교학사
4	발명	삼안출판
5	지구	교학사
6	지구	과학사
7	해	용진출판
8	해	과학사
9	달	학습사
10	불심	학조사
11	친구	아름
12	소망	교학사
13	과학교	학습사

6.6.3 결합(join)

하나의 테이블 안에 있는 정보만으로 원하는 정보를 찾을 수 없다면 두 개 이상의 테이블을 서로 연결하여 필요한 정보를 찾아야 한다. 이와 같이 **공통 필드를 매개로 두 개의 테이블을 연결하는 연산을** 결합(join)이라 한다. 두 테이블의 결합을 위한 명령어는 INNER JOIN이다 (INNER JOIN에 대한 설명; 6.2.2). 세 개 이상의 테이블의 결합은 두 개씩 차례로 결합하면 된다. 두 테이블을 결합하려면 두 테이블이 공통으로 갖고 있는 필드가 있어야한다. WHERE절에서 조건을 명시하여 출력을 제한할 수 있다.

예를 들면, 도서의 '고유번호'로 대출자에 대한 정보를 찾고자 한다. 대출테이블에는 대출해 간 도서의 '고유번호'는 갖고 있지만 대출자 정보가 없다. 대출자테이블에는 대출자 정보가 있지만 대출 도서의 '고유번호'를 갖고 있지는 않다. 이러한 경우 대출테이블과 대출자테이블을 결합한다면 필요한 정보를 얻을 수 있다. 이 때, '대출자번호'가 공통 필드가 된다. SQL 문장은 아래와 같다(결합에 대한 설명; 6.2.2 참고).

```
SELECT 대출테이블.고유번호, 대출테이블.대출일, 대출테이블.반납일, 대출자테이
       블.대출자명
```

FROM 대출자테이블 *INNER JOIN* 대출테이블 *ON* 대출자테이블.대출자번호 = 대출테이블.대출자번호
WHERE (((대출테이블.고유번호)=1));

6.6.4 제산(除算, division)

이 연산은 관계대수학에서는 정의되어 있으나 실용성이 없다는 이유로 Access를 포함한 대부분의 상용 관계데이터베이스에서 제공되지 않는 기능이다. 실용적 가치는 높지 않지만 이론적 가치가 있으므로 다음과 같은 간단한 예를 통해 이해하도록 하자.

나누는 테이블을 A, 나누어지는 테이블을 B라 하자. B의 모든 내용과 일치하는 A의 행(들)에 대하여 B의 열을 제외한 나머지 내용이 B/A의 몫(quotient)이 된다. 아래의 예에서 세 테이블 P, Q, R에서, P/Q, P/R을 계산해 보자. U, V, W, X는 속성이고, a, b, c, …, h는 데이터 값이다.

U	V	W	X
a	c	e	h
a	d	e	g
b	d	e	g
b	c	f	h

〈테이블P〉

V	X
c	h

〈테이블Q〉

V	X
c	h
d	g

〈테이블R〉

① P/Q의 계산;

- Q의 모든 내용과 일치하는 P의 행(들);

U	*V*	W	*X*
a	*c*	e	*h*
b	*c*	f	*h*

- 위의 결과에서 Q의 열을 제외한 나머지 내용;

U	V	W	X
a	c	e	h
b	c	f	h

⇒

U	W
a	e
b	f

② P/R의 계산;

- R의 모든 내용과 일치하는 P의 행(들);

U	V	W	X
a	c	e	h
a	d	e	g

그러나 아래의 행은 R의 모든 값을 갖고 있지는 않다.
아래의 행은 (d, g)값만 있고, (c, h)는 없다.

U	V	W	X
b	d	e	g

아래의 행은 R의 모든 값을 갖고 있지는 않다.
아래의 행은 (c, h)값만 있고, (d, g)는 없다.

U	V	W	X
b	c	f	h

- 위의 결과에서 R의 열을 제외한 나머지 내용;

U	V	W	X
a	c	e	h
a	d	e	g

⇒

U	W
a	e
a	e

⇒

U	W
a	e

요점정리

✔데이터베이스 질의어; 데이터베이스 질의어란 데이터베이스에 대한 정보의 검색 또는 정의와 조작을 위한 컴퓨터 언어를 말한다. (6.1)

✔SQL; SQL은 Structured Query Language의 약어이며, 1974년 IBM의 SEQUEL에서 유래하였으며 세계 공통으로 표준화된 데이터베이스의 질의어이고, IBM, ORACLE, INFORMIX,

SYBASE 등의 DBMS 업체 등에서 널리 사용하고 있다. 1986년에 미국 ANSI 표준, 1987년에 국제 ISO 표준에 채택된 SQL-86을 시작으로 객체지향 기능, XML 질의어와 같은 신기능을 적극 수용해 오고 있으며, 그 기능은 데이터베이스 검색, 데이터 정의, 조작, 제어 기능 등을 갖고 있다. (6.1)

✔쿼리창에서 SQL문을 편집하는 방법; 질의창에서 SQL편집창을 열 수 있다. SQL편집창은 텍스트 기반의 편집창이다. (6.1.1)

✔SELECT문; SELECT문은 결과에 나타나게 될 필드를 나열한다. 쿼리에 사용되는 테이블(들)은 FROM절에 표시한다. 쿼리의 조건은 WHERE절에 나타낸다. (6.2.1)

✔질의 과정에서 두 개 이상의 테이블이 필요한 경우; FROM절에서 테이블들의 연결 상황을 INNER JOIN(등결합)이라는 명령을 사용하여 표현한다. INNER JOIN은 두 테이블의 연결을 위한 필드를 지정하기 위하여 ON이라는 키워드를 사용한다. 세 개 이상의 테이블을 연결하는 방법은 먼저 두 개의 테이블을 연결하고 그 다음으로 나머지 테이블과 차례로 연결하면 된다. 이와 같이 순차적인 방법으로 여러 개의 테이블을 연결한다. (6.2.2) (6.2.3)

✔날짜를 사용하는 조건절; 특정한 날짜를 조건으로 질의하는 경우에 WHERE절 안에 날짜와 키워드, 등호, 부등호 등의 연산자를 사용한다. 날짜의 표시는 “2012-01-05” (년-월-일)로 입력하면, Access가 “#1/5/2012#”과 같이 자동으로 변환하여 준다. 정확한 날짜를 명시하려면 등호(‘=’)를 사용한다(예; WHERE (((대출테이블.반납예정일)=#1/5/2012#))). 오늘의 날짜를 산출하는 함수는 Date( )이다(예; WHERE (((대출테이블.반납예정일)=Date()))). 특정 날짜 이후를 나타내려면 ‘>=’를 사용한다(예; WHERE (((대출테이블.반납예정일)>=#8/20/2008#))). 이전 날짜는 ‘<=’, 다른 날짜는 ‘<>’를 사용한다. 기간을 표시하고 싶으면, “Between And” 키워드를 사용한다(예; “Between #2011-03-20# And #2012-03-19#”). (6.2.4)

✔관계연산자, 논리연산자를 사용하는 조건절; 두 개 이상의 조건을 동시에 만족해야하는 조건에는 “AND” 연산자를 사용한다(예; 출판연도가 2000년 이후이면서 도서종류가 과학인 조건; WHERE (((도서테이블.출판연도)>=2000) AND ((도서테이블.도서종류)="과학"))). “AND”와 마찬가지로, “OR”, “Not”을 논리 연산자로 사용하므로 명제논리식을 표현할 수 있다. (6.2.5)

✔합계 계산; 합계 계산은 Sum 함수를 사용한다(예; SELECT Sum(구입테이블.구입가격) AS 구입가격의합계). Sum 함수는 종종 같은 종류의 데이터를 묶어서 계산하는 경우가 많은데,

같은 종류로 묶기 위해 "GROUP BY"절을 사용한다 (예; 도서 종류별로 합계 계산; GROUP BY 도서테이블.도서종류). 더 나아가 조건을 부여하고 묶을 경우에는 "HAVING"절을 사용한다(예; 도서종류가 "과학"인 도서들만 찾을 때; HAVING (((도서테이블.도서종류)="과학"))). (6.2.6-(1,2))

✔질의 결과에 대한 순서 정렬; 순서 정렬을 위해 "ORDER BY"절을 사용한다(예; 도서번호 순으로 정렬; ORDER BY 구입테이블.도서번호). 내림차순 정렬을 하려면 끝에 'DESC'를 붙이고, 오름차순은 'ASC'를 붙이거나 또는 생략한다(예; ORDER BY 구입테이블.도서번호 DESC). (6.2.6-(3))

✔조인 속성을 사용하는 질의(LEFT JOIN); 두 테이블의 연결에서 어느 한 쪽의 내용을 모두 포함하기 위한 두 테이블의 결합은 LEFT JOIN을 사용한다(예; FROM 구입테이블 LEFT JOIN 대출테이블 ON 구입테이블.고유번호 = 대출테이블.고유번호). (6.2.7)

✔하위 쿼리(서브쿼리, subquery); 하나의 쿼리 안에 또 다른 쿼리를 포함하여 그 결과를 이용하는 쿼리를 서브쿼리(하위쿼리, subquery)라 한다. 서브쿼리를 사용하는 첫 째 이유는 서브쿼리를 사용하면 JOIN을 하지 않고도 질의를 실행할 수 있으므로 서브쿼리를 사용하는 것이 더 효율적이라 할 수 있다. 둘 째 이유는 서브쿼리를 사용하면 쿼리 문장이 쉽고 간편한 경우가 있기 때문이다. (6.2.8)

✔SQL의 함수; SQL에서 흔히 사용하는 함수들에는 합계(Sum), 갯수(Count), 평균(Avg), 최대값(Max), 최소값(Min), 표준편차(StDev), 분산(Var), 처음값(First), 마지막값(Last) 등이 있다. 그 외의 함수에 문자열을 처리하는 함수들, 연산을 위한 함수들이 있다. 쿼리에서 자주 사용되는 함수들이 있다. (6.3)

✔갱신 질의; 변경을 위한 질의를 갱신 질의라 하는데 그 중요한 기능에는 새로운 행의 추가, 내용의 변경, 행의 삭제가 있다. (6.4)

✔새로운 행의 추가 - INSERT 문장; INSERT 문장은 지정한 테이블에 새로운 행을 추가한다. VALUES절에 데이터를 입력한다. (예; 새로운 출판사를 출판사테이블에 추가한다; 출판사명='과학기술사', 출판사주소='광주', 출판사전화='010-2345-5434'이다;

```
INSERT INTO 출판사테이블
VALUES ('과학기술사', '광주', '010-2345-5434');
```

) (6.4.1)

✔내용의 변경 – UPDATE; UPDATE 문장은 조건에 맞는 행의 내용을 수정(또는 갱신)할 수 있다. SET절에 데이터를 입력한다. (예; '과학기술사'의 전화번호를 '010-2345-5434'에서 '010-2323-5454'로 갱신한다;

```
UPDATE 출판사테이블
SET 출판사전화='010-2323-5454'
WHERE 출판사명='과학기술사';
```

) (6.4.2)

✔행의 삭제 – DELETE; DELETE 문장은 조건에 맞는 행을 삭제한다. WHERE절에 DELETE의 조건을 표시한다. (예; '과학기술사'라는 출판사를 제거한다;

```
DELETE FROM 출판사테이블
WHERE 출판사명='과학기술사';
```

) (6.4.3)

✔집합연산; 수학의 집합이론에서 정의되는 합집합, 교집합, 차집합을 데이터베이스에서 정의할 수 있다. 이와 같은 집합 연산에는 UNION, INTERSECT, EXCEPT(또는 MINUS)가 있다. (6.5)

✔UNION; Union은 수학의 집합이론에서 합집합의 개념과 같다. 두 테이블의 합집합은 UNION 연산자를 사용한다. (예; 개발사테이블과 출판사테이블의 합집합;

```
SELECT  * FROM 개발사테이블
UNION
SELECT  * FROM 출판사테이블;
```

) (6.5.1)

✔INTERSECT; Intersect는 두 테이블에서 공통되는 정보를 출력한다. 집합 이론의 교집합과 같다. 이 연산은 Access에서는 지원되지 않는다(Oracle, SQL-92에서는 가능). (6.5.2)

✔EXCEPT(또는 MINUS); Except는 첫째 테이블에서 둘째 테이블의 내용을 제외한 결과를 출력한다. 집합 이론의 차집합과 같다. 이 연산은 Access에서는 지원되지 않는다(Oracle에서는 MINUS를 사용하고, SQL-92에서는 EXCEPT를 사용한다). (6.5.3)

✔관계연산; 관계연산은 관계대수학에 이론적 기반을 두고 있는 연산인데, 관계데이터베이스가 출현하게 된 이론적 배경을 제공하고 있다. 관계연산자 중에서 기본적인 네 가지에 대해

알아본다; 선택(selection), 사영(射影,projection), 결합(join), 제산(除算,division) (6.6)

✔선택(selection); 선택(selection)은 관계테이블에서 조건에 맞는 행을 찾아내는 연산이다. 선택(selection)을 실행하려면, SQL의 WHERE 절에서 조건을 명시하고, "SELECT *"를 사용하면 된다. (예; 도서테이블에서 출판연도가 2006년 이후의 도서정보를 출력;

```
SELECT *
FROM 도서테이블
WHERE (((도서테이블.출판연도)>=2006));
```

) (6.6.1)

✔사영(射影, projection); 사영(projection)은 관계테이블로부터 원하는 열(또는 필드)을 뽑아내는 연산이다. 관계연산의 사영(projection)을 실행하려면, SQL의 SELECT문에서 필요한 필드명을 명시하면된다. (예; 도서테이블에서 '도서번호', '도서명', '출판사명' 필드만 출력;

```
SELECT 도서테이블.도서번호, 도서테이블.도서명, 도서테이블.출판사명
FROM 도서테이블;
```

) (6.6.2)

✔결합(join); 공통 필드를 매개로 두 개의 테이블을 연결하는 연산을 결합(join)이라 한다. 두 테이블의 결합을 위한 명령어는 INNER JOIN이다(INNER JOIN에 대한 설명; 6.2.2). 세 개 이상의 테이블의 결합은 두 개씩 차례로 결합하면 된다. 두 테이블을 결합하려면 두 테이블이 공통으로 갖고 있는 필드가 있어야한다. WHERE절에서 조건을 명시하여 출력을 제한할 수 있다. (예; 도서의 '고유번호'로 대출자에 대한 정보를 출력;

```
SELECT 대출테이블.고유번호, 대출테이블.대출일, 대출테이블.반납일, 대출자테이블.대출자명
FROM 대출자테이블 INNER JOIN 대출테이블 ON 대출자테이블.대출자번호 = 대출테이블.대출자번호
WHERE (((대출테이블.고유번호)=1));
```

) (6.6.3)

✔제산(除算, division); 나누는 테이블을 A, 나누어지는 테이블을 B라 하자. B의 모든 내용과 일치하는 A의 행(들)에 대하여 B의 열을 제외한 나머지 내용이 B/A의 몫(quotient)이 된다. (6.6.4)

점검포인트

- ❍ Access에서 질의에 대한 SQL 편집창을 열어 SQL 편집을 할 수 있다.
- ❍ SELCE문의 목적과 FROM절과 WHERE절의 용도를 이해한다.
- ❍ FROM절에서 여러 개의 테이블을 INNER JOIN 할 수 있다.
- ❍ WHERE절에서 관계연산자, 논리연산자를 사용하여 논리식을 명시할 수 있다.
- ❍ WHERE절에서 날짜와 연관된 조건을 명시할 수 있다.
- ❍ GROUP BY절의 용도를 알고 필요한 집단함수를 사용할 수 있다.
- ❍ GROUP BY절과 함께 HAVING을 사용하여 필요한 조건을 부여할 수 있다.
- ❍ 정렬을 위해 ORDER BY를 사용할 수 있다.
- ❍ LEFT JOIN이 필요한 이유와 용도를 안다.
- ❍ 서브쿼리의 용도와 필요성을 안다.
- ❍ 그룹함수에서 흔히 사용하는 합계(Sum), 개수(Count), 평균(Avg), 최대값(Max), 최소값(Min), 표준편차(StDev), 분산(Var), 처음값(First), 마지막값(Last)을 SQL에 사용할 수 있다.
- ❍ 갱신 질의의 의미와 필요성을 알고, INSERT, DELETE, UPDATE문을 사용할 수 있다.
- ❍ 집합연산의 목적을 알고 UNION, INTERSECT, EXCEPT(또는 MINUS)을 사용할 수 있다.
- ❍ 관계연산의 의미를 알고, selection, projection, join, division의 각각의 의미와 사용법을 안다.

연습문제

[6.1] 아래의 쿼리는 저자명이 "김정흠"인 도서의 도서명과 출판연도, 출판사명을 검색하는 SQL문장이다.

Query02-저자명으로 도서 검색;

```
SELECT 저자테이블.저자명, 도서테이블.도서명, 도서테이블.출판연도, 도서테이블.출판사명
FROM 저자테이블 INNER JOIN (도서테이블 INNER JOIN [도서-저자테이블] ON 도서테이블.도서번호 = [도서-저자테이블].도서번호) ON 저자테이블.저자번호 = [도서-저자테이블].저자번호
WHERE (((저자테이블.저자명)="김정흠"));
```

이 쿼리는 다음의 테이블을 사용한다.

도서테이블

도서번호	도서명	출판연도	도서종류	도서가격	출판사명
1	꽃시계	1998	문학	8500	문학사
2	나무	1998	문학	4000	용진출판
3	당나귀	1993	문학	3700	교학사
4	발명	1997	과학	4600	삼안출판

도서-저자테이블

도서번호	저자번호
1	1
2	2
3	3
4	4
4	5

저자테이블

저자번호	저자명	저자주소	저자이메일
1	어효선	서울	hs@han
2	이주승	부산	js@han
3	어효선	대구	hs@do
4	김정흠	광주	jh@hot
5	최발명	청주	bm@han

아래의 각 INNER JOIN의 결과는 무엇인가?

(1) 도서테이블 INNER JOIN [도서-저자테이블] ON 도서테이블.도서번호 = [도서-저자테이블].도서번호

(2) 저자테이블 INNER JOIN (도서테이블 INNER JOIN [도서-저자테이블] ON 도서테이블.도서번호 = [도서-저자테이블].도서번호) ON 저자테이블.저자번호 = [도서-저자테이블].저자번호

(3) SELECT 저자테이블.저자명, 도서테이블.도서명, 도서테이블.출판연도, 도서테이블.출판사명
FROM 저자테이블 INNER JOIN (도서테이블 INNER JOIN [도서-저자테이블] ON 도서테이블.도서번호 = [도서-저자테이블].도서번호) ON 저자테이블.저자번호 = [도서-저자테이블].저자번호
WHERE (((저자테이블.저자명)="김정흠"));

[6.2] "Query-대출04-전일기준 미납도서 검색" 질의에서 오늘 날짜를 2008년 8월 20일이라 할 때, 미반납 도서의 목록(고유번호, 도서명, 대출일, 반납일, 대출자명, 대출자전화)을 출력하는 SQL 문장을 작성하시오. (아래의 쿼리창을 참고)

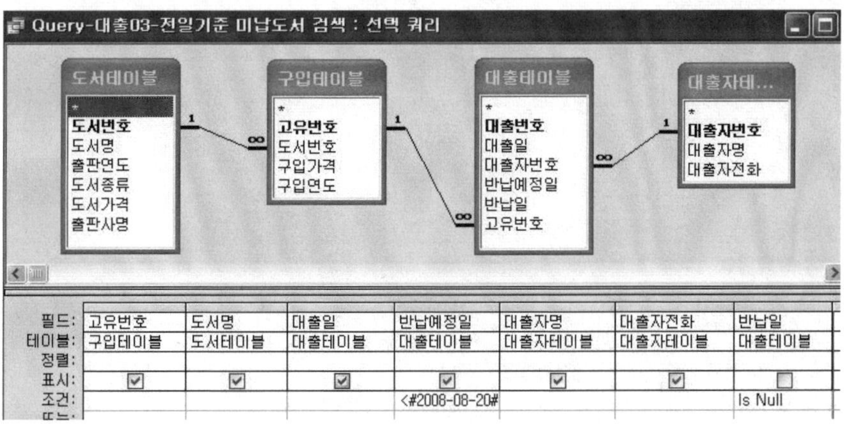

[6.3] "Query-대출06-대출자별 미납 이력 검색" 질의에서 오늘 날짜를 2008년 8월 20일 이라 할 때, 대출자 "김진석"의 미납 이력(대출자명, 대출자전화, 대출일, 반납예정일, 고유번호, 도서명)을 출력하는 SQL 문장을 작성하시오. (아래의 쿼리창을 참고)

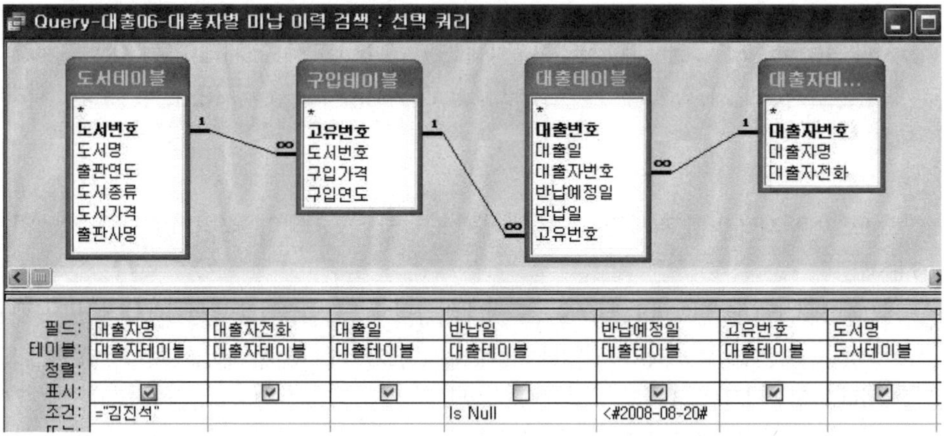

[6.4] 도서DB에서 도서 종류별로 현재까지의 대출 회수를 출력하는 SQL을 작성하자. (참고; 3.9 도서대출)

07

데이터베이스 관련 이슈들

지금까지 데이터베이스 설계와 구현의 기본 원리를 중점적으로 공부하였다. 이러한 기초적인 지식을 토대로 실제의 활용이 이루어져야 할 것이다. 데이터베이스에 관한 여러 관련 분야들에 대한 기초적인 지식 또한 앞으로의 공부나 실무에 있어서 초석이 될 것이므로 현재 중요하다고 알려진 분야에 대해 소개한다.

목차

7.1 데이터베이스의 저장과 검색의 원리; B*트리

7.2 회복(recovery), 트랜잭션(transaction)

7.3 병행제어

7.4 보안

7.5 의사결정지원 시스템(데이터웨어하우스, OLAP, 데이터마이닝)

7.6 객체지향 데이터베이스

7.7 멀티미디어 데이터베이스

7.8 분산 데이터베이스

7.9 웹 데이터베이스

7.10 모바일 데이터베이스

07 데이터베이스 관련 이슈들

7.1 데이터베이스 저장과 검색의 원리; B트리

7.1.1 대량의 데이터를 저장하고 관리하는 필요성

데이터베이스의 가장 큰 특징은 무엇보다 대용량의 데이터를 처리하는 데에 있다. 정보사회에서 필요로 하는 대용량의 데이터의 저장, 검색, 관리를 수행할 수 있는 시스템이 바로 데이터베이스이다. 만약 데이터 량이 수백 건, 수천 건 정도의 소규모라면 과거 종이카드에 기록했던 것처럼 수작업으로도 가능하지만 수만 건, 수십만 건을 넘는다면 더 이상 수작업으로는 효율적인 결과를 기대할 수 없다. 만약 수백만 건, 수천만 건을 넘는다면 수작업으로 관리한다는 것은 불가능에 가깝다. 즉, 문제의 어려움은 데이터 량에서 직접 기인한다. 정보사회는 대규모의 데이터를 체계적으로 신속하게 관리해야 하는 요구 때문에 대량의 데이터를 어떻게 저장하고 관리하느냐가 대단히 중요한 과제이다. 이에 대한 내용을 좀 더 기술적으로 들여다 보자.

7.1.2. 이진탐색트리의 저장과 검색 원리

자료구조에서 이진탐색트리(binary search tree)는 트리의 각 노드(node; 노드는 정보를 담는 공간을 말한다)에 킷값(key value)을 가지고 있다. 검색은 루트 노드(root node; 시작 노드)시작한다. 일반적인 이진트리(binary tree)와의 차이점은 어떤 노드에 있는 킷값은 그 왼쪽 자식노드의 킷값보다 작지 않고, 그 오른쪽 자식노드의 킷값보다 크지 않다는 조건이 있다는 것이다. 아래는 이진탐색트리의 간단한 예인데, 원은 노드를 나타내고, 원안의 숫자는 그 노드의 킷값이다. 아래 그림에서 루트 노드의 킷값은 50이다.

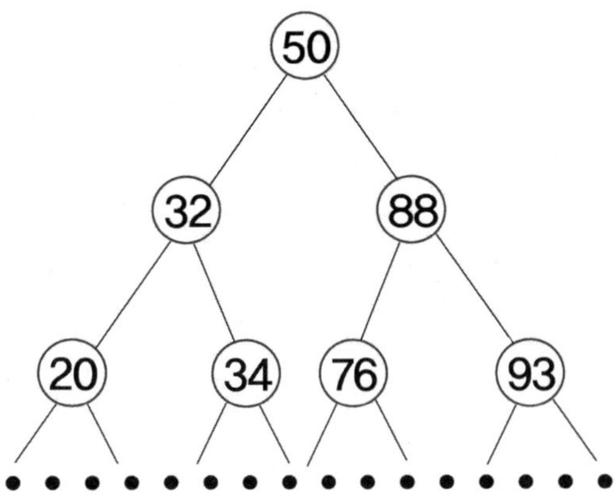

위의 이진탐색트리에서 킷값이 74인 노드를 찾아보자. 루트의 킷값과 74를 비교하면 50보다 74가 더 크므로 루트의 오른쪽 노드를 찾는다. 그 노드의 킷값은 88이므로 이번에는 왼쪽 자식노드를 찾는다. 그 노드의 킷값은 76이므로 그 노드의 왼쪽 자식노드를 찾는다. 이진탐색트리에서의 검색이란 킷값을 비교하여 두 갈래의 길 중 하나를 선택하여 찾아들어 가는 방법이다.

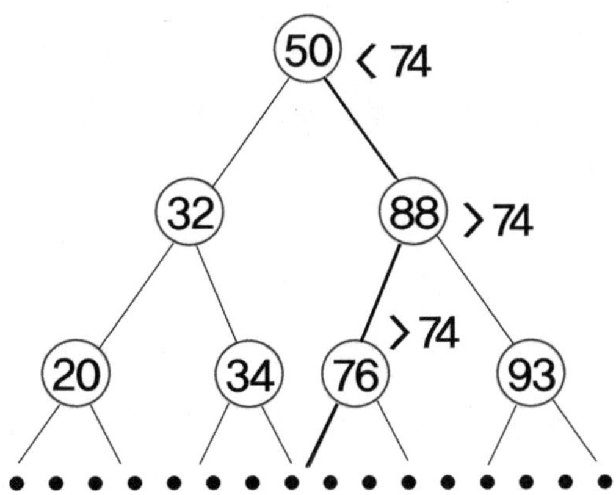

7.1.3 이진탐색트리의 노드 개수와 비교 횟수

한 노드에 하나의 정보를 저장한다면 (예를 들어, 한 노드에 고객 한명의 정보를 저장한다) 이진탐색트리에 저장할 수 있는 노드의 수는 그 트리의 레벨 수에 비례할 것이다.

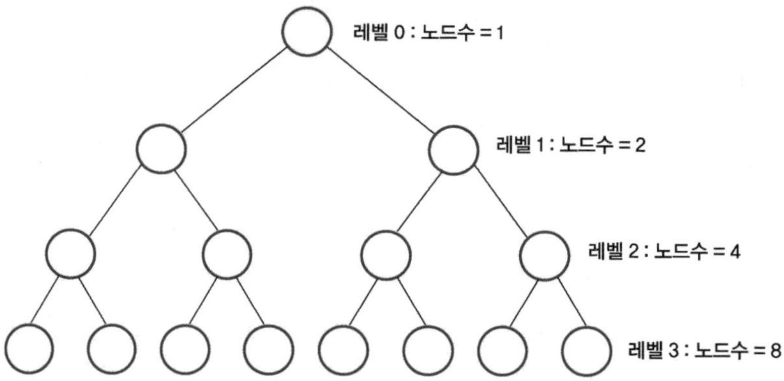

즉, 한 레벨씩 증가할 때마다 2의 배수로 그 노드수가 증가한다. 일반적으로 레벨이 L인 레벨의 노드 수는 2^L이다. 그렇다면, 레벨이 L개인 이진탐색트리의 전체 노드수는 최대 몇 개일까? 레벨0에 1개, 레벨1에 2개, 레벨2에 4개, ..., 레벨(L-1)에 2^{L-1}이므로, 전체 개수는 $1+2+4+\cdots+2^{L-1}=2^L$-1개이다. 따라서 레벨의 수가 증가할수록 전체 노드의 수는 2의 지수적으로 증가한다. 즉, 지수증가(exponential growth)를 보이고 있다. 레벨수는 바로 루트에서 원하는 자료를 찾기까지의 비교횟수를 말하므로 검색의 효율에 중요한 요소가 된다.

1만 건의 데이터를 저장하기 위한 이진탐색트리의 레벨수는 최소 몇 개가 필요할까? $2^{13}=1024\times8=8194$, $2^{14}=1024\times16=16384$이다. 1만 건의 데이터를 저장해야하므로 노드의 수가 $2^{14}=16384$일 때 1만 건의 데이터를 저장할 수 있다. 따라서 레벨이 14인 크기의 이진탐색트리가 필요하다. 즉, 최대 14회의 비교만 하면 1만 건의 데이터를 검색할 수 있다. 같은 논리로, 10만 건의 데이터를 저장하려면 레벨이 17인 크기의 이진탐색트리가 필요하다($2^{16}=65536$, $2^{17}=131072$). 아래의 표는 이진탐색트리의 레벨수와 최대 노드수의 관계를 보여준다.

최대 노드수	이진탐색트리의 레벨수	비고
10만	17	$2^{17} = 131,072$
100만	20	$2^{20} = 1,048,576$
1000만	24	$2^{24} = 16,777,216$
1억	27	$2^{27} = 134,217,728$
10억	30	$2^{30} = 1,073,741,824$
100억	34	$2^{34} = 17,179,869,184$
1000억	37	$2^{37} = 137,438,953,472$

노드 하나에 한 명의 개인 정보를 저장한다면, 레벨이 27인 이진탐색트리는 1억 명의 정보를 저장할 수 있다. 즉, 최대 27회의 비교로 1억 명의 정보를 검색할 수 있다. 여기에서 세 개의 레벨만 더 내려가면 10억 명의 정보를 저장할 수 있고, 34레벨이면 100억 명의 데이터를 저장할 수 있다. 따라서 이진탐색트리는 대용량의 데이터를 효율적으로 관리할 수 있는 자료구조임을 알 수 있다.

7.1.4 B트리의 저장과 검색 원리

이런 이유로 데이터베이스의 저장 시스템에서 이진탐색트리의 구조와 기능을 향상시킨 B트리(B의 의미는 balanced임)를 사용하고 있다. B트리는 index set이라는 트리구조의 색인 정보와 sequence set이라는 단일 레벨의 키들의 순서열로 이루어져 있고, sequence set으로부터 실제의 데이터와 연결이 되어있다. 아래의 그림은 1에서 100사이의 킷값을 갖는 간단한 B트리의 예를 보여주고 있다. 여기서 노드는 사각형으로 나타내며 각 노드에는 복수개의 킷값들이 일정한 수로 저장되어 있다. 데이터의 규모가 커질수록 index set의 레벨수와 한 노드가 담고 있는 킷값의 수가 당연히 증가한다.

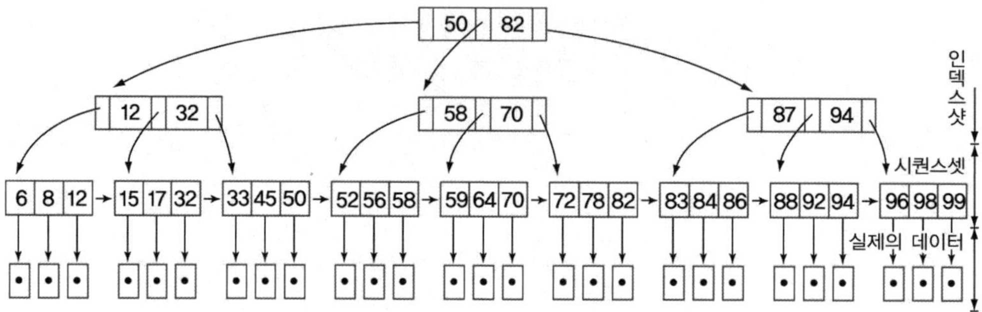

검색의 방법은 이진검색트리의 원리와 같은데, 현재 노드에 있는 킷값과 검색을 원하는 킷값을 비교하여 하위 레벨의 노드를 선택하게 된다. 예를 들면, 킷값이 64인 노드를 찾는다면, 루트에서 시작하여 루트의 킷값 중 50과 82의 사이에 있는 링크를 따라 간다(왜냐하면 64는 50과 82의 사이에 있다). 그 다음 노드에서 중간에 있는 링크를 따라 간다(64는 58과 70 사이에 있다). 그 다음 노드에서 킷값 64를 찾아 그 데이터 노드를 찾아 간다. 찾는 킷값이 없으면 '자료없음'과 같은 메시지를 출력한다.

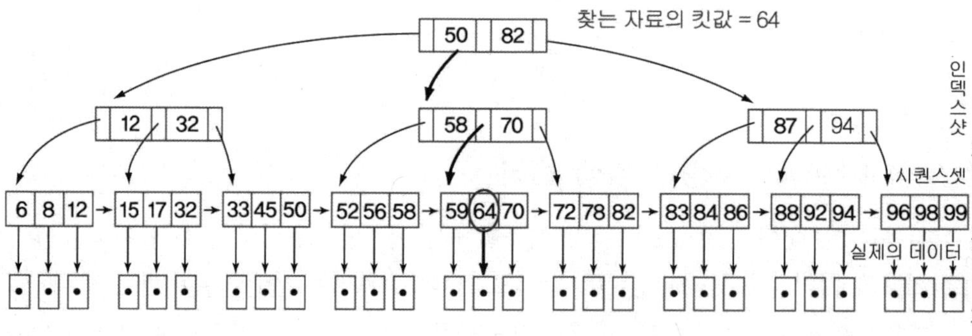

실제의 데이터베이스 저장에서는 B트리의 변형된 형태인 B*트리("비 스타 트리"로 읽음), B+트리("비 플러스 트리"로 읽음) 등을 사용하고 있는데 그 원리는 B트리와 유사하다.

7.2. 회복(Recovery)

7.2.1 데이터베이스의 회복이란 무엇이며 왜 필요한가?

데이터베이스는 항상 오류 없는 상태를 유지해야함이 당연하다. 그러나 드물지만 경우에 따라 하드웨어/소프트웨어의 오류로 인해 '장애'(failure)가 발생할 수 있다. 장애 발생을 감지하고 장애 발생 시 데이터베이스를 일관된 상태(consistent state)로 복원하는 기능이 없다면 한번 고장 난 데이터베이스를 다시 사용하려면 어려움이 많을 것이다. 이와 같이 데이터베이스의 장애로부터 장애 이전의 일관된 상태로 복원하는 과정을 회복(recovery)이라 한다. 장애 탐지 기능과 회복 기능은 DBMS의 필수적 기능이라 볼 수 있다.

7.2.2 장애에는 어떠한 종류가 있는가?

장애란 시스템이 정상적으로 동작하지 않는 상태를 말한다. 장애의 원인으로는 시스템(하드웨어/소프트웨어) 장애 외에, 트랜잭션(transaction, 데이터베이스의 논리적인 단일 작업 단위) 수행 시 발생하는 장애로 크게 나눌 수 있다.

7.2.3 트랜잭션이란?

데이터베이스는 트랜잭션이라는 논리적 단위의 작업으로 실행되므로 회복 과정에서도 트랜잭션 단위로 회복이 이루어진다. 데이터베이스의 회복에 대한 개념을 이해하려면 먼저 트랜잭션(transaction)에 대한 이해가 선행되어야 한다. 은행의 인출업무를 생각해 보자. 은행의 계좌에서 예금을 인출하는 경우, 인출된 금액을 현재의 잔고에서 뺀 결과를 새로운 잔고로 갱신해 주어야 한다. 예를 들어, 거래은행에서 현금 100만원을 현금인출기에서 인출하는 트랜잭션을 생각해 보자. 현재의 잔고가 500만원이라 하자. 인출계좌에 대한 보안 절차를 마친 다음, 인출 트랜잭션은 아래와 같이 생각할 수 있다.

인출 트랜잭션;

T_1 : 잔고를 확인한다.

T_2 : 잔고가 인출금액보다 적으면 오류메시지를 발생하고 인출을 중지한다.

T_3 : 그렇지 않으면, 새로운 잔고를 계산한다(현재 잔고에서 인출금을 뺀 결과).

T_4 : 인출금에 해당하는 현금을 현금인출기에서 제공한다.

인출 트랜잭션은 모두 네 개의 작은 작업들로 이루어져 있다. 즉, 인출 트랜잭션은 T_1, T_2, T_3, T_4가 하나의 단위로 취급되어야 한다. 위의 네 단계가 모두 끝나는 순간이 트랜잭션은 종료된다. 만약 중간에서 오류가 발생하든지 또는 어떤 이유로 인하여 중간에서 정지하여 더 이상 남은 단계를 수행할 수 없다면 이 트랜잭션은 처음부터 없었던 것으로 간주해야 한다. 예를 들면, 인출금을 현금인출기에서 제공하기 전에 어떤 오류로 인하여 현금 지급이 불가한 경우에는 잔고에 변동이 있으면 안 된다. 이와 같이 **논리적으로 하나의 작업으로 간주되는 작업을 트랜잭션**이라 한다. 트랜잭션은 보통 일련의 작은 작업들이 순서적 모인 경우가 많다.

트랜잭션의 특성을 아래와 같이 요약할 수 있다.

① **원자성**(Atomicity); 트랜잭션으로 정의된 연산(들)을 전부 실행하여야 한다. 일부만 실행되면 그 트랜잭션은 실행하지 않은 것으로 간주한다.

② **일관성**(Consistency); 데이터베이스는 일관된 상태에서 트랜잭션을 시작하고 그 트랜잭션의 종료 후에도 일관된 상태를 유지해야 한다.

③ **격리성**(Isolation); 트랜잭션의 실행 도중의 결과는 다른 트랜잭션에서 사용할 수 없다.

④ **영속성**(Durability); 성공적으로 완료된 트랜잭션의 결과는 영속적이다.

트랜잭션의 분석은 데이터베이스의 효율적인 운용에 중요한 정보를 제공한다. 트랜잭션을 분석하면 무슨 트랜잭션에서 무슨 테이블(들)을 사용하는지를 알 수 있고, 사용되는 테이블로부터 데이터량을 계산할 수 있다. 이로부터 특정 디스크에 대한 입출력의 집중화를 방지할 수 있고, 통신량의 분산을 위한 설계가 가능하다. 데이터베이스의 실무에는 효율성을 대단히 중요하게 여기는데, 트랜잭션의 분석은 효율성에 미치는 영향이 아주 크다.

7.2.4 회복의 기본 원리는 무엇인가?

데이터베이스의 회복을 위하여 따로 저장해 둔 데이터베이스와 트랜잭션을 사용하지 않으면 원래의 일관된 시스템으로 되돌릴 방법은 없다. 이와 같이 자료의 중복이 데이터베이스 회복의 기본 조건이다.

7.2.5 회복 조치에는 어떠한 방법이 있는가?

① Redo(재실행); 데이터베이스를 장애가 일어나기 전의 상태로 되돌리기 위해서 일관된 상태에 있었던 시점에 저장해 둔 데이터베이스가 필요하다. 그리고 그 시점에서부터 장애 발생 직전까지의 모든 트랜잭션 기록이 필요하다. 따라서 주기적으로 (예를 들면, 일 단위, 또는 시간 단위) 데이터베이스를 모두 저장해 두는 과정이 필요하다. (또는 RAID와 같은 중복 저장 장치를 사용할 수 있다) 이와 같이 데이터베이스 전부를 중복해서 저장해 두는 것을 덤프(dump)라 한다. (덤프트럭을 연상하면 덤프의 뜻을 이해하기 쉽다. 덤프트럭에 골재(모래, 자갈 등)를 한 차 가득 싣고 공사장에 한꺼번에 쏟아 붓는 것을 연상하면 되겠다) 또한 회복을 위하여 모든 트랜잭션을 따로 하드디스크에 저장해 둔다. 이를 로그(log)라 부른다.

장애 발생 시 회복의 과정은 가장 최근에 받은 덤프에서부터 출발하여 장애 발생 직전까지 로그에 있는 트랜잭션을 순차적으로 모두 실행하면 장애 직전의 일관된 상태로 데이터베이스를 되돌릴 수 있다. 이와 같이 덤프와 로그를 이용한 데이터베이스의 회복 방법을 Redo라 한다.

② Undo(되돌리기); 트랜잭션(들)에 의하여 변경 중이거나 변경된 내용의 신뢰성에 손상이 있는 경우, 로그를 이용하여 관련 트랜잭션(들)을 모두 취소함으로써 데이터베이스

를 일관된 상태로 유지하는 방법을 Undo라 한다. (이 경우 덤프의 필요성은 없다)

③ Shadow paging(그림자 페이징); 로그 파일을 이용하지 않는 회복 기법으로 그림자 페이징(shadow paging) 기법이 있다. 그림자 페이징(shadow paging) 기법이 있다. 트랜잭션에 사용되는 테이블을 하드디스크에 먼저 저장(그림자 페이지)해두고 회복이 필요할 때 활용하는 기법이다.

7.3 병행 제어

7.3.1 병행제어가 무엇인가?

데이터베이스를 동시에 몇 명의 사용자가 사용하느냐에 따라 단일 사용자 DBMS(하나의 사용자만 허용)와 복수 사용자 DBMS(여러 사용자가 동시에 사용)로 나눈다.

병행제어(concurrent control)란 복수의 사용자가 동일한 데이터베이스에 대해 동시적 작업이 가능하도록 하면서 동시에 데이터베이스의 정확성이 유지되도록 작업을 제어하는 기능이다.

7.3.2 병행제어는 왜 필요한가?

PC와 같은 개인용 컴퓨터에 데이터베이스를 단독 사용하는 것은 병행제어를 고려할 필요가 없겠다. 그러나 기업이나 조직에서 사용하는 데이터베이스는 다수의 사용자가 동시에 사용하게 되므로 병행제어는 필수적이다.

병행제어의 장치 없이 복수 사용자에게 동시 사용을 허용한다면 무슨 일이 생길까? 같은 내용을 동시에 여러 사용자가 읽기만 한다면 문제가 발생하지 않을 것이다. 그러나 동시에 여러 사용자가 서로 다른 값을 같은 기억 장소에 기록할 경우 신뢰할 수 없는 결과를 초래할 수 있다.

7.3.3 병행 실행의 오류의 예를 들어 보자

은행 계좌 X의 잔고가 500만원이라 하자.

A라는 사용자가 그 계좌를 단독으로 사용하는 경우;
현재 잔고를 출력한다; 잔고=500만원이다.
100만원을 인출한다.
잔고를 출력한다; 잔고=400만원.

이어서, B라는 사용자가 그 계좌를 단독으로 사용하는 경우;
현재 잔고를 출력한다; 잔고=400만원이다.
300만원을 입금한다.
잔고를 출력한다; 잔고=700만원.

그런데, A와 B가 동시에 거래가 이루어지며 아래의 시간 순서로 작업이 실행된다고 하자. (동시에 여러 곳에서 트랜잭션이 들어오는 것에 대한 작업 우선순위의 통제 방법이 없다고 가정하였다. CPU가 하나이라면 어느 한 순간에 실행되는 트랜잭션은 단 하나이다. 따라서 A와 B의 작업이 서로 뒤섞일 수 있다. CPU가 여러 개인 경우는 좀 더 복잡해진다.)

A, B 두 트랜잭션이 서로 독립적이 아니라면 두 트랜잭션의 실행 순서에 따라 결과가 영향을 받을 수 있다.

시간	사용자 A	사용자 B	시스템의 잔고
t_1	현재 잔고를 출력한다; 잔고=500만원		500만원
t_2		현재 잔고를 출력한다; 잔고=500만원	500만원
t_3		300만원을 입금한다.	800만원
t_4	100만원을 인출한다.		700만원
t_5	잔고를 출력한다; 잔고=700만원		700만원
t_6		잔고를 출력한다; 잔고=700만원	700만원

A와 B의 거래가 이루어지기 전에 잔고는 500만원이었다. A가 100만원 인출하고 B가 300만원을 인출했다면 결과적으로 잔고는 700만원이 되는 것이 맞다. 그러나 A는 500만원에서 100만원을 인출한 결과로 700만원이라는 출력을 받게 된다. 그리고 B는 500만원 잔고에서 300만원을 입금한 결과로 700만원의 잔고를 받게 된다. 이 결과는 두 사용자가 원하는 결과가 아니라는 문제가 발생한다.

왜 이런 문제가 발생할까? 이러한 결과의 원인은 여러 작업 요구가 동시에 시스템에 들어올 때 시스템에서 이들의 실행 순서를 통제할 수 있는 방법이 마련되지 않았기 때문이다. 사실, 병행 실행의 오류에는 여러 가지 형태가 있는데 위의 예는 동시 사용의 문제점을 보여주는 한 가지의 예에 불과하다.

그렇다면, 어떻게 병행 실행의 오류를 방지할 수 있을까?

7.3.4 병행 실행의 오류를 방지하는 방법들

여러 트랜잭션을 실행할 때, 트랜잭션을 하나씩 완료해 나가는 단순한 방법을 생각할 수 있다. 이때 정확성을 보장하기 위한 조건은 트랜잭션들이 상호 독립적으로 정확한 연산이어야 한다. 트랜잭션을 하나씩 차례로 완료해 가는 간단한 방법은 하나의 트랜잭션이 모두 끝나도록 기다린 후 그 다음 트랜잭션을 실행하는 것이다. 이 경우 입출력을 위한 시간을 포함한 CPU의 대기시간이 길어진다는 단점이 있다.

이러한 문제점을 해소하기 위한 방법으로 처리할 트랜잭션들을 스케줄링(scheduling) 할 때 CPU의 대기시간을 최대한 축소하면서 정확한 결과를 얻을 수 있도록 복수의 트랜잭션을 상호교호적으로(interleaving, 서로 섞어가면서) 실행하는 방법이 있다. **상호교호적 실행이 가능한 트랜잭션들을 직렬가능(serializable)하다고 한다.** 즉, 이러한 실행 방법은 트랜잭션들의 직렬가능성(serializability)이 전제가 되어야하는데 이론적으로는 가능하지만 실제의 경우 직렬가능성을 따지는 것 자체가 쉬운 일이 아니므로 직렬가능성을 보장할 수 있는 비교적 간단한 방법을 실제의 데이터베이스에서 사용하고 있다.

트랜잭션들의 직렬가능성을 보장하는 동시성 제어 기법에는 대표적으로 잠금(locking), 시간날인 순서(timestamp ordering)의 두 가지 방법이 있으며 그 외에 여러 방법이 개발되어 있다.

7.3.5 잠금(locking)

잠금(locking)이란 한 트랜잭션이 다른 트랜잭션으로 부터 방해 받지 않고 특정 데이터 아이템에 접근(읽거나 쓰기)할 수 있도록 보장하기 위한 장치이다. 한 트랜잭션이 어떤 특정한 아이템에 잠금을 걸어 놓으면 다른 트랜잭션은 읽고 쓰기가 금지되며 잠금을 건 트랜잭션만 그 잠금을 풀 수 있다. 이와 같이 특정 트랜잭션이 특정 데이터에 대해 배제적 독점 제어를 허용하는 방법이 잠금 방법이다. **잠금을 거는 것에 반대되는 개념이 풀림(unlocking)이다. 잠금(locking)과 풀림(unlocking)을 사용하여 트랜잭션의 데이터 아이템의 읽고 쓰기를 제어하는 방법을 잠금 규약(locking protocol)이라 한다.**

잠금 규약(locking protocol);

① 트랜잭션이 데이터베이스의 데이터 아이템을 읽거나 쓰려면 먼저 그 아이템에 대해 잠금(locking)을 걸어야 한다.

② 잠금을 건 트랜잭션은 그 트랜잭션의 실행을 종료하기 전에 반드시 그 잠금을 풀어

(unlocking)주어야 한다.

③ 이미 한 트랜잭션에 의해 잠금이 걸린 데이터 아이템에 대해서 다른 트랜잭션이 다시 잠금을 걸 수 없다.

④ 트랜잭션은 자신이 걸어 놓지 않은 잠금에 대해서 풀림(unlock)을 실행 할 수 없고 반드시 잠금을 건 트랜잭션이 그렇게 할 수 있다.

데이터베이스가 위의 규약을 지킨다면 어느 한 데이터 아이템은 오직 하나의 트랜잭션에 의해서만 잠금을 실행할 수 있다. 따라서 데이터가 항상 믿을 수 있는 상태로 유지될 수 있다. 그러나 이 방식에는 비효율성이 있다. 만약 동일한 데이터를 동시에 읽기만 한다면 여러 트랜잭션을 동시에 읽더라도 데이터에 아무런 변경이 생기지 않기 때문에 읽기에 대해서는 쓰기보다 완화된 규제를 적용할 수 있다. 그러나 쓰기의 경우는 독점적 접근 권한을 보장해야 한다. 이와 같은 개념을 고려하여 공용 잠금(shared-lock)과 전용 잠금(exclusive-lock)을 정의한다.

공용 잠금(shared-lock); 읽기는 허용되지만 쓰기는 허용되지 않을 때 공용 잠금을 걸 수 있다. 어느 한 트랜잭션에 의해 공용 잠금이 걸린 데이터를 다른 트랜잭션이 공용 잠금을 걸 수 있다.

전용 잠금(exclusive-lock); 전용 잠금이 걸린 데이터는 전용 잠금을 건 트랜잭션에 의해서만 읽기와 쓰기가 가능하고 다른 트랜잭션은 어떠한 잠금도 걸 수 없다.

이와 같은 잠금의 정의에 따라 공용 잠금 규약(shared-locking protocol)을 정의하고 있다. 그리고 직렬가능성의 보장을 위해 2단계 잠금 규약(2PLP, two phase locking protocol) 등과 같은 방법을 사용하고 있다.

7.3.6 시간날인 순서(timestamp ordering)

잠금 방법 외에 또 다른 동시성 제어 기법으로 시간 날인 순서 방법이 있다. 시간 날인(timestamp ordering)이란 트랜잭션이 시스템에 들어오는 순서대로 고유값을 부여하는 동시성 제어 방법을 말한다. 트랜잭션의 시간 날인 순서에 근거하여 직렬 가능성을 보장하도록 시간 날인 순서 규약을 정의한다.

7.4 보안

7.4.1 데이터베이스 보안이 무엇이며 왜 필요한가?

데이터베이스를 안정적으로 관리하는 것은 데이터베이스 관리자의 중요한 책무이다. 데이터베이스에 대한 불법적 접근, 변경, 및 물리적 파괴로부터 보호하는 일을 데이터베이스 보안(database security)이라 한다. 데이터베이스의 보안에 문제가 생기면 데이터베이스 자체를 신뢰할 수 없는 치명적인 사태가 초래된다. 따라서 데이터베이스 관리자는 모든 형태의 보안 침해를 방지할 수 있는 정책과 업무 프로세스를 마련하고 시행해야 한다. 보안 업무의 범위는 조직의 규정과 절차, 물리적 관리, 기술적 관리를 포함한다.

7.4.2 데이터베이스 보안의 핵심적인 개념은 무엇인가?

데이터베이스에의 접근에 관련된 요소를 보면, ①먼저 사용자를 생각할 수 있다. 데이터베이스의 사용자는 다양한 종류가 있다. 최고 경영자에서부터 실무자에 이르기까지 데이터베이스를 사용하는 목적이 다양하다. 사용자의 데이터베이스 사용 목적에 따라 접근 권한을 달리 허용하는 것이 옳다. ②두 번째로 데이터의 범위를 생각할 수 있다. 데이터의 범위에는 가장 작은 단위인 필드에서 부터 레코드, 레코드 집합, 테이블, 그리고 전 데이터베이스 영역에 이르기까지 다양하다. ③마지막으로 연산을 생각할 수 있다. 연산의 종류에는 검색, 갱신, 삽입, 삭제, 통계 연산 등이 있다. 즉, 보안에서 고려해야 할 점은 어느 사용자에게 무슨 데이터를 어떻게 허용해야 되는지 자세히 정의해야 한다. 데이터베이스 보안의 목적은 사용자에게 권한에 따라 데이터의 접근을 허용하여 정당한 연산을 수행할 수 있도록 안전장치를 보장하는 것에 있다.

7.4.3 데이터베이스 보안에는 어떠한 방법이 있는가?

정당한 사용자가 접근 권한 내에 있는 데이터베이스에 대하여 허가 받은 범위내의 연산을 수행하도록 사용자의 접근을 제어하는 기법을 데이터베이스 접근 제어라 한다.

접근 제어의 방법으로 사용자의 신분 확인 방법이 있다. 사용자의 신분 확인은 아이디와 암호(또는 패스워드), 개인신분번호(PIN, Personal Identification Number)에 의한 간단한 방법이 많이 쓰이고 있으며 지문, 홍채 등과 같은 생체 인식 기술을 활용할 수도 있다. 또는 본인만이 알고 있는 함수를 사용한 계산의 의한 인증 방법도 있다.

사용자, 데이터에 대한 허가된 연산의 종류와 허가 조건을 명시하기 위하여 데이터베이스의 보안 시스템에서 권한 부여 테이블을 사용한다. 사용자가 권한의 범위 안에서 정당한 사용이 허용되도록 사용자의 권한에 대한 정보를 부여하고 관리할 수 있어야 한다. 각 사용자의 각 데이터 객체에 대한 권한의 종류를 정의해 놓은 테이블을 권한 부여 테이블(authorization table)이라 한다. 사용자는 데이터 객체에 따라 서로 다른 권한을 가질 수 있다. 예를 들면, 자재과의 김과장은 '주문품목테이블'은 읽기, 쓰기가 모두 가능하다. 그러나 '사원급여테이블'은 읽기와 쓰기가 모두 불가하다. 또, 같은 데이터 객체에 대해서 사용자에 따라 다른 권한이 부여될 수 있다. 예를 들면, '사원급여테이블'은 자재과의 김과장은 접근이 불가하지만 인사과의 박과장은 접근이 가능하다. 사용자의 데이터에 대한 요구를 시행하기 전에 보안 시스템은 권한 부여 테이블에 의한 검사를 수행한다. 보안 시스템은 권한의 관리를 위해 권한의 허가와 취소 기능을 갖고 있다.

7.5 의사결정지원 시스템

7.5.1 데이터 웨어하우스

(1) 데이터 웨어하우스의 개념이 어떻게 나오게 되었는가?

전통적으로 데이터베이스 사용자는 데이터의 현재 상태에만 관심이 있다. 예를 들면, 현재의 주문 상황과 현재의 재고 상황에 대한 현재의 데이터가 중요하다. 현재의 데이터베이스는 데이터의 현재 상황만을 유지하고 있기 때문에 과거에 물품재고가 얼마가 있었는지, 과거에 판매 실적이 어떠했는지는 중요치 않다.

그러나 경영자 입장에서는 어떤 고객이 어떤 물품을 언제 주문을 많이 했는지? 고객의 물품 구매에 대한 변화는 어떠한지? 구매한 물품의 종류가 어떻게 변화가 되고 있는지? 이러한 소비자 분석 결과가 경영에 아주 중요한 요소가 된다. 이러한 형태의 정보를 처리하려면 과거부터의 데이터 분석이 필수적이므로 과거의 데이터를 어떤 형태로든 저장해 두어야한다.

이러한 목적을 위하여 경영에 필요한 의사결정을 할 수 있도록 통합적으로 데이터를 저장해 둘 필요 때문에 데이터 웨어하우스(data warehouse)가 등장하게 되었다.

(2) 데이터 웨어하우스란 무엇인가?

데이터 웨어하우스의 첫째 목적은 의사결정의 지원에 있다. 의사결정을 지원할 수 있도록 데이터가 저장되어 있어야 하는데, 현재의 데이터베이스로부터 얻어지는 수준의 정보 검색이 아니라, 경영 주제에 따른 통합적 정보를 시간의 흐름에 따라 파악할 수 있도록 정보가 저장되어 있어야 한다. 이러한 개념의 데이터 집합을 데이터 웨어하우스(Data Warehouse)라 한다. 데이터 웨어하우스의 주제어를 요약하면 주제중심적, 통합적, 시간적, 항존적 데이터의 집합이라 할 수 있다.

(3) 데이터베이스와 데이터 웨어하우스의 차이점은 무엇인가?

(1) **목적의 차이**; 데이터베이스는 그 사용 목적이 주로 현업의 운용이다. 현업의 운용을 위한 업무중심의 데이터를 저장하고 관리한다. 이에 대해 데이터 웨어하우스는 의사결정을 위한 정보의 분석이 주된 목적이다.

(2) **사용자의 차이**; 데이터베이스는 주로 현업 담당자가 사용한다. 데이터 웨어하우스는 경영과 분석을 주업무로 하는 관리자, 경영자가 사용한다.

(3) **자료 저장의 차이**; 데이터베이스는 운용에 필요한 최신의 자료를 테이블에 저장한다. 예를 들면, '고객테이블'의 경우 현재 거래하고 있는 고객의 정보를 담고 있다. 데이터 웨어하우스는 과거의 히스토리를 활용한 정보의 분석을 위해 변화를 파악할 수 있는 자료의 스냅샷(snapshot)을 저장해 둔다. 데이터 웨어하우스는 필요한 징보를 기존의 데이터베이스로부터 변환하고 추출하여 별도로 정보를 저장한다.

(4) 시스템 응답 요구의 차이; 데이터베이스는 다수의 현업 사용자가 동시에 시스템에 트랜잭션을 발생하므로 동시성의 요구가 높고, 현업의 업무를 신속히 처리해야 할 필요성 때문에 빠른 응답시간을 요구한다. 데이터 웨어하우스는 소수의 경영자나 관리자가 사용하므로 상대적으로 동시성의 요구가 낮고, 의사결정을 위한 정보분석에는 많은 정보의 검색이 필요하므로 응답시간이 비교적 늦다.

(4) OLTP와 OLAP란 무엇인가?

OLTP는 Online Transaction Processing의 약어이다. 즉, 온라인 트랜잭션 처리를 말하는 것으로 데이터베이스와 같은 전통적인 정보처리 방식을 일컫는다. 이에 대해 OLAP는 Online Analytical Processing(온라인 분석 처리)의 약어로써 정보의 분석에 초점을 맞춘 것을 말한다. 즉, 대규모 자료로부터 경영에 필요한 정보를 분석, 통합하는 보고서를 생성하는 도구를 말한다. OLTP가 기존의 데이터베이스를 활용하여 온라인 트랜잭션을 처리하는 시스템이라면, OLAP는 데이터 웨어하우스로부터 정보를 분석하고 통합하는 보고서를 생성하는 시스템이라 할 수 있다.

(5) OLAP을 구현하는 방법은 무엇인가?

관계형 데이터베이스와 SQL을 사용하여 데이터를 다차원적으로 분석하는 ROLAP (RDB Based OLAP) 방법과 다차원 데이터의 저장과 처리에 기반한 MOLAP(Multi-Dimensional Database Based OLAP) 방법의 두 가지와 이 두 방법을 혼합한 HOLAP (Hybrid OLAP) 방법이 있는데 HOLAP은 RDB와 다차원 데이터를 모두 사용한다는 특징이 있다.

7.5.2 데이터마이닝

(1) 데이터 마이닝(data mining)이란 무엇인가?

데이터 웨어하우스는 사용자가 원하는 내용에 대해서만 정보 분석이 이루어진다는 특징이 있다. 만약 데이터 웨어하우스의 방대한 내용으로부터 데이터의 패턴을 발견할 수 있고 나아가 새로운 정보 또는 지식을 도출해 낸다면 경영에 많은 도움을 줄 수 있을 것이다. 이와 같이 방대한 데이터로부터 패턴을 발견한다든지 지식을 발견하는 과정을 데이터 마이닝(data mining) 기법이라 한다.

(2) 데이터 마이닝의 패턴 인식 방법을 알아보자

데이터 마이닝의 기본 원리는 방대한 데이터로 부터 규칙이나 패턴을 찾는 것 이다. 데이터로부터 패턴을 인식하는 방법은 오래전부터 시도되었다. 몇 가지 예를 들면, 베이즈 정리(Bayes's Theorem), 회귀분석(regression analysis) 등이 있었는데 이들은 모두 수작업으로 처리되었다. 컴퓨터가 출현하면서 대규모의 데이터에 대한 패턴 인식이 가능해졌다. 데이터 마이닝은 컴퓨터를 사용한 패턴 인식 방법을 동원하여 대규모 데이터에 대한 패턴을 자동으로 인식하는 기술이다. 이러한 기술을 실생활에 응용하는 것도 가능해져서 예를 들면, 수퍼마켓 고객의 구매 패턴을 조사한다든지, 항공기 탑승자들의 여행 패턴을 인식한다든지, 인터넷 쇼핑몰의 소비자 행동 분석 등이 가능해졌다. 이러한 패턴 인식 방법에는 신경망(neural networks), 집단화(clustering), 유전자 알고리즘(genetic algorithms), 결정목(decision trees), 지원벡터기(support vector machines) 등이 있다. 전체 데이터를 대표할 수 있는 패턴의 발견, 관심있는 현상에 대한 패턴의 발견 등 패턴 인식의 수준을 향상하기 위한 노력을 계속하고 있다.

(3) 데이터 마이닝의 표준화에 대해 알아보자

데이터 마이닝의 표준화를 위한 노력을 많이 찾아 볼 수 있는데, 초기의 시도로 1999년 유럽의 CRISP-DM 1.0(European Cross Industry Standard Process for Data Mining)과 2004의 자바 데이터 마이닝 표준(JDM 1.0, Java Data Mining standard)을 들 수 있다. 최근의 노력으로는 XML 기반의 PMML(Predictive Model Markup Language)으로 데이터 마이닝 그룹(DMG, Data Mining Group)이 주도하여 이 분야의 표준을 만들고 있다.

(4) 데이터 마이닝의 과정에 대해 알아보자

- 전처리(pre-processing); 데이터 마이닝은 패턴을 뽑아 낼 수 있을 만큼 충분한 양의 데이터가 사전에 마련되어 있어야 한다. 보통 데이터 웨어하우스를 데이터 마이닝의

대상 데이터로 사용한다. 데이터 웨어하우스로부터 불필요한 데이터, 노이즈(noise)를 제거하고 간략화(summarizing) 과정을 거친다(feature-vectors를 생성한다). 이러한 과정을 전처리(pre-processing) 과정이라 한다.

- 집단화(클러스터링, clustering); 미리 알려져 있지 않은 유사한 구조를 갖는 데이터들의 그룹을 찾는 과정이다.
- 분류(classification); 알려진 데이터 구조를 새로운 데이터에 일반화하는 과정이다.
- 회귀(regression); 최소의 오류를 포함하는 데이터의 모델 함수를 찾는 과정이다.
- 연합 규칙 학습(association rule learning); 변수들 간의 관련성을 찾는 과정이다. 예를 들면, 고객이 상품을 구매하는 습관을 분석하는 과정에서 사용될 수 있다. 특정 제품의 마카로니와 특정 제품의 소스가 연합하여 가장 많이 팔린다는 분석이 나올 수 있다.

7.6 객체지향 데이터베이스

7.6.1 객체지향 데이터베이스의 개념이 어떻게 나오게 되었는가?

관계(형) 데이터베이스는 개체, 관계, 속성으로 데이터베이스의 자료를 표현하며 정형화된 데이터 타입을 주로 다룬다(예; 숫자, 문자, 문자열). 그러나 사운드, 비디오와 같은 복합적인 멀티미디어 자료형태는 관계 데이터베이스에서 다루기가 아주 어렵다. 그러나 현재의 추세는 멀티미디어 자료의 관리가 중요해지고 있다. 이러한 멀티미디어 자료의 관리는 객체지향 프로그램에서 잘 다루어지고 있다. 따라서 객체지향 기술을 데이터베이스에 접목하여 객체지향 기술의 장점을 데이터베이스에 활용해 보자는 목적으로 객체지향 데이터베이스가 출현하였다.

7.6.2 객체지향 데이터베이스의 활용도는 어떠한가?

객체지향 데이터베이스는 1980년대 초반부터 개발되기 시작했고 "객체지향 데이터베이스"라는 용어는 1985년에 처음으로 등장했고 90년대에 상용 객체지향 데이터베이스 시스템이 출시되었다. 아직 관계 데이터베이스에 대적할만한 힘을 얻지 못하고 있으나 멀티미디어, 지리정보 등의 특수 분야에서 일부 활용되고 있다. 현재 비교가 되지 않을 만큼 관계형 데이터베이스의 사용영역이 넓다. 향후 관계형을 보완하는 수준에서 부분적으로 객체지향을 채택하는 이른바 객체관계 데이터베이스(ORDBMS: Object-Relation Database) 형태로 활용될 것으로 많은 전문가들이 예측하고 있다. 그러나 조직이나 기업에서는 상당히 오랜 기간 동안 관계 데이터베이스를 주로 사용할 것으로 대부분의 전문가들이 예상하고 있다.

7.6.3 객체지향 데이터베이스의 기반 기술은 무엇인가?

객체지향 데이터베이스는 객체지향 데이터 모델에 기반을 두고 있고, 객체지향 데이터 모델은 객체지향 프로그래밍 개념에 기반을 두고 있다. 즉, 관계 데이터베이스는 개체(entity), 관계, 속성으로 데이터베이스의 자료를 표현하는데, 객체지향 데이터베이스는 데이터베이스의 모든 자료를 객체(object)로 표현한다.

객체(object)는 개체에 연산자가 추가된 개념인데, 연산자를 통한 행위(또는 함수의 실행)가 가능하다. 객체의 유일한 식별을 위해 각 객체마다 객체 식별자(OID, object identifier)가 부여된다. 객체 식별자는 관계 데이터베이스에서 기본키(primary key)와 유사한 개념이다. 객체지향 데이터베이스는 이러한 객체지향 개념을 데이터베이스에 도입한 것이라 할 수 있다. 이와 같이 데이터베이스 기술에 객체지향 프로그래밍 언어의 객체 기술이 결합된 형태가 객체지향 데이터베이스이다. 잘 알려진 객체지향 프로그래밍 언어로는 Smalltalk, C++, Visual Basic, Java, C#, Ruby, Python, Perl, NET, Objective-C 등이 있다.

7.6.4 객체의 개념을 알아보자.

객체지향 모델에서는 데이터를 객체(object)와 클래스(class)라는 개념으로 표현한다.

객체는 엔티티(entity)의 개념과 유사한 것으로 '존재하는 것'을 말한다. 한 권의 책, 한 사람, 한 대의 자동차, 등과 같이 존재하는 것과 아울러 추상적 개념도 모두 객체이다. 클래스란 공통의 범주로 묶을 수 있는 객체들의 집합이다. 클래스란 엔티티 타입(entity type)과 유사한 개념이다. '자동차'라는 클래스는 개별적인 자동차의 집합으로 생각할 수 있다. '자동차'라는 집합적인 개념이 가능하게 하는 공통적인 속성들이 존재하기 때문이다. 즉, '자동차'라는 집합적 개념에는 운전석, 바퀴, 엔진, 등의 속성들로 구성되어 있다. 이러한 속성을 객체지향에서는 인스턴스(instance)라고 부른다.

객체지향은 메소드(method)라는 객체에 속한 '행위'(또는 '함수'로 이해해도 좋다)가 포함되어 있다. 예를 들면, '자동차'라는 클래스의 메소드에는 '시동걸기', '주행하기', '제동하기' 등과 같은 행위들을 생각할 수 있다. 이러한 개념의 메소드가 편리한 이유는 개별적 자동차에 그 클래스에 공통된 메소드를 일괄적으로 적용할 수 있다는 점이다. 모든 자동차에는 '시동걸기', '주행하기', '제동하기' 등과 같은 공통된 행위들이 있으므로 이러한 공통 행위들을 각각의 자동차에 독립적으로 정의할 필요가 없이 공통으로 한번만 정의해두면 그 클래스에 속한 객체들은 이미 정의된 메소드를 불러와서 사용하기만 하면 된다.

7.6.5 객체지향 데이터 모델의 특징을 알아보자.

- 상속(inheritance); 하나의 클래스는 또 다른 클래스를 파생할 수 있다. 이때 원래의 클래스를 부모 클래스(parent class) 파생된 클래스를 자식 클래스(child class)라 한다. 자식 클래스는 부모 클래스로부터 인스턴스와 메소드를 물려 받을 수 있다. 즉, 부모 클래스에 있는 인스턴스나 메소드를 자식 클래스에서 다시 정의할 필요없이 부모의 것을 그대로 가져다 쓰기만 하면 된다는 뜻이다. 그러나 자식 클래스는 자기만의 인스턴스나 메소드를 정의할 수 있다.
- 정보은닉(encapsulation); 오브젝트의 인스턴스 값은 외부로부터 노출되지 말아야 할 필요가 있다. 노출이 허용되는 값에 대해서는 그 클래스에서 정의한 메소드를 사용하여야만 그 값을 사용할 수 있도록 하는 개념이 정보은닉이다.
- 다형성(polymorphism); 함수의 기본 기능을 유지하면서 함수의 외형적 특성을 변형할 수 있는 기능이다. 변형 가능한 것으로 함수형(function type), 매개변수의 개수, 매개변수의 데이터 타입 등이다.

- 객체식별자(OID, ojbect identifier); 관계 데이터베이스에서 기본키에 해당하는 것이 객체 데이터베이스에서 객체식별자이다. 각 객체의 객체식별자의 값은 유일하다.
- 객체들 간의 관계; 관계 데이터베이스에서 두 테이블 사이의 참조무결성을 위해 외래키(foreign key)의 개념을 사용하였다. 객체 데이터베이스에서는 포인터를 통하여 다른 테이블의 값을 참조한다.
- 다양한 데이터 타입; 관계 데이터베이스의 경우 허용 가능한 데이터 형식이 제한적이다. 그러나 객체지향 데이터베이스의 경우는 데이터 형식이 자유롭다. 정형화된 데이터 형식 뿐 아니라 사운드, 이미지, 비디오, 등 멀티미디어 형식도 가능하다.

7.7 멀티미디어 데이터베이스

7.7.1 멀티미디어 데이터베이스는 왜 필요한가?

문자 기반의 자료들은 관계형 데이터베이스로 쉽게 처리할 수 있다. 오늘날 멀티미디어 자료가 광범위하게 활용됨에 따라 멀티미디어 자료의 효율적인 저장과 관리, 검색 등 멀티미디어 자료에 대한 정보처리의 요구가 증대하고 되었다. 예를 들면, 병원에서 환자의 진찰 사진들로부터 특정 신체부위의 특정 형태의 종양에 대한 이미지를 검색 한다든지, 인공위성 사진에서 일정 넓이의 저수지를 찾는다든지, 또는 음악 파일에서 특정한 형태의 화음이나 멜로디를 찾는다든지 하는 등의 검색 요구는 관계 데이터베이스에서 처리하기가 상당히 어렵다. 이와 같이 멀티미디어 자료에 대한 정보처리의 요구를 충족하기 위하여 멀티미디어 데이터베이스 시스템이 출현하였다.

7.7.2 멀티미디어 데이터베이스 시스템이란 무엇인가?

멀티미디어(multimedia)란 텍스트, 이미지, 사운드, 비디오, 애니메이션 등의 미디어 요소를 활용한 정보의 표현과 인간과의 상호작용에 활용하는 정보기술을 말한다. 멀티미디어가 정보표현에 중요한 위치를 차지함에 따라 데이터베이스에서 멀티미디어를 활용하려는 요구가 자연스럽게 늘어나게 되었다. 멀티미디어 데이터베이스 시스템은 멀티미디어 데이터를 저장하고 관리하는 데이터베이스 시스템을 말한다.

7.7.3 멀티미디어 데이터의 특징은 무엇인가?

- 대용량; 기존의 텍스트 위주의 데이터와 구분되는 가장 큰 차이가 용량에 있다. 멀티미디어는 사운드, 동영상 등 대용량이라는 것이 가장 큰 특징이다.
- 데이터 형식의 다양성; 멀티미디어는 다양한 형식의 데이터를 포함하게 되므로 정형화된 데이터 형식으로 표현하기 어렵다. 따라서 관계 데이터베이스와 같이 정형화된 형식에 맞추기 어렵다는 문제점이 있다.
- 자료 검색의 어려움; 텍스트 기반의 자료에 대한 검색 방법은 효율적인 검색 알고리즘이 다수 개발되어 있지만 멀티미디어에 대한 검색은 간단히 해결 될 수 있는 문제가 아니다. 초기에는 키워드 검색을 주로 사용하였는데 멀티미디어 자료에 미리 첨부된 키워드나 설명을 검색하는 방식으로써 텍스트 검색의 일종이다. 그러나 단순하지만 검색의 정확도가 떨어지는 단점이 있다. 좀 더 발전된 방법으로 멀티미디어 자료로부터 원하는 특징(features)을 발견해내는 방법인데 멀티미디어 자료를 내용적으로 분석해야 하는 기술적 어려움을 안고 있다.
- 구조화와 유연한 모델의 필요성; 멀티미디어 자료는 복합적 객체 구조의 표현, 집단화(aggregation) 계층 구조, 일반화(generalization) 계층 구조를 표현 할 수 있는 변경이 용이한 모델이 필요하다.

7.7.4 멀티미디어 데이터 모델의 중요한 요소는 무엇일까?

- 저장과 확장성; 대용량 자료를 효율적으로 저장하고 관리할 수 있어야 하며 확장성을 요구한다.

- 질의; 멀티미디어 데이터의 종류에 적합하고 효율적인 질의 방법이 제공되어야 한다.
- 트랜잭션; 대용량 자료에 대한 트랜잭션은 자료의 삽입, 갱신, 등에 긴 시간이 걸리는 문제점이 있으므로 트랜잭션을 신속하게 처리할 수 있어야 한다.
- 연산; 멀티미디어 데이터의 종류에 적합한 연산 기능을 제공해야 한다.

7.7.5 멀티미디어 자료의 검색을 위한 질의는 어떻게 이루어지는가?

컴퓨터가 사람처럼 눈으로 보고, 귀로 듣고 원하는 내용을 찾아내는 것은 현재에는 불가능하다. 멀티미디어 자료를 저장할 때 그 내용이나 구조, 등에 대한 정보를 기록해 두고 그러한 정보를 검색하는 것이 일반적이다.

- 속성 질의; 멀티미디어 자료에 대한 속성들을 미리 저장하고 값을 검색하는 방법을 속성 질의라고 한다.
- 구조 질의(structure query); 구조화된 멀티미디어 자료에 대해 포함관계, 참조관계와 같은 구조적 정보를 검색에 활용하는 방법이다.
- 내용 기반 질의(content-based query); 멀티미디어 자료의 내용을 키워드들로 표현할 수 있다. 이러한 키워드들을 검색하여 원하는 멀티미디어 자료를 찾아주는 방법이다. 수많은 키워드들의 집합으로부터 원하는 키워드를 검색하기위한 효율적인 방법으로 역색인(inverted index), 요약 색인(signature index)과 같은 색인 방법을 사용하고 있다.

7.7.6 멀티미디어 데이터베이스를 어떻게 구현하는가?

- 관계 데이터베이스 기반; 멀티미디어 데이터베이스 구현의 초기에는 관계 데이터베이스를 기준으로 그 기능을 확장하여 멀티미디어 데이터를 처리하려고 하였으나 멀티미디어의 복합적 구조와 상호 관련성의 표현 및 연산에 어려움이 많았다. 정형화된 크기의 자료만 저장하는 관계 데이터베이스의 테이블에 대용량 자료를 직접 저장할 수 없으므로 대용량 자료가 저장된 위치를 저장하는 포인터(pointer)를 테이블에 저장하여 대용량 자료에 접근한다.
- 객체 지향 모델 기반; 그러나 객체 지향 모델은 복잡한 객체 구조와 상호 관련성의

표현이 비교적 용이하고 다양한 자료형과 연산이 가능하며 확장성이 좋고 동시성 제어가 용이하여 멀티미디어 데이터의 표현과 관리의 적절한 수단으로써 주목을 받고 있다.

- 멀티미디어의 저장 방법: 대용량, 비정형이라는 특징을 갖는 멀티미디어 데이터를 효율적으로 저장, 관리하기 위해 BLOB(Binary Large OBject, 이진 대형 객체)이나 CLOB(Character Large OBject, 문자 대형 객체)이라는 새로운 형태의 저장 공간이 고안되었다. 이들은 대용량이므로 저장을 위한 별도의 공간을 사용하는 것이 일반적이다.

7.8 분산 데이터베이스

7.8.1 분산 데이터베이스는 왜 필요한가?

한 대의 컴퓨터가 네트워크를 통하여 지역의 사용자들에게 데이터베이스 요구를 제공하는 데이터베이스 시스템을 중앙 집중식 시스템이라 한다. 데이터베이스의 초기에는 중앙 집중식을 사용해 왔으나 중앙의 컴퓨터가 모든 사용자들의 데이터베이스 요구를 모두 처리해야 하는 부담으로 인하여 사용자의 수가 늘어날수록 처리 속도가 느리게 되고 이를 해결하기 위해 중앙 컴퓨터의 용량을 증가시켜야 하는 비용 부담이 늘어나게 되었다. 이러한 문제점 때문에 중앙의 컴퓨터에 의존하지 않고 각 지역에서 자체적으로 처리하는 시스템을 원하게 되어 분산 데이터베이스의 출현을 보게 되었다. 분산 데이터베이스의 특징은 지역의 데이터베이스 요구를 그 지역의 지역 컴퓨터를 통해서 해결하고, 다른 지역과의 메시지 교환이나 중앙 컴퓨터의 도움이 필요한 경우에만 네트워크를 통하여 외부에 데이터베이스 서비스를 요청하는 것이다. 이렇게 하면 지역 사용자들의 데이터베이스 성능을 향상할 수 있고, 컴퓨터 자원을 효율적으로 사용할 수 있고, 자치성이 향상된다는 장점들이 있다. 이런 이유로 분산 데이터베이스가 적극 활용되고 있다.

7.8.2 분산 데이터베이스란 무엇인가?

분산 데이터베이스(distributed database)는 컴퓨터 네트워크로 연결된 복수개의 컴퓨터에 데이터베이스가 분산 저장되어 각기 독립적인 연산을 수행하면서 중앙의 DBMS에 의해 통제를 받아 데이터베이스 업무를 처리하는 시스템이다. 분산 데이터베이스의 사용자들은 중앙 집중식 시스템을 사용하는 것과 동일하게 서비스를 제공받는다. 즉, 사용자나 응용 프로그램은 필요로 하는 데이터가 어느 곳에 있는지 알 필요가 없고, 여러 지역에 중복 저장된 데이터로 인한 갱신 이상의 문제점을 고려할 필요가 없도록 중앙의 시스템이 관리해 준다.

7.8.3 분산 데이터베이스의 중요한 요소는 무엇일까?

- 분산 처리기(distributed processor); 자치적 데이터 처리 능력을 갖춘 지역 컴퓨터이며 다른 지역의 컴퓨터들과 연결된다.
- 분산 데이터베이스(distributed database); 지역 컴퓨터에 의해 관리되고 있는 그 지역의 데이터베이스이다.
- 통신 네트워크(communication network); 각 지역의 분산 처리기를 특정 통신 규약에 의해 연결하는 컴퓨터 통신망으로써 연결된 분산 처리기들을 묶어 논리적으로 하나의 시스템을 구성한다.

7.8.4 분산 데이터베이스의 특징은 무엇인가?

- 독립성의 보장; 지역 독립적인 데이터베이스의 운영이 가능하면서 동시에 네트워크를 통한 중앙집중식 시스템의 일부로써 할당된 작업을 수행할 수 있다는 양면성이 있다.
- 위치 투명성(location transparency); 데이터가 분산되어 있으므로 필요한 데이터가 어디 있는지 알아야 연산을 실행할 수 있다. 그러나 사용자/응용 프로그램이 필요한 데이터의 위치 정보를 알아야 한다면 무척 성가신 일이 아닐 수 없다. 필요한 데이터에 대한 위치 정보를 '시스템 카탈로그'라는 특정한 저장 공간에 저장하고 필요할 때 그 위치정보를 시스템 카탈로그로부터 지역 컴퓨터가 가져온다면 사용자나 응용 프로그램에서 위치정보를 알아야 할 필요가 없게 된다. 그리고 사이트 간에 데이터의

이동이 있으면 시스템 카탈로그에 위치 정보의 변경 사항을 갱신하면 되므로 응용 프로그램에 영향을 주지 않게 된다.

- 중복 투명성(replication transparency); 각 사이트에 있는 지역 컴퓨터의 자치적 연산 기능을 보장하려면 지역 컴퓨터가 필요로 하는 데이터를 그 사이트에 두는 것이 효율적이다. 각 사이트에 필요한 데이터를 두게 되면 같은 데이터가 이곳 저곳에 중복되게 나타날 수 있다. 이와 같이 데이터의 중복을 허용하게 되면 지역 컴퓨터의 데이터 처리 기능은 향상되지만 중복으로 인한 갱신의 문제 등이 나타나게 된다. 만약 이러한 갱신의 문제를 사용자나 응용 프로그램이 직접 관여해야 한다면 데이터 처리의 효율이 현저히 감소된다. 이와 같이 **중복으로 인한 제반 문제를 시스템에서 관리하도록 하는 방법을** 중복 투명성(replication transparency)**이라 한다.** 중복 투명성을 유지하는 시스템은 어떤 데이터가 어느 곳에 사본이 있는지를 알고 있기 때문에 사용자나 응용 프로그램은 데이터가 어떻게 중복되어 있는지를 전혀 알 필요가 없다.

7.8.5 분산 데이터베이스의 장점은 무엇인가?

- **지역 자치성;** 지리적으로 분산된 지역 컴퓨터에서 그 지역의 업무를 중앙 시스템에 의존하지 않고 자체적으로 해결할 수 있으므로 업무 처리의 효율을 높일 수 있고 중앙 시스템의 부하도 줄일 수 있다.
- **시스템 확장의 용이성;** 지역 컴퓨터의 용량을 증가하는 것이 중앙 시스템의 용량을 증가하는 것 보다 경제적이며, 새로운 지역 컴퓨터의 추가도 용이하게 이루어진다.
- **시스템의 안정성과 데이터의 가용성;** 중앙 시스템의 경우 고장이 전체 시스템의 마비로 이어지지만 분산 시스템의 경우 한 지역 컴퓨터의 고장이 전체의 고장으로 이어지지는 않는다. 그리고 어느 한 지역 컴퓨터가 고장 나더라도 다른 지역에 있는 데이터를 사용 할 수 있으므로 데이터의 가용성이 높다.
- **응답 속도와 시스템 성능의 향상;** 지역에서 필요한 작업은 지역 컴퓨터로 직접 처리가 되므로 응답 속도가 향상될 수 있고, 데이터의 중복이 허용되므로 전체적으로 보면 병행처리가 가능해지고 부하가 골고루 분포하게 되므로 전반적인 응답 성능의 향상을 기대할 수 있다.

7.8.6 분산 데이터베이스의 단점은 무엇인가?

- 개발 비용의 증가; 분산 시스템은 중앙 집중형보다 시스템의 설계가 더 복잡하여 개발 비용이 증가한다.
- 운영 비용의 증가; 분산 시스템을 운영하기 위한 지역 컴퓨터들 간의 네트워크 구축과 운영 비용, 상호 메시지 교환과 조정, 위치 투명성과 중복 투명성의 보장을 위한 하드웨어 및 소프트웨어 비용이 소요된다.
- 실행 오류의 가능성 증가; 분산 시스템은 전체적으로 보면 병행처리를 하게 되므로 단일 시스템보다 구조와 알고리즘이 더 복잡하다.
- 데이터베이스 조인(join) 연산의 비용 증가; 서로 다른 지역(들)에 위치한 데이터들 간의 조인 연산이 동일 지역 내의 조인 연산보다 비용이 엄청나게 늘어난다.
- 보안성의 취약; 각 지역의 데이터와 컴퓨터에 대한 보안이 개별적으로 이루어져야하는 부담이 있다.
- 오류 해결의 난이점; 타 지역(들)과의 연계된 연산 과정에서 발생하는 오류의 발견과 분석, 처치가 단일 시스템에 비해 현저히 난이도가 증가한다.
- 데이터베이스 설계의 어려움; 데이터가 여러 지역에 분산 운영되므로 어떤 데이터를 어느 곳에 할당해야 하는지를 고려해야 하므로 단일 시스템보다 설계의 어려움이 많다.
- 운영체제의 복잡성; 운영체제가 분산환경을 지원할 수 있어야 한다.

7.9 웹 데이터베이스

7.9.1 웹 데이터베이스란 무엇인가?

웹 데이터베이스(Web database) 시스템이란 웹을 통한 데이터베이스의 조작이 가능한 시스템을 말한다. 인터넷이 가능한 컴퓨터라면 전 세계 어디서나 사용이 가능하다는 점이 웹 데이터베이스의 가장 큰 특징이다.

7.9.2 웹 데이터베이스가 등장한 배경은 무엇인가?

인터넷의 세계적인 확장으로 인해 많은 경우 정보의 활용이 인터넷을 통하여 이루어지고 있다. 데이터베이스라는 방대하고 조직적인 정보를 웹이라는 인터넷 기반의 통신망을 활용할 필요성이 증대하게 되었다. 따라서 웹 데이터베이스(또는 웹 기반 데이터베이스, 인터넷 데이터베이스)는 웹을 통하여 데이터베이스의 접근성을 확장하기 위하여 출현하게 되었다. 웹 데이터베이스는 인터넷으로 연결된 전세계의 사용자에게 데이터베이스 기능을 제공한다는 특징이 있다.

7.9.3 웹 데이터베이스는 어떻게 동작하는가?

웹 데이터베이스가 작동하려면 웹 서비스와 데이터베이스의 기능을 서로 연결해 주는 연동기술이 필요하다. 연동하는 방법에 따라 웹 데이터베이스의 연동 방식과 성능 및 특징이 결정된다. 이와 같이 두 영역간의 연동을 위한 부분을 데이터베이스 게이트웨이(gateway)라고 한다.

웹 서버와 데이터베이스를 연동하는 방법으로 여러 가지가 있으나 그 중 많이 사용되는 방법은 ① CGI(Common Gateway Interface) 방식과 ② 서버측 스크립트를 실행하는 방법(예; Microsoft SQL Server의 ASP에 있는 ADO 객체들)으로 CGI 방식보다 사용하기 쉽다는 장점이 있다. ③ 그리고 확장 API(Application Program Interface)를 사용하는 방식이 있고, ④ 최근에 XML기반의 웹 데이터베이스도 일부 활용되고 있으며 확산 가능성에 주목하고 있다.

7.9.4 CGI를 통한 웹 서버와 데이터베이스의 연동 방법

웹 서버에서 보내주는 웹 문서(예를 들면, HTML 문서)를 열람만 할 수 있다면 고객의 데이터를 서버에서 처리할 수 없다. 예를 들면, 고객으로부터 회원 아이디와 비밀번호를 입력받아 회원여부를 검사하고 데이터베이스로부터 회원 정보를 조회하여 최근 구매한 물품을 고객에게 안내하려고 한다. 고객 컴퓨터에서 데이터를 입력받고 서버측의 데이터베이스에 그 데이터를 넘겨주고 웹 서버는 데이터베이스에서 조회한 결과를 넘겨받아 고객 컴퓨터로 전송하는 통신 방법이 필요하게 된다. 이와 같이 웹 서버와 (데이터베이스와 같은) 응용프로그램 사이의 통신 방법 또는 규약을 CGI(common gateway interface)라 한다. CGI를 통하여 사용자의 데이터를 서버에서 처리 할 수 있다. CGI 프로그램(또는 CGI script, CGI 스크립트)의 예는 광범위한데, 예를 들면, 카운터, 방명록, 자료실 등이 있다. HTML의 <FORM> 태그에 사용할 CGI 프로그램을 URL에 지정하면 사용자 컴퓨터에서 요구한 CGI 프로그램을 서버에서 실행하게 된다.

예; <form method="POST" action="http://www.test.com/cgi/userVal.pl">

7.9.5 확장 API를 통한 웹 서버와 데이터베이스의 연동 방법

API(Application Program Interface)는 응용 프로그래밍 인터페이스라고 번역이 되며, 응용프로그램이 운영체제나 DBMS의 기능을 사용할 수 있도록 인터페이스 기능을 제공하는 것이 목적인데, 이를 위해 응용 프로그램에서 운영체제나 DBMS의 기능을 사용할 수 있도록 함수들을 모아 놓은 것이 API이다. 사용자는 필요한 기능을 개발할 필요 없이 API에 있는 함수를 응용프로그램에서 호출하여 사용하기만 하면 되므로 개발 비용을 절약할 수 있다.

확장 API를 통한 DBMS 연동 방법은 API를 이용하여 웹 서버가 DBMS와 연동되도록 웹 서버의 기능을 확장한 방법을 말한다.

7.9.6 XML 기반의 웹 데이터베이스

XML은 eXtensible Markup Language의 약어이며 HTML(Hypertext Markup Language)과 SGML(Standard Generation Markup Language)의 단점을 보완한 웹 표준 문서의 하나인

데 W3C(World Wide Web Consortium)의 XML Working Group에서 1998년에 XML 1.0을 제안한 이후 웹 문서의 새로운 표준을 이루어가고 있다.

HTML의 단점(또는 한계점)으로 ① 고정된 태그만 사용 가능하고 사용자에 의한 태그의 정의가 불가능하고 제한된 표현력을 갖고 ② 문서의 구조에 대한 검증이 불가능하고 ③ 문서에 대한 검색, 갱신 등의 정보처리가 불가능하다. 이러한 HTML의 단점을 극복하기 위하여 고안된 XML의 장점으로 ① 정보의 구조화된 저장과 검색, 갱신 등 고도의 정보처리가 가능하고 ② 다양한 형태의 문서를 제공하며 ③ 다양한 형태의 정보처리가 가능하고 (예; 음성 정보의 처리 등) ④ 다양한 링크기능으로 강화된 문서의 구조화가 가능하고 ⑤ 강력한 수식표현 기능이 있다.

XML은 정보의 표현 형태와 내용을 분리하여 정보의 구조화를 이룰 수 있다는 특징을 활용하여 데이터베이스의 구현에도 적합하다고 보는 견해가 있다.

7.10 모바일 데이터베이스

7.10.1 모바일 데이터베이스란 무엇인가?

모바일 데이터베이스(mobile database)란 모바일 네트워크상에서 모바일 기기(예; 스마트폰, PDA, 등)에 의하여 연결될 수 있는 데이터베이스를 말한다.

7.10.2 모바일 데이터베이스가 등장한 배경은 무엇인가?

모바일 기기의 숫적 증가는 앞으로 더욱 늘어날 것으로 예상되고 있다. 모바일의 특성인 이동성이 강화되면서 업무(예; 영업, 재고관리, 등)에서 모바일의 활용이 늘어남에 따라 이동 중 데이터베이스의 활용이 점차 중요해 지고 있다. 무선으로 연결된 서버의 데이터베이스와 연동하여 이동 중인 모바일 기기에서 데이터베이스 자료를 조회하거나 내려 받는다든지, 또는 새로운 자료를 서버의 데이터베이스에 갱신한다든지 하는 여러 가지 일을 처리할 수 있다.

7.10.3 모바일 데이터베이스의 활용 분야는 무엇인가?

데이터베이스로부터 자료의 조회, 갱신 등의 처리가 이동 중에 요구되는 업무에 활용되는데, 예를 들면, 이동성이 높은 현장(예; 영업, 이동중 고객 관리, 재고 정리, 유지보수, 등), 실시간 처리와 보고가 요구되는 분야(예; 금융, 증권, 응급처리, 등), 지역 정보 관련의 서비스 분야(예; 교통 관광 정보, 시설물 관리, 등), 교육적 활용(예; 도서 정보 검색, 학내 교무 행정 정보 처리, 교육 통계 조회, 등) 등을 비롯하여 앞으로 사회 전 분야에서 모바일 데이터베이스 기반의 새로운 서비스들이 계속 창출될 것으로 예상된다. 그 동안 개발된 몇 가지의 활용 기술을 살펴보면 아래와 같다.

(1) m-SFA(mobile-Sales Force Automation); 이동 중 영업 지원 시스템
(2) m-POS(mobile-Point Of Sales); 소매 정보 처리 시스템
(3) m-ERP(mobile-Enterprise Resource Planning); 전사 자원 관리 시스템 (종합정보 시스템)
(4) MOS(Mobile Office System); 이동 중 고객 개인 정보 관리 및 사무 처리를 위한 모바일 오피스 시스템

7.10.4 모바일 데이터베이스에서 필요한 기능은 무엇인가?

기존의 데이터베이스와 근본적으로 다른 점은 이동 중 데이터베이스의 사용이 가능하도록 안정적인 무선 통신 기능이 필요하고, 단말기에서 사용할 수 있도록 작은 용량에서 처리가 가능하도록 데이터베이스의 설계가 필요하고, 다양한 종류의 단말기를 취급할 수 있어야 하며, 복제, 동기화 및 오류, 중복성 방지가 필요하다.

7.10.5 모바일 데이터베이스의 구성 요소는 무엇인가?

모바일 데이터베이스의 구성에는 다음과 같은 세 가지의 요소가 있다; 고정 호스트(fixed hosts), 모바일 단말기(mobile unit), 기지국(base stations).

(1) 고정 호스트; 데이터베이스 서버를 운용하여 데이터베이스의 관리를 전담한다.
(2) 모바일 단말기; 기지국과 통신 기능을 갖춘 이동성 컴퓨터 기기이다.
(3) 기지국; 일정한 지리적 위치에 설치되어 모바일 단말기와 고정 호스트간의 통신이 가능하도록 한다. 하나의 모바일 단말기가 어느 특정 기지국의 통신 범위를 벗어나는 경우 새로운 위치를 포함하는 다른 기지국으로 통신 책임을 넘겨준다.

7.10.6 모바일 데이터베이스의 제품들을 알아 보자.

모바일 데이터베이스 시장의 점유율이 높은 제품을 보면, 사이베이스(Sybase Inc)의 SQL Anywhere, IBM의 DB2 Everyplace, 그리고 Microsoft SQL Server Compact와 Oracle9i Lite가 잘 알려져 있다. 그중 사이베이스의 SQL Anywhere가 시장 점유율이 가장 높고, 이 분야의 선두에 있다.

7.10.7 사이베이스의 SQL Anywhere

이 제품은 수천의 모바일 단말기를 통하여 데이터베이스 업무를 처리할 수 있는 기업형 데이터베이스 시스템의 운영에 적합하다. 이 제품에 내장 된 설계와 운영 도구들은 개발자들이 응용 프로그램을 개발하고 단말 사용자에게 배포하는 것이 용이하고 관리와 지원도 효율적이라는 장점이 있다. 그 구성요소는 다음과 같다;

(1) Ultralite; PDA, 스마트폰 등과 같은 모바일 기기의 데이터베이스를 지원하기 위한 관계형 데이터베이스 운영 시스템이다.
(2) Mobilink; 데이터 교환을 위한 동기화 기술이다.
(3) QAnywhere; 모바일 메시지 앱을 개발하도록 지원한다.
(4) SQL Remote; 데이터베이스들 사이의 동기화를 위한 기술이다.

한글 색인

ㄱ

강 개체 타입(strong entity type) 182
개념적 매핑(conceptual mapping) 17
개체(entity) 150, 152, 178
개체-관계도(ERD, Entity-Relationship Diagram) 177
개체 무결성(entity integrity) 204
개체 집합(entity set) 152, 177
개체 타입(entity type) 152, 177
　강 개체 타입(strong entity type) 182
　약 개체 타입(weak entity type) 182
객체(object) 367-368
객체관계 데이터베이스(ORDBMS: Object-Relation Database) 367
객체 식별자(OID, object identifier) 367, 369
객체 지향(object-oriented) 366, 372
갱신(UPDATE) 문장 327
갱신 이상(update anomaly) 53, 207
갱신 질의 325
검색의 과정 93
게이트웨이(gateway) 376
격리성(Isolation) 354
결정자(determinant) 220
결합(join) 257
계층형(hierarchical) 모델 18
고정 호스트(fixed hosts) 380
공용 잠금(shared-lock) 360
공용 잠금 규약(shared-locking protocol) 360
공저 59, 77
관계 28, 90, 124, 178
　다대다 관계(many-to-many relationship,N:N) 166, 172, 176
　다대일 관계(many-to-one relationship,1:N) 154, 156, 163
　선택적(optional) 관계 185
　일대다 관계(one-to-many relationship,1:N) 154-156, 163
　일대일 관계(one-to-one relationship, 1:1) 176
　조인(join) 관계 141, 310, 375
　필수적(mandatory) 관계 185
관계 연산(relational algebra) 19, 333
관계연산자 298
관계 편집창 96
관계형 (relational) 모델 18
관련 레코드 모두 삭제 105
관련 필드 모두 업데이트(cascading updates) 103
교집합(Intersect) 332
구조 질의(structure query) 371
권한 부여 테이블(authorization table) 362
그래픽 사용자 인터페이스(GUI,Graphics User Interface) 51
그림자 페이징(shadow paging) 356
기본키(primary key) 33, 197-198
기지국(base stations) 380

ㄴ

내용 기반 질의(content-based query) 371
널값(NULL value) 126, 151, 204-205, 327
네트워크(network) 모델 18
논리연산자(logical operators) 298-301
논리적 데이터 독립성(logical data independency) 17
논리적 데이터베이스(logical database) 16

ㄷ

다대다 관계(many-to-many relationship,N:N) 166, 172, 175-176
다대일 관계(many-to-one relationship,1:N) 154,

156, 163
다중결정(multidetermine) 249
다치(multi-valued) 248
다치 속성(multi-valued attribute) 183
다치종속성(multivalued dependency: MVD) 249, 260, 262
단순다치종속(trivial MVD) 251-252
비단순다치종속(nontrivial MVD) 251-252
다형성(polymorphism) 369
단순 속성(simple attribute) 183
단일 값 속성(single-valued attribute) 183
대체키(alternate key) 199
대출 115
덤프(dump) 355
데이터 독립성(data independency) 17
논리적 데이터 독립성(logical data independency) 17
물리적 데이터 독립성(physical data independency) 17
데이터 마이닝(data mining) 365
데이터 마이닝 그룹(DMG, Data Mining Group) 365
데이터 모델링(data modeling) 177
데이터 불일치 15, 207
데이터베이스
DBMS 14
E.F.Codd 19
구조(그림 1-1) 16
논리적 데이터베이스(logical database) 16
디자인 29-32, 81-89
모델(model) 18
모순성(inconsistency) 207
목적 15
물리적 데이터베이스(physical database) 16
보안(database security) 361
보안 시스템 361
요구사항 24-25
역사 18
접근 제어 362
정의 13
테이블 설계 29-32, 81-89
특징 13
예 14
데이터베이스 관리 시스템(DBMS; Database Management System) 14
데이터 웨어하우스(data warehouse) 362
데이터 입력 81
데이터 정의어(DDL; Data Definition Language) 14
데이터 조작어(DML; Data Manipulation Language) 15
데이터 형식 31, 82
도메인(domain) 151, 214-215
독립성 373
동명이인 59
되돌리기(undo) 356
디자인 창 31

ㄹ

Like 질의 41
로그(기록, log) 355
루트 노드(root node) 348
릴레이션(relation) 28, 194
링크(link) 179

ㅁ

망형(network) 모델 18
매핑; 개념적 매핑(conceptual mapping) 17
멀티미디어(multimedia) 370
멀티미디어 데이터베이스(multimedia database) 370
메소드(method) 368
모델링(modeling) 177
모바일 단말기(mobile unit) 380

모바일 데이터베이스(mobile database) 378
모순성(inconsistency) 207
무결성
  개체 무결성(entity integrity) 204
  무결성 제약(data integrity) 203-204
  참조무결성(referential integrity) 99-100, 205
무손실분할(lossless decomposition, decompose losslessly) 259, 261
묶는 방법(group-by) 48, 110, 303-310
문자 대형 객체(Character Large OBject, CLOB) 372
물리적 데이터 독립성(physical data independency) 17
물리적 데이터베이스(physical database) 16

ㅂ

병행제어(concurrent control) 356
베이즈 정리(Bayes's Theorem) 365
복본 59, 71
복합 속성(composite attribute) 183
부모 클래스(parent class) 368
부분 참여 185
부분(함수) 종속(partial (functional) dependency, partially (functionally) dependent) 224
분류(classification) 366
분산 데이터베이스(distributed database) 372-373
분산 처리기(distributed processor) 373
분할(decomposition) 60, 65, 150, 152
비원자값(非원자값, non-atomic value) 213
비키속성(non-key attributes) 200, 233-236
B트리(Balanced tree) 351
  B*트리, B+트리 352

ㅅ

사상 원소수(functionality) 179
사영(projection) 333
삭제(DELETE) 328
삭제 이상(deletion anomaly) 53, 208
삽입(INSERT) 문장 325
삽입 이상(insertion anomaly) 208
상속(inheritance) 368
새발 표기법(crow-feet) 184
서브쿼리(하위쿼리, subquery) 311
선택(selection) 333
선택문(SELECT) 277
선택적(optional) 관계 185
속성(attribute) 27, 116, 150-151, 178
  다치 속성(multi-valued attribute) 183
  단순 속성(simple attribute) 183
  단일 값 속성(single-valued attribute) 183
  복합 속성(composite attribute) 183
  속성 질의 371
  유도된 속성(derived attribute) 184
  저장된 속성(stored attribute) 184
  키 속성(key attributes) 200
수퍼키(superkey) 203, 233
스케줄링(scheduling) 359
스키마(schema) 29
시간날인 순서(timestamp ordering) 360
시험 데이터(test data) 58, 117
식별자(identifier) 71

ㅇ

액세스(Access)
  시작 29
  테이블 설계 30
역색인(inverted index) 371
영속성(durability) 354
SQL(Structured Query Language) 272
  관계연산자(relational operators) 298
  논리연산자(logical operators) 298, 301
  서브쿼리(하위쿼리, subquery) 311, 314
  집합연산 329

집단함수(aggregate functions) 303
함수 318
ASC(ascending order) 309
AVG(평균) 323
BETWEEN 298
COUNT 308-309, 321
DATE()함수 296
DELETE(삭제) 328
DESC(descending order) 309
division(제산, 除算) 337
FIRST 325
FROM절 277
EXCEPT(차집합) 333
GROUP BY 303
HAVING 304-305
INNER JOIN 280, 282, 287
INTERSECT(교집합) 332
INSERT(삽입) 325
IS NULL 302
JOIN(결합) 336
LEFT JOIN 310
MAX(최대값) 324
MIN(최소값) 325
MINUS 333
NOT 301
ON 280, 285
ORDER BY 309
projection(사영) 334
SELECT(선택문) 277
Selection(선택) 333
subquery(서브쿼리, 하위쿼리) 311, 314
SQL창 274-275
SUM함수 304, 319
UNION(합집합) 329-330
UPDATE(갱신) 문장 327
WHERE절 278, 282, 287
약 개체 타입(weak entity type) 182
연합 규칙 학습(association rule learning) 366
열(column,칼럼) 27
온라인 분석 처리(Online Analytical Processing, OLAP) 364
온라인 트랜잭션 처리(Online Transaction Processing, OLTP) 364
요구사항 24, 115
요약 색인(signature index) 371
완전종속(fully functionally dependent) 222
외래키, 외부키(foreign key) 201-202, 205
원자값(atomic value) 151, 213-215
원자성(Atomicity) 354
웹 데이터베이스(Web database) 376
위계형(hierarchical) 모델 18
위치 투명성(location transparency) 373
유도된 속성(derived attribute) 184
유일성(uniqueness) 195-196
유일하게 식별 195
응답 속도 375
2단계 잠금 규약(2PLP, two phase locking protocol) 360
이상(anomaly) 207
  갱신 이상(update anomaly) 53, 207
  삭제 이상(deletion anomaly) 53, 208
  삽입 이상(insertion anomaly) 208
이진 대형 객체(Binary Large OBject, BLOB) 372
이진탐색트리(binary search tree) 348
이진트리(binary tree) 348
이행적(함수) 종속(transitive (functional) dependency) 224-225
인덱스 셋 (index set) 351-352
인스턴스(instance) 368
일관된 상태(consistent state) 353
일관성(consistency) 354
일대다 관계(one-to-many relationship, 1:N) 154,

156, 163
일대일 관계(one-to-one relationship, 1:1) 176-177
일련번호 32

ㅈ

자식 클래스(child class) 368
잠금(locking) 359
잠금 규약(locking protocol) 359
재실행(redo) 355
저장된 속성(stored attribute) 184
전용 잠금(exclusive-lock) 360
전처리(pre-processing) 366
전체 참여 185
접근 제어 362
정규형(Normal Form) 206-207, 210
1정규형(First Normal Form; 1NF) 210, 215
2정규형(Second Normal Form; 2NF) 217, 226
3정규형(Third Normal Form; 3NF) 229, 233-234
BC정규형(Boyce/Codd Normal Form; BCNF) 239-240
4정규형(Fourth Normal Form; 4NF) 246, 252, 261
5정규형(Fifth Normal Form; 5NF) 209
정규화(normalization) 207
정보은닉(encapsulation) 369
제산 (除算,division) 337
조인(join) 속성 336
중복 문제 52, 60, 65, 71, 77, 206, 218, 232, 239, 246-248, 251
중복 제거 60, 65, 71, 77, 206, 234, 240, 252
중복 투명성(replication transparency) 373
지수증가(exponential growth) 350
지역 자치성 373
직렬가능(serializable) 359
질의(query) 105, 125
AND 131, 133
Is Null 125-127, 129, 302
INSERT(삽입) 문장 325
Like, = 41
UPDATE 문장 327
갱신 질의 325
개수 135-137
구조 질의(structure query) 371
날짜 데이터 129, 131-133
내용 기반 질의(content-based query) 371
묶는 방법(group-by) 110-112, 134-135, 303
비교연산자(부등호) 109, 129-130
속성 질의 309, 371
정렬 136-137
조건 질의 40-42, 106
종류별 질의 138-139
질의창(쿼리창, query window) 38
캡션 137-138
합계 48-50
질의어(Query Language) 15, 272
집단함수(aggregate functions) 303
집단화(클러스터링, clustering) 366
집합연산 329

ㅊ

차집합(Except) 333
참조무결성(referential integrity) 99-100, 205
최소성(minimality) 195-196

ㅋ

카티시언 곱(Cartesian product) 257
쿼리창(Query Window) 38
클래스(class) 368
키
기본키(primary key) 33, 197-198
대체키(alternate key) 199

비키속성(non-key attributes) 200, 233-236
수퍼키(superkey) 203
외래키,외부키(foreign key) 201-202, 205
키 속성(key attributes) 200
킷값(key value) 204
후보키(candidate key) 194-195
키 속성(key attributes) 200

ㅌ

테이블 28, 194
고립 90
관계 28, 90, 124, 178
분할(decomposition) 60, 65, 150, 152, 210
무손실분할(lossless decomposition) 259, 261
설계 29-32, 81-89
연결 94, 97-98
입력 28, 35-37, 81-89
추가 95
통신 네트워크(communication network) 373
트랜잭션(transaction) 353-354

ㅍ

폰 노이만(Von Neuman) 12
프로그램 내장방식(stored program) 12
플랫 데이터베이스(flat database) 28, 58
플랫 파일(flat file) 28, 58
풀림(unlocking) 359
필드(field) 27, 116
필수적(mandatory) 관계 185

ㅎ

하위쿼리(서브쿼리, subquery) 311
함수종속(functional dependency) 218-224
부분 함수 종속(partial (functional) dependency, partially (functionally) dependent) 224
이행적(함수) 종속(transitive (functional) dependency) 224-225
함수적으로 결정한다(functionally determines) 219
완전 (함수) 종속(fully functionally dependent) 220, 222
합성(synthesis) 210
합집합(Union) 329-331
확장 API(Application Program Interface) 376
확장 ER(Enhanced Entity-Relationship) 모델 182
예; 도서와 저자, 구입, 출판사 185
예; 고객과 투자상품 186
예; 학생과 수강과목 187
회귀(regression) 366
회귀분석(regression analysis) 365
회복(recovery) 353
후보키(candidate key) 194-195

영어 색인

A

aggregate functions(집단함수) 303
authorization table(권한 부여 테이블) 362
alternate key(대체키) 199
anomaly(이상) 207
deletion anomaly(삭제 이상) 53, 208
insertion anomaly(삽입 이상) 208
update anomaly(갱신 이상) 53, 207
API(Application Program Interface) 376
association rule learning(연합 규칙 학습) 366
atomic value(원자값) 151, 213-215
Atomicity(원자성) 354
attribute(속성) 27, 116, 150-151, 178
composite attribute(복합 속성) 183
derived attribute(유도된 속성) 184

multi-valued attribute(다치 속성) 183
simple attribute(단순 속성) 183
single-valued attribute(단일 값 속성) 183
stored attribute(저장된 속성) 184

B

base stations(기지국) 380
Bayes's Theorem(베이즈 정리) 365
BETWEEN 298
B tree(Balanced tree) 351
B* tree, B+ tree 352
binary search tree(이진탐색트리) 348
binary tree(이진트리) 348
BLOB(Binary Large OBject, 이진 대형 객체) 372

C

candidate key(후보키) 194-195
Cartesian product(카티시언 곱) 257
cascading updates(관련 필드 모두 업데이트) 103
CGI(Common Gateway Interface) 295
child class(자식 클래스) 368
class(클래스) 368
classification(분류) 366
CLOB(Character Large OBject, 문자 대형 객체) 372
clustering(클러스터링, 집단화) 366
Codd,E.F. 6
column(열, 칼럼) 27
communication network(통신 네트워크) 373
conceptual mapping(개념적 매핑) 17
concurrent control(병행제어) 356
consistency(일관성) 354
consistent state(일관된 상태) 353
content-based query(내용 기반 질의) 371
crow-feet(새발 표기법) 184

D

data independency(데이터 독립성) 17
database security(보안) 361
data integrity(무결성 제약) 203-204
data mining(데이터 마이닝) 365
Data Mining Group(DMG, 데이터 마이닝 그룹) 365
data modeling(데이터 모델링) 177
data warehouse(데이터 웨어하우스) 362
DB2 Everyplace 297
DBMS; Database Management System(데이터베이스 관리 시스템) 14
DDL; Data Definition Language(데이터 정의어) 14
decompose losslessly(무손실분할) 259, 261
decomposition(분할) 60, 65, 150, 152
DELETE(삭제) 328
deletion anomaly(삭제 이상) 53, 208
derived attribute(유도된 속성) 184
determinant(결정자) 220
distributed database(분산 데이터베이스) 372-373
distributed processor(분산 처리기) 373
division(제산, 除算) 337
DML; Data Manipulation Language(데이터 조작어) 15
domain(도메인) 151, 214-215
dump(덤프) 355
durability(영속성) 354

E

EER(Enhanced Entity-Relationship) 182
E. F. Codd 19
encapsulation(정보은닉) 369
entity(개체) 150, 152, 178
entity integrity(개체 무결성) 204
entity set(개체 집합) 152, 177
entity type(개체 타입) 152, 177

strong entity type(강 개체 타입) 182
weak entity type(약 개체 타입) 182
ERD(Entity-Relationship Diagram, 개체-관계도) 177
Except(차집합) 333
exclusive-lock(전용 잠금) 360
exponential growth(지수증가) 350

F

field(필드) 27, 116
fixed hosts(고정 호스트) 380
flat database(플랫 데이터베이스) 28, 58
flat file(플랫 파일) 28, 58
foreign key(외래키, 외부키) 201-202, 205
FROM절 277
functional dependency(함수종속) 218-224
partial (functional) dependency, partially (functionally) dependent(부분 함수 종속) 224
transitive (functional) dependency(이행적 (함수) 종속) 224-225
functionally determines(함수적으로 결정한다) 219
fully functionally dependent(함수완전종속) 220, 222
functionality(사상 원소수) 179

G

gateway(게이트웨이) 376
group-by(묶는 방법) 48, 110, 303-310
GUI(Graphics User Interface, 그래픽 사용자 인터페이스) 51

H

hierarchical model(계층형, 위계형 모델) 18
HOLAP(Hybrid OLAP) 285
HTML(Hypertext Markup Language) 295

I

IAS 12
identifier(식별자) 71
inconsistency(모순성) 207
index set 351-352
inheritance(상속) 368
INSERT(삽입) 325
insertion anomaly(삽입 이상) 208
instance(인스턴스) 368
Intersect(교집합) 332
inverted index(역색인) 371
IS NULL 302
isolation(격리성) 354

J

join(조인, 결합) 141, 310, 375

K

key(키) 33, 197-198
alternate key(대체키) 199
candidate key(후보키) 194-195
foreign key(외래키, 외부키) 201-202, 205
key attributes(키 속성) 200
key value(킷값) 204
non-key attributes(비키속성) 200, 233-236
primary key(기본키) 33, 197-198
superkey(수퍼키) 203, 233

L

link(링크) 179
location transparency(위치 투명성) 373
locking(잠금) 359
locking protocol(잠금 규약) 359
log(로그, 기록) 355

logical database(논리적 데이터베이스) 16
logical data independency(논리적 데이터 독립성) 17
logical operators(논리연산자) 298, 301
lossless decomposition(무손실분할) 259, 261

M

many-to-many relationship(다대다 관계, N:N) 166, 172, 175-176
many-to-one relationship(다대일 관계, 1:N) 154, 156, 163
m-ERP(mobile-Enterprise Resource Planning) 379
method(메소드) 368
minimality(최소성) 195-196
MINUS 333
mobile database(모바일 데이터베이스) 378
mobile unit(모바일 단말기) 380
Mobilink 380
model 18
modeling(모델링) 177
MOLAP(Multi-Dimensional Database Based OLAP) 364
MOS(Mobile Office System) 379
m-POS(mobile-Point Of Sales) 379
m-SFA(mobile-Sales Force Automation) 379
multidetermine(다중결정) 249
multimedia(멀티미디어) 370
multimedia database(멀티미디어 데이터베이스) 370
multi-valued(다치) 248
multi-valued attribute(다치 속성) 183
multivalued dependency(MVD, 다치종속성) 249, 260, 262
  nontrivial MVD(비단순다치종속) 251-252
  trivial MVD(단순다치종속) 251-252

N

network model(네트워크, 망형) 18
non-atomic value(비(非)원자값) 213
non-key attributes(비키속성) 200, 233-236
nontrivial MVD(비단순다치종속) 251-252
Normal Form(정규형) 206-207, 210
  First Normal Form(1NF, 1정규형) 210, 215
  Second Normal Form(2NF, 2정규형) 217, 226
  Third Normal Form(3NF, 3정규형) 229, 233-234
  Boyce/Codd Normal Form(BCNF, BC정규형) 239-240
  Fourth Normal Form(4NF, 4정규형) 246, 252, 261
  Fifth Normal Form(5NF, 5정규형) 209
normalization(정규화) 207
NOT 301
NULL value(널값) 126, 151, 204-205, 327

O

object(객체) 367-368
object identifier(OID, 객체 식별자) 367, 369
object-oriented(객체 지향) 366, 372
Object-Relation Database(ORDBMS, 객체관계 데이터베이스) 367
OID(object identifier, 객체 식별자) 367, 369
ON 280, 285
Online Analytical Processing(OLAP, 온라인 분석 처리) 364
OLAP(Online Analytical Processing, 온라인 분석 처리) 364
OLTP(Online Transaction Processing, 온라인 트랜잭션 처리) 364
one-to-many relationship(일대다 관계, 1:N) 154-156, 163
one-to-one relationship(일대일 관계, 1:1) 176

Online Transaction Processing(OLTP, 온라인 트랜잭션 처리) 364
Oracle9i Lite 380
ORDBMS(Object-Relation Database, 객체관계 데이터베이스) 367

P

parent class(부모 클래스) 368
partial (functional) dependency, partially (functionally) dependent(부분 함수 종속) 224
physical database(물리적 데이터베이스) 16
physical data independency(물리적 데이터 독립성) 17
polymorphism(다형성) 369
pre-processing(전처리) 366
primary key(기본키) 33, 197-198
projection(사영) 333

Q

query(질의) 105, 125
QAnywhere 380
Query Language(질의어) 15, 272
Query Window(쿼리창) 38
RDB Based OLAP(ROLAP) 364

R

recovery(회복) 353
redo(재실행) 355
referential integrity(참조무결성) 99-100, 205
regression(회귀) 366
regression analysis(회귀분석) 365
relation(릴레이션) 28, 194
relational algebra(관계 연산) 298
relational model(관계형 모델) 18
replication transparency(중복 투명성) 373
ROLAP(RDB Based OLAP) 364
root node(루트 노드) 348

S

scheduling(스케줄링) 359
schema(스키마) 29
selection(선택) 333
sequence set 273
serializable(직렬가능) 359
SGML(Standard Generation Markup Language) 295
shadow paging(그림자 페이징) 356
shared-lock(공용 잠금) 360
shared-locking protocol(공용 잠금 규약) 360
signature index(요약 색인) 371
simple attribute(단순 속성) 183
single-valued attribute(단일 값 속성) 183
SQL(Structured Query Language) 272
  aggregate functions 303
  Avg(평균) 323
  ASC(ascending order) 309
  Count 308-309, 321
  Date(날짜) 296
  DELETE(삭제) 328
  DESC(descending order) 309
  division(제산, 除算) 337
  Except(차집합) 333
  First 325
  FROM 277
  HAVING 304-305
  INNER JOIN 280, 282, 287
  INSERT(삽입) 325
  Intersect(교집합) 332
  LEFT JOIN 310
  logical operators(논리연산자) 298, 301
  Max(최대값) 324
  Min(최소값) 325
  ORDER BY 309

projection(사영) 333
relational operators(관계연산자) 298
SELECT(선택문) 277
selection(선택) 333
subquery(서브쿼리, 하위쿼리) 311
Sum(합계) 304, 319
Union(합집합) 329-330
UPDATE 327
WHERE(조건절) 282, 278, 287
SQL Remote 380
stored attribute(저장된 속성) 184
stored program(프로그램 내장방식) 12
strong entity type(강 개체 타입) 182
structure query(구조 질의) 371
superkey(수퍼키) 203, 233
synthesis(합성) 210

T

table design(테이블 설계) 16, 54, 87
test data(시험 데이터) 58, 117
timestamp ordering(시간날인 순서) 360
transaction(트랜잭션) 353-354
transitive(functional) dependency(이행적 (함수) 종속) 224-225
trivial MVD(단순다치종속) 251-252
two phase locking protocol(2PLP, 2단계 잠금 규약) 360

U

Ultralite 298
UML(Unified Modeling Language) 132
undo(되돌리기) 356
Union(합집합) 329-330
uniqueness(유일성) 195-196
unlocking(풀림) 359
update anomaly(갱신 이상) 53, 207

V

Von Neuman(폰 노이만) 12

W

W3C(World Wide Web Consortium) 296
weak entity type(약 개체 타입) 182
Web database(웹 데이터베이스) 376

X

XML(eXtensible Markup Language) 295
XML Working Group 296

저 자 약 력

- 경북대학교 컴퓨터공학과(공학사)
- KIST 시스템공학연구소, 연구원
- University of Oklahoma 대학원 전산학과(이학석사)
- University of North Texas 대학원 전산학과(이학박사)
- 현재) 대구교육대학교 컴퓨터교육과 교수

  관심분야: 알고리즘, 데이터베이스, 컴퓨터교육

데이터베이스 원리의 이해

2012년 2월 20일 1판 1쇄 인쇄
2012년 2월 25일 1판 1쇄 발행

저 자 : 문 교 식
발행인 : 김 동 규
발행처 : 교 육 과 학 사

저자와의 협의하에 인지생략

경기도 파주시 교하읍 문발리
파주출판문화정보산업단지 514-5
전화(031)955-6956~8/팩스(031)955-6037
Home-page : www.kyoyookbook.co.kr
E-mail : kyoyook@chol.com
등록 : 1970년 5월 18일 제2-73호

낙장 · 파본은 교환해 드립니다.
Printed in Korea.

정가 18,000원
ISBN 978-89-254-0564-3